utb 5947

Eine Arbeitsgemeinschaft der Verlage

Brill | Schöningh – Fink · Paderborn
Brill | Vandenhoeck & Ruprecht · Göttingen – Böhlau · Wien · Köln
Verlag Barbara Budrich · Opladen · Toronto
facultas · Wien
Haupt Verlag · Bern
Verlag Julius Klinkhardt · Bad Heilbrunn
Mohr Siebeck · Tübingen
Narr Francke Attempto Verlag – expert verlag · Tübingen
Psychiatrie Verlag · Köln
Ernst Reinhardt Verlag · München
transcript Verlag · Bielefeld
Verlag Eugen Ulmer · Stuttgart
UVK Verlag · München
Waxmann · Münster · New York
wbv Publikation · Bielefeld
Wochenschau Verlag · Frankfurt am Main

Lina Franken, Dr. phil., ist Professorin für Digital Humanities in den Kulturwissenschaften an der Universität Vechta. Zuvor vertrat sie die Professur für Soziologie mit dem Schwerpunkt Computational Social Sciences an der LMU München, koordinierte das Digital-Humanities-Projekt „Automatisierte Modellierung hermeneutischer Prozesse" an der Universität Hamburg (2018-2021) und das DFG-Projekt „Digitales Portal Alltagskulturen im Rheinland" beim Landschaftsverband Rheinland (2013-2017). Sie promovierte 2017 in der Vergleichenden Kulturwissenschaft Regensburg zu „Unterrichten als Beruf. Akteure, Praxen und Ordnungen in der Schulbildung".
Webseite: https://www.uni-vechta.de/kulturwissenschaften/lehrende/franken-lina

Lina Franken

Digitale Methoden für qualitative Forschung

Computationelle Daten und Verfahren

Waxmann
Münster • New York

Online-Angebote oder elektronische Ausgaben sind erhältlich
unter www.utb-shop.de

Bibliografische Informationen der Deutschen Nationalbibliothek
Die Deutsche Nationalbibliothek verzeichnet diese Publikation in der Deutschen Nationalbibliografie; detaillierte bibliografische Daten sind im Internet über http://dnb.dnb.de abrufbar.

utb 5947
ISBN 978-3-8252-5947-1
e-ISBN 978-3-8385-5947-6

www.waxmann.com
info@waxmann.com

Umschlaggestaltung: Atelier Siegel, Stuttgart
Umschlagfoto: © 2016 SFIO RACHO/Shutterstock
Satz: MTS. Satz & Layout, Münster
Druck: Plump Druck & Medien, Rheinbreitbach

Gedruckt auf alterungsbeständigem Papier,
säurefrei gemäß ISO 9706

Printed in Germany

Inhalt

Abkürzungsverzeichnis

Das Abkürzungsverzeichnis listet nur die wichtigsten, in diesem Werk verwendeten Abkürzungen.

API	Application Programming Interface (Programmierschnittstelle)
CSS	Computational Social Sciences
DDB	Deutsche Digitale Bibliothek
DH	Digital Humanities
GLAM	Galleries, Libraries, Archives and Museums
GND	Gemeinsame Normdatei der Deutschen Nationalbibliothek
IAA	Inter-Annotator Agreement
LDA	Latent Dirichlet Allocation (Verfahren im Topic Modeling)
ML	Machine Learning
NER	Named Entity Recognition
NLP	Natural Language Processing
OCR	Optical Character Recognition
QDA	Qualitative Data Analysis Software (Software zur Analyse qualitativer Daten)
STS	Science and Technology Studies
TEI	Text Encoding Initiative (Standard zur Auszeichnung von Textdaten)
XML	Extensible Markup Language (Standard zur Auszeichnung in hierarchischen Strukturen)

1. Einleitung: Digitale Methoden in der qualitativen Forschung

In diesem Kapitel erfahren Sie,

- was unter digitalen Methoden zu verstehen ist;
- welche Anschlusspunkte von digitalen Methoden an qualitative Forschung bestehen;
- welche Fertigkeiten und Wissen für die Anwendung von digitalen Methoden notwendig sind;
- wie das Buch gegliedert ist.

Die Welt ist voll von Daten. Wir produzieren sie fortlaufend, sie begleiten uns jeden Tag, und auch grundlegende Entscheidungen sind an vielen Stellen durch Daten bestimmt. Das Schlagwort in diesem Zusammenhang heißt Big Data, wahrscheinlich sind Sie diesem Begriff schon begegnet. Die Gegenwart ist in nahezu allen Bereichen digital bedingt. Angesichts der gesamtgesellschaftlichen Entwicklungen ist es nur folgerichtig, dass sich auch die qualitative Forschung digitalen Daten widmet. Gleichzeitig ergeben sich neue methodologische Möglichkeiten. Im hier vorliegenden Band steht die Frage im Mittelpunkt, wie sich unsere Forschung selbst, also unsere Methodologie und unser konkretes methodisches Vorgehen, verändert, wenn wir einerseits digitale Daten untersuchen, sie als Quellengrundlage nehmen und andererseits digitale Verfahren verwenden, um Daten auszuwerten. Die neue Breite, Tiefe und Menge von Daten ermöglichen erweiterte Perspektiven auf Gesellschaft. Durch Entwicklungen insbesondere in den Digital Humanities und den Computational Social Sciences haben wir neue Methoden zur Verfügung, um qualitative Erhebungen, Auswertungen und Analysen anders umzusetzen. Das verbirgt sich, in einer ersten ganz groben Annäherung, hinter „Digital“ in „Digitale Methoden“.

Wir stehen vor der Herausforderung, die neuen Möglichkeiten bei der Sammlung und Auswertung von Daten in konkreten Forschungsprojekten umzusetzen, und zwar in drei Dimensionen: Technisch, ethisch, und epistemologisch (also erkenntnistheoretisch), wie Behnke et al. in ihrer Einführung in politikwissenschaftliche digitale Verfahren treffend festhalten (Behnke et al. 2018: 8). Wie können wir aus den schier unendlichen Datenmengen auswählen und was können wir dabei nutzen? Wie kommen wir überhaupt an die für unsere Fragestellung relevanten Daten? Inwiefern greifen wir dabei in Persönlichkeitsrechte von Menschen ein, was ist vertretbar? Und wie können wir die Auswertung gestalten? Welche neuen methodologischen Möglichkeiten gibt es und wie können wir diese umsetzen? Welche methodischen Zugänge fehlen noch und wie können wir die bestehenden Lücken überbrücken? Wie verändert dies unsere Erkenntnisprozesse, unseren Blick auf Gesellschaft?

Qualitativ Forschende übersehen oft noch die Möglichkeiten, die digitale Daten und Verfahren auch für ihre Forschung bieten – und gleichzeitig werden die qualitativen Ansätze mit ihren spezifischen Bedürfnissen von der Informatik und Data Science oft noch nicht wahrgenommen, wie etwa Berkelaar und Francisco-Revilla (2018: 21) festhalten. In qualitativer Forschung geht es weniger um die Analyse großer Datenmengen und deren beispielsweise statistische Auswertung, sondern vielmehr um die Suche nach Besonderheiten, die Ermöglichung von tiefgehenden Analysen, um damit Einblicke in gesellschaftliche Funktionen zu erhalten. Qualitative Forschung braucht deshalb spezifische Perspektiven auf und Umgangsweisen mit digitalen Methoden. Wie dies aussehen kann, möchte der vorliegende Band aufzeigen.

Es gibt bereits zahlreiche neue Ideen und Konzepte, um geistes-, sozial- und kulturwissenschaftliche Perspektiven mit computationellen Verfahren zu verbinden und dies kritisch zu reflektieren. Allerdings werden nur selten Anschlusspunkte an die bisherigen Forschungspraxen qualitativer Sozialforschung etwa aus den Ethnologien, der Soziologie oder den Erziehungswissenschaften gesetzt. Gleichzeitig ist offensichtlich, dass sich die gegenwärtige, digital durchdrungene Gesellschaft kaum ohne Zugang zu digitalen Daten beforschen lässt. Computationelle, algorithmische Verfahren – aus der Informatik und den Informationswissenschaften kommend – bieten hierfür Hilfestellung.

Ein Problem der digitalen Methoden, so meine Einschätzung, die ich mit dem Wissenschaftssoziologen Jan-Hendrik Passoth (2015: 265–266) teile, ist aktuell, dass es kaum technisch-praktische Anleitungen gibt. Es fehlt an konkreten Berichten dazu, welche Verfahren für welche Fragestellung und welche Quellen gut zu nutzen sind. Die Diskussion konzentriert sich eher auf grundlegende Vorschläge zur Neuorientierung oder auf einzelne Verfahren. Bei letzterem fehlt allerdings in der Regel die Herstellung von Zusammenhängen zwischen verschiedenen Analyseperspektiven und Arbeitsschritten. Außerdem gibt es unzählige wissenschaftliche Studien, die einzelne oder mehrere Verfahren anwenden – aber meist nichts zu den Gründen berichten, warum genau diese Verfahren für die jeweilige Fragestellung genutzt wurden und welche anderen Möglichkeiten vielleicht im Vorfeld verworfen wurden oder sogar ausprobiert wurden, aber keinen Mehrwert brachten. Auch hier werden oft wenige Hinweise dazu gegeben, wie ein Verfahren im Praktischen realisiert wird und welche Voraussetzungen bestehen.

Nicht nur für qualitativ Forschende ist es notwendig, konkret hinzuschauen: Wie können wir die jeweiligen Verfahren und Vorschläge umsetzen? Was heißt es ganz praktisch, dies zu tun? Digitale Methoden anzuwenden bedeutet aktuell, viel auszuprobieren und zu kombinieren – und auch zu scheitern. Denn viele Dinge funktionieren nicht oder bringen keine neuen Erkenntnisse. In anderen Fällen sind die Ergebnisse überraschend und haben einen Mehrwert für den weiteren Forschungsverlauf. Die vorliegende Einführung stellt qualitative Perspektiven auf digitale Daten und Methoden vor, systematisiert sie und ermöglicht einen praktischen Einstieg sowie Referenzen für die eigenständige Vertiefung. Ich werde dabei sowohl die technische als auch die ethische und die epistemologische Perspektive im Blick behalten. Die Kapitel liefern allerdings keine erschöpfende Darstellung der Verfahren. Stattdessen werden die Zusammenhänge im Überblick aufgezeigt. So erhalten Sie als Lesende eine Grundlage für die individuelle Einschätzung der jeweiligen Anwendbarkeit und Kombinationsmöglichkeiten für Ihre eigenen Forschungen.

Was sind also digitale Methoden? Zunächst ist dies ein Oberbegriff für Ansätze, die unter verschiedenen Bezeichnungen an deutschen und internationalen Universitäten in den Geistes-, Sozial- und Kulturwissenschaften etabliert werden. Gemeinsam ist den digitalen Methoden, dass sie als neue Forschungsrichtung oder Methode bezeichnet werden, die es ermöglicht, große Mengen von Daten zu verarbeiten. Es geht im Kern darum, computationelle Verfahren zu verwenden, um gesellschaftliche, soziale und kulturelle Phänomene zu analysieren. In diesem jungen und interdisziplinären Forschungsbereich finden sich unterschiedliche Schwerpunktsetzungen, wobei die Grenzziehungen gerade international nicht immer eindeutig zu treffen sind. Die wichtigsten beiden Richtungen sind die Digital Humanities (DH) und die Computational Social Sciences (CSS): Ihre Unterschiede und Gemeinsamkeiten werden in ▸ Kapitel 2.1 weiter ausgeführt. Möchten wir uns digitalen Daten und Methoden nähern, so sind einige Grundkenntnisse rund um Datenschutz, Datensicherheit und Datenethik unerlässlich. Welche das sind und wie die konkrete Umsetzung aussieht, ist in ▸ Kapitel 2.2 ausgeführt.

Für die konkrete Arbeit mit digitalen Daten und Methoden benötigen wir neue, andere Fertigkeiten und Wissen, um in diesen Bereichen fundiert handeln zu können. Oft ist ein transdiziplinärer Austausch mit der Informatik, der Computerlinguistik oder der Informationswissenschaft sinnvoll und auch notwendig. Auch ein neues Zusammendenken von qualitativen mit eher quantitativen Verfahren ist zielführend. Digitale Methoden werden realisiert an der Schnittstelle zwischen Geistes-, Sozial- und Kulturwissenschaften und der angewandten Informatik, den Informationswissenschaften und Data Sciences. Dabei ist es vor allem wichtig, eine Zusammenarbeit zu denken, die Neues hervorbringt: Wir übernehmen als qualitativ Forschende nicht einfach Verfahren aus der Informatik, sondern diese werden in Kollaboration gemeinsam weiterentwickelt, um den Bedürfnissen qualitativer Perspektiven zu entsprechen (Berkelaar/Francisco-Revilla 2018: 24; Cioffi-Revilla 2017: 15). Damit wird das gegenseitige Verständnis erst geschaffen und bestenfalls in langfristigen Kooperationen genutzt. Doch auch wenn wir nicht in Forschungskooperationen zusammenarbeiten: Ohne ein Grundwissen und ein Verständnis für die algorithmischen Prozesse können wir uns auch alleine nicht erschließen, wie informatische Perspektiven begründet sind. Es muss zwar niemand programmieren lernen, um digitale Methoden zu nutzen, aber die Bereitschaft für das Eindenken in computationelles Denken ist notwendig und wird in ▸ Kapitel 2.3 vorgestellt. Die Hürden sind durch zahlreiche Hilfestellungen und Anleitungen in den letzten Jahren ebenso gesunken, wie die Menge von Programmen und Tools gewachsen ist, die ohne Programmierkenntnisse einen Zugang zu den Verfahren ermöglichen.

In der Anwendung und Weiterentwicklung digitaler Methoden geht es um die Sammlung, Aufbereitung und Analyse von Daten, die mit neuen Verfahren realisiert werden. Wir können gesellschaftliche, soziale und kulturelle Phänomene auf Grundlage digitaler Daten untersuchen und zugleich neue Methodologien verwenden, um größere Datenmengen zu verarbeiten. Gleichzeitig sind die neuen, digitalen Methoden auch auf Forschungsfelder anwendbar, die keine digitalen Daten hervorbringen. Digitale Methoden können als Werkzeugkiste genutzt werden, indem wir bewährte Verfahren aus den informationswissenschaftlichen Disziplinen in qualitative Forschungsprozesse übernehmen. Sie können aber auch als Experimentierkasten verstanden werden, mit dem wir neue und andere Einblicke in unser Material durch das Weiterentwickeln von Verfahren entdecken können (Franken 2022b). Wir haben die Chance, neu darüber nachzudenken, wie wir kombinieren und weiterentwickeln können, was an digitalen Verfahren bereits vorhanden und nachnutzbar ist, um unsere Fragestellungen zu beantworten – und oft verbinden wir diese digitalen Verfahren mit sozusagen klassischen Forschungsmethoden der qualitativen Forschung (Berkelaar/Francisco-Revilla 2018: 17).

Der Forschungsprozess wandelt sich, denn die Bedeutung von Datensammlung, Datenverarbeitung und auch Datenspeicherung wächst. Stützer et al. (2018: 11) betonen, dass dabei der Schwerpunkt verschoben wird hin zur Sammlung und Verarbeitung von Daten, also weg von der Analyse und Verschriftlichung von Ergebnissen. Dies stimmt für qualitative Ansätze allerdings nur bedingt.

Vielmehr entsteht an diesen Stellen im Forschungsprozess ein Mehraufwand, um in der Datenauswahl und Analyse gezielter vorgehen zu können, in gewisser Weise zu filtern, was relevant für die eigene Fragestellung ist (Koch/Franken 2020). Damit verändert sich unsere Arbeitsweise, aber es verändern sich auch die Möglichkeiten, überhaupt Erkenntnisse zu generieren. Es ändern sich damit die konkreten methodischen Vorgehensweisen, mit denen wir zu Erkenntnissen kommen (vgl. Behnke et al. 2018: 10). Vor allem können wir mit computationellen Methoden mehr Daten, also sehr große Datenmengen, analysieren, unsere Forschung also skalieren. Dies gilt selbstverständlich nur für die Bereiche, in denen es für qualitative Perspektiven sinnvoll ist. Die Analyseschritte werden mit den Verfahren erweitert, denn unsere klassische, manuelle Analyse – also das Durchdenken von Quellen auf ihren Aussagewert für unsere Fragestellung hin – fällt nicht weg, sondern wird ergänzt um weitere Schritte, die wir je nach unserem Forschungsgegenstand immer wieder flexibel neu einbinden. Genaueres dazu findet sich in ▸ Kapitel 2.4, in dem es um diese Erweiterungen des Forschungsprozesses geht.

Bei all diesen Veränderungen und Erweiterungen dürfen wir unsere Herangehensweise aber nicht so weit ändern, dass allein die Daten im Mittelpunkt stehen. Es muss zunächst eine Motivation und Fragestellung geben, bevor die konkrete computationelle Umsetzung operationalisiert wird. Leider bleiben manche Projekte bei der Datenerhebung oder Datenerzeugung stehen und die Analyse ist nur knapp angedeutet. Andere Forschungen kommen nicht über einen Proof of Concept hinaus, also das grundsätzliche Aufzeigen, dass eine Fragestellung mit einem bestimmten Verfahren bzw. mit einem Set von Verfahren prinzipiell bearbeitbar wäre. Wenn wir aber die eigentliche Analyse nicht umsetzen, werden wir den Ansprüchen an qualitative Forschung und ihren Gütekriterien (Strübing et al. 2018) nicht gerecht.

Da digitale Methoden oft sehr projektzentriert realisiert werden, finden wir immer wieder Prototypen gerade von Tools, die auf ein spezifisches Projekt zugeschnitten wurden, dann aber nicht weiter betrieben und entwickelt wurden. Wenn Sie also, zum Beispiel im Zuge einer Internetrecherche, über ein Tool stolpern, das Ihr Anliegen offensichtlich löst, schauen Sie direkt weiter, ob das Tool auch tatsächlich zugänglich und noch funktionsfähig ist. Es gibt außerdem zahlreiche Forschungen (etwa in Form von Aufsätzen), in denen einzelne Verfahren auf ihre Anwendbarkeit in Hinblick auf eine bestimmte Fragestellung oder ein Datenset getestet werden, das aber nur am jeweiligen Beispiel beschrieben und wenig verallgemeinert, systematisiert oder theoretisiert wird. Auch hier lohnt sich ein kritischer Blick. Auf die Relevanz von Software und Programmiercode, deren Nachnutzung und Probleme geht ▸ Kapitel 2.5 genauer ein.

Digitale Methoden für qualitative Forschung umfassen computationelle Daten und Verfahren. Dabei stehen sowohl Methodenentwicklung als auch kritische Reflexionen der damit einhergehenden epistemologischen Veränderungen im Mittelpunkt des Interesses. Digitale Methoden nutzen computationelle Vorgehensweisen einerseits zur Gewinnung und Aufbereitung von Daten und andererseits zur Analyse dieser Daten. Wir müssen für diese Arbeitsschritte unterscheiden in die verschiedenen Datentypen, wie etwa Text und Bild, die in ▸ Kapitel 3 vorgestellt werden. Mit digitalen Methoden betreiben wir Informationsextrahierung und -verarbeitung, etwa indem Daten aus sozialen Medien oder von Webseiten, aber auch aus Datenbanken und digitalen Archiven automatisch gespeichert und aufbereitet werden. Die entsprechenden Möglichkeiten und Grenzen zum Finden und Speichern von digitalen Daten werden in ▸ Kapitel 4 aufgefächert. Die Analyse dieser Daten, wie in ▸ Kapitel 5 dargestellt wird, erfolgt mittels Verfahren wie Text Mining oder Visualisierungen. Mit algorithmischen Verfahren werden dabei gesellschaftliche, soziale und kulturelle Phänomene analysiert, wobei die Verfahren die Forschungen unterstützen und weiterentwickeln sollen. Damit tragen digitale Methoden zur Entwicklung von Theorien bei. Die potenziell dafür nutzbaren Verfahren können nicht abschließend aufgeschlüsselt werden und jedes Forschungsprojekt wird andere Schwerpunkte setzen, das Kapitel stellt jedoch die aktuell vielversprechendsten Analyseverfahren vor.

In vielen Bereichen kann der Forschungsprozess in seinem organisatorischen Setting schon ohne tiefergehende Kenntnis von Verfahren und Methoden oder größere Datenmengen enorm erleichtert werden, wenn digitale Tools verwendet werden. ▸ Kapitel 6 stellt die wichtigsten Bereiche vor, welche die Methoden aus ▸ Kapitel 5 ergänzen. ▸ Kapitel 7 erweitert die Perspektive in die entgegengesetzte Richtung: Hier werden die Vor- und Nachteile sowie die praktischen Seiten des eigenen Erlernens von Programmiersprachen als qualitativ Forschende beleuchtet.

Es geht also um die Erhebung, Nutzung und Analyse von digitalen Daten. Forschungsdesigns zur Untersuchung der digitalisierten Gesellschaft sind damit zwar oft ebenfalls gemeint, dies ist hier aber nicht zentral: Oft liegt der Schwerpunkt dort stärker auf einer kritischen Analyse der Phänomene rund um Digitalisierung. Die Frage, wie sozial eigentlich digitale Technologien sind, wird in den Science and Technology Studies (Vertesi/Ribes 2019), aber auch in der Soziologie (etwa Maasen/Passoth 2020; Marres 2017; Lupton 2015; Stalder 2016) oder der empirischen Kulturwissenschaft (etwa Beck 2019; Kinder-Kurlanda 2020; Ochs/Friedewald/Hess 2019) umfassend diskutiert, ebenso die Frage nach den damit veränderten Forschungsbedingungen und Datengrundlagen (etwa Crowder et al. 2020; Paulus/Jackson/Davidson 2017; Ruppert/

Law/Savage 2013). Viele dieser neuen Forschungszusammenhänge und auch konkrete Studien leisten Beiträge zur Methoden-Debatte. Es fehlt allerdings bisher weitgehend der Schritt, beide Perspektiven miteinander zu verbinden. Mit digitalen Methoden kann in qualitativer Forschung das methodische Herangehen insgesamt neu in Zusammenhängen gedacht werden, was neue Analysen von digitaler Gesellschaft und Technologie ermöglicht.

Den damit verbundenen Schwerpunktsetzungen kann man sich gut mit den vier Aspekten nähern, die Deborah Lupton (2015) systematisiert hat: Zunächst stellt sie die digitalisierten Wissenschaften in den Mittelpunkt, in denen Forschende digitale Tools und Plattformen wie etwa Twitter nutzen, um Netzwerke zu bilden, ein eigenes Profil herauszubilden und Forschungsergebnisse zu verbreiten. Das ist für uns nicht weiter relevant, auch wenn es ein spannendes Forschungsthema ist. Zweitens nennt Lupton die ganze Spannbreite von digitalen Daten und Techniknutzungen. Es geht ihr um Forschung dazu, wie Menschen digitale Medien nutzen, konfigurieren, ihr eigenes Selbst damit konstruieren und Verkörperungen vornehmen. Das ist zwar ebenfalls ein wichtiges Forschungsfeld, aber auch das steht hier nicht im Mittelpunkt. Für uns relevant ist das, was Lupton als „reconceptualising research in the digital era“ (ebd.: 42) bezeichnet. Es geht ihr in diesem Bereich darum, digitale Daten und Verfahren für die Soziologie zu nutzen, und zwar sowohl für die quantitative als auch die qualitative Forschung. Das ist es, was im Folgenden unter digitalen Methoden verstanden wird. Eng damit verbunden, hier aber weniger im Mittelpunkt, ist der vierte Punkt von Lupton, die „Critical Sociology of Big Data“ (ebd.: 93), die reflexive und epistemologische Überlegungen in den Mittelpunkt stellt und darüber nachdenkt, wie die Methodenentwicklung unser Denken, Forschen und Erheben verändert. Digitale Datenanalysen sind ohne eine kritische Reflexion zwar möglich, aber nicht wissenschaftlich fundiert, so zumindest meine Zusammenfassung dieser Perspektive. Ähnlich ist die Positionierung von Noortje Marres (2017), dass bereits heute viele wichtige soziologische Ansätze in digitale Infrastrukturen eingeschrieben sind. Es geht darum, wie wir anders forschen können und müssen, um in unserer digital durchdrungenen Welt wissenschaftlich zu arbeiten. Auf diese Zusammenhänge geht ▸ Kapitel 8 in der Darstellung der Grenzen digitaler Daten und Verfahren ausführlich ein.

Brauchen wir eine neue Methodologie, auch mit neuen Qualitätskriterien? Und welche computationellen Verfahren helfen uns, die unterschiedlichen digitalen Daten zu sammeln, aufzubereiten und zu analysieren? Wie kommen wir an digitale Daten, was für unterschiedliche Zugänge bestehen? Für welche Bereiche und Daten ist der Einsatz von digitalen Methoden zielführend, und für welche nicht? Was müssen wir dabei beachten? Um qualitative Forschung und digitale Methoden einander anzunähern und um die Verfahren weiter an unsere

Bedürfnisse anzupassen, brauchen wir einen Überblick über die bestehenden Möglichkeiten, konkretisiert an exemplarischen Projekten und Studien. Wir benötigen Anleitungen und Hilfestellungen für die Anwendung von Verfahren und die Nutzung von konkreten Tools sowie Hinweise zu Datensätzen und deren Aufbereitung. Für diese Elemente möchte ich im Folgenden Wege aufzeigen und diese Perspektiven immer wieder ineinander verschränkt ausführen, wobei Überblick und Anleitungen im Mittelpunkt stehen. Dabei darf die kritische Reflexion nicht zu kurz kommen. Doch gerade die praktische Hilfestellung für eine selbstständige Aneignung und Nutzung digitaler Methoden für Einsteiger:innen steht im Mittelpunkt dieses Bandes. Die Ausführungen werden deshalb ergänzt um ein ► Glossar, das hilfreiche Tools und Software ebenso aufführt wie zentrale Repositorien, in denen digitale Daten für und von qualitativen Forschungen gefunden werden können. Das Glossar dient als Nachschlagewerk für Ihre eigene Anwendung, an den verschiedenen Stellen im Text wird immer wieder auf die dort erläuterte Software und die Repositorien verwiesen. Damit eng verbunden sind die ► Übungsaufgaben, die jedes Kapitel abschließen. Sie sollen Anregungen zum eigenen Ausprobieren geben und konkrete Ideen für den Einstieg in die jeweils vermittelten Inhalte bieten, oft mit der Nutzung eines spezifischen Tools, und gleichzeitig zur Reflexion des Gelernten anregen. Sie können sich in der Umsetzung der Aufgaben an Ihrem eigenen Forschungsprojekt orientieren oder die Vorschläge anwenden, die jeweils bei der Aufgabe gegeben werden. Jede einzelne Aufgabe ist unabhängig von den anderen umsetzbar, sodass Sie nach den eigenen Schwerpunkten und Interessen wählen können.

Computationelle Ansätze haben weite Bereiche der Geistes-, Sozial- und Kulturwissenschaften in den vergangenen Jahren und Jahrzehnten tiefgreifend verändert. Qualitative Methoden können und sollten sich diesen Entwicklungen nicht verschließen. Sie sind jedoch nicht die Einzigen, die digitale Methoden aufgreifen und weiterentwickeln. Oder, andersherum: Es gibt zahlreiche Überschneidungen in der Anwendung und Weiterentwicklung der digitalen Verfahren, die wir nutzen können – denn wenn sich verschiedene Disziplinen und Forschungsmethoden zusammenschließen, können schneller bessere Ergebnisse erzielt werden. In vielen Bereichen befinden sich diese Entwicklungen noch in ihren Anfängen: Viel erfordert großen Aufwand und nicht alle wünschenswerten Verfahren sind technisch bereits realisierbar. Erst seit einigen Jahren werden computationelle Ansätze auch in der Breite der Forschung rezipiert, und noch lange nicht jede:r Forscher:in kann und möchte mit digitalen Verfahren arbeiten. Der Wandel hin zur Nutzung digitaler Methoden wird wohl kaum mit einem Bruch stattfinden, sondern er ist graduell (vgl. Chen 2018: 2). Digitale Methoden werden klassische qualitative Methoden ergänzen, nicht ersetzen. Das vorliegende Einführungswerk möchte einen Beitrag dazu leisten, die bereits etablierten Verfahren in der Breite qualitativer Forschung bekannt zu machen und diese für die spezifischen Anwendungen aufzuschlüsseln. Es geht somit weniger um innovative Neuentwicklungen als vielmehr um ein Einordnen des in anderen Bereichen bereits als Werkzeugkiste Bekannten und Genutzten in die konkreten Bedürfnisse und Ansprüche qualitativer Methoden.

Ein solches Einführungswerk ist nicht ohne das Mitdenken, kritische Begleiten und Hinterfragen durch Kolleg:innen und Freund:innen möglich. Wissenschaft entsteht im Austausch mit anderen und dieser war für die hier vorgestellten Ideen besonders wichtig. Mit akademischem Rat und freundschaftlicher Begleitung steht mir eine ganze Reihe von Menschen seit vielen Jahren zur Seite. Sie haben zur Schärfung meiner Gedanken und Kompetenzen in unterschiedlichen Konstellationen wesentlich beigetragen: Melanie Andresen, Christian Baisch, Katrin Bauer, Chris Biemann, Anne Dippel, Ina Dietzsch, Evelyn Gius, Lara Hansen, Gunther Hirschfelder, Sabine Imeri, Katharina Kinder-Kurlanda, Martina Klausner, Isabella Kölz, Dennis Möbus, Johannes Müske, Hannah Rotthaus, Sarah Thanner, Michael Vauth, Libuše Hannah Vepřek, Axel Vitzthum, Hella von Unger, Gregor Wiedemann, Lisa Wiedemann, Lars Winterberg, Barbara Wittmann, Heike Zinsmeister. Gemeinsames Denken und Umsetzen machen euch hoffentlich weiterhin so viel Freude wie mir, herzlichen Dank für die Kollaborationen bis hierhin und weiterhin!

Ohne die tatkräftige praktische Unterstützung von Nils Egger, Luis Fischer, Katharina Lillich und Florian Schmid wäre dieses Buch nicht so zeitnah und fundiert recherchiert erschienen. Sie haben weit über ein Arbeitsverhältnis hinausgehend mitgedacht und mitgemacht, wofür ich ihnen sehr herzlich danke. Ausgangspunkt für die hier verschriftlichten Darstellungen war meine Vorlesung „Einführung in die Computational Social Sciences", die ich im Sommersemester 2021, im Wintersemester 2021/22 sowie im Sommersemester 2022 am Institut für Soziologie der LMU München gehalten habe. Die Studierenden, die an dieser Vorlesung und der zugehörigen Übung teilgenommen haben, stellten wichtige Fragen und haben sich teils sehr aktiv und engagiert in die Diskussionen und das praktische Ausprobieren eingebracht. Ohne ihr Feedback und ihre Perspektiven wären die einzelnen Kapitel weniger strukturiert. Das Glossar basiert in Teilen auf Recherchen dieser Studierenden, hierfür gilt mein herzlicher Dank.

Dem Waxmann Verlag und insbesondere Beate Plugge danke ich für die Aufnahme ins Verlagsprogramm und die sorgfältige, zielstrebige und mitdenkende Betreuung dieses Buches.

Besonders in der Frühphase der Konzeption als Vorlesung sowie der Finalisierung der Druckversion hat die Arbeit an diesem Buch enorm viel Kraft und Zeit gekostet. Ohne die Ermutigung, Hinterfragung und auch Entschleunigung durch Peter Borchardt, Kerstin und Daniel Eggers mit Lars und Nils, Ute Franken, Claudia Franken, Moritz Fürneisen, Wassilij Gnedin, Andreas J. Haller, Hanna Heinrich, Tobias Kettner, Astrid Kohl, Stefan Kühnen, Kathrin und Niku Pourheidari mit Neo und Paula, Isabell Sambale, Bärbel Schomers, Michaela Schönnagel, Hannah Trenkmann, Anne Voigtländer, Lena Voigtländer, Gregor Weckbecker hätte ich diese Phasen nicht bewältigen können. Euch allen gilt mein tiefster Dank verbunden mit der Hoffnung, mich auch in künftigen Projekten und Lebensphasen auf euch verlassen und mit euch austauschen zu dürfen.

2. Grundlagen und Entwicklungslinien

2.1 Digital Humanities und Computational Social Sciences als Querschnittsaufgaben

In diesem Kapitel erfahren Sie,

- was die Digital Humanities, was die Computational Social Sciences sind und welche weiteren Bezeichnungen für digitale Methoden es gibt;
- was die Geistes-, Sozial- und Kulturwissenschaften in ihrer Annäherung an digitale Methoden unterscheidet und verbindet;
- welche (historischen) Entwicklungslinien in der Computerentwicklung und Informatik bestehen;
- welche digitalen Zugänge früh in den Geistes-, Sozial- und Kulturwissenschaften verwendet wurden;
- welche institutionellen Anbindungen und Einrichtungen existieren.

Wenn wir uns digitale Methoden als Dach oder Querschnittsdisziplin vorstellen, gibt es eine ganze Reihe von Disziplinen, die in den letzten Jahren digitale Vorgehen getestet und weiterentwickelt haben und sich unter diesem Dach versammeln lassen. So haben etwa die Geschichtswissenschaft (Schwandt 2021), die Kunstgeschichte (Kuroczyński/Bell/Dieckmann 2018) oder die Literaturwissenschaft (Reiter/Pichler/Kuhn 2020), aber auch die Politikwissenschaft (Blätte/Behnke/Schnapp 2018), Geografie (Kinsley 2014) oder Soziologie (Lupton 2015) eigene Ausprägungen ihres Faches mit dem Präfix „Digital" etabliert. Auch in den Science and Technology Studies gibt es Entwicklungen in der methodologischen Perspektive (Vertesi/Ribes 2019).

Unter welchem Begriff sich diese vielfältigen Entwicklungen versammeln, ist unterschiedlich. Die beiden verbreitetsten Bezeichnungen und etabliertesten Forschungsrichtungen bestehen in den Digital Humanities (DH) und den Computational Social Sciences (CSS). Beide bezeichne ich als Schwesterdisziplinen, die erst im Entstehen sind und unterschiedliche Schwerpunkte ausgebaut haben. Sie eint die Frage danach, wie computationelle Verfahren in den Geistes-, Sozial- und Kulturwissenschaften eingesetzt und für diese weiterentwickelt werden können (Franken 2022b). Während sich die Sozialwissenschaftler:innen hauptsächlich mit der gegenwärtigen Gesellschaft beschäftigen, legen die

Geisteswissenschaftler:innen den Schwerpunkt eher auf Vergangenes, arbeiten mit historischen Quellen und in vielen Bereichen mit dem, was wir als Hochkultur bezeichnen. Kulturwissenschaftler:innen sind mit ihren Perspektiven in einem Zwischenraum der beiden Bereiche angesiedelt (Franken 2022a). Die Herausforderungen und Chancen sind aber sehr vergleichbar: In beiden Bereichen wird daran gearbeitet, welche neuen Quellengattungen mit welchen Verfahren bearbeitet werden können. Andere Bezeichnungen für dieses Feld sind Digitale Methoden (etwa Rogers 2019; Snee et al. 2016), Interface Methods (Marres/Gerlitz 2016), Social Research in the Digital Age (Salganik 2018) oder Cultural Analytics (Manovich 2020), wobei letztere missverständlich in ihrem Schwerpunkt auf Methoden sind. Denn, wie einleitend bereits erwähnt, gibt es viele Geistes-, Sozial- und Kulturwissenschaftler:innen, die sich mit Phänomenen der Digitalisierung beschäftigen, ohne dabei veränderte Methoden oder Datengrundlagen zu berücksichtigen. Gleichzeitig kann man digitale Methoden auch anwenden, wenn man andere Phänomene als jene der Digitalisierung betrachtet.

Zentral ist für alle Entwicklungen: Digitale Methoden in den Geistes-, Sozial- und Kulturwissenschaften bedeuten eine Adaption von Verfahren aus der Informatik und den Informationswissenschaften. Unter dem jeweiligen Dach finden sich Forschende mit unterschiedlichen Vorkenntnissen und Interessen zusammen, um gemeinsam neue Lösungsmöglichkeiten mittels eines Werkzeugkastens aus bekannten informatischen Verfahren zu suchen oder neue Verfahren im Rahmen eines Experimentierkastens zu entwickeln (vgl. Franken 2022b). In den DH wird deshalb auch zwischen Werkzeug und Methode unterschieden (vgl. Thaller 2017a: 4) oder als Low-End-Anwendung und High-End-Weiterentwicklung (Sahle 2015). Immer steht jedoch die Erweiterung des eigenen Methodenrepertoires um informative Verfahren im Mittelpunkt der Überlegungen. Deshalb steht im Folgenden zunächst ein grober Überblick zur Entwicklung der Informatik, bevor frühe Adaptionen der entsprechenden Verfahren aus den Geistes-, Sozial- und Kulturwissenschaften beleuchtet werden.

Informatik fragt, so könnte man zusammenfassen, danach, wie man Informationen computationell darstellen und verarbeiten kann. Das ist eine alte Frage, die schon seit Jahrhunderten interessiert. Mit dem binären Zahlensystem, also der Unterscheidung 0 und 1, eingeführt von Leibniz um 1700, waren die Grundstrukturen für binären Code gelegt (vgl. Reichert 2017: 20). Es gab in den nächsten Jahrhunderten verschiedene Nutzungen, die der Entwicklung eines Rechners bereits nahekamen.

Zentral ist die Arbeitsweise einer Maschine, die für einen ganz anderen Zweck entwickelt wurde: Mit dem Jacquard-Webstuhl entwickelte der gleichnamige

Erfinder ein System, das mit Löchern in Karten die Nadeln an einem Webstuhl dazu bringt, einen Faden aufzunehmen (durch ein Loch hindurch) oder eben nicht (dort, wo keine Löcher in der Karte sind). Diese Karten sind schon eine Form von austauschbarer Software: Wenn eine andere Karte in den Webstuhl gesteckt wird, erstellt dieser ein anderes Muster auf dem gewebten Band. Und sie sind die Vorlage für die Lochkarten (vgl. Denning/Tedre 2019: 48).

Die sogenannte Analytical Engine von Charles Babbage und Ada Lovelace wurde 1834 entworfen und bis in die 1870er Jahre weiter konzipiert (vgl. Reichert 2017: 20; Denning/Tedre 2019: 51): Babbage und Lovelace entwickelten eine Maschine, die mit Lochkarten ein Programm ausführt, das mathematische Berechnungen erstellt. Hier wurde implementiert, dass vorherige Berechnungen einbezogen werden und einzelne Programmteile wiederholt werden können (also ein Loop, vgl. ▸ Kapitel 2.3). Babbage und Lovelace werden oft als die ersten Programmierer:innen bezeichnet. Sie hatten den Anspruch, theoretisch jede Information zu verarbeiten, die in Form von Symbolen ausgedrückt werden kann. Das Modell wurde aber nie fertiggestellt, war also nie funktionstüchtig. Diese Analytical Engine ist wiederum ein Vorgänger des von Alan Turing 1936 (zunächst theoretisch) entwickelten Computers, der mit programmierbaren Rechenvorschriften Daten verarbeitet, ein mathematisches Maschinenmodell (vgl. Reichert 2017: 23).

Herman Holleriths Tabuling Machines oder Punch Card Machines wurde entwickelt, um im amerikanischen Zensus von 1890 die Auswertung zu erleichtern: Die Daten von einzelnen Personen wurden auf Karten als Lochmuster gestanzt. So konnten die Karten nach verschiedenen Kriterien ausgegeben werden – vielleicht die frühste Anwendung von computationellen Methoden für die Sozialwissenschaft. Alle diese frühen Systeme basieren auf dem binären System, und sie kommen ohne Strom aus. Mit der Verbreitung von Elektrizität wurden verschiedene Modelle weiterentwickelt. Die Anfänge der Informatik liegen auch im Zweiten Weltkrieg begründet, als Algorithmen immer wichtiger für die strategische Kriegsführung wurden.

Konrad Zuse entwickelte 1938 einen Computer in Deutschland, den Z1, der auf Grundlage von mechanischen Schaltungen betrieben wird. In den Folgejahren entwickelte er mehrere Nachfolgemodelle, die mit Speicher und Zentralregister ausgestattet wurden. Grundelemente seiner Firma, die er bis in die 1960er Jahre betrieb, wurden von Siemens übernommen. Fast zeitgleich mit Zuse, 1944, entwickelte Howard Aiken gemeinsam mit IBM den Computer Mark I in Harvard, der Informationen auf einem Lochkartenband speicherte. Um Flugtabellen von Artillerie-Geschossen zu berechnen, entwickelte ein Team um John Mauchly an der Moore School, ebenfalls in den USA, eine Maschine, die sie

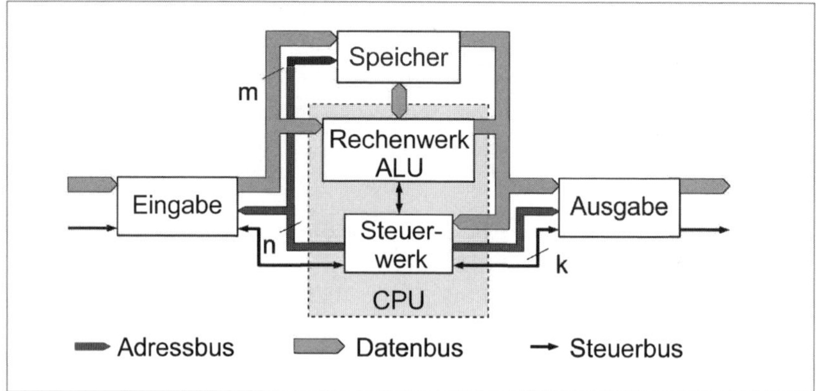

Grafik 1: Schaltbild einer Von-Neumann-Architektur. Medvedev, CC by SA 3.0, Wikipedia Commons.

ENIC nannten: Electronic Numerical Integrator and Computer. Alan Turing, den ich eben schon erwähnt habe, konnte seine theoretischen Überlegungen zu einer Rechenmaschine beim britischen Militär konkretisieren und entwickelte mit seinem Team eine Maschine, die den Engima-Code entschlüsselte – was jedoch auch nach Kriegsende noch jahrzehntelang als Militärgeheimnis unter Verschluss blieb.

Das genannte ENIC-Team machte nach Kriegsende mit zivilen Entwicklungen weiter und unterteilte seine Maschine in drei Bereiche, nämlich den Prozessor (Central Processing Unit, CPU), den Speicher und das Input-Output-Unit (vgl. Denning/Tedre 2019: 53). In ▸ Grafik 1 ist die (nach einem Teammitglied von ENIC benannte) von-Neumann-Architektur schematisch dargestellt: Links steht die Eingabe, die auf den Prozessor (die CPU) und den Speicher einwirkt, welche die eingegebene Aufforderung (eine Programmstruktur) erledigt und speichert, und sie rechts wieder ausgibt. Damit entsteht eine Unterteilung der Rechenmaschine Computer in Funktionseinheiten: Steuerwerk, Rechenwerk, Speicher, Eingabewerk und Ausgabewerk. Die Einheiten sind über sogenannte Busse miteinander verbunden. Busse liegen sowohl außerhalb als auch innerhalb der CPU.

Die von-Neumann-Architektur baut auf dem grundlegenden Modell von 0 (aus) und 1 (an) auf. Aus dem Binären leitet sich auch der Begriff des „Bit" ab, kurz für „Binary Digit". Damit wir Daten mit Computern verarbeiten können, müssen wir sie in binären Code übersetzen, denn in der Maschine wird nur mit Spannungen gearbeitet, mit Schaltungen aus diesen Spannungen. Wenn wir diese Aktivitäten steuern wollen, brauchen wir binären Code (vgl. Denning/Tedre 2019: 55 f.).

Diese Unterteilung ist im Grundsatz bis heute die Standardlösung zur Entwicklung von Computern, die seit ihrer Veröffentlichung 1945 weitestgehend unverändert eingesetzt wird. Mittlerweile gibt es allerdings Ausnahmen und Weiterentwicklungen, insbesondere neuronale Netze und Quantencomputer. Was war hier also passiert? Es wurde eine Computerstruktur entwickelt, die nun prinzipiell allen gesellschaftlichen Bereichen zur Verfügung stand (mal abgesehen von dem enormen Aufwand von Kosten und Zeit und Wissen, die damals notwendig waren). Schon in den 1950er Jahren entwickelte sich eine Industrie rund um die Computerproduktion und -weiterentwicklung, wenn auch noch nicht für den persönlichen Gebrauch. Die von-Neumann-Architektur setzte sich durch und es wurde zum Standard, Computer als universelle Maschinen zu gestalten, die ihre Programme in internen Speichern speicherten (vgl. Denning/Tedre 2019: 62). Was dies für heutiges computationelles Denken bedeutet, wird in ► Kapitel 2.3 weiter ausgeführt.

Das Herunterbrechen auf Nullen und Einsen (das Kompilieren in binären Code) passiert nicht bei jedem einzelnen Programm, das benutzt wird. Programmpakete (oder Module) ermöglichen es, vorgefertigte Teile und Bibliotheken zu nutzen, nicht mehr jedes Element eines Programms muss selbst erstellt werden. Diese Pakete und Bibliotheken können so wiederverwendet werden, sie kommunizieren durch Interfaces (Schnittstellen) miteinander. Dies gilt auf den verschiedenen Ebenen, und auch im selbst erzeugten Programmcode nutzen Programmierer gerne eigene oder fremde Module, um diese immer wieder verwenden zu können und gleichzeitig den eigenen Code übersichtlicher, kürzer zu halten. Diese Wiederverwendung ist sinnvoll, so muss das Rad nicht immer wieder neu erfunden werden, sondern es wird auf bestehende Ressourcen aufgebaut, wie es auch in anderen Forschungsbereichen üblich ist, wenn etwa der Forschungsstand berücksichtigt oder von anderen entwickelte Methoden anwendet werden. Es gibt verschiedene Paradigmen des Programmierens, auf die hier nicht weiter eingegangen werden kann: objektbasiertes Programmieren etwa mit Python, functional Programming legt den Schwerpunkt auf mathematische Funktionen, imperatives Programmieren baut auf einem Set aus Modulen auf.

Schon in den 1960ern unterteilte sich die Wirtschaft und in Teilen auch die entstehende Wissenschaft von den Computern, die Informatik, in Hardware- und Software-Bereiche (Reichert 2017: 25). Gleichzeitig wurden (und werden immer noch) zahlreiche Programmiersprachen entwickelt, die mit unterschiedlichen Paradigmen an das Problem herangehen, eine Aufgabenstellung eindeutig zu formulieren und so einer Maschine „beizubringen".

Die ersten Personal Computer (also PCs) wurden fast gleichzeitig 1976 von Apple und 1977 von Commodore sowie 1981 von IBM auf den Markt gebracht. Damit kam die Rechenleistung in die Haushalte, die Verbreitung steigerte sich dann vergleichbar wie die der Fernsehgeräte in den 1960er Jahren. Etwa gleichzeitig beschleunigten sich auch die Entwicklungen hin zum Internet: Nach ersten Grundlagen in den 1960er Jahren und der Verbreitung von Programmcode vor allem zwischen amerikanischen Universitäten in den 1970er Jahren wurden in den 1980ern Protokolle entwickelt, die schließlich in den 1990ern das World Wide Web entstehen ließen, wie wir es heute kennen. Mit dem Personal Computer kam es zur Etablierung von Betriebssystemen, welche (nach dem Vorbild von Apple und Atari) ein grafisches Interface haben. Für die wissenschaftliche Forschungspraxis früh sehr relevant waren die Textverarbeitungssysteme wie Microsoft Word, aber auch die Anwendung LaTeX, welche vor allem für die Darstellung von Formeln eine enorme Arbeitserleichterung im Schreiben bedeutet.

Dieser kleine historische Abriss, der in seiner Chronologie viele Gleichzeitigkeiten unberücksichtigt lassen muss, zieht sich nicht bis zur Gegenwart, denn die Entwicklungen der vergangenen Jahre und Jahrzehnte waren und sind sehr schnelllebig und könnten eigene Bücher füllen. Gleichzeitig sind die Entwicklungen im Allgemeinwissen viel präsenter. Die Rechenkapazität hat sich in den vergangenen Jahren multipliziert und die Zugänglichkeit zu Computern und Programmierkenntnissen hat sich massiv erhöht. Durch die Auslagerung von rechenintensiven Operationen in die Cloud, also ein Server der für die eigene Nutzung gemietet wird und als Dienstleistung betrieben wird, ist es noch einfacher geworden, große Ansätze computationell zu verfolgen. Vergleichbares gilt für die Auslagerung von großen Datenmengen in die Cloud, wobei Speicherkapazitäten heute oft das geringste Problem darstellen.

Es wurden neuere Programmiersprachen entwickelt, die näher an unserem menschlichen Sprachgebrauch orientiert sind und viele technische Details auslagern, es gibt Programmieroberflächen, die mit Drag and Drop funktionieren und schon für Grundschulkinder vorgesehen sind. Aber das ist natürlich sowohl global als auch sozial gesehen nur einem Bruchteil der Gesellschaft zugänglich: Mit diesen Entwicklungen entstehen neue soziale Ungleichheiten, der Digital Divide und fehlende digitale Literalität (also die Fähigkeit, schon mit einfachen Softwareprogrammen umzugehen) sind neue Problemfelder.

Mit einem Lochkartensystem wurde schon in den 1940er Jahren ein erstes geisteswissenschaftliches Projekt umgesetzt: Der Theologe und Mönch Robert Busa überzeugte 1946 die Firma IBM davon, eine Konkordanz aller Texte von Thomas von Aquin auf Lochkarten zu erstellen: Sie entwickelten eine Systematik von allen bei Aquin verwendeten Begriffen und deren jeweiligen Verwendungskontext (in Form von Wörtern, die bestimmte Begriffe umgeben), um so auf unbewusste Sprachmuster schließen zu können. Dieses Projekt dauerte Jahrzehnte (Nyhan/Passarotti 2019; vgl. auch Thaller 2017a: 3). Es zeigte mit als erstes auf, wie durch computationelle Verfahren etwas Neues, anderes mit geistes-, sozial- und kulturwissenschaftlichen Quellen gemacht werden kann: Busa suchte nach dem Präsenzbegriff, der nicht nur explizit (also das Wort „Präsenz" im Text), sondern oft nur durch Funktionswörter angezeigt wurde. Zunächst hatte er tausende Karteikarten erstellt, um den einzelnen Textstellen habhaft zu werden – diese Arbeit an einen Computer abzugeben, erleichterte die Forschung nicht nur, sie machte auch einen anderen Zugang möglich. Der Corpus Thomisticum ist bis heute in viele Sprachen übersetzt online zugänglich (deutsch: Schütz 2006), nachdem er in den 1990ern bereits auf CD-Rom erschienen war.

1963 veröffentlichten Mosteller und Wallace eine Untersuchung, in der sie die sogenannten Federalist Papers, die zum Zeitpunkt der Verhandlung der amerikanischen Verfassung von einer Gruppe von Autoren geschrieben worden waren, den einzelnen Autoren anhand ihres Schreibstils und der Nutzung von Funktionswörtern zuordneten (Mosteller/Wallace 1963; Thaller 2017a: 4). Auch sie hatten den Rechner zunächst als Arbeitserleichterung verwendet, der ihnen dann neue Zugänge auf ihr Material ermöglichte.

Ein weiteres Beispiel aus den frühen Zeiten der digitalen Methoden ist die Software General Inquirer (Stone et al. 1966): Bei dieser Entwicklung ging es darum, computergestützte Inhaltsanalysen zu betreiben. Hiermit konnten erstmals große Mengen von Text automatisch durchgesehen werden, um Hypothesen zu testen (Cioffi-Revilla 2017: 19). Auch dabei wurden Großrechner benötigt, um die Suchen durchzuführen. Das Programm wird bis heute weiterbetrieben und ist vor allem auch für sein ausgefeiltes Kategoriensystem bekannt. In der Diskursforschung wurde ebenfalls – vor allem von der linguistischen Diskursforschung, aber auch von der kritischen Diskursanalyse – früh auf Computerunterstützung zurückgegriffen, um große Textmengen z. B. von Zeitungsartikeln auszuwerten. So gelten etwa die Überlegungen von Michel Pêcheux (1969) zur automatischen Diskursanalyse als grundlegend (vgl. Wiedemann 2013; Helsloot/Hak 2007). Um es mit Cioffi-Revilla zusammenzufassen:

> „For the first time social scientists were able to analyse vast amounts of data, test many novel scientific hypotheses, and explore the dimensions and structures of social space." (Cioffi-Revilla 2017: 19)

Schon in den 1960ern entstanden mit dem Programm TUSTEP (Ott 2017) erste Kommandozeilen-basierte Programme für die Auswertung von Texten ebenso wie – fast gleichzeitig – mit SPSS die ersten Versionen eines bis heutige gängigen Statistik-Programms (vgl. Thaller 2017: 6). In den 1980ern folgte Software für die qualitative Sozialforschung, insbesondere MaxQDA (Kuckartz 2010) und Atlas.ti eroberten den Markt und können ihre Vorreiterrolle in der QDA-Software bis heute halten (Wiedemann 2013).

All diese frühen Entwicklungen, die ich hier nur exemplarisch aufgreifen kann, sind auf Text fokussiert. Dies gibt uns schon einen Hinweis darauf, dass Text die mit Abstand am besten zugängliche Quellengattung für digitale Methoden ist (vgl. hierzu ► Kapitel 3.2).

Seit den 1980ern werden Computational Sciences in unterschiedlichen Wissenschaftszweigen betrieben. Interessant ist dabei die Unterscheidung zwischen Science als Naturwissenschaft und Humanities als Geisteswissenschaft, die Sozialwissenschaften als Social Science sind hier an der Grenze beider Konzepte und die Kulturwissenschaften stehen wiederum im Dazwischen der Geistes- und Sozialwissenschaften (vgl. Franken 2022a). Zunächst fand die Entwicklung der Computational Sciences in den datenintensiven Naturwissenschaften statt, denn der Umgang mit unglaublich großen Datenmengen wurde dadurch stark vereinfacht. Zu Beginn waren es vor allem die quantitativen Ansätze aus den Sozialwissenschaften sowie die datenintensiven Bereiche der Geisteswissenschaften, die in den computationellen Verfahren großes Potenzial sahen und diese schon früh nutzten. Auch heute sind die Einflüsse der quantitativen Zugänge in den CSS stark, das Schlagwort der Big Data ist in der Community omnipräsent. In den DH waren es die großen Editionsprojekte, die zuerst die Möglichkeiten einer computationellen Datenverarbeitung erkannten und bis heute nutzen, dazu kamen frühe Digitalisierungsprojekte für historische Archivalien.

Welche Rolle die Informatik in diesen Bereichen spielt, ist nicht unumstritten. Zum Beispiel bei Cioffi-Revilla (2017: 34) wird Informatik immer wieder nur als Hilfswissenschaft, als Möglichkeit zur Formalisierung aufgeführt, genutzt wird hier die angewandte Informatik (und nicht die theoretische). Die Informatik selbst wehrt sich jedoch gegen diese Perspektive (Deck 2018; Burghardt/Wolff/Womser-Hacker 2015). Wenn wir Kooperationen auf Augenhöhe führen möchten, brauchen beide Seiten ein eigenes Forschungsinteresse. Informatik ist eben kein Dienstleister für die Geistes-, Sozial- und Kulturwissenschaften. Aber natürlich brauchen wir die Softwareentwicklung, aus Informatik-Perspektive Standardlösungen, um unsere Problemlösungen umzusetzen. Die jeweiligen Fachdisziplinen und die Informatik bewegen sich damit im besten Fall aufeinander zu.

Oft waren und sind jeweils Fachwissenschaftler:innen unterwegs, die Probleme lösen wollten und sich dafür die Computerunterstützung zu eigen machten, in ihrer Forschungspraxis anwendeten und heute natürlich auch noch anwenden (vgl. Thaller 2017a: 5 f.). Inwiefern auch gelernte Informatiker:innen involviert sind, unterscheidet sich jeweils – und mittlerweile gibt es etwa in der Biologie längst Studiengänge, die diese spezifische Form der Informatik lehren (also etwa Bioinformatik) (vgl. Denning/Tedre 2019: 150 ff.).

Die DH sind (zumindest in Deutschland) bereits relativ etabliert, hier finden sehr viele Aktivitäten gebündelt unter dem Verband DH im deutschsprachigen Raum (DHd) statt. Auch in anderen Sprachräumen bestehen die DH in Fachverbänden, Konferenzreihen, Studiengängen und Professuren. Die Initiative ging klar aus den Geisteswissenschaften hervor, wo Einzelne die Potenziale des Programmierens für ihre Methoden erkannten, sich vernetzten und die Kollaborationen sowohl untereinander als auch mit der Informatik und den Informationswissenschaften ausbauten. Bereits seit den 1980ern wird das Forschungsgebiet Humanities Computing (McCarty 2005) betrieben, das seither an Breite und Tiefe gewonnen hat. Die Ausgangspunkte kamen aus den Textwissenschaften und waren bereits früh eng mit der Computerlinguistik verbunden. Dementsprechend liegen Schwerpunkte neben den bereits erwähnten digitalen Editionen und der Publikation von digitalisierten Archiv- und Museumsbeständen auf der Analyse großer Textmengen im Sinne eines Distant oder Scalable Reading (vgl. ► Kapitel 5.3) oder der computationellen Annotation (vgl. ► Kapitel 5.5). Allerdings entwickelt sich der Forschungszusammenhang dynamisch weiter und neben der Visualisierung von Ergebnissen stehen zunehmend andere Datentypen, wie etwa Bilder und Videos aber auch Musiknotationen, im Fokus. Damit gehen Spezialisierungen ebenso wie eine stärkere Einbindung anderer Disziplinen einher, sodass etwa Theoriebildung wichtiger wird (Geiger/Pfeiffer 2020). Neben dem deutschsprachigen Fachverband sind insbesondere die internationale Tagung Digital Humanities sowie Zeitschriften wie *Digital Humanities Quarterly* relevant, es bestehen zudem mehrere Einführungswerke in den Fachzusammenhang (etwa Jannidis/Kohle/Rehbein 2017; Schreibman/Siemens/Unsworth 2016; Drucker 2021).

Die CSS haben eine jüngere und auch uneinheitlichere Entstehungsgeschichte. Sowohl Sozial- als auch Naturwissenschaftler:innen sahen die Potenziale, gegenwärtige Gesellschaft computationell zu analysieren, insbesondere die großen Datenmengen der Online-Interaktionen versprechen neue Perspektiven (Reichert 2017: 30). Anfänge der CSS finden sich außerdem in der Simulation menschlichen Verhaltens mittels Computersimulationen (Salganik 2018). Auch Experimente spielten in einigen Bereichen schon früh eine große Rolle. Die CSS sind vergleichsweise wenig und erst kurz institutionell implementiert. Das merkt man zum Beispiel daran, dass es keine deutschsprachige Fachgesellschaft gibt; wenn, dann findet die Diskussion jeweils in den Fachdisziplinen statt. In den Amerikas gibt es mit der Computational Social Science Society of the Americas bereits eine Dachorganisation. Für den deutschsprachigen Raum ist GESIS als Leibniz-Institut für Sozialwissenschaften eine zentrale Anlaufstelle, die neben eigener Forschung als Serviceeinrichtung Angebote anbietet, so etwa umfangreiches Trainingsmaterial (vgl. ► Glossar). Zentral ist außerdem die Konferenz International Conference on Computational Social Science (IC2S2) sowie das junge *Journal of Computational Social Science*: Die Abstracts und Themensetzungen sind eine gute Fundgrube dafür, was sich aktuell in diesem Feld tut.

Nicht unberücksichtigt bleiben dürfen dabei Entwicklungen, die parallel und in Teilen unabhängig von den beiden großen Bezeichnungen passieren und passiert sind. Insbesondere die Gruppe um Richard Rogers und Noortje Marres (Rogers 2019; Marres/Gerlitz 2016) sowie die Ausführungen von Helene Snee und anderen (Snee et al. 2016) haben für Pluralität in den Zugängen gesorgt und die konkreten Methoden mit Reflexionen des veränderten Forschungsprozesses verbunden, ebenso wie zahlreiche Ansätze aus den STS und der digitalen Ethnografie (vgl. ► Kapitel 5.9).

Zentraler als in den DH ist es in den CSS, diesen Begriff zu nutzen und mit den eigenen wissenschaftlichen Perspektiven zu füllen. Notwendig ist laut Lazer et al. (2009) eine CSS „based in an open academic environment" (721). Nur so wird der Begriff unabhängig von ökonomischen Interessen etwa von Konzernen. Gleichzeitig ist es den einzelnen Forschenden überlassen, sich in und zwischen diesen Querschnittsdisziplinen zu verorten. Gerade weil die Bezeichnungsformen vielfältig sind, ist dies auch eine Möglichkeit, das eigene Tun einzuordnen und Bezugspunkte zu setzen. Da ich die Position vertrete, dass die Grenzen zwischen DH und CSS gerade in Bezug auf die digitalen Daten und Verfahren uneindeutig sind und vielmehr Gemeinsamkeiten als Unterschiede betont werden sollen, verwende ich im Folgenden die Bezeichnung „digitale Methoden" und nehme dabei in Kauf, dass die Daten in diesem Namen zu kurz kommen. Explizit schließe ich mich hier allerdings nicht einfach der englischsprachigen Bezeichnung an, sondern möchte Bezüge setzen hin zur Methodendebatte im deutschsprachigen Raum, die qualitative und quantitative Perspektiven noch immer zu stark voneinander trennt. Zudem ist bisher die qualitative Forschung mit ihren Besonderheiten in der Berücksichtigung deutlich zu kurz gekommen.

Übungsaufgaben zu DH und CSS

Mindmap zu DH und CSS: Erstellen Sie eine Mindmap mit einem digitalen Tool Ihrer Wahl (vgl. ► Glossar): Was können wir unter den DH verstehen, was unter CSS? Wo stehen digitale Methoden dabei, wo die qualitative Forschung? Stellen Sie verschiedene Ordnungskriterien zusammen und verdeutlichen Sie sich die Ebenen und Sortierungsmöglichkeiten. Sie können mit Mengendiagrammen, Abfolgen, Flowcharts, Memos oder auch mit Stickern und Emojis arbeiten. Erstellen Sie zuerst eine große Struktur und sammeln Sie Hinweise, um diese zu verfeinern. Bauen Sie Ihre Struktur aus und machen Sie deutlich, welche möglichen Teilbereiche, Schnittmengen und Abgrenzungen sich ergeben. Im Laufe der Lektüre der folgenden Kapitel können Sie auf diese Mindmap zurückkommen, sie verändern und ausbauen.

2.2 Digitale Grundkenntnisse: Datenethik und Datenschutz

In diesem Kapitel erfahren Sie,

- was der Unterschied von digitaler Literalität zu digitalen Methoden ist;
- wie sich Grundsätze der Forschungsethik mit digitalen Daten und Verfahren erweitern;
- wie Anonymisierung digitaler Daten realisiert werden kann;
- warum es wichtig ist, wo Forschungsdaten gespeichert werden;
- wann Urheberrechte relevant sind;
- was die Creative-Commons-Lizenzen und was Open Access sind.

Welche Fragen wir an Daten stellen können, ist zentral davon abhängig, welche Tools und Infrastrukturen wir verwenden. Um das bewusst zu entscheiden, brauchen qualitativ Forschende digitale Grundkenntnisse in Form einer digitalen Literalität, die über das Benutzen von konkreten Tools hinaus geht. Digital Literacy von Forschenden und Studierenden gleichermaßen wird zwar von Sahle (2016) als nicht zur DH zugehörig verstanden, ist aber Grundvoraussetzung für die Anwendung von digitalen Methoden. Denn: „To some extent, tools and infrastructure shape the questions we can ask“ (Svensson 2016: 16) Erst wenn wir nachvollziehen können, was die benutzten Tools jeweils tun, können wir diese informiert in unsere Forschung einbinden. Um die konkreten Anwendungsmöglichkeiten und deren jeweilige Infragestellung geht es in den folgenden Kapiteln (zum Speichern von Daten ▸ Kapitel 4, zum Analysieren ▸ Kapitel 5 und zur Unterstützung des Forschungsprozesses ▸ Kapitel 6). Digitale Grundkenntnisse sind jedoch in zwei weiteren Bereichen relevant: Datenschutz und Datenethik, die im Folgenden vorgestellt werden. Das sind grundsätzlich keine neuen Bereiche, sie werden in qualitativer Forschung schon lange diskutiert. Aber auch sie wandeln sich mit dem Digitalen, genauso wie sich unsere Methoden und Daten wandeln.

Alle allgemeinen Grundsätze der Forschungsethik gelten auch bei der Verwendung digitaler Methoden. Das müssen wir uns immer wieder verdeutlichen, wenn wir mit digitalen Daten arbeiten und auch wenn wir uns anschauen, wie andere mit digitalen Daten arbeiten. Um die ethnischen Veränderungen zu beurteilen, ist zunächst ein kurzer Blick auf bestehende Herausforderungen sinnvoll. Ich orientiere mich dabei an den Darstellungen von Hella von Unger (2014), folge aber ihrer Reihenfolge nicht. Zunächst haben wir das Problem der informierten Einwilligung, also der expliziten Zustimmung der Menschen in unserem Feld zu unserer Forschung und ihrer Beteiligung. Nicht immer ist es möglich, einen Informed Consent explizit einzuholen. Denn unsere Forschungsprozesse sind prinzipiell offen und während der Erhebung fortlaufend in Entwicklung, sodass nicht immer klar ist, welche Rolle erhobene Daten im weiteren Forschungsprozess tatsächlich spielen werden. Nebensächlichkeiten können zentral werden und von uns vorab als wichtig eingeschätzte Elemente vergleichsweise unwichtig. Wann also wer um eine Zustimmung für die eigene Forschung gebeten werden sollte, ist nicht immer klar. Oft hilft es, Schlüsselpersonen im Feld zu informieren. Die explizit notwendige Einwilligung in die Speicherung von personenbezogenen Daten ist auch ein rechtlicher Akt, der durch die Datenschutzgrundverordnung der EU (DGSVO) neu definiert wurde. Der Rat für Sozial- und Wirtschaftsdaten sowie Qualiservice stellen hilfreiche Arbeitspapiere (Hollstein/Strübing 2018; Rat für Sozial- und Wirtschaftsdaten 2016) und auch Musterformulare mit umfassenden Erläuterungen bereit (Kretzer et al. 2020).

Damit eng zusammen hängt die Vertraulichkeit und Anonymisierung. Anonymisierung von sensiblen personenbezogenen Daten ist ein je individuell zu lösendes diffiziles Geflecht aus unterschiedlichen Ansprüchen und Schutzbedürfnissen. Wir können Anonymität nicht in allen Zusammenhängen gewährleisten, denn die für qualitative Forschungen so wichtigen Kontexte ermöglichen es gerade informierten Lesenden, Personen zu identifizieren. Wie sinnvoll anonymisiert werden kann und ob das immer zielführend ist, können wir also schon ohne Digitalität nicht abschließend beantworten (von Unger 2014: 25). Das Forschungsmaterial zeitgleich mit der Veröffentlichung zu vernichten, wie etwa Alice Goffman (2014) das getan hat, ist eine drastische Form der Anonymisierung von Forschungsdaten und geht mit den Forderungen nach Forschungsdatenmanagement (vgl. ► Kapitel 4.4) und der Nachvollziehbarkeit von Forschungserkenntnissen nicht zusammen. Anonymisierung von Material ist aufwendig und verlangt eine Strategie, wie sie ebenfalls beispielsweise von

Qualiservice als gute Praxis erarbeitet wurde (Kretzer 2013). Für jedes Forschungsprojekt ist eine eigene Strategie notwendig, die an das Feld und die Sensibilität der Daten angepasst wird. Mittlerweile wird die Anonymisierung durch das Tool QualiAnon unterstützt (vgl. ► Glossar). Grundsätzlich gilt die Maßgabe: So wenig wie möglich, so viel wie nötig anonymisieren. Außerdem ist es für die ethischen Perspektiven zentral, die eigene Subjektivität in Form von Selbstreflexivität mitzudenken: Die eigene Positioniertheit im Feld, die bedingt ist durch uns als Person, durch unser Auftreten und Handeln. Ist die Frage nach ethischen Herausforderungen für digitale Daten also „alter Wein in neuen Schläuchen"? Ja, aber die genannten Punkte erhalten eine andere Relevanz, wenn wir die veränderten Zugänge zu unseren jetzt digitalen Daten betrachten.

Wenn wir mit digitalen Daten arbeiten, insbesondere prozessproduzierten die online erhoben werden (vgl. zur Differenzierung ► Kapitel 3.1), ist besondere Umsicht notwendig. Eine informierte Einwilligung ist nicht immer möglich, da in digitaler Ethnografie (► Kapitel 5.9) nicht immer direkte Interaktion mit den Beforschten stattfindet. Gerade bei automatisierten Speicherungen größerer Datenmengen (► Kapitel 4.1 und 4.2) ist diese in der Regel nicht möglich. Wenn wir Social-Media-Daten (► Kapitel 3.4) nutzen, haben die jeweiligen Produzierenden der Daten zwar den allgemeinen Geschäftsbedingungen der einzelnen Plattform zugestimmt, nicht aber unserer Forschung. Durch einen offiziellen Zugang über die Plattform ist die Nutzung der Daten zwar rechtlich abgesichert, aber nicht ethisch. Bei Publikationen aus diesen Daten sind gegebenenfalls rechtliche Feinheiten in den jeweiligen Geschäftsbedingungen der Plattform für die Nachnutzung nachzulesen. So dürfen in der Regel keine ganzen Datensätze veröffentlicht werden. Zentral sind hier aber die ethischen Fragen, weil in automatisierten Speicherungen keine informierte Einwilligung möglich ist. Deshalb ist im Einzelfall genau abzuwägen, ob es ethisch vertretbar ist, die Daten dennoch für die eigene Forschung zu verwenden.

Auch wo sie möglich ist, sieht eine informierte Einwilligung im Digitalen oft anders aus als in der „klassischen" Sozialforschung, wo wir ganz explizit mit Menschen zusammenarbeiten und uns ihr Einverständnis einholen können, wenn wir mit ihnen zum Beispiel Interviews führen. Wenn wir digitale Daten verwenden, interagieren wir oft nicht direkt mit den Menschen, die diese Daten produziert haben. Gleichzeitig sind digitale Daten durch die Rückwärtssuche online besonders leicht zu rekonstruieren und zu de-anonymisieren. Das heißt: Wenn wir wörtlich zitieren, muss meist nur dieser Text in eine Suchmaschine eingegeben werden, um die Quelle offenzulegen. Gerade die Veröffentlichung von kompletten Datensets ist deshalb ethisch oft bedenklich (Jünger 2018: 124). Hier ist also besondere Vorsicht geboten. Sobald wir digitale Daten und insbesondere Social-Media-Daten nutzen, ist die Notwendigkeit zur ethischen Sensibilität also besonders groß. Natürlich gibt es auch hier Unterschiede: Posts von Personen des öffentlichen Lebens sind unproblematischer als die von Privatpersonen, die wir – im Zweifelsfall ohne deren Informed Consent – in ganz neue Kontexte einordnen und auch dann nicht anonymisieren können, wenn wir die Nutzendennamen und Vergleichbares ändern. In den meisten Fällen ist es ethisch bereits bedenklich, ungeschwärzte Screenshots zu zeigen, auch wenn wir sie zu Dokumentationszwecken erstellen.

Wenn wir allerdings Diskursanalysen (Keller 2011), Inhalts- oder Dokumentenanalysen (Mayring 2015; Bauernschmidt 2014) realisieren, die öffentlich zugängliche Daten auswerten, sind solche Präsentationsformen in der Regel unproblematisch. Bei diesen methodischen Zugängen geht es weniger darum, die Position einzelner Individuen zu beleuchten, als vielmehr darum, gesellschaftliche Prozesse sichtbar zu machen. Trotzdem ist hier ethische Sensitivität notwendig: Etwa eine Diskursanalyse zur psychischen Gesundheit, die Blogbeiträge nutzt, sollte genau hinschauen, in welchem Kontext entsprechende Zitate oder Datenpublikationen vertretbar sind – und in welchen nicht, so dass aus Schutzgründen allgemeiner formuliert werden muss. Hier ist besonders unsere Selbstreflexivität gefragt, denn wir sind es, die in den meisten Fällen über die Darstellung der hinter den Daten stehenden Individuen entscheiden.

Je nach Forschungsfeld und Datenursprung sind die informierte Einwilligung und die Anonymisierung digitaler Daten also individuell zu bewerten und es ist genau abzuwägen, welche Gründe für einen größeren Schutz der Personen und welche für eine Nachvollziehbarkeit sprechen. Als Leitlinie kann gelten:

> „Sind die Daten (1.) komplett öffentlich zugänglich, muss nicht zwingend eine informierte Einwilligung eingeholt werden, zitierte Textstellen sollten jedoch stark anonymisiert und bei ethisch besonders heiklen Themen bzw. einer im Falle einer Rückverfolgung hohen Gefährdung der Personen, deren Daten verwendet werden, zudem sinngemäß paraphrasiert werden. Sind die Daten (2.) teilöffentlich, wie z. B. bei Foren mit benötigtem Login, sollte über sogenannte Gate Keeper, also Forenleiter, Webseitenbetreiber etc., eine informierte Einwilligung eingeholt werden und für Anonymisierung und Zitation der gleiche Maßstab wie bei öffentlich zugänglichen Daten angewandt werden. Sind die Daten (3.) privat, also z. B. nur bei einer gegenseitigen Freundschaft auf Facebook sichtbar, muss unbedingt eine informierte Einwilligung eingeholten werden. Da solche Daten jedoch fast nicht rückverfolgbar sind, kann die Anonymisierung weniger strikt

ausfallen und im Normalfall direkt zitiert werden. Es empfiehlt sich, trotzdem wie im Falle von Interviews nicht den Usernamen zu verwenden und ggf. auch andere Aspekte zur Person zu verändern. Bei nicht textbasierten Daten, also gespeicherten Bildern oder Videos, ist sich am selben Anonymisierungsschema zu orientieren, wobei da teils nicht nur Namen und Inhalte, sondern auch audiovisuelle Elemente wie Gesichter, Umgebungen oder Stimmen anonymisiert werden müssen." (von Unger/Franken/Egger 2022, S. 8)

Es sollte der Grundsatz gelten: Wir sollten nichts veröffentlichen, was Personen potenziell schaden kann. Doch existieren dabei keine eindeutigen Regeln, sondern die verschiedenen Faktoren werden gegeneinander abgewogen, das Forschungsinteresse und dessen Berechtigung gegen zum Beispiel Persönlichkeitsrechte. Für größere Forschungszusammenhänge gibt es mittlerweile auch in den Geistes-, Sozial- und Kulturwissenschaften Ethikkommissionen, die etwa an der Universität prüfen, ob (und wenn ja wie) Daten genutzt, gespeichert und publiziert werden können. Auch die Fachgesellschaften arbeiten zunehmend an Hilfestellungen für diese Kontexte.

Schon in der Erhebung sind Überlegungen zu diesen Entscheidungen wichtig. In der Regel muss dafür eine Anmeldung bei Social-Media-Plattformen oder Foren erfolgen. Dabei ist es zielführend, sich einen eigenen Account für die entsprechende Forschung zu erstellen, aus dessen Profil bereits eindeutig das Forschungsinteresse hervorgeht, etwa in der Personenbeschreibung. So kann die informierte Einwilligung eher vorausgesetzt werden, wenn Personen mit diesem Account interagieren oder man in nicht öffentliche Gruppen zugelassen wird. Solche Accounts können auch genutzt werden, um im Zuge einer digitalen Ethnografie (vgl. ►Kapitel 5.9) aus der digitalen Erhebung heraus etwa Gesprächspartner:innen auch für eine Offline-Forschung zu finden, denn online und offline sind gerade in qualitativen Forschungen eng miteinander verknüpft (Hine 2015).

Es entwickelt sich etwas Neues, wenn wir digitale Daten erheben und analysieren. Zunächst ist die technische Ebene zentral, die aber in soziotechnischen Arrangements eng mit gesellschaftlichen Fragen verbunden ist: Wir können die technischen Veränderungen nicht ohne die sozialen Veränderungen betrachten (Beck 1997). Dabei ist das Erheben mit digitalen Geräten und Transkriptionstools zentral, das zunächst einmal noch nichts mit digitalen Analyseverfahren zu tun haben muss. Seit der Pandemie wird vermehrt auf Interviews per Videokonferenz zurückgegriffen, und damit hat sich ergeben, dass wir nicht nur die Sprache, sondern auch Mimik und Gestik aufzeichnen können – was dies für Auswertungsschritte bedeutet, wird erst in Ansätzen reflektiert (Otto/

Philipp-Jahnke 2021). Mit diesen Schritten erzeugen wir auch in klassisch qualitativer Forschung digitale Daten.

Wo unsere Forschungsdaten gespeichert werden, ist sowohl ethisch als auch rechtlich betrachtet zentral – schon für den internen Gebrauch durch uns als Einzelpersonen. All unsere Bemühungen um informierte Einwilligung und Anonymisierung sind nur zielführend, wenn wir auch bei unserer persönlichen Datenablage entsprechend vorsichtig sind. Forschungsdaten sollten nicht auf kommerziellen Plattformen abgespeichert werden: Anbieter wie Google Drive, Dropbox oder die iCloud unterliegen den Geschäftsbedingungen der entsprechenden Firmen, die häufig die Speicherung und Weitergabe der Daten zumindest innerhalb der Firma umfassen. Gerade sensible Forschungsdaten wie Interviews oder Beobachtungsprotokolle, aber auch automatisch gespeicherte Daten, die potenziell sensible Inhalte enthalten können, dürfen nicht auf kommerziellen digitalen Plattformen gespeichert werden – wenn es auch noch so bequem ist, diese immer verfügbar in der Cloud zu haben. Stattdessen sollte schon bei der Erhebung der Speicherort bei den genutzten Geräten auf lokal gesetzt werden und die weitere Datenspeicherung und -verarbeitung bewusst gestaltet werden. Nutzen Sie dafür die Infrastrukturen zur Speicherung und zum Teilen von Daten, die von Ihrer Universität angeboten werden. Wenn Sie mit besonders sensiblen, personenbezogenen Daten arbeiten, speichern Sie diese nur lokal. Dateien mit nicht anonymisierten Informationen sollten Sie zudem passwortgeschützt speichern oder nur in Papierformat aufbewahren und in beiden Fällen einen anderen Ort wählen als den, an dem Ihre anonymisierten Daten gespeichert werden. Denken Sie immer wieder auch an Worst-Case-Szenarien in diesem Kontext, erstellen Sie also Datensicherungen etwa auf einer eigenen Festplatte oder in den Strukturen Ihrer Institution.

Bei den ethischen und rechtlichen Aspekten müssen wir trennen zwischen unserer eigenen Nutzung der Daten für unsere Studie und der Veröffentlichung der Daten. Auch wenn wir z. B. einen Text schreiben (ob das die Hausarbeit ist, die „nur“ ein Dozent liest oder ein Aufsatz) müssen wir bedenken, wie wir die Personen in unseren Daten schützen können. Das wird insbesondere relevant, wenn unser Text veröffentlicht werden soll. Eine zentrale Grundlage für unsere Entscheidung ist also, ob wir die Daten „nur“ im Rahmen unserer Forschung verwenden oder ob wir diese auch veröffentlichen möchten (also in Form eines wissenschaftlichen Textes mit Zitaten oder in Form von Datensätzen, die wir anderen zur Nachnutzung zur Verfügung stellen).

Wo wir Daten verwenden, die sonst im Netz stehen (zum Beispiel von Webseiten, Wikipedia oder auch Bilder und audiovisuelle Medien), gelten die

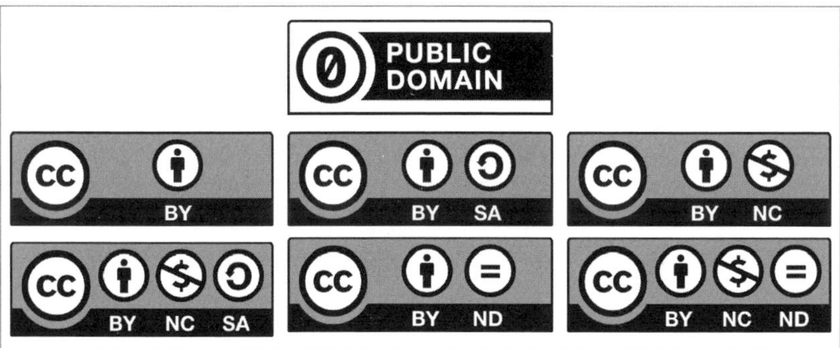

Grafik 2: Creative Commons, vgl. https://creativecommons.org/about/cclicenses/.

Urheberrechte – wir dürfen die Daten verwenden und zitieren, aber bei der Veröffentlichung müssen wir genau hinschauen, welche Rechte uns eingeräumt werden und wo wir begrenzt sind durch die Rechte anderer. Wenn Sie im Rahmen Ihres Studiums mit Daten arbeiten, veröffentlichen Sie diese in der Regel nicht. Sie müssen sich nicht all die Gedanken machen, die mit der Weiterverbreitung von Daten einhergehen. Es ist aber wichtig, dass Sie sich der rechtlichen Dimension bewusst sind. Schauen Sie hierzu auch in die Angaben und Hilfestellungen Ihrer Universität. Das Publizieren von Datensätzen geht in der Regel nur, wenn Creative-Commons-Lizenzen oder andere Formen der freien Nachnutzung angegeben sind.

Zu den Creative-Commons-Lizenzen gibt es unterschiedliche Versionen, je nachdem welche Rechte der/die Urheber:in uns einräumt. ▸ Grafik 2 zeigt die verschiedenen Lizenzen. Mit CC BY wird das Recht eingeräumt, den Inhalt zu verbreiten, zu verarbeiten (Remix) und neues Material daraus zu erstellen, solange der/die Urheber:in genannt wird. Mit dem Zusatz „SA" wird eingegrenzt, dass unter der gleichen Lizenz weiterverarbeitet werden muss. Es gibt weitere Einschränkungen gegen kommerzielle Nutzung und Derivate, also Veränderungen am Ursprungsmaterial. CC0 oder Public Domain geht am weitesten: Hier ist überhaupt kein Copyright gegeben – oft, weil die Urheber:innen unbekannt oder bereits länger als die Sperrfrist verstorben sind – oder, weil jemand sich ganz dezidiert dazu entschieden hat, das eigene Werk frei zur Verfügung zu stellen.

Wichtig ist in diesem Zusammenhang auch das Thema Open Access: Unsere wissenschaftlichen Publikationen werden (auch politisch gewollt) durch Open Access und digitale Formate viel besser zugänglich, als wenn sie nur in Fachbibliotheken stehen. Sie sind damit auch als digitale Daten vorhanden. Das ist erfreulich, denn so können mehr Menschen die Ergebnisse lesen und es hängt nicht mehr so stark von der Universität und deren Finanzstärke ab, wie viel Zugang wir zu Literatur haben. Open Access wurde bereits 2003 im Rahmen der sogenannten Berliner Erklärung als Ziel des offenen Zugangs zu wissenschaftlichem Wissen formuliert, der Prozess ist allerdings keineswegs abgeschlossen. Der goldene Weg von Open Access bezeichnet dabei die direkte öffentliche Zur-Verfügung-Stellung von Artikeln und Büchern, der grüne Weg hingegen die offene Publikation nach einer gewissen Zeitspanne. Gold bezeichnet also die freie Erstveröffentlichung, grün die freie Zweitveröffentlichung nach einer Erstveröffentlichung, die in irgendeiner Art bezahlt werden muss. Diese Entwicklungen verändern der Publikationsmarkt: Zwar sind mehr und mehr wissenschaftliche Erkenntnisse frei verfügbar, gleichzeitig müssen wissenschaftliche Verlage neue Geschäftsmodelle erarbeiten und auch ihre Arbeitspraxen und Aufwände verändern sich. Sie erheben deshalb für Open-Access-Publikationen teils Servicegebühren, da die Vorbereitungs- und Herstellungskosten nicht durch Verkauf der Werke erwirtschaftet werden können. Nicht alle Verlage arbeiten hier redlich, sodass die Verlagswahl sorgfältig getroffen werden sollte. Universitäten und andere öffentliche Einrichtungen schaffen zunehmend Finanzierungsmöglichkeiten für eben diese Kosten. Das System ist allerdings noch im Umbruch befindlich. Es verändert aber auch unsere Publikationspraxen. Das Internet vergisst nichts, und wer danach sucht, der/die findet hier auch sehr spezifische Informationen – so wie beispielsweise direkte Zitate aus den sozialen Medien oder aus unseren Interviews und Beobachtungen, die wir in Publikationen eingebunden haben. Das wird ethisch viel relevanter, wenn es eben nicht mehr nur in der Fachbibliothek nachvollziehbar ist.

Wir sind, sobald wir Material nutzen und erst recht wenn wir es veröffentlichen möchten, dazu verpflichtet, uns die entsprechenden Regeln genau anzuschauen und zu prüfen, was erlaubt ist. Die Anleitungen der Creative-Commons-Lizenzen sind für weitergehende Informationen sehr hilfreich, um die Nachnutzung von durch uns erzeugte Daten möglichst einfach zu gestalten, wo dies ethisch und rechtlich zielführend ist. Gleichzeitig erlauben uns die Creative-Commons-Lizenzen die Identifikation von Quellenmaterial, welches wir rechtlich unbedenklich – gemäß den jeweiligen Einschränkungen der Lizenz – verwenden können. Besonders sensibel werden die rechtlichen Regelungen für Bild- und audiovisuelle Daten (► Kapitel 3.3). Das Urheberrechtsgesetz regelt, dass fremdes Material – ob Text, Bild, Audio oder Video – nicht ohne Genehmigung der Urheberin bzw. des Urhebers verwendet werden darf. Abseits von Zitaten muss also eine Lizenz des Rechteinhabers eingeholt werden. Dazu kommt ein Recht am eigenen Bild: Wenn wir Material verwenden, bei dem eine Person zu erkennen ist, so müssen wir die Persönlichkeitsrechte schützen, die Person muss also entweder schon lange tot sein oder uns (bzw. der Institution oder der Firma, von der wir das Bild mit entsprechender Lizenz übernehmen) das Recht gegeben haben, abgebildet zu werden. Das ist im Einzelfall zu klären und der rechtlich vielleicht schwierigste Bereich.

Gerade in Bezug auf ethische und rechtliche Fragen für digitale Daten und Methoden ist qualitative Forschung um ein Vielfaches komplexer als quantitative Forschung oder der Umgang mit Daten aus den Naturwissenschaften (auch, weil dort Standards bereits länger diskutiert und etabliert sind). Qualitativ Forschende sollten deshalb rechtlich und ethisch sensibilisiert an die Datenerhebung gehen. Aber gleichzeitig müssen Sie auch nicht überängstlich oder zu vorsichtig werden, wenn Sie die Daten lediglich verwenden, um Methoden auszuprobieren und kleinere Forschungen im Rahmen des Studiums zu tätigen. In diesen Schritten ist – neben der informierten Einwilligung und Anonymisierung – vor allem die Sensibilität für die Speicherorte der Daten relevant.

Dazu kommt noch ein anderer Punkt: Es ist unsere ethische Pflicht, Inhalte zu melden, die gegen Rechtsvorgaben verstoßen, also zum Beispiel Hassrede oder Pornografie verbreiten. Für solche Bereiche ist es außerdem relevant, dass wir, wenn wir Webinhalte suchen und speichern, ebenfalls als Nutzende mitgezählt werden – wenn wir also etwa zu rechtsextremen Seiten forschen, steigern wir mit unserem Klicken oder unserem automatisierten Crawling und Scraping (► Kapitel 4.1) deren Zugriffszahlen (vgl. Jünger 2018: 124).

Übungsaufgaben digitale Grundkenntnisse

Die eigenen Daten durchsehen und sichern: Gehen Sie die Dateienstrukturen auf Ihrem persönlichen Rechner durch. Sind diese getrennt in anonymisierte Daten und solche mit persönlichen Informationen Ihrer Forschungspartner:innen? Haben Sie bereits Konten bei privaten Cloud-Anbietern, so löschen Sie dort sensible Forschungsdaten. Informieren Sie sich an Ihrer Universität über Speicherangebote und erstellen Sie sich einen entsprechenden Account, etwa für eine Datensicherung.

Interviews anonymisieren: Bei der Anonymisierung gilt der Grundsatz, so wenig wie möglich, aber so viel wie nötig zu anonymisieren. Versuchen Sie, diesem Gleichgewicht auf den Grund zu gehen. Beschaffen Sie sich dazu zunächst ein Interviewtranskript zu einem Thema, das Sie interessiert. Fündig werden Sie in Repositorien (siehe ► Glossar), auch auf eigene bereits anonymisierte Transkripte können Sie für diese Aufgabe zurückgreifen. Gehen Sie das (anonymisierte!) Transkript genau durch. Welche Kontextinformationen können Sie nach der Anonymisierung noch entnehmen, welche Daten wären gegebenenfalls zusätzlich interessant (die aber aus

Gründen des Schutzes nicht gezeigt werden können/dürfen)? Probieren Sie, das Transkript mit dem Tool QualiAnon (vgl. ►Glossar) noch weiter zu anonymisieren. Ab wann haben Sie das eingangs beschriebene Gleichgewicht erreicht? Wie verändert sich Ihr Verständnis der Daten, wenn Sie mehr anonymisieren als nötig?

Bildrechte nachvollziehen: Nehmen Sie an, Sie schrieben einen für die Veröffentlichung vorgesehenen Aufsatz zum Thema „Alltag an der Universität", in dem Sie ein Bild verwenden möchten. Überlegen Sie zunächst, welche Schwierigkeiten damit verbunden sein könnten und berücksichtigen Sie dabei Urheberrechte sowie das Recht am eigenen Bild. Suchen Sie dann ein Bild heraus, das Sie problemlos veröffentlichen könnten, gegebenenfalls nachdem Sie zuvor noch zusätzliche Maßnahmen ergriffen haben. Wie sind Sie vorgegangen, worauf haben Sie geachtet?

2.3 Computationelles Denken und Modellieren in den Geistes-, Sozial- und Kulturwissenschaften

In diesem Kapitel erfahren Sie,

- was computationelles Denken ist;
- wie Hard- und Software unterschieden werden;
- zentrale logische Operationen wie Boole'sche Algebra, Schleifen und If-Then-Else-Konstruktionen;
- was unter Modellierung verstanden wird;
- wo Algorithmen im computationellen Denken wichtig sind.

Um digitale Methoden umzusetzen, ist es wichtig ein grundsätzliches Verständnis dafür zu entwickeln, was computationelles Denken und Modellieren für die Geistes-, Sozial- und Kulturwissenschaften heißt. Dafür ist die Erläuterung auch einiger technischer Zusammenhänge notwendig, vor allem aber die Verdeutlichung unterschiedlicher Perspektiven. Die einzelnen computationellen Konzepte sind dabei weniger für ein Verständnis der in späteren Kapiteln aufgezeigten Verfahren notwendig als vielmehr Kontextwissen zur besseren Einordnung und Referenzpunkt, um von diesen ausgehend bei Bedarf gezielt tiefer einzusteigen.

Sobald wir etwas selbst programmieren oder Programmcode von anderen anwenden möchten, kommt das Modellieren als zentrale Perspektive ins Spiel. Um ein Programm zu schreiben, das ein Problem löst, müssen wir abstrahieren können, eine Struktur erkennen. Mit computationellem Denken wird diese in

Programmcode, Strukturen und Komponenten umgesetzt (vgl. Denning/Tedre 2019: 100).

Computationelles Denken

Unter computationellem Denken oder Computational Thinking verstehen wir die Fähigkeit, Welt als Informationsprozess zu verstehen, sie zu interpretieren (Denning/Tedre 2019: 159). Mit dieser Fähigkeit werden etwa Phänomene erschlossen, Hypothesen getestet und Simulationen oder Modellierungen von unbekannten Entwicklungen durchgeführt.

Computer sind Maschinen zur Informationsverarbeitung und Problemlösung. Computer bestehen aus Hardware – im Sinne von physischen Geräten – und Software – im Sinne von algorithmischen Anleitungen, die der Hardware Vorgaben dazu machen, was zu tun ist. Diese Software arbeitet auf Grundlage von algorithmischen Eingaben (in Form von Code), die in Programmiersprachen geschrieben werden. Wenn wir uns computationelles Denken auch aus der Perspektive der Software anschauen, kommt ein wichtiger Punkt hinzu: das Design. Nur wenn Nutzende das, was sie tun wollen, leicht mit einer Software tun können – und darüber noch mehr Dinge, von denen sie vorher nicht wussten, dass sie diese tun möchten – ist die Software gut designed. Um das zu erreichen, ist ein Design Thinking notwendig, das eng mit dem computationellen Denken verbunden ist: Hierbei stehen die menschlichen Bedürfnisse im Mittelpunkt (vgl. Denning/Tedre 2019: 146; zu vergleichbaren Ansätzen aus der Design Anthropology Gunn/Otto/Smith 2013).

Mit dem Konstrukt aus Hardware und Software werden schließlich Daten verarbeitet, wobei diese ganz unterschiedlicher Art sein können, etwa die Lufttemperatur, ein Text vom eben genannten Thomas von Aquin oder ein Video aus der digitalen universitären Lehre: All das sind Daten – ohne Code, Software und Hardware könnten wir sie teilweise auch verarbeiten (vgl. Cioffi-Revilla 2017: 37). Beim Video hat diese Möglichkeit allerdings Grenzen, da es sich um ein Born Digital handelt, wie in ► Kapitel 3 noch differenziert wird.

Zentral ist außerdem in vielen Bereichen die Boole'sche Algebra, die George Boole schon 1854 formuliert hat, und die etwa unsere Suchen strukturiert: Grundlegend sind das die Aussagen „true“ und „false“ sowie die Einschränkungen „und“, „oder“ und „nicht“, die viele der facettierten Suchfelder zum Beispiel in unseren Bibliothekskatalogen bestimmen. ► Grafik 3 zeigt die verschiedenen Funktionen im Unterschied.

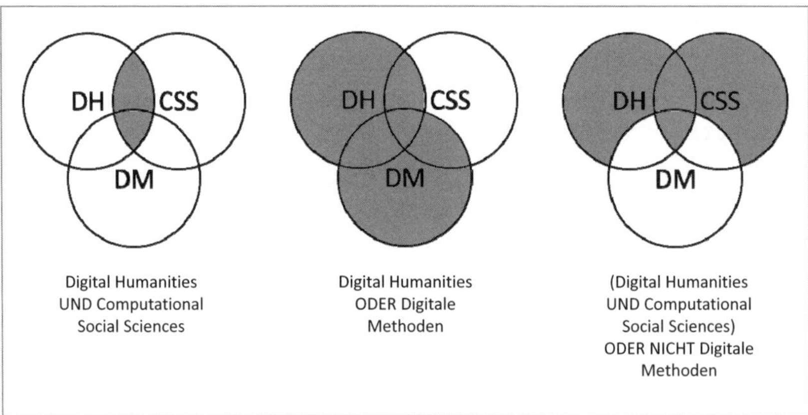

Grafik 3: Boole'sche Operatoren und ihre Auswirkungen auf Mengen von Suchergebnissen. Eigene Darstellung, angelehnt an Ignatow/Mihalcea 2016: 140.

Einige andere logische Operationen sind außerdem zentral: Erwähnt habe ich schon den Loop: Eine bestimmte Operation (oder eine Gruppe von Operationen) wird in Schleifen immer wieder wiederholt – hier ist es wichtig, einen Abbruch vorzusehen, sonst läuft das Programm theoretisch unendlich. Hierfür (und für vieles anderes) sind Bedingungen, auch als If-Then-Else-Konstruktionen bekannt, hilfreich: Wenn (If) ein bestimmter Fall eintritt, dann (Then) folgt eine weitere Operation. Falls dieser nicht eintritt, erfolgt eine andere Operation (Else). Es gibt Erweiterungen dieser Bedingungen, zum Beispiel um mehrere Else-Optionen darzustellen oder Operationen durchzuführen, während eine Bedingung zutrifft.

Variablen kennen Sie wahrscheinlich aus dem Mathematikunterricht, das sind Zeichen die für etwas anderes stehen. Man könnte sie auch verstehen als eine Box, in die wir einen beliebigen Inhalt packen können, zum Beispiel in die Variable X den Inhalt 1 – oder in die Variable Name den Inhalt „Lina Franken". Der konkrete Inhalt der Variablen wäre dann ein String, also eine Zeichenkette.

Wenn wir uns an diese im engen Sinne computationellen Denkstrukturen halten, können wir einen einfachen Programmiercode erstellen, oder – vielleicht viel wichtiger – verstehen, was das Programm tut (oder auch nicht).

Wir müssen kein Informatik-Studium absolvieren, um digitale Methoden anzuwenden. Es ist jedoch sinnvoll und in manchen Fällen auch notwendig, sich einige Grundlagen anzueignen und vor allem ein Grundverständnis für die Schritte in der Sammlung, Aufbereitung und Analyse von Daten zu entwickeln (vgl. ▸ Kapitel 7). Mindestens brauchen wir ein Verständnis des computationellen Denkens bzw. Computational Thinking insofern, als wir die verschiedenen Schritte nachvollziehen können müssen. Zentral ist dabei Operationalisierung in einzelne Teilschritte, die kleinteiliger ist, als wir das aus den Geistes-, Sozial- und Kulturwissenschaften sonst gewohnt sind.

Wer nicht alle Verfahren durch eigene Programmierung umsetzen kann oder will, braucht Tools und Software. Software bezeichnet hier codierte Anweisungen an einen Computer, die in der Regel veränderlich sind. So ist beispielsweise der Internetbrowser Firefox eine Software, die Anweisungen enthält um Internetadressen aufzurufen und anzuzeigen. Tools – im Deutschen Werkzeuge – auf der anderen Seite sind ein Teil von Software, die zu einem speziellen Zweck eingesetzt werden. Dies könnte zum Beispiel ein Adblocker sein, der das Anzeigen der Internetseite ohne Werbung ermöglicht, ohne den zugehörigen Browser aber keinen Sinn macht.

Dennoch arbeiten Forschende oft direkt mit Programmiersprachen wie Python oder R, um ihre Analyse zugeschnitten auf ihren Zweck realisieren zu können. Auf das eigentliche Lernen einer Programmiersprache wird hier nicht weiter eingegangen, da bereits zahlreiche Einführungswerke und Online-Kurse vorhanden sind, die Sie im ▸ Glossar finden (vgl. auch ▸ Kapitel 7). Insbesondere Python, aber auch das R-Paket sind gut geeignet, um qualitative Fragen mit digitalen Methoden in eigener Programmierung zu bearbeiten. Es gibt auch eine Reihe von Forschungsumgebungen, die als Infrastrukturen auf die Nutzung von digitalen Methoden in den Geistes-, Sozial- und Kulturwissenschaften zugeschnitten oder doch umgenutzt werden können (vgl. ▸ Glossar).

Computational Thinking ist weitaus mehr, als mathematische Formeln zu berücksichtigen. Es geht um eine Perspektive, die spezifische Fragen stellt, die ganz präzise Prozesse und Workflows herausarbeitet, Entscheidungsverläufe ausarbeitet und damit Algorithmen erstellt, die spezifische Fragen beantworten können (vgl. Berkelaar/Francisco-Revilla 2018: 26). Es werden computationelle Prozesse designed, die von Maschinen automatisiert umgesetzt werden, in der Regel von irgendeiner Form von Computer. Auch für die Unterstützung qualitativer Methoden mit computationellen Mitteln benötigen wir computationelles Denken, um die Verfahrensweisen entsprechend aufzuschlüsseln und zu entscheiden, wann und wie wir Computerunterstützung einsetzen, also digitale Verfahren nutzen. Näheres dazu findet sich in ▸ Kapitel 2.4.

Für dieses Denken ist Modellierung eine Voraussetzung (zum Konzept auch Franken 2022b). Wilhard McCarty versteht Modellierung vor allem als Abstrahierung: „A 'model' I take to be either *a representation of something for purposes of study*, or *a design for realizing something new*." (McCarty 2004: 255; Hervorh.

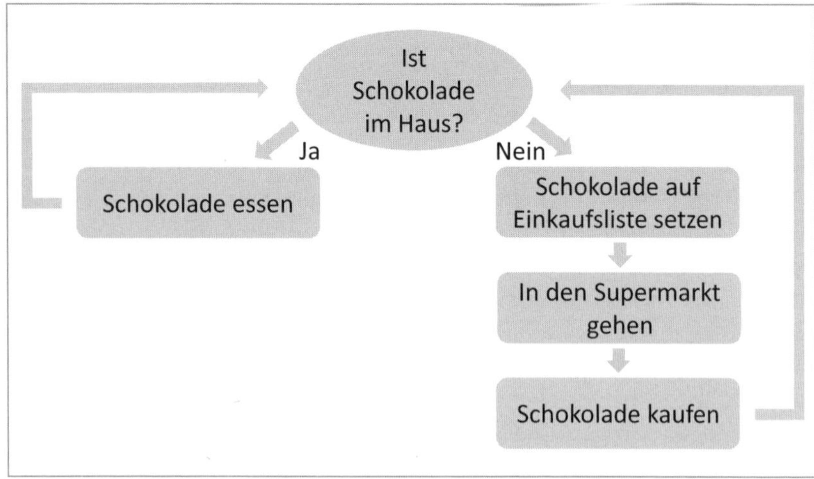

Grafik 4: Beispiel für das Umsetzen einer Entscheidung in computationelles Denken. Eigene Darstellung.

i. Orig.) Es kann also zwei Funktionen geben: Entweder es geht darum, etwas Bestehendes in formalen Strukturen zu beschreiben (um z. B. ein wissenschaftliches Problem computergestützt zu lösen, in Teilschritte zu zerlegen). Oder es geht um das Modellieren von etwas bisher Unbekannten, um es damit greifbar zu machen. Wir müssen uns für die Modellierung auf Repräsentationen stützen (McCarthy 2004: 265). So ist in ►Grafik 4 exemplarisch modelliert, was passiert, wenn sich ein Mensch die Frage stellt, ob noch Schokolade im Haus ist – in der Annahme, dass er oder sie gerne Schokolode essen möchte. Die Tätigkeiten wie etwa das Kaufen von Schokolade sind hier abstrahiert repräsentiert. Die Grafik ist eine Repräsentation eines Prozesses, der wohl selten entsprechend idealisiert umgesetzt wird. Wir haben es hier übrigens mit einem Loop zu tun, in den dringend ein Abbruchkriterium eingefügt werden, damit nicht immer weiter Schokolade gegessen wird.

McCarthy folgt Clifford Geertz in seiner Unterscheidung in ein Model „of" und ein Model „for". Das tun nicht alle. Jannidis etwa unterscheidet nicht in „of" und „for", sondern nennt lediglich ein „of"-Funktion: „Ein Modell ist ein Modell von etwas. Ein Modell ist somit immer eine Abbildung: Es repräsentiert etwas, ein Ding, einen Begriff, in einem anderen Medium, z. B. Sprache, Bild, oder Ton" (Jannidis 2019: 100). Die meistgenutzten Modelle sind sicherlich die „Model[s] of something", also das Abbilden von einem bestehenden Phänomen in ein abstraktes Modell. Dieses Vorgehen ist gerade Geistes-, Sozial- und Kulturwissenschaftler:innen aus der Theoriebildung bekannt. Modellieren ist für einige Zugänge üblicher als für andere. In den empirisch arbeitenden Wissenschaften ist das nichts Neues und in Studien stehen immer wieder Grafiken, die ein Phänomen oder eine Theorie als Modell darstellen.

Flanders und Jannidis (2016: 230) unterscheiden außerdem in Process Modeling und Data Modeling. Prozessmodellierung oder vorhersagende Modelle dienen dazu, ein Verfahren und seine Erweiterungen repräsentieren zu können. Datenmodellierung oder erklärende Modelle hingegen versuchen, mit den bestehenden Daten eine Struktur zu bilden (oder aus bestehenden Strukturen eine neue abzuleiten). Mit Thaller (2017: 16) ist das formalisierte Modell eine Voraussetzung für die Entscheidungen darüber, welche Aspekte einer Forschung computationell zu realisieren sind.

Modeling spielt sowohl in den Informationswissenschaften als auch in den Geistes-, Sozial- und Kulturwissenschaften eine wichtige Rolle, kann also als Schnittstelle zwischen beiden Arbeitsbereichen dienen (vgl. Aragona 2018: 72). Hierfür durchdenken wir unsere Forschungsprozesse anders als bisher, machen Selbstverständliches explizit und auf diese Weise deutlich, welche Schritte wir eigentlich durchlaufen, wenn wir forschen. Denn mit computationellen Methoden können wir vor allem Muster erkennen, die wir vorher aber genau festlegen müssen. Bevor wir einen Gegenstand also mit digitalen Methoden beforschen können, müssen wir meist schon sehr viel über ihn wissen, Spezifikationen festlegen. Wir modellieren also zunächst unseren Forschungsprozess, etwa in Form eines Diagramms oder Flowcharts. Eine Modellierungssprache, um solche Prozesse zu visualisieren (eben mithilfe computationellen Denkens), ist die Ereignisgesteuerte Prozesskette (EPK). Außerdem ist es unerlässlich, die verfügbaren Ressourcen zu prüfen – denn wir können noch so tolle Ideen haben, wenn wir an die entsprechenden Daten nicht kommen oder keine Ressourcen bestehen, mit denen wir diese analysieren können, bringt uns das Diagramm nicht weiter.

> „[T]hinking computationally about a phenomenon […] highlights limits in current conceptualizations of the phenomenon. Thus, such thought experiments help clarify the conceptual and computational demands of a particular social phenomenon by anticipating possible outcomes." (Berkelaar/Francisco-Revilla 2018: 52)

Computational Thinking muss also gar nicht auf Computer begrenzt sein, sondern kann theoretisch in jedem gesellschaftlichen Bereich Anwendung finden. In diesem Sinne wäre die weite Definition von Denning/Tedre 2019 zutreffend:

> Computational thinking as „designing computations that get computers to do jobs for us, as well as explaining and interpreting the world as a complex of information processes" (Denning/Tedre 2019: 196)

Das ist die Grundlage algorithmischen und computergestützten Denkens: das Herunterbrechen von Problemlösestrategien auf Entscheidungsbäume und eindeutige Anweisungen. Probleme werden formalisiert, in Schemata überführt. Das Prozessuale, also das in Prozessen organisierte Denken ist das, was diese Perspektive unterscheidet von anderen möglichen Blickwinkeln: Was folgt auf was, wie sind die Schritte aufeinander bezogen, welche Informationen werden wann wo wie benötigt und verarbeitet? Welche Schritte sollen überhaupt erledigt werden? Wir orientieren uns damit an Prozeduren, denken also prozedural (engl. procedural, vgl. Denning/Tedre 2019: 181).

Eine wichtige Einschränkung hat dieses Computational Thinking: Es ist stark auf die von-Neumann-Architektur ausgerichtet. Für neuere Entwicklungen wie die neuronalen Netze, die maschinelles Lernen ermöglichen (vgl. ▸ Kapitel 5), kommen wir mit diesen regelbasierten Ansätzen nicht weiter. Trotzdem ist es unerlässlich, diese Denkweise zu verstehen, wenn wir computationelle Methoden anwenden wollen.

Modeling und damit eng verbunden das Simulieren ist als neuer Aufgabenbereich von Forschungen hinzugekommen. Das Experimentieren spielt damit auch in Wissenschaftsbereichen eine Rolle, in denen diese Ansätze vorher weniger bis gar nicht wichtig waren – wie den Geistes-, Sozial- und Kulturwissenschaften. Dabei wurde das Computational Thinking von Wissenschaftler:innen ganz unterschiedlicher Disziplinen auf ihre Bedürfnisse hin adaptiert. In den jeweiligen Wissenschaften selbst ist also ein entsprechendes Bedürfnis entstanden, es wurde nicht von außen (etwa von der Informatik) an die entsprechenden Forschungscommunities herangetragen (Denning/Tedre 2019: 155).

Computationelles Denken ist eng mit den Verfahren des Programmierens verbunden, etwa mit Tätigkeiten wie dem genauen Beschreiben von Problemen, der Abstraktion von konkreten Problemen, dann dem modularen Konzipieren von Lösungsschritten, der Zuordnung von Daten und deren Kommunikation mit den einzelnen Lösungsschritten, der hierarchischen Anordnung von Prozessen, der Verifizierung und auch der Fehlerbehebung, und schließlich der Darstellung der Ergebnisse der Lösungsschritte (Denning/Tedre 2019: 106–107). Dabei muss zu jedem Zeitpunkt zweifelsfrei klar sein, was der nächste Schritt ist.

Algorithmen sind Regeln, die einen spezifischen Output auf Grundlage eines spezifischen Inputs generieren. Dabei muss jeder Schritt so spezifisch definiert werden, dass er eindeutig in einer Programmiersprache darstellbar und ausführbar ist (vgl. Denning/Tedre 2019: 1). Mit ausreichenden Präzisierungen können Algorithmen von jedem durchgeführt werden, der/die sich an die Regeln hält. Unverzichtbar ist dabei jedoch, dass die einzelnen Schritte ohne

Mehrdeutigkeiten formuliert sind, es dürfen keine Ambiguitäten enthalten sein – denn sonst gibt es Entscheidungsmöglichkeiten (und Notwendigkeiten), wo keine sein sollen und Fehler passieren. Wo wir Menschen intuitiv entscheiden, produziert ein Programm eine Fehlermeldung.

Codestrukturen können nicht mit Mehrdeutigkeiten umgehen, es muss ein klares „Ja – Nein" (Boole'sche Operatoren) oder „Wenn, dann" (If-Then-Else-Konstruktionen) geben. Wir müssen also gut strukturieren, damit die Computation umgesetzt werden kann. Wenn wir dabei ungenau sind, unsere menschlichen Schritte der Problemlösung in computationelle Strukturen zu übertragen, funktioniert das Tool oder unser Skript nicht – und je nach Anwendungsbereich können schwerwiegende Probleme auftreten, wenn ein Programmcode anders arbeitet als geplant. Da Algorithmen nur ausführen, was Menschen vorher programmiert haben, bestehen hier je nach Anwendungsbereich ernstzunehmende Gefahren (Denning/Tedre 2019: 9). Es geht im Grundsatz darum, Schrittfolgen zu erarbeiten, die klar voneinander abgegrenzte Entscheidungen ermöglichen. Es müssen also Regeln aufgestellt werden, die logische Abfolgen ermöglichen. Damit kann man ein Model erstellen, simulieren, repräsentieren und identifizieren.

In der heutigen Softwareentwicklung wird in der Praxis nicht eine Schrittfolge beachtet, sondern mehrere werden parallel zueinander geschaltet und es gibt Fehlerkontrollen, damit einzelne Fehler nicht das gesamte System beeinträchtigen (vgl. Denning/Tedre 2019: 33). Hierfür werden Teilaufgaben erstellt, diese an gleichzeitig oder hintereinander arbeitende Systeme verteilt, die miteinander kommunizieren, und die jeweiligen Ergebnisse werden verifiziert. In großem Rahmen geschieht dies durch Cloud-Computing und Parallel Computing mit sehr großen Rechenleistungen, im Kleinen aber auch auf PCs, die Teilbereiche für einzelne Aufgaben reservieren.

Gleichzeitig erfordert Computational Thinking auch einen Umgang mit Komplexität: Wir verstehen nicht alle Elemente des Computers, unsere Fähigkeiten sind in einigen Bereichen beschränkter als die der Maschine. Um mit diesem Problem umzugehen, ist es ein Ziel, möglichst einfache Tools zu bauen und zu nutzen, die uns den Umgang mit Komplexität erleichtern (vgl. Denning/Tedre 2019: 122). Oder, um es mit einem Einführungswerk in die Programmiersprache Python zu halten: „Automate the boring stuff" (Sweigart 2015). Wir überlassen also den Computern genau die Arbeitsteile unserer Forschung, in denen sie besser sind als wir: Die sich wiederholenden Aufgaben, man könnte auch sagen die Fleißaufgaben. Dabei verstehen wir nicht im Detail, welche Operationen der Computer durchführt – denn selbst wenn wir das Tool nicht nur nutzen, sondern es selbst programmieren, liegen dahinter Ebenen, die bis zu den Bits, den Nullen und Einsen herunterreichen, die wir in ihrer Komplexität nicht nachvollziehen können.

Wenn wir das Konzept des computationellen Denkens verwenden, dürfen wir nicht vergessen, dass es auch wichtig ist zu wissen, was Computer nicht können, wo die Grenzen liegen. Wie schon erwähnt: Es muss immer eindeutige Anweisungen geben – in vielen Fällen der qualitativen Forschung können wir diese Eindeutigkeit aber nicht herstellen. Gerade der Umgang mit Mehrdeutigkeiten, die Interpretation, ist dann die Aufgabe von uns als denkenden Wissenschaftler:innen mit entsprechendem Kontextwissen. Wir sprechen dann von Human-Computer-Interaction (Suchman 2009; Woletz 2016), wenn die beiden Arbeitsschritte nicht nebeneinander (oder hintereinander) stehen, sondern wirklich miteinander verwoben sind. Verschiedene Perspektiven berücksichtigen, sich widersprechende Narrative einbeziehen – das sind die Fähigkeiten, die Menschen haben (vgl. Edmond et al. 2018: 19). In dieser Kombination können viele Dinge erledigt oder viel besser erledigt werden, als das Mensch oder Computer alleine könnten. Aber trotzdem bleibt der Einsatz von Computational Methods begrenzt –auch wenn es immer wieder die Verheißung gibt, dass eine künstliche Intelligenz bald unsere Probleme lösen würden, wird das noch lange eine Wunschvorstellung bleiben.

Computationelles Denken ist also eine Ergänzung, und kein Ersatz für bisherige qualitative Vorgehensweisen. Wir erweitern hier unsere Perspektive und auch unsere Möglichkeiten, aus unserem spezifischen Kontext heraus. Computational Thinking ist also ein sehr systematischer Denkansatz, der oft viel Vorarbeit erfordert, bevor tatsächliches Programmieren oder Nutzen von Tools folgt. Zunächst muss immer geklärt werden, ob und mit welchen Datensätzen, Ontologien, Vorannahmen eine Fragestellung überhaupt computationell bearbeitet werden kann. Dabei darf aber keine Reduktion der Komplexität erfolgen – was in der Praxis oft heißt, dass nur ein Teil der Forschung mit Hilfe von Algorithmen bearbeitet wird. Die Prioritäten dürfen dabei nicht vertauscht werden: Es geht um die Beantwortung einer Fragestellung, nicht um die Anpassung der Fragestellung an die Möglichkeiten der Computerunterstützung:

> „Once you have your driving question, only then consider the computational possibilities and requirements needed to answer your question." (Berkelaar/Francisco-Revilla 2018: 28)

Computation meint dann die tatsächliche Umsetzung der Prozesse von computationellem Denken durch die Zusammenarbeit von Code in Form von Software und Hardware. Computer setzen diese Computation um, indem sie Programmen und ihren Anweisungen folgen. In vielen Fällen bekommen die

Anwender:innen dies gar nicht mit, da sie nur an der Programmoberfläche arbeiten.

Viele Problemstellungen können nicht so formuliert werden, dass sie diese eindeutigen Bedingungen der Computation erfüllen. Deshalb besteht ein großer Teil der Aufgaben darin, Teilprobleme zu identifizieren, die eben doch entsprechend eindeutige Regeln ermöglichen – wir sprechen auch von semiautomatischen Lösungen (Wiedemann 2013), die eben nur einzelne Teile automatisch, computationell erledigen. Wir können damit die Geschwindigkeit von einzelnen Aufgaben radikal erhöhen und gleichzeitig Fehler verhindern, die Menschen bei der Erledigung von Routineaufgaben unterlaufen.

Übungsaufgaben computationelles Denken

Kochrezepte als Codestrukturen: Beschreiben Sie Ihr Lieblingsrezept als Codestruktur. Das bedeutet, dass Sie die einzelnen Schritte der Zubereitung operationalisieren und formal beschreiben und dazu Elemente des Computational Thinking im engeren Sinne verwenden. Informieren Sie sich danach online über die Programmiersprache „Chef" und vergleichen Sie das dortige Vorgehen mit Ihrer Operationalisierung. Identifizieren Sie im Anschluss Gemeinsamkeiten und Unterschiede zwischen Kochrezepten allgemein und Computeralgorithmen (Idee nach Cioffi-Revilla 2017: 30).

Computationelles Denken im eigenen bisherigen Forschungsalltag: Machen Sie sich deutlich, wie Sie Ihren bisherigen Forschungsalltag umgesetzt haben. Wo haben Sie bereits computationelles Denken angewendet, ohne dass Ihnen dies bewusst war? Dies könnte in der Suche nach bestehenden Quellen der Fall gewesen sein, in der Sortierung oder Kategorisierung von Quellen, oder auch in der Organisation Ihres Studien- und Arbeitsalltags – oder in ganz anderen Bereichen, in welchen Sie eindeutige Entscheidungsabläufe entwickelt und umgesetzt haben. Greifen Sie diese Überlegungen wieder auf, wenn Sie die Aufgaben zu ▶ Kapitel 2.4 und/oder ▶ Kapitel 6 bearbeiten.

Modellieren von Abläufen bei der Prüfungsanmeldung: Im Rahmen Ihres Studiums melden Sie sich zu verschiedenen Prüfungsformen an. Dabei werden Prozesse eingehalten, die dafür sorgen, dass am Schluss Ihre Noten auf Ihrem Zeugnis erscheinen. Modellieren Sie diese Prozesse und machen Sie sich dabei auch bewusst, welche (menschlichen und nichtmenschlichen) Akteure dabei beteiligt sind. Ggf. hilft es Ihnen, den Prozess getrennt nach den beteiligten Personen oder Institutionen zu modellieren, oder sich streng an den zeitlichen Ablauf zu halten. Als Ergebnis können sie eine Liste von Schritten erstellen, ein Diagramm (ähnlich wie in ▶ Grafik

1 oder ▸ Grafik 4) oder ein stärker verzweigtes Modell mit verschiedenen Möglichkeiten (etwa dem Bestehen oder Nicht-Bestehen einer Prüfung). Wenn Sie Netzwerke modellieren möchten, wie etwa Ihre Familienstrukturen, Institutszusammenhänge oder andere Beziehungen zwischen Entitäten, schauen Sie sich die Aufgabe zu ▸ Kapitel 5.6 an.

Conceptual Modeling für Fortgeschrittene: Starten Sie den Kurs „An Introduction to Conceptual Modeling" von DARIAH (https://teach.dariah.eu/course/view.php?id=31§ion=1) und beschäftigen Sie sich mit den Teilbereichen, die Sie noch nicht kennen.

2.4 Der Forschungsprozess und seine Erweiterungen mit digitalen Methoden

In diesem Kapitel erfahren Sie,

- wie qualitative und quantitative Forschungsprozesse modelliert werden;
- wie sich diese Forschungsprozesse durch digitale Methoden erweitern;
- welche Schritte im Forschungsprozess mit digitalen Methoden umgesetzt werden können;
- welche Schritte durch digitale Methoden zum Forschungsprozess hinzukommen;
- wo digitale Verfahren Schritte einfacher machen und wo sie sich weniger eignen.

In diesem Kapitel geht es um die Prozessmodellierung von wissenschaftlichem Arbeiten. Mit diesem „Model of Something" (vgl. ▸ Kapitel 2.3) können wir konkret ansetzen und schauen, welche Arbeitsschritte denn nun computationell werden können. Es wird also aufgezeigt, wie die verschiedenen Schritte im Forschungsprozess zusammenhängen und welche von ihnen mit digitalen Methoden erweitert werden können.

Um zunächst einmal qualitative und quantitative Forschungsprozesse darzustellen, können wir auf die Überlegungen von Harald Witt zurückgreifen, der diese modelliert hat, ganz ohne die computationellen Methoden im Hinterkopf zu haben. Witt ist natürlich nicht der Einzige, der sich über die methodischen Vorgehensweisen Gedanken gemacht hat. Aber er hat allgemeine Modelle entwickelt, die so grundsätzlich sind, dass sie leicht auf konkrete Forschungsprojekte und einzelne Methoden übertragen werden können. Witt unterscheidet zwischen einem linearen Forschungsprozess, der quantitative Forschungen auszeichnet, und einem zirkulären (oder auch iterativen) Vorgehen, das bei qualitativen Forschungen im Mittelpunkt steht. Die lineare Strategie formuliert Hypothesen, wählt darauf aufbauend Verfahren aus, dann werden Personen ausgewählt und Daten erhoben. Es folgen die Datenauswertung und das Testen der im Vorfeld formulierten Hypothesen. Oder, mit Witt formuliert:

> „Das lineare Vorgehen besteht darin, dass im Wesentlichen zu Beginn der Forschung ein umfassender Plan (das Forschungsdesign) entworfen wird, mit dem eine bestimmte Fragestellung, eine bestimmte Untersuchung bzw. ein bestimmtes Projekt bearbeitet werden soll." (Witt 2001: Abschn. 13)

Es geht also darum, vorab festgelegte Schritte präzise umzusetzen. Um die Vergleichbarkeit der Daten zu gewährleisten, darf der Untersuchungsaufbau während der Erhebung nicht verändert werden.

Anders funktioniert das zirkuläre Vorgehen. Witt (2001: Abschn. 15) fasst zusammen: Es gibt dort zunächst ein Vorverständnis des Forschungsfeldes, das etwa mit Literatur angereichert wird. Es folgt ein zirkulärer Prozess, der sich im Idealfall mehrfach wiederholt: Es wird ein Verfahren ausgewählt, dann Personen. Es folgt die Datenerhebung und die Datenauswertung – aber anders als beim quantitativen Verfahren sind wir dann nicht am Ende, sondern beginnen (mit mehr Wissen) von vorn. Witt beschreibt das so:

> „Zirkulär heißt hier, dass eine bestimmte Aufeinanderfolge von Forschungsschritten mehrmals durchlaufen wird und der jeweils nächste Schritt von den Ergebnissen des jeweils vorherigen Schrittes abhängt. (…) Im einzelnen heißt das, dass zu Beginn der Forschung nur ein ungefähres Vorverständnis über den Forschungsgegenstand vorliegt und auf dieser Basis zunächst nur wenige nächste Schritte geplant werden können (…). Jede dieser Teilphasen kann schon Konsequenzen nach vorne (für das weitere Vorgehen) und nach hinten (Modifikation der Fragestellung) haben." (ebd.)

Dieser offene Forschungsaufbau ermöglicht die Anpassung an Ergebnisse im Untersuchungsverlauf; auf die Qualität der Daten hat das keinen Einfluss – wenn, dann nur einen positiven, denn mit mehr Wissen über das Forschungsfeld kann die nächste Phase jeweils besser angepasst werden.

Weitere Unterschiede zwischen quantitativen und qualitativen Forschungsprozessen sind etwa die Datenformen, die Rahmenbedingungen der Datengewinnung oder die Form und Qualität der Daten (vgl. Witt 2001: Abschn. 1). In Mixed-Methods-Ansätzen werden quantitative und qualitative Strategien kombiniert, um Untersuchungsfelder meist in mehreren Forschungsphasen zu beleuchten. Während die nachträgliche Quantifizierung (etwa durch Zuordnung zu festen Kategorien) für qualitative Daten möglich ist, geht das anders herum aufgrund der fehlenden Informationen zu Bedeutungen quantitativer Daten nicht – diese müssen immer durch die Forschenden oder Lesenden hergestellt werden. Qualitative Daten hingegen enthalten konkrete Bedeutungen, auch wenn diese bei weitem nicht immer eindeutig sind.

Natürlich ist der Prozess in der Praxis nicht so klar strukturiert, in allen konkreten Forschungen gibt es Anpassungen, zum Beispiel wird in quantitativen Studien gern eine Vorstudie gemacht, um zu prüfen ob die Erhebung zielführend ist. Auch Hypothesen sind natürlich durch Theorien geprägt, denn zwischen den Forschenden und der Realität stehen Methoden und Techniken (Instrumente) sowie Theorien und empirische Hypothesen (Ideen) (vgl. Aragona 2018: 66). Aber beim Modellieren (hier beim Prozessmodellieren) geht es genau darum, Prozesse abstrakt zu fassen (vgl. ► Kapitel 2.3).

Außerdem könnten wir auch noch anders unterscheiden: Quantitative Verfahren überprüfen eine begründete Hypothese mit einer Erhebung, das ist ein deduktives Verfahren. In qualitativen Verfahren ist das Ziel, Annahmen über einen Untersuchungsbereich zu gewinnen, sie arbeiten induktiv. Davon unterschieden werden können auch noch abduktive Forschungsansätze. Bei deduktiven Forschungsansätzen wird auf konkrete Theorien Bezug genommen, etablierte Regeln werden an Phänomenen beobachtet. Daher werden hier in der Regel quantitative Ansätze verfolgt. Induktive Ansätze beobachten systematisch auftretende Phänomene, sie weisen eine größere Offenheit gegenüber verschiedenen Theorien auf. Mehr noch gilt das für abduktive Forschungszugänge, die neue, unbekannte Phänomene beforschen. Induktive und abduktive Zugänge suchen nach Neuem bzw. möchten Regeln formulieren.

Die Grenzen zwischen qualitativen und quantitativen Verfahren heben sich in den DH und den CSS tendenziell auf. So tritt etwa die CSS mit dem Ziel der Überwindung dieses Dualismus an (Behnke et al. 2018: 12). Es geht vielmehr um die Kombination von Verfahren (und damit um Mixed Methods), digitale Daten können sowohl in quantitativen als auch in qualitativen Methoden weiterbearbeitet werden. Man kann auch festhalten, dass in der CSS mit Survey-Forschungen ebenso Schnittmengen bestehen wie mit Inhaltsanalysen und beobachtenden Methoden (vgl. Jünger 2018: 125). Big Data führt hier zu einer Erweiterung der prinzipiell für die Forschung verfügbaren Daten, wie Rob Kitchin festhält:

> „The situation in the humanities and social sciences is somewhat more complex given the diversity of their philosophical underpinnings, with Big Data and new analytics being unlikely to lead to the establishment of new disciplinary paradigms. Instead, Big Data will enhance the suite of data available for analysis and enable new approaches and techniques, but will not fully replace traditional small

data studies. This is partly due to philosophical positions, but also because it is unlikely that suitable Big Data will be produced that can be utilized to answer particular questions, thus necessitating more targeted studies." (Kitchin 2014: 10)

Der erste Eindruck legt nahe, dass lineare Vorgehensweisen für Computational Thinking (vgl. ► Kapitel 2.3) besser geeignet sind: Eindeutig festgelegte Schritte, die abgearbeitet werden, das klingt einem Algorithmus sehr ähnlich. In beiden Ansätzen ist allerdings eine vergleichbare übergreifende Struktur deutlich: Es werden zunächst Fragestellungen entwickelt – entweder durch die Formulierung von Hypothesen oder mit dem Vorverständnis zum Forschungsfeld. Dann werden in beiden Fällen Verfahren ausgewählt, um auf Grundlage eines Samples (bzw. von Personen, wie Witt es nennt) Daten zu erheben und auszuwerten. Die Analyse oder Interpretation wird später je nach Forschungsstrategie in Form von Testung der Hypothesen oder Theorie-Entwicklung erstellt.

Uns interessieren für die Erweiterung mit digitalen Methoden vor allem die Schritte im Forschungsprozess, in denen (in beiden Ansätzen) ein Verfahren genutzt wird, um auf Grundlage der Auswahl eines Samples Daten zu erheben und auszuwerten. Denn die Arbeitsschritte, die in den Forschungsstrategien vor und nach diesem Bereich stehen, müssen in jedem Fall von Menschen erledigt werden, sie erfordern Nachdenken und Wissen. Wie bereits angesprochen: Nicht alle Schritte des Forschungsprozesses können mit digitalen Verfahren bearbeitet werden. Die stärker epistemologisch bestimmten Schritte bleiben den Forschenden überlassen.

Diese für digitale Verfahren geeigneten Schritte werden für die unterschiedlichen Forschungsstrategien sehr ähnlich dargestellt. Es geht um die Auswahl der Verfahren, um die Auswahl des Samples oder der Daten (die nicht nur Personen umfassen), die Datenerhebung und Datenanalyse, wie in ► Grafik 5 zusammengefasst. Diese Punkte sind prinzipiell mit computationellen Methoden umzusetzen oder zu unterstützen. Strenggenommen muss auch die Auswahl des Verfahrens von Menschen epistemologisch begründet werden. Wir haben also drei Schritte im Forschungsprozess, die nach der Modellierung bis hier hin prinzipiell für digitale Methoden geeignet wären. Wenn wir entsprechend vorgehen, werden diese Forschungsprozesse verändert, und im besten Fall heißt das erweitert. Von dem Forschungsprozess – egal, ob quantitativ oder qualitativ – haben wir nun also herangezoomt auf die drei Schritte, die nicht dezidiert von Menschen erledigt werden müssen: die Datenauswahl, -erhebung und -auswertung.

Die Forschungsprozesse werden insofern verändert und erweitert, als dass die Datenauswahl, -erhebung und -auswertung eine ganz neue Rolle spielen. Damit kommen zwei Arbeitsschritte hinzu, die zumindest in der qualitativen

Daten-auswahl	Daten-erhebung	Daten-auswertung
• Suchfunktionen • Nutzung bestehender Standards und Ressourcen • bestehende Datensets • Webseiten, Newsartikel • ...	• Crawling, Scraping • Text- / Data-Mining-Verfahren • Natural Language Processing • Indexing • Erstellung Metadaten • ...	• Clustering • (automatische) Annotationen • Topic Modeling • Netzwerkanalysen • Visualisierungen • Simulationen • ...

Grafik 5: Erweiterte sozialwissenschaftliche Forschungsprozesse: digitale Methoden. Eigene Darstellung.

Forschung andernfalls nur eine untergeordnete Rolle spielen und in fast allen Forschungen individuell (oder in der Forschergruppe) gelöst wurden: die Datenablage und die nachhaltige Sicherung der erzeugten Daten.

Ein Datenset, also eine Gruppe von für uns relevanten Daten, bezeichnen wir auch als Korpus, wobei hier nicht der Korpus (als toten Körper), sondern das Korpus gemeint ist. Wenn wir digitaler Methoden anwenden, setzen wir uns mit der Korpusgenerierung und -aufbereitung, also dem Finden, Strukturieren, Ablegen von Quellen, intensiver auseinander. Das ist ein Arbeitsschritt, der alle computationellen Ansätze fundamental beeinflusst: Wenn wir hier nicht sauber arbeiten, sind spätere Ergebnisse nicht aussagekräftig und wir produzieren kaum zu nutzende Daten, manchmal sogar Datenmüll. In klassischen Forschungen geschieht die Datenablage weniger strukturiert. In Ansätzen mit digitalen Methoden brauchen wir eine Modellierung für die Generierung und Aufbereitung.

Ein zweiter Arbeitsschritt, der in der Drittmittelförderung längst Pflicht ist, ist das Forschungsdatenmanagement (vgl. zur technischen Umsetzung ► Kapitel 4.4). Die verwendeten Daten sollten so aufbereitet und veröffentlicht werden, dass andere sie nachnutzen können. Das bedeutet zusätzliche Generierung von Metadaten (vgl. ► Kapitel 4.5) und Fragen nach rechtlichen und ethischen Implikationen (vgl. ► Kapitel 2.2). Fragen nach informierter Zustimmung, Datenschutzgrundverordnung, Anonymisierung und Forschungsethik werden relevanter, wenn die Korpora nicht nur für die eigene Forschung oder eine interne Gruppe gespeichert werden, sondern auf zentralen Servern liegen und (zumindest mit den Metadaten) recherchierbar sind. Spätestens in größeren Forschungen müssen wir uns also genau überlegen, welche Daten wie veröffentlicht werden können. Gleichzeitig entstehen gerade Strukturen und Portale, um Forschungsdaten in großer Menge nachnutzbar zur Verfügung zu stellen. Wir können diese Strukturen auch selbst heranziehen, um Forschungs-

Grafik 6: Erweiterter qualitativer Forschungsprozess. Eigene Darstellung.

daten von Dritten zu nutzen und unsere eigenen Fragen an dieses Material zu stellen – hier besteht also auch eine große Chance. Auf entsprechende Datenbanken geht ▸ Kapitel 4.4 genauer ein.

Damit kommen am Anfang und am Ende der Schritte, die quantitativem und qualitativem Forschen gemein sind, neue Elemente hinzu. ▸ Grafik 6 zeigt diesen erweiterten Forschungsprozess. In ▸ Grafik 7 werden außerdem exemplarische digitale Methoden in den Prozess eingebunden, die ihn ebenfalls erweitern.

Noch nicht genannt wurden Faktoren, die den Forschungsprozess bedingen: Infrastrukturen sind notwendig, um Daten zu speichern, aufzubereiten und zu analysieren. Wir brauchen also Datenbanken und Repositorien (ob nun lokal oder zentral abgespeichert und zugänglich), Standards und Metadaten (ob von uns selbst oder von anderen erzeugt).

Mit dem Durchdenken möglicher computationeller Zugänge zu unserem Forschungsgegenstand kommt es zu Überlegungen und Experimenten, die verschiedene Einzelschritte kombinieren und Neues ausprobieren und damit

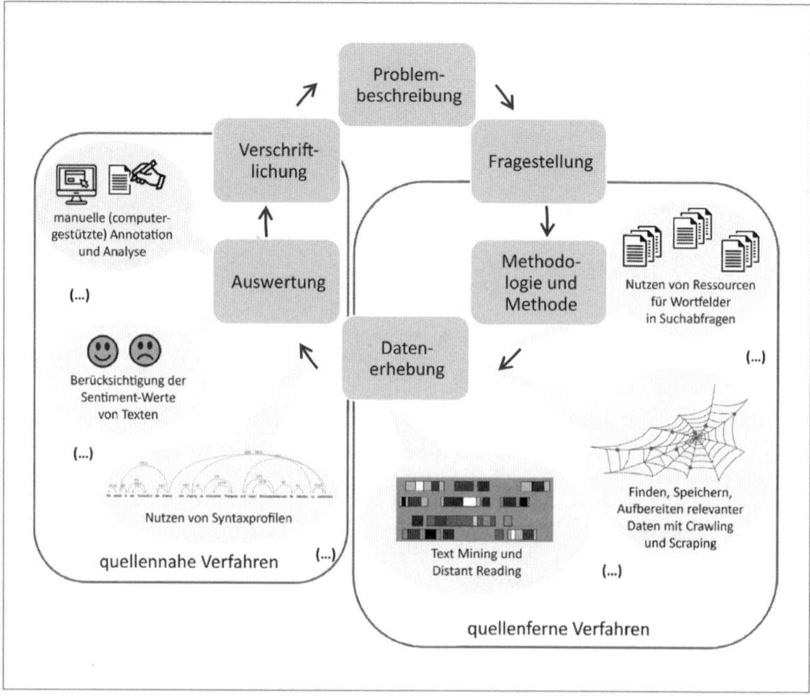

Grafik 7: Erweiterter qualitativer Forschungsprozess mit exemplarischen digitalen Methoden. Eigene Darstellung.

herausarbeiten, welche digitalen Methoden welchen Schritt wie unterstützen können oder was wir gegebenenfalls anpassen müssen, um es für den konkreten Anwendungsfall zu nutzen. Das bedeutet, dass oft erst einmal Piloten gestartet werden – und dass Tools auf der Entwicklungsebene des Prototyps stehen bleiben, eben weil das Ausprobieren und Herausfinden, welches Verfahren welchen Schritt gut ergänzt, lange gedauert hat. Es empfiehlt sich deshalb, wie auch Berkelaar und Francisco-Revilla (2018: 55) feststellen, den eigenen Forschungsprozess zunächst in den einzelnen Schritten zu durchdenken und mit bestehenden Datensätzen einmal auszuprobieren, bevor er konkret umgesetzt wird. Damit kann man viele Fehler schon ausschließen. Denn es gibt kaum einen Forschungsprozess der im Ganzen scheitert, vielmehr scheitern einzelne Schritte – das kann man durch Probeläufe abfangen, in deren Folge der Prozess angepasst wird.

Diese Erweiterungen bedeuten einen Mehraufwand oft vor allem in der Auswahl der Verfahren. Die DH und CSS sind dafür im weiteren Sinne experimentell: Es wird ausprobiert, was passiert, wenn man einzelne Verfahren für bestimmte Anwendungen einsetzt. Dazu kommen ein nicht zu verachtender

Mehraufwand und gleichzeitig Vereinfachungen in der Korpuserstellung und im Forschungsdatenmanagement.

Neue Datenformen und Methoden können uns aber neue Muster aufzeigen, auch in uns bekannten, sozusagen klassischen Themenfeldern, und damit menschliches Verhalten anders erklären: Wir können damit an Daten andere Fragen stellen (vgl. Chen 2018: 2). Unsere Wissensproduktion wird verändert. Gleichzeitig können wir neue Formen des Wissens dadurch generieren, dass wir mit anderen Auswertungstechniken/-verfahren arbeiten (vgl. Stützer et al. 2018: 10). Dafür lohnt sich der Mehraufwand in vielen Fällen. Gleichzeitig wird uns kein Verfahren die Aufgabe abnehmen, uns mit unserem Forschungsthema und mit unserem Datenmaterial auseinanderzusetzen.

Insgesamt müssen wir berücksichtigen, dass mit digitalen Methoden die Nuancen und Mehrdeutigkeiten, die für die Interpretation so wichtig sind, abgeflacht werden. Denn viele Entscheidungen werden durch den Algorithmus getroffen – dafür müssen die Prozesse in klare Regeln ohne Mehrdeutigkeiten gepackt werden. In der Regel benötigen digitale Verfahren deshalb immer wieder ein Eingreifen der Menschen, der ‚Humans in the Loop'. Es handelt sich dann um iterative Verfahren: Menschen delegieren eine Teilaufgabe an einen Algorithmus, betrachten die Daten, machen einen nächsten Schritt in der Auswahl, Erhebung oder Auswertung und geben (einem anderen) Algorithmus eine neue Aufgabe. Das kann mit Tools unterstützt werden – aber es sind in der Regel verschiedene Verfahren im Einsatz. Die Stärke von uns Menschen ist es, Bedeutungen zu verstehen – die Stärke von Algorithmen liegt darin, Patterns und Muster zu erkennen und dies schnell und oft zu tun. Die Anwendung von digitalen Methoden in qualitativer Forschung kombiniert beide Stärken in immer wieder neu zu konstruierenden Forschungsprozessen, die auf das Forschungsfeld und Erkenntnisinteresse zugeschnitten werden müssen.

Die Unterstützung von Verfahren und Tools macht es uns einerseits leichter, einzelne Schritte zu erledigen und auf der anderen Seite macht es dies auch schwieriger (Conte et al. 2012: 326). Schon kleine Veränderungen im Set-up können große Auswirkungen auf die Ergebnisse haben, weshalb es besonders wichtig ist die Entscheidungen transparent nachvollziehbar zu halten (vgl. Aragona 2018: 71). Das ist für den eigenen Forschungsprozess wichtig, aber auch für die Replizierbarkeit. Gerade weil Datensätze aber nur eingeschränkt verfügbar sind – aus technischen oder ethischen Gründen – bleibt die Replizierbarkeit allerdings oft auf der Strecke.

Wenn wir epistemologische Fragen stellen, ist auch die reflexive Selbstbeobachtung notwendig: Wir sollten uns immer wieder fragen, welche Auswirkungen die Erweiterung geistes-, sozial- und kulturwissenschaftlicher Forschungsprozesse auf uns, unsere Forschung und unsere Ergebnisse hat (Behnke et al. 2018: 9). Wir dürfen uns von den glamourösen Versprechungen der einfachen Methoden und großen Datenmengen nicht blenden lassen, sondern müssen diese als Teil des Forschungssettings mit berücksichtigen (Berkelaar/Francisco-Revilla 2018: 20).

Wir brauchen eine Reflexivität, um die Daten und die mit diesen verbundenen Annahmen zu hinterfragen, eine Kontextualisierung und Kritik. Hierin liegt eine große Chance und ein Alleinstellungsmerkmal, das unsere fachlichen Kompetenzen und Perspektiven einbindet, statt sie zu verleugnen. Weil die neuen Daten und Verfahren neue Möglichkeiten für die Wissenschaft bieten, verändert sich auch das Verständnis von Wissenschaft. Was der Mehrwert oder Erkenntnisgewinn ist, ist in vielen Fällen noch ungeklärt; wir befinden uns in einer Phase des Ausprobierens und Auslotens.

Eine Utopie: digitale Arbeitsumgebungen unterstützen den Forschungsprozess

„Alexa, erforsche soziale Ungleichheit!" Wir geben einer künstlichen Intelligenz (denn das sind Alexa und vergleichbare Assistenzsysteme) eine Aufgabe, und diese geht den kompletten Forschungsprozess durch. Nach kurzer Zeit wird eine Fragestellung und deren Antwort ausgegeben. Als Szenario wird beispielsweise aufgemacht: „In the era of big data, humans will not read or handle the overwhelmingly generated texts themselves; instead, intelligent machines will take over the reading of the massive amount of texts." (Chen/Yun 2018: 7) So wird es wohl nicht sein und ehrlich gesagt würde ich solche Entwicklungen auch als Dystopie, also als negative Zukunftsvorstellungen bezeichnen. Aber es gibt Utopien, positive Vorstellungen davon, wie unser digitales Arbeiten in Zukunft aussehen könnte. Als eine Zielvorstellung gibt der Sprachwissenschaftler Lobin an:

> „Geisteswissenschaftler [sic] der Zukunft werden zwar die intellektuelle Analyse und Deutung von kulturellen Artefakten nicht aufgeben – darum soll es auch gar nicht gehen –, sie werden aber Texte, Bilder, Zeichnungen und Daten an einem digitalen Arbeitsplatz verwalten, der es ihnen leicht macht, besondere Eigenschaften einzelner Werke gegenüber anderen in ihrer Epoche zu ermitteln, Verbindungen und Beeinflussungen ihrer Urheber festzustellen und historische, biografische und geografische Hintergrundinformationen zu recherchieren, abzuspeichern und miteinander zu verzahnen." (Lobin 2014: 173)

Auch wenn hier aus einer philologischen Perspektive ein Zukunftsszenario entworfen wird, das für qualitative Arbeiten mit Sicherheit anzupassen wäre, so zeigt sich doch deutlich der Bedarf nach einer (digitalen) Arbeitsumgebung, in welcher die verschiedenen Schritte der Forschung möglichst reibungslos miteinander verbunden werden. Die einzelnen Schritte der jeweiligen Forschungsstrategien werden so miteinander verzahnt, wie Lobin es nennt, dass wir an den Daten nahtlos weiterarbeiten können: Zentrale Datensätze identifizieren, Metadaten abspeichern, Annotationen anreichern, Interpretationen vorbereiten. Von einer eigenen Programmierung ist hingegen nicht die Rede. Gleichzeitig limitieren sie unsere Möglichkeiten nicht, wie es aktuell proprietäre, also geschützte kommerzielle Programme wie etwa QDA-Software, tun, die nur auf spezifische Verfahren ausgerichtet sind (Nelson 2020: 11) und Nutzende möglichst für alle Forschungsschritte in ihrer Arbeitsumgebung halten möchten.

Eine Arbeitsumgebung, wie Lobin sie entwirft, besteht noch lange nicht. Digitale Methoden bedeuten aktuell das Arbeiten mit einer Vielzahl verschiedener kleiner Tools und dem Kombinieren unterschiedlicher Verfahren. Unser Forschungsprozess bleibt bestehen, wird erweitert und in einigen Schritten computationell realisiert.

Insgesamt kann computationelle Auswahl, Erhebung und Auswertung nur kleinteilig funktionieren, indem einzelne Elemente des Forschungsprozesses der Forschenden iterativ unterstützt werden. Hierzu ist eine genaue Modellierung notwendig: Wir haben die Freiheit, neue Arbeitsschritte zu definieren, die verschiedensten Verfahren zu nutzen und damit kreativ neue Problemlösungen zu identifizieren. Bis das alles einfach klickbar in einer Arbeitsumgebung machbar ist, die ich als Utopie von Lobin übernommen habe, dauert es sicher noch Jahre – und diese Utopie ist nur erstrebenswert, wenn wir die Möglichkeit zur transparenten Nutzung und Anpassung der Verfahren weiterhin haben. Mit granularen Perspektiven auf Grundlage quellenferner und quellennaher Verfahren können wir fundierte Entscheidungen darüber treffen, welche Wirklichkeitsausschnitte wir – abhängig von unserer Fragestellung – einer tiefergehenden Analyse unterziehen wollen und wann uns welche Verfahren hierbei helfen (oder auch nicht).

Übungsaufgabe Forschungsprozess

Modellierung des eigenen Forschungsprozesses: Modellieren Sie, mit den in ▸ Kapitel 2.3 gelernten Grundsätzen, den Forschungsprozess Ihres aktuellen Projektes. Vielleicht arbeiten Sie gerade an einer Hausarbeit, Abschlussarbeit, an einer Doktorarbeit oder in einem Forschungsprojekt. Machen Sie sich alle Schritte im Forschungsprozess bewusst und beschreiben Sie diese möglichst präzise, aber knapp, sodass Sie in einer Grafik darstellbar sind. Nutzen Sie für die Grafik bei Bedarf die Tools zu Mindmaps aus dem ▸ Glossar. Überlegen Sie, wie Ihr bisheriger Forschungsprozess durch digitale Daten und Methoden erweitert werden könnte. Kehren Sie nach

Lektüre von ► Kapitel 3, 4 und 5 zu Ihrer Modellierung des Forschungsprozesses zurück und überlegen Sie erneut, wie dieser digital erweitert werden könnte.

2.5 Die Relevanz von digitalen Daten, Software und Programmiercode für qualitative Forschung

In diesem Kapitel erfahren Sie,

- wie konkrete Tools Einfluss auf unsere Forschung haben;
- wo Gefahren einer positivistischen Vorgehensweise ausgehend von Daten liegen;
- wie eine Data Driven Science mit Mixed Methods aussehen kann.

Die Rolle von konkreten Tools in unseren Forschungen wächst. Wir kollaborieren sozusagen mit einem Tool, gleichzeitig ko-konstituieren wir uns auch gegenseitig: Nur, was ich mit dem Tool (oder Verfahren) machen kann, wird realisiert, das Tool verändert also mich und ich verändere das Tool (schon durch meine spezifische Nutzung). Dabei verändern sich unsere alltäglichen wissenschaftlichen Arbeitspraxen ganz fundamental, und doch sind sie in einer Remediation (Bolter/Grusin 2000) nicht gänzlich neu, sondern an bestehende Praktiken anschließend mit anderen technischen Devices realisiert. Das beschreiben Chen und Yu sehr treffend:

> „First, the researcher and the digital tool are regarded as collaborators within a hybrid network, which produces knowledge. Second, they not only collaborate with but also co-constitute each other; thus the digital tool changes the researcher when it magnifies and reduces the different dimensions of the world. In other words, the digital tool is not only a passive object manipulated by the researcher, but also a delegated actor that extends the agency of its user and is capable of betraying users because of neglected rules or incorrect codes." (Chen/Yu 2018: 22–23).

Den digitalen Verfahren, umgesetzt in verschiedenen Tools, kommt also eine eigene Handlungsmacht zu. Der Nachteil bei nachnutzbaren Tools ist, dass die zugrunde liegenden Algorithmen und damit verbundenen Vorannahmen nicht oder nur teilweise nachvollzogen werden können. Das begrenzt wiederum unsere Handlungsmacht als Forschende, wir geben einen Teil unserer Entscheidungen an die Tools ab. Denn wenn wir Daten untersuchen, tun wir das nicht als Selbstzweck, sondern um aus den Datenmengen Aussagen generieren zu können (vgl. Stützer et al. 2018: 12).

Mit der digitalen Methodik geht in manchen Fällen leider auch einher, dass der Forschungsprozess sich in einem anderen Punkt wandelt: Die Reihenfolge der Schritte im Forschungsprozess verändert sich und es werden zuerst Daten erzeugt, um ausgehend von diesen Daten eine Hypothese und Forschungsfragen zu bilden (vgl. Stützer et al. 2018: 10; Aragona 2018: 64). Wenn wir an Gütekriterien von Forschungsverläufen denken und daran, wie konsensual insbesondere die Sozial-, aber auch die Kulturwissenschaften über die Struktur von Forschungsprozessen diskutieren, dann wird deutlich, welche Probleme das mit sich bringt. Diese sogenannten Data Driven Sciences sind positivistisch. Rob Kitichin bezeichnet sie als neue Epistemologie, die Paradigmen verschiebt hin zum Erklären und Modellieren von Daten in rein positivistischer Absicht, also ausgehend allein von der Wahrnehmung, hier in Form von der Sichtung von Daten, und nicht von einer Fragestellung aus (Kitchin 2014).

Solche positivistische Data Driven Science wird ganz konkret umgesetzt. Chris Anderson, damals Chefredakteur des Magazins Wired, behauptete schon im Jahr 2008, das „End of Theory" sei greifbar nahe, da wir mit der verfügbaren Menge an Daten zu Ergebnissen kommen können, die keine theoretischen Konstrukte mehr benötigen.

Wenn wir uns die Nutzung digitaler Methoden in den Schnittfeldern der Geistes-, Sozial- und Kulturwissenschaften anschauen, die vor allem aus den Naturwissenschaften heraus konzipiert werden, kommen solche Perspektivverschiebungen leider häufig vor. So stellt ein frühes „Manifesto" für die CSS vor allem Simulationen in den Mittelpunkt:

> „There is an increasing realization of the enormous potential of data-driven computational social science. The availability of unprecedented amounts of data about human interactions in different social spheres or environments opens the possibility of using those data to leverage knowledge about social behaviour beyond research on the scale of tens of people. The data can be used to check and validate the results of simulation models and socio-economic theories, but a further step in using them is to take them into account already at the modelling stage." (Conte et al. 2012: 342)

Da ist die Verschiebung: Die beispiellosen Massen von Daten, die heute (bzw. schon 2012) verfügbar sind, sollen nicht nur zur Überprüfung von Hypothesen (also einem deduktiven, quantitativen Ansatz) oder zur weiteren Ausdifferenzierung eines Vorverständnisses (in einem qualitativen, induktiven oder abduktiven Ansatz) anhand von Fragestellungen verwendet werden, sondern sie sollen schon beim Modeling des Forschungsfeldes herangezogen werden als positivistische Data Driven Sciences. Auf der Ebene von konkreten Studien finden wir es immer wieder, dass allein von den Daten ausgegangen wird, ohne am Anfang eine offene Hypothese oder Fragestellung zu haben – diese wird dann nur aus den Daten generiert und Zirkelschlüsse liegen nahe.

Rob Kitchin fasst kritisch zusammen: Neue Formen des Empirismus sind gefährlich. Nicht nur ist der Sampling Bias, also die menschliche Voreingenommenheit beim Sammeln von Daten und die Voreingenommenheit der Daten selbst (was wird überhaupt gespeichert und von wem), gefährlich:

> „Making sense of data is always framed – data are examined through a particular lens that influences how they are interpreted. Even if the process is automated, the algorithms used to process the data are imbued with particular values and contextualized within a particular scientific approach. (…) Put simply, whilst data can be interpreted free of context and domain-specific expertise, such an epistemological interpretation is likely to be anaemic or unhelpful as it lacks embedding in wider debates and knowledge." (Kitchin 2014: 5)

Kitchin schlägt selbst eine Data Driven Science vor, die deduktive, induktive und abduktive Elemente verbindet – man könnte auch von einer Modernisierung des Mixed-Methods-Ansatzes sprechen. Die uns unbekannten großen Datenmengen können wir mit computationellen Verfahren nutzen, um aus dem Material (also Data Driven) neue Hypothesen zu generieren – die wir aber natürlich validieren oder falsifizieren müssen, sie können nicht als Aussagen stehen bleiben. Dementsprechend können wir bei der Datenauswahl und -erhebung theoretisch informiert und strategisch vorgehen, schon in dem Fall, in dem wir neue Hypothesen aus dem Material gewinnen möchten. Kitchin argumentiert, dass mit diesem Vorgehen neue Erkenntnisse gewonnen werden können, die traditionelle „knowledge-driven science" nicht erarbeiten kann, da sie deduktiv (und damit in der Regel rein quantitativ) arbeitet. Es geht um „exploring, extracting value and making sense of massive, interconnected data sets" (Kitchin 2014: 6), wiederum in interdisziplinärer Zusammenarbeit. Er fordert, dass bestehende Methoden erweitert werden und bisherige Ansätze vereinfacht werden, um Theorieentwicklung und Interpretation zu unterstützen: „It is one thing to identify patterns; it is another to explain them." (Kitchin 2014: 8).

Übungsaufgabe digitale Daten, Software, Programmiercode

Selbst genutzte Daten und Software: Welche digitalen Daten nutzen Sie aktuell? Welche Software verwenden Sie in Ihrem wissenschaftlichen Arbeitsalltag und für welche Arbeitsschritte? Erstellen Sie eine Liste oder Mindmap, gegebenenfalls mit einem entsprechenden Tool aus dem ▸ Glossar. Für welche Elemente in Ihrem Arbeitsalltag fehlen Ihnen derzeit Tools? Und welche digitalen Daten möchten Sie künftig nutzen, um Ihre Fragestellung zu beantworten?

Suchen Sie von Ihren Bedürfnissen ausgehend nach entsprechenden Einträgen im ▸ Glossar. Wählen Sie ein Analysetool aus dem Glossar aus und machen Sie sich die Methode bewusst, die damit angewendet werden soll. Prüfen Sie kritisch an diesem konkreten Beispiel, inwiefern Sie die Methode damit selbstständig umsetzen können. An welchen Stellen können Sie die Analyse aktiv mitgestalten, wo müssen Sie sich auf das Tool verlassen? Wie strukturiert dieses Tool Ihre Arbeit vor? Weitergehende Hinweise zu Möglichkeiten der Datenspeicherung bietet ▸ Kapitel 4, auf die Analyse geht ▸ Kapitel 5 ein.

3. Digitale Datentypen

In diesem Kapitel erfahren Sie,

- wie sich Daten durch Digitalität verändern;
- was Datafizierung ist;
- wie Geistes-, Sozial- und Kulturwissenschaften auf Daten schauen;
- was unter Big Data verstanden wird.

Daten sind die Grundlage für Computation und in der Gegenwart wird fast alles digitalisiert, also Informationen in Datenstrukturen übersetzt und durch Computer weiterverarbeitet – denken Sie etwa an die retrodigitalisierten Kunstwerke aus Museen, die in mühevoller Kleinarbeit alle hochwertig fotografiert werden (vgl. ▸ Kapitel 4.3). Von den Museumsmitarbeitenden werden sie nach festen Standards mit Metadaten versehen (vgl. ▸ Kapitel 4.5), in der Regel auf Grundlage von Informationen, die dem Museum zu einem Bild vorliegen, die etwa in den Sammlungskatalogen und in Karteikartensystemen festgehalten wurden. Erfasste Metadaten sind etwa die Urheberschaft, das Jahr, aber auch Angaben zum Motiv, zur Einordnung in künstlerische Epochen, zur Bedeutung des Werkes in seiner Rezeption. Die digitalisierten Bilder mit Metadaten können wir in Portalen recherchieren, sie stehen nun digital und damit auch maschinenlesbar zur Verfügung. Das hat dazu geführt, dass für Algorithmen der künstlichen Intelligenz genug Trainingsdaten zur Verfügung stehen, um neue „Kunstwerke" durch diese künstliche Intelligenz schaffen zu lassen. Das Projekt „The Next Rembrandt" beispielsweise hat für viel Aufsehen gesorgt. Dort wurde ein Algorithmus mit den Werken von Rembrandt trainiert und hat dann ein weiteres Kunstwerk in dessen Stil – eben den Next Rembrandt – hervorgebracht. Ob das ein „echter" Rembrandt ist, oder ob das überhaupt Kunst ist, wurde und wird intensiv diskutiert. Es ist in jedem Fall ein klarer Fall von Computation: Auf Grundlage von digitalen Daten ist etwas Neues entstanden. Es gibt viele vergleichbare Entwicklungen und auch Künstler:innen, die gemeinsam mit einem Algorithmus arbeiten.

Bei den Museumsbildern handelt sich um eigentlich nicht digitale Materialitäten, die nachträglich digitalisiert wurden, es wurde eine digitale Kopie erstellt. Aber noch viel grundlegender: Was mit den Museumsbildern passiert, passiert vergleichbar in fast allen Lebensbereichen. Wir befinden uns in einer Zeit der Datafizierung. Mit wem ich diese Woche telefoniert habe, was ich per EC- oder Kreditkarte bezahlt habe, wie viele Schritte ich gegangen bin und wie viele Leser:innen das PDF dieses Werkes herunterladen, ist in Form von Daten gespeichert. Die Datafizierung (engl. datafication) begleitet uns. Diese Entwicklung hat mit der Statistik spätestens im 18. Jahrhundert angefangen, aber sie hat durch digitale Daten eine ganz neue Dimension gewonnen. Diese wird als eine sehr grundlegende Veränderung verstanden, manchmal sogar mit dem Buchdruck gleichgesetzt (Behnke et al. 2018: 21) – denn diese Daten über Menschen gab es bisher nur in Form von quantitativen Erhebungen, die Zeit und Geld kosten, jetzt entstehen sie „nebenher". Das Soziale wird mehr und mehr datenvermittelt realisiert, datenbasiert oder sogar durch Daten erst ermöglicht (Prietl/Houben 2018: 7).

Daten sind gemacht, etwas bewusst Hergestelltes (Mämecke/Passoth/Wehner 2018: 2), sie sind nicht einfach vorhanden. Daten sind zugleich die kleinste Informationseinheit. Wenn diese Daten schon vorverarbeitet, prozessiert sind, dann sprechen wir von Information. Wenn diese Information durch Verarbeitung (Deutung, Kommunikation) übersetzt wird, entsteht Wissen (Franken 2017: 185). Das ist nicht als hierarchisches Modell, sondern als iterativer Prozess zu verstehen (vgl. Prietl/Houben 2018: 17 f.) Darauf weisen die Critical Data Studies ganz explizit hin (Kitchin/Lauriault 2018). Daten sind nie einfach neutral, sondern in Kontexte eingebunden – zum Beispiel die Begrenzung eines Tweets auf eine Zeichenzahl oder die prägnante Stellung des ersten Bildes bei einer Diashow von Instagram.

Der gesellschaftliche Wandel im Rahmen der Datafizierung steht hier aber nicht im Mittelpunkt des Interesses. Natürlich müssen wir als Geistes-, Sozial- und Kulturwissenschaftler:innen kritisch analysieren, was diese Veränderungen in der Gesellschaft bedeuten. Wir gehen hier aber neben allen Reflexionen vor allem einen anderen Schritt: Wir können diese Datafizierung nutzen, um anders geistes-, sozial- und kulturwissenschaftlich zu forschen. Denn wir haben eine ganz andere Datengrundlage. Und natürlich, wenn wir konkrete Fragestellungen bearbeiten, kann die datafizierte, digitalisierte Gesellschaft wiederum unser Forschungsfeld sein. Die digitalen Methoden beschäftigen sich weniger mit der Auswirkung von Digitalem auf soziale Beziehungen oder mit dem durch Datafizierung verändertem Verhalten. Es geht um die methodologischen Veränderungen, die diese Datafizierung hervorbringt. Dafür spielt besonders Big Data eine Rolle.

Big Data

In Big Data kommen verschiedene Daten zusammen, etwa Trace Data, also Spuren die Menschen mehr oder weniger unbewusst und unbeabsichtigt hinterlassen, und Social-Media-Daten, die aus expliziten Aktionen von Menschen entstehen. Aber auch die genannten digitalisierten Museumsbilder sind Big Data oder die Daten des Projektes Google Books, wo Millionen von Büchern digitalisiert wurden (vgl. Chen 2018: 2).

Um die Eigenschaften dieser Big Data zu beschreiben, wird von den sogenannten Big Vs in Big Data gesprochen. In älteren Ansätzen sind das drei, mittlerweile werden in einigen Ansätzen zehn Merkmale (oder sogar 42) genannt. Die mittlerweile klassischsten Merkmale umfassen drei Punkte: Big Data hat ein großes Volumen, also die schiere Menge von Daten. Dann haben wir eine hohe Velocity, also die schnelle Generierung und Veränderung von Daten. Der dritte Punkt ist die Variety, also die große Bandbreite an Daten. (vgl. zu den drei Punkten Chen 2018: 2 und Salganik 2018: 14)

Dazu kommen weitere Punkte, etwa die Veracity, also die Qualität oder Aufrichtigkeit der Daten (insb. bei Trace Data, die nicht nachträglich verfälscht sind etwa durch menschliche Berichte), der Value, also der ökonomische Wert, und die Variability, also die Varianz oder Unterschiedlichkeit der Big Data (so sind die Trace Data bei einem Spaziergang in Form von geografischen Informationen ganz andere als die eines Supermarkteinkaufs, bei welchem die gekauften Waren, die Zahlungsart sowie Ort und Zeit gespeichert werden). Man könnte weitere Merkmale ergänzen, etwa die Visualisation (also die bildliche Darstellbarkeit der Datenmengen in Grafiken), die Volatility, das ist die Unbeständigkeit dieser Daten, die sich ständig im Wandel befinden, die Vagueness also die Unbestimmtheit vieler Daten. Ob hier wirklich fundamentale Unterschiede zwischen den Vs bestehen, wird immer fraglicher, je mehr definiert werden.

Die wichtigsten Punkte werden auch ohne die Reduzierung auf griffige Vs in der wissenschaftlichen Diskussion herausgestellt: Neben der Menge sind vor allem die Bandbreite und Varietät der Daten bedeutsam und damit eng verknüpft die technischen Möglichkeiten der Speicherung und Analyse (vgl. Prietl/Houben 2018: 9). Big Data sind in verschiedenen Dimensionen komplex. Sie werden als große Neuerung und auch als große Chance angesehen, vor allem von den entsprechenden Unternehmen, die mit diesen Daten arbeiten, aber auch – und sicher zu Recht – in den Geistes-, Sozial- und Kulturwissenschaften.

Wir als Wissenschaftler:innen können diese Daten nutzen, indem wir sie sammeln, strukturieren, verknüpfen und auswerten. Seltener erzeugen wir solche Daten auch selbst bzw. regen an, dass diese Daten erzeugt werden. Dies wäre etwa der Fall, wenn wir eine App entwickeln, mit der Menschen uns bewusst Daten zur Verfügung stellen und dafür auch erst generieren. Mit digitalen Daten erfolgt ein Wandel hin zu mehr, scheinbar unendlich vielen verfügbaren Daten. Erst durch die mit Big Data vorhandenen Datensets werden neue Perspektiven auf menschliches Verhalten sichtbar (vgl. Aragona 2018: 64 mit Bezug auf Lazer et al. 2009).

Forschung, die digitale Verfahren nutzt, ist stark auf Text und Zahlen ausgerichtet – einfach, weil das die klassischen Datenformate sind, mit denen computationell schon sehr gut und auch schon sehr lange gearbeitet werden kann. Die computationellen Verfahren zur Analyse von Bild, Ton und bewegtem Bild sind noch vergleichsweise jung. Es gibt zwar zahlreiche Entwicklungen gerade im maschinellen Lernen für die Analyse von Bildern und auch Videos, aber oft fehlt uns das Trainingsmaterial, um gute Ergebnisse zu erreichen. Eben weil Bild- und audiovisuelle Daten erst so wenig analysiert werden, ist es bisher vor allem üblich, digitale Verfahren für die Datenauswahl und Datenerhebung für Bilder und audiovisuelle Daten zu nutzen, weniger für deren Analyse. Für Text hingegen werden alle digital erweiterten Schritte des Forschungsprozesses auch umfangreich realisiert.

Übungsaufgabe zu Datentypen

Vorbereitung der eigenen Erhebung von verschiedenen Datentypen: Setzen Sie sich damit auseinander, welche Daten Sie interessieren. Vielleicht schreiben Sie an einer wissenschaftlichen Arbeit, in der Daten für ein bestimmtes Themenfeld relevant sind. Oder Ihr Interesse liegt in einem Bereich von etwa Social-Media-Daten oder Webseiten. Überlegen Sie sich konkrete mögliche Daten für Ihre Fragestellung und begründen Sie Ihre Auswahl. Stellen Sie dar,

a) wie Sie an diese Daten kommen könnten,
b) was Sie beim Speichern und Aufbereiten beachten müssten (vgl. ▸ Kapitel 4) und
c) mit welchen Verfahren und Tools Sie diese analysieren könnten (vgl. ▸ Kapitel 5).

Auch wenn Sie noch keine konkreten Verfahren zur Speicherung und Analyse kennen, haben Sie sicherlich Ideen für die konkreten, Sie interessierenden Daten – wenn Sie diese Wünsche und Ideen bündeln, können Sie diese besser mit den bestehenden Möglichkeiten abgleichen. Denken Sie also bei dieser Vorbereitung der Erhebung schon an die nächsten Schritte im Forschungsprozess: Wozu und wie möchten Sie den Datensatz im nächsten Schritt analysieren? Nur wenn Sie hierzu eine Vorstellung haben, macht die Erhebung Sinn. Andernfalls überlegen Sie noch einmal neu, mit welcher Fragestellung welche Daten erhoben werden könnten (gehen Sie also iterativ im Forschungsprozess zurück).

3.1 Erzeugte und vorgefundene Daten im Vergleich

In diesem Kapitel erfahren Sie,

- was forschungsinduzierte und was prozessproduzierte Daten sind;
- was neuartige prozessproduzierte Daten sind;
- wie sich retrodigitalisierte Daten und Born Digitals voneinander unterscheiden;
- welche technischen Datentypen unterschieden werden;
- wie (digitale) Daten in der qualitativen Forschung genutzt werden.

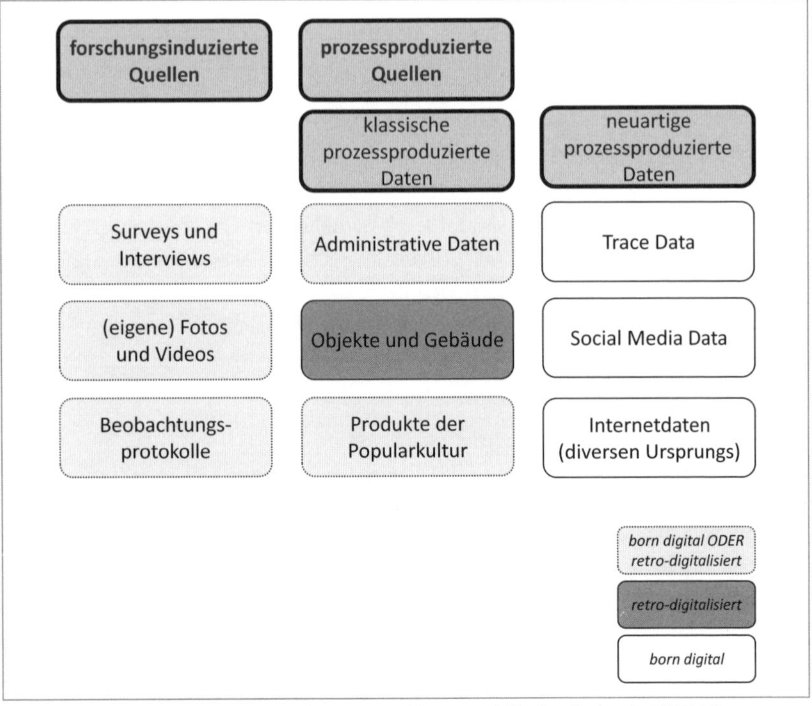

Grafik 8: Digitale Datentypen (nach Baur/Graeff 2021 und Kinder-Kurlanda 2020). Eigene Darstellung.

Für die Sozialforschung können wir mit Nina Baur und Peter Graeff in prozess- und forschungsinduzierte Quellen unterscheiden, wie in ► Grafik 8 dargestellt (Baur/Graeff 2021; ähnlich auch Paulus/Jackson/Davidson 2017: 752). Forschungsinduziert bedeutet, dass die Daten explizit für die Forschung erzeugt wurden. Das umfasst zum Beispiel Umfragedaten oder Interviews, eigene Fotos und Videos, die im Forschungskontext entstanden sind, ebenso wie Beobachtungsprotokolle und jede andere Art von Daten, die wir als Forschende erstellen. Prozessproduzierte Quellen hingegen sind schon vorliegende Quellen, zum Beispiel administrative Daten oder auch Objekte und Gebäude, und alle Produkte der Popularkultur (wie Romane, Comics, Filme) sowie Medienerzeugnisse. Diese Liste ist nicht abschließend.

Wenn wir nun mit Big Data arbeiten, verschiebt sich dieses Verhältnis, neue Datentypen kommen dazu. Mit Baur und Graeff können wir unterscheiden zwischen klassischen prozessproduzierten Daten (die eben genannten) und neuartigen prozessproduzierten Daten. Es ist nicht neu, dass die Daten digital sind, sondern wie sie entstehen. Wir können hier nochmal unterscheiden in Trace Data, also als Spuren, die Menschen (online) hinterlassen, und Social-Media-Daten, die ja bewusst von Menschen erzeugt werden, indem sie sich ein Profil auf einer Plattform anlegen und dieses mit Inhalt füllen. Dabei werden spezifische Plattformen genutzt, es gibt darüber hinaus aber auch noch diverse andere Daten aus dem Internet, die wir je nach Ansatz ebenfalls benutzen können, also etwa Daten aus Blogs und Foren. Und da wird die Unterscheidung diffizil und vom Einzelfall abhängig, ob es nun neuartige prozessproduzierte Daten sind oder ob z. B. Medieninhalte als klassische prozessproduzierte Daten einfach digital verbreitet werden.

Retrodigitalisierung und Born Digital

Daten, die digital erzeugt wurden, werden als Born Digital bezeichnet. Als retrodigitalisierte Daten bezeichnen wir alles, was als Original in analoger Form vorliegt, aber durch Digitalisierungsprozesse nun ein digitales Abbild hat. Papierformate werden dafür in der Regel hochauflösend gescannt, Objekte werden abfotografiert oder per 3D-Scan erfasst. Die Retrodigitalisierung bezeichnet dabei den rein technischen Vorgang des Scannens und Speicherns. Danach folgt in der Regel eine Erschließung, bei welcher die digitalen Daten mit zusätzlichen Informationen versehen werden. Diese Metadaten (vgl. ► Kapitel 4.5) werden in der Regel getrennt vom eigentlichen Digitalisat in Listen oder Datenbanken gespeichert.

Allerdings bestehen hier Überschneidungen: Es gibt eindeutig Daten, die nur als digitale Daten bestehen und es gibt einige wenige Daten, die eigentlich nur retrodigitalisiert werden können, insbesondere Dokumente, Objekte und Gebäude: Diese können nachträglich gescannt werden, auch in 3D. Aber in der Regel bleiben sie doch physisch und entstehen nicht originär digital (abgesehen von Simulationen, Computerspielen u. a., aber ob das noch Objekte und Gebäude sind, würde zu einer philosophischen Diskussion führen). Klassisches Beispiel für die Retrodigitalisierung sind die Kulturerbe-Daten, die von den GLAM-Organisationen (also den Galleries, Libraries, Archives and Museums) digitalisiert werden. Von der Mona Lisa bis zu Goethes Werken müssen diese erst abfotografiert oder gescannt und strukturiert werden, also z. B. eine Texterkennung angewendet und das Digitalisat mit Metadaten angereichert werden. Wenn die GLAM-Institutionen ihre Datensätze veröffentlichen, können wir diese über Datenbanken finden und nachnutzen (vgl. ► Kapitel 4.3).

Doch sehr viele Daten, die wir als „klassisch" kennen, können sowohl als Born Digital existieren als auch nachträglich digitalisiert werden. Zum Beispiel bestehen in fast jeder Forschungsinstitution und auch in Privathaushalten sowohl Fotos in Papierformat als auch in digitaler Form, etwa aus der Digitalkamera oder dem Smartphone. Oft werden in den letzten Jahren Negative nachträglich gescannt, um die Bilder ebenfalls digital verfügbar zu haben. Genauso verhält es sich mit Interviews und Surveys: Die älteren davon wurden oft nur auf Papier festgehalten – werden jetzt aber retrodigitalisiert, wenn sie für aktuelle Forschungsfragen Relevanz haben. Und auch im Kleinen passiert das, wenn Sie etwa Beobachtungsprotokolle zunächst mit Stift und Papier führen und nachträglich in eine digitale Form übertragen. Administrative Daten werden ebenfalls oft zunächst in Papierform erfasst und in eine Datenbank übertragen. Bei den Produkten der Popularkultur sind die Hin- und Herübersetzungen noch vielfältiger, denn natürlich funktioniert das auch in die andere Richtung, eine digitale Soundaufnahme kann auf eine analoge Schallplatte gepresst werden. Im Vergleich dazu ist die Unterscheidung in Born-Digital-Daten viel eindeutiger: Daten aus Social Media zum Beispiel sind Born Digital, und auch wenn wir einen Instagram-Thread ausdrucken würden, um ihn in Papierform vor uns liegen zu haben, bleibt der Datensatz digital.

Relevant ist, dass die neuartigen prozessproduzierten Daten hier die Big Data darstellen, die wir bisher nicht berücksichtigen konnten und auch nicht mussten (weil es sie nicht gab). Behnke et al. fassen das noch einmal treffend zusammen:

> „Zur Verfügung stehen zum einen direkt von Menschen produzierte Daten, etwa jene, die mit jedem Click und jeder Eingabe im Internet generiert werden. Zum anderen entstehen nahezu endlos große Mengen an Daten, die von Sensoren und Trackingsystemen in technischen Geräten aller Art erhoben und gespeichert werden.“ (Behnke et al. 2018: 7)

Von den Menschen selbst generierte, freiwillig erzeugte Daten (Mämecke/Passoth/Wehner 2018: 3) sind also ebenfalls prozessproduziert, das ist ein wichtiger Punkt. Wir können hier aber trotzdem nochmal unterscheiden in prozessgenerierte und nutzergenerierte Daten (Kinder-Kurlanda 2017: 217). In der Regel werden Big-Data-Datensätze nicht erstellt, um der Forschung zu nutzen (Salganik 2018: 14). Deshalb ist es oft besonders schwierig, sie für die Forschung aufzubereiten. Das gilt besonders, weil die Daten in der Regel Unternehmen gehören. Die Validität dieser Datensätze ist entsprechend anders zu greifen, da sie eben nicht für die Forschung produziert wurden und oft durch automatisierte Speichervorgänge entstanden sind (Jünger 2018: 108).

Wir dürfen dabei nicht vergessen zu berücksichtigen, welche Daten fehlen und nicht im Sample sind, also insbesondere Daten von all jenen, die das Internet nicht oder kaum nutzen, das sind rund 25% der Deutschen (Baur/Graeff 2021) und weltweit noch mehr. Wenn wir uns spezifischere Daten etwa einer Plattform anschauen, gilt das umso mehr, denn nur ein Teil der Bevölkerung nutzt die jeweilige Plattform. Diese blinden Flecken werden wir nie in den Daten selbst finden können, sondern immer nur durch Triangulation mit anderen Erhebungsverfahren, in der Regel durch forschungsinduzierte Quellen. Hierfür wird keine technische Lösung erstellt werden können, Daten bleiben unzuverlässig und tragen eine Bias, die wir in unserer Analyse berücksichtigen müssen (vgl. Mämecke/Passoth/Wehner 2018: 6; Ignatow/Mihalcea 2017: 7; Jünger 2018: 115).

Baur und Graeff schlagen vor, die digitalen Verfahren auch auf die forschungsinduzierten, „klassischen“ Quellen der Sozialforschung anzuwenden – in den meisten Fällen wird aber in den CSS aktuell mit den neuartigen prozessproduzierten Daten gearbeitet, die als Big Data neu entstanden sind, und in den DH mit retrodigitalisierten Daten.

Chen nimmt eine Unterteilung in geografische Daten, Textdaten und Social-Media-Daten vor (2018: 3), diese seien die häufig verwendeten Datentypen. Das ist aber sicher unvollständig, denn es fehlen Bild- und audiovisuelle Daten. Außerdem verstecken sich hinter den Textdaten eine ganze Reihe von unterschiedlichen Formaten. Und geografische Daten sind ein kleiner Teil von Trace Data. Ich bleibe deshalb bei der (wenn auch recht allgemeinen) Trennung in Trace Data und Social-Media-Daten, die auch getrennt werden kann nach „bewusst“ (nutzergeneriert) und „unbewusst“ (prozessgeneriert), aber in beiden Fällen durch Menschen produzierte Daten.

Um Daten mit digitalen Methoden untersuchen zu können, ist jedoch eine andere Unterscheidung ebenfalls relevant, die eher technischer Natur ist: Diejenige nach Datentypen, die in der Praxis oft eine Unterscheidung nach Dateiformaten ist. Text, Bild und audiovisuelle Quellen können wir als die klassischen Quellengattungen geistes-, sozial- und kulturwissenschaftlicher Forschung auffassen: Sie können sowohl forschungsinduziert als auch prozessproduziert sein und werden oft in Kombination miteinander verwendet, um qualitative Einsichten in gesellschaftliche Phänomene zu erhalten. Social-Media-Daten werden erst seit einigen Jahren verstärkt in der Forschung genutzt, da sie erst kürzer existieren. Sie setzen sich aus Text und/oder Bildern und Videos zusammen. Trace Data hingegen bestehen oft neben Text auch aus Zahlen, weniger hingegen aus Bildern oder Videos. Auch die digitalen Angebote selbst, also etwa die Vorschlagsalgorithmen für Musik oder Videos, für das Onlineshopping und so weiter, basieren in der Regel auf Text und Zahlen, also den Klicks und dem, was Menschen in Suchleisten eintragen. Für qualitative Ansätze ist die Trennung in diese Datentypen künstlich, denn oft kombinieren wir verschiedenste Daten gemäß unserer Fragestellung. Die Trennung liegt nun auf einer anderen Ebene: Wir schauen uns nicht mehr an, woher die Daten kommen, sondern welchen Charakter die Daten selbst haben. Um sie verwenden zu können, sind beide Charakterisierungen wichtig. Um jedoch digitale Verfahren anwenden zu können, müssen Quellengrundlagen nach Datentypen getrennt werden, da für die verschiedenen Typen unterschiedliche Methoden existieren. Wer also etwa Texte und Bilder zu einem Thema gesammelt hat, wird nicht darum herumkommen, diese zu trennen, um sie mit den hier vorgestellten Methoden zu bearbeiten.

In den meisten Nutzungen von digitalen Methoden steht – trotz aller Betonung von Multimedialität – Text in seinen verschiedensten Formen sicher weiterhin im Mittelpunkt. Einfach, weil mit Text bereits sehr viel gemacht werden kann und die entsprechenden Verfahren sehr weit entwickelt sind. Georeferenzdaten sind ebenfalls gut analysierbar. Bilder sind die dritte Quellengruppe, die bereits oft verwendet wird.

Hier gilt wie für die Analyseverfahren (vgl. ▸ Kapitel 5): Oft verwenden wir nicht eine Form von Daten, sondern wir kombinieren diese Daten je nach Fragestellung – wenn wir zum Beispiel Bilder und Videos gemeinsam untersuchen oder Telefondaten und Georeferenzdaten (beide als Trace Data) kombinieren. Ergänzend muss hinzugefügt werden: Wir kombinieren die Daten, die für uns überhaupt verfügbar, zugänglich und damit untersuchbar sind.

Der Umgang mit Daten ist in der Sozialforschung nicht neu: In der quantitativen Forschung werden empirische Beobachtungen in Zahlenwerte überführt, in der qualitativen Forschung werden Wirklichkeitsausschnitte gekonnt reduziert und als Datengrundlage konstruiert. Es geht hier immer um eine Selektion von relevanten Daten und eine Reduktion von Komplexität (vgl. Prietl/Houben 2018: 16). Das ist mit digitalen Daten prinzipiell nicht anders. Daten sind also methodisch reduzierte Wirklichkeitsausschnitte. In der Datenerhebung gehen wir mit diesen digitalen Daten weg von der Momentaufnahme hin zur Erhebung eines Zeitverlaufs. Was verändert sich nun also an unserer Datenerhebung durch digitale Daten und die damit entstehenden Big Data?

Übungsaufgabe zur Gruppierung von Datentypen

Gruppierung der selbst genutzten Datentypen: Welche Datentypen verwenden Sie aktuell in Ihrer Forschung oder welche möchten Sie verwenden? Ordnen Sie diese in die vorgenommene Gruppierung ein. Gibt es Überschneidungen, so ordnen Sie die jeweiligen Datentypen beiden Kategorien zu und überlegen Sie, ob und wie Sie diese Quellen so speichern könnten, dass sie nach Datentyp getrennt sind – etwa, indem Sie Bild und Text aus einer Text-Bild-Kombination jeweils einzeln speichern. Fahren Sie mit dieser Gruppierung weiter fort, wenn Sie das Kapitel zur Aufbereitung von digitalen Daten für die eigene Forschung (► Kapitel 4.6) gelesen haben und die dortige Übungsaufgabe erledigen.

3.2 Textdaten

In diesem Kapitel erfahren Sie,

- welche Textsorten es gibt;
- inwiefern Text mit anderen Datentypen kombiniert vorliegt;
- wie die vielfältigen Texte Antworten auf qualitative Forschungsfragen geben können.

Wenn wir uns ► Grafik 8 nochmal anschauen, sehen wir: In allen Kategorien sind Textdaten zu finden. Aber nicht alle der dortigen Daten enthalten nur Text: Social-Media-Daten sind oft eine Kombination aus Text mit Bild oder Video. Produkte der Popularkultur können ebenfalls aus ganz unterschiedlichen Kombinationen von Text, Bild, Audio und Video bestehen. Schon eher rein textbasiert sind unsere Interviews oder Beobachtungsprotokolle als forschungsinduzierte Quellen, genauso sind auch administrative Daten als klassische prozessproduzierte Quellen oft rein textbasiert.

Text ist vielfältig und sicher die meistgenutzte Datenquelle nicht nur in qualitativer Forschung. In fast allen Erhebungen finden wir Textdaten. Dabei kann der Text ganz unterschiedlicher Herkunft sein:

- Viel Text liegt in Buchform vor, also als geschlossene sinnhafte, größere Texteinheiten. Hier könnten wir aus literaturwissenschaftlicher Sicht weitere Unterscheidungen treffen, also z. B. Dramen und Romane voneinander unterscheiden, Gedichte oder Fabeln. Außerdem gibt es wissenschaftliche Bücher und Sachbücher. Aber uns interessiert zunächst einmal, dass es sich um einheitliche, in sich abgeschlossene Einheiten handelt. Diese Begrenzung können wir allerdings nicht absolut setzen, denn natürlich gibt es auch Bücher, die etwas bündeln: Seien es Kochrezepte oder wissenschaftliche Aufsätze. Google Books ist wohl die größte digitale Sammlung von Büchern. Aber gerade für Werke, die keinem Urheberrechtsschutz mehr unterliegen (also gemeinfrei sind), gibt es auch eine Reihe von Datenbanken, in denen wir diese Texte schon aufbereitet für die computationelle Verarbeitung finden, etwa das Deutsche Textarchiv, das Projekt Gutenberg oder die HathiTrust Digital Library (vgl. ▶ Glossar). Natürlich gibt es Literatur mittlerweile als E-Books, aber nur einige finden wir als PDFs: Oft sind E-Book-Formate proprietär, also an bestimme Geräte oder Lese-Software gebunden und damit nicht oder nur schwer weiterzuverwenden.
- Zeitungs- und Zeitschriftenartikel sind ebenfalls in sich abgeschlossene Texteinheiten, die allerdings in einem größeren Zusammenhang stehen (und die wir oft erst aus diesem herauslösen müssen). Wir finden Zeitungen oft im Ganzen digitalisiert, die einzelnen Artikel müssen wir uns meist selbst heraussuchen. Für Zeitungs- und Zeitschriftenartikel der letzten 10, 20 Jahre gibt es digitale Versionen, und die großen Verlage stellen zunehmend die Artikel älterer Jahrgänge digital aufbereitet ins Netz. Diese sind auch als einzelne Artikel aufbereitet verfügbar, dies gilt von der Tageszeitung bis zur wissenschaftlichen Zeitschrift. Hier haben wir allerdings oft Nutzungsbeschränkungen durch Paywalls, wir müssen also für die Artikel bezahlen oder durch unsere Institution einen Zugang erhalten.
- In Zeitungen, Büchern und auch einigen anderen Zusammenhängen gibt es Paratexte, also Texte, die andere Texte begleiten oder beschreiben bzw. mit zusätzlichen Infos versehen – etwa die Teasertexte, Zusammenfassungen, die in Randspalten hervorgehoben werden, oder Fußnoten. Auch Inhalts- und Literaturverzeichnisse gehören zur Gruppe der Paratexte. In der computationellen Verarbeitung bereiten uns diese Texte oft Probleme, da sie nicht zum „eigentlichen" Text gehören und entfernt werden müssen.
- Wenn wir uns andere publizierte Textgattungen anschauen, sind diese oft mit Bilddaten verbunden, etwa bei Werbeanzeigen oder auch bei Rezepten.

Beide Textgattungen finden wir sowohl in größere Digitalisate eingebettet – etwa in die genannten Zeitungen und Zeitschriften –, aber auch einzeln retrodigitalisiert. Es gibt eine Reihe von Portalen, auf denen diese Digitalisate angeboten werden (vgl. ► Glossar). Die konkreten Formen können vielfältig sein, und dementsprechend vielfältig sind auch die Probleme für die Aufbereitung: Bilder und Texte überlagern sich, oft werden in retrodigitalisiertem Material ungewöhnliche Schriftarten genutzt, die nur schwer automatisch erkannt werden können. Selbstverständlich gibt es auch hier Born Digitals, denken Sie an Rezept-Plattformen und die im Internet allgegenwärtige Werbung (zumindest, wenn man keinen Adblocker aktiviert), die ebenfalls Quellen sein können.

- Einige andere Datentypen können wir nur über ihre Metadaten (vgl. ► Kapitel 4.5), und damit wieder über Text, bearbeiten. Besonders für Objekte gilt das: Hier gibt es in der Regel Objektfotos (die aber anders als originäre Bilddaten behandelt werden müssen) und beschreibende Metadaten, etwa für Möbel oder Kleidung vergangener Zeiten oder Kunstwerke, die von Museen retrodigitalisiert werden und ebenfalls online in Portalen zu finden sind (vgl. ► Glossar). Es handelt sich bei den zugehörigen Metadaten um gut strukturierten Text, der aber eben nur indirekte Aussagen zu unserer eigentlichen Quelle ermöglicht. Metadaten sind forschungsinduzierte Quellen und müssen entsprechend behandelt werden.
- Es gibt Text aus offiziellen Unterlagen, also Gesetze und Verordnungen, wie wir sie auch in großer Stückzahl in historischen Archiven finden. Diese Texte unterliegen starken gesellschaftlichen Normierungen und gelten als besonders aufbewahrenswert. Deshalb liegen sie auch oft bereits digitalisiert oder als Born Digitals vor. Wenn wir die spezifische Dokumentenstruktur jeweils entschlüsselt haben, können wir diese Texte gut aufbereiten, da eine Strukturierung schon angelegt ist. Protokolle von offizieller Seite (etwa für Parlamente, Gerichtsverhandlungen oder verschriftlichte Reden) gehören ebenfalls in diese Gruppe, sie liegen in großer Zahl retrodigitalisiert und als Born Digital vor und haben bereits eine Struktur, die sich im besten Falle von uns leicht entschlüsseln lässt.
- Solche Protokolle sind strukturell vergleichbar mit Interviewtranskripten: Beide sind verschriftliche Formen von gesprochener Sprache. Im besten Falle ist diese Verschriftlichung nach bestimmten, nachvollziehbaren Regeln erfolgt und damit leichter weiterzuverarbeiten. Die Sprache in diesen Transkripten folgt allerdings der mündlichen Rede und deshalb meist nicht den üblichen grammatischen Strukturen von Schriftsprache. In der Weiterverarbeitung kann das zu besonderen Problemen führen, insbesondere wenn Verfahren auf der Syntax von Sätzen aufbauen (vgl. ► Kapitel 5.2

und 5.3). Für Interviews gilt in besonderem Maße die Frage nach Anonymisierung und Anonymisierbarkeit. Wenn wir Interviews von anderen nachnutzen, haben wir nur eingeschränkte Informationen zu den Befragten – sobald wir qualitative Daten nachnutzen wollen, müssen wir oft erst Anfragen stellen und bekommen die Daten anonymisiert zur Verfügung gestellt. Wenn wir selbst Interviews führen, kommen wir spätestens beim Verschriftlichen unserer Analyse zu dem Punkt, an dem wir selbst anonymisieren müssen, um die Identität unserer Interviewpartner:innen zu schützen (vgl. ▸ Kapitel 2.2).

- Strukturell ähnlich verhält es sich auch mit Briefen, die – je nach ihrem Grad der Formalität – eher gesprochener Sprache ähneln. Wir finden Briefkonvolute aus vergangenen Zeiten vor allem für relevante Persönlichkeiten des öffentlichen Lebens auch retrodigitalisiert, einzelne erhaltene Briefe geben Einblicke in vergangene Alltage. Das heutige Äquivalent besteht in E-Mails, die je nach Anlass (wie Briefe auch) eher der gesprochenen Sprache ähneln oder sehr formalisiert sind. Wenn wir nicht gerade Hacker sind kommen wir an E-Mail-Verläufe nur mit dem Einverständnis der jeweiligen Verfasser:innen. Dabei sollten besonders die Persönlichkeitsrechte der jeweiligen Korrespondent:innen berücksichtigt werden, also der Personen, mit denen Mails ausgetauscht wurden – auch diese müssen wir je nach Kontext über unsere Forschung informieren. Mails enthalten oft ebenfalls Paratexte, etwa Signaturen.
- Eine weitere Textgattung sind Tagebücher, die verschieden strukturiert sein können und auch unterschiedlichen Umfang haben – wie bei den Briefen gibt es Editionen, also Zusammenstellungen der Tagebücher großer Persönlichkeiten. Viele Tagebücher bleiben aber im persönlichen Gebrauch und wir würden uns wahrscheinlich schwer damit tun, heute Menschen zu finden, die uns ihre Tagebücher für unsere Forschung überlassen würden – abgesehen davon, dass wir je nach Struktur des Tagebuches Paratexte identifizieren und den Text nach seiner je eigenen Logik strukturieren müssten. Viel zugänglicher ist das, was heute auch als öffentlich einsehbares Tagebuch oder Journal geführt wird, Weblogs oder kurz Blogs. In ebenfalls ganz unterschiedlicher Form werden hier Beiträge in loser Bündelung bereitgestellt, oft von einer/einem Autor:in, aber auch auf einem Blog von verschiedenen Personen gesammelt. Meist gibt es ein Thema, zu dem geschrieben wird – dem sind keine Grenzen gesetzt, wir finden Blogs zu allen nur erdenklichen Themenbereichen. Natürlich unterscheiden sich diese Texte deutlich von denen in Tagebüchern, da sie nicht für den privaten Gebrauch, sondern für eine unbestimmte Öffentlichkeit verfasst werden. Auch hier wird Text oft mit Bild oder auch audiovisuellen Medien kombiniert.

Wir haben es dabei mit einer dezidiert digitalen Textgattung zu tun, die sich aus den und mit den technischen Möglichkeiten entwickelt hat. Dementsprechend können wir diese zum Beispiel mit Scraping-Verfahren (vgl. ► Kapitel 4.1) relativ einfach speichern und Paratexte (in dem Fall meist HTML-Elemente) entfernen.

- Text in all seinen Facettierungen finden wir natürlich auf quasi jeder Webseite. Hier sind in der Regel ebenfalls Text und Bild oder audiovisuelle Daten kombiniert, denken Sie an das Einbetten von Videos auf Webseiten und die Bebilderung mit Fotos oder Grafiken. Wenn wir nicht nach ganz spezifischen Webseiten suchen (zum Beispiel die von Universitäten), entsprechend die Strukturen sich in der Regel nicht und auch die Texte sind sehr unterschiedlich in ihrer Form, ihrer Länge, ihrer Aufbereitung. Im weiteren Sinne gehören auch Wikis hier hinein, in denen dezidiert gemeinschaftlich Texte erstellt und online gestellt werden. Webseiten und Wikis sind für die Öffentlichkeit gedacht, sind aber nicht einfach nachzunutzen, da die rechtlichen Bedingungen (vgl. ► Kapitel 2.2) für jede Webseite unterschiedlich geregelt sind. Eine Ausnahme und vielleicht auch eine eigene Textgattung bildet hier Wikipedia: In diesem gemeinschaftlichen Projekt ist auch die Versionengeschichte öffentlich einsehbar, was etwa für Diskursanalysen oder den Nachvollzug der Entwicklung eines neuen gesellschaftlichen Bereichs spannend sein kann.
- Von digitalen Textformen, die von Individuen in Zusammenspiel erstellt werden, gibt es noch mehr. Digitale Kommunikation hat neue Textgattungen hervorgebracht, die Born Digitals sind. Es gibt natürlich digitale Texte zu quasi allen bisher genannten Textgattungen. Aber mit den digitalen Vernetzungen sind neue Kommunikationsformen entstanden, sie haben sich im Medienwandel entwickelt. Dazu gehören die gerade erwähnten Blogeinträge, aber auch Foren und ihre Einträge: Hier geht es dezidiert um Kommunikation zu einem Thema, die in Form von Threads organisiert ist. Der Text wird hier in kleinere Abschnitte zergliedert, oft sind Beiträge nur sehr kurz – und auch hier haben wir eine Menge Paratext, von einzelnen Signaturen über Zitate von vorherigen Beiträgen bis hin zur Struktur des Forums selbst. Diese Struktur ist aber auch ein Vorteil für unsere digitale Analyse, denn Diskussionen werden hier (im besten Fall) bereits aufbereitet geführt. Öffentlich zugängliche Foren können wir mit Webscraping-Verfahren speichern (vgl. ► Kapitel 4.1).
- In dieser technischen Dimension vergleichbar sind auch Social-Media-Posts (vgl. ► Kapitel 3.4). Auch sie sind schon strukturiert, es sind kurze Texteinheiten (oft durch die jeweilige Plattform begrenzt im Umfang), die mit Antworten oder Kommentaren einen Diskussionszusammenhang dar-

stellen. Hier kommt ein weiteres Strukturierungskriterium dazu, nämlich die Fokussierung auf die Menschen, welche die Posts verfassen (abgebildet in Form ihrer Profile) sowie die Timeline, also eine individualisierte Ansicht des Inhalts.
- Zu digitalen Texten gehören auch Kurznachrichten und die verschiedensten Formen von Messenger-Texten, die man auch als eine im Medienwandel befindliche Weiterentwicklung von Briefen und E-Mails verstehen kann. Hier haben wir es wiederum mit privater Kommunikation zu tun, die uns in der Regel nicht zugänglich ist – einmal abgesehen von öffentlichen Telegramm-Gruppen und Ähnlichem, die eher den sozialen Medien zugerechnet werden. Auch hier gilt also, wie bei E-Mails, dass wir nicht öffentlich zugänglichen Text identifizieren und maschinell speichern können (ob mit Scraping-Verfahren oder APIs), sondern dass wir zunächst Zugang erhalten müssen.
- Schließlich sind auch der Computercode und die Programmstrukturen, aus denen unsere Software erstellt wird, digitaler Text. Algorithmen werden in Textform formalisiert und aufgeschrieben, um sie dann (meist mehrfach) auszuführen. Die Critical Code Studies widmen sich der Analyse dieser Code-Texte (Mackenzie 2005; Seaver 2017; Marino 2020), die je nach Programm sehr offen zugänglich sind (Stichwort: Open Source Software; vgl. Coleman 2009) oder stark reglementiert sind (kommerzielle Software veröffentlicht den Code in der Regel nicht).

Diese Liste ist nicht abschließend. In der Linguistik gibt es längere Listen, etwa das Deutsche Referenzkorpus führt unter 75 Textsorten auch den Literaturhinweis als eigene Sorte auf (vgl. Andresen/Zinsmeister 2019: 14). Aber die wichtigsten Textsorten für unsere geistes-, sozial- und kulturwissenschaftlichen Fragestellungen sind hier gelistet.

In der Summe gibt es also ganz unterschiedliche Textformen, die nicht alle für jede mögliche Fragestellungen einen relevanten Quellenwert haben. Wenn Sie sich diese Reihe von Textdaten noch einmal daraufhin anschauen, welche Fragestellungen mit diesen Daten beantwortet werden könnten, kommen Sie wahrscheinlich zu sehr unterschiedlichen Aussagen je nach Textgattung. Gerade die Vielfalt an Texten macht es uns aber möglich, diese auch umzunutzen und für unsere Fragestellungen Quellenmaterial zu finden, das vielleicht zunächst gar nicht relevant erschien. Das heißt auch, dass wir kreativ Antworten auf unsere Fragen aus Material bekommen können, das wir vielleicht zunächst gar nicht als relevant angesehen haben. Vielleicht finden sich in der Auswertung von Rezept-Seiten Hinweise auf die Nahrungsgewohnheiten bestimmter Gruppen? Oder in Wikis und Foren lassen sich Kommunikationsnormen rekonstruieren? Das sind nur naheliegende Beispiele dafür, was wir mit diesen Textdaten machen können, gerade wenn wir sie in großer Menge verarbeiten.

Übungsaufgaben zu Textdaten

Eigenes Datenkorpus einordnen: Welche Ihrer Daten liegen als Text vor? Können Sie diese einer der im Kapitel genannten Kategorien zuordnen? Erstellen Sie sich eine Liste aller bereits vorhandenen und gegebenenfalls noch hinzuzuziehenden Textdaten für Ihre Forschungsfrage.

Textdaten in Forschungsprozess: Angenommen, Sie wollten in einer Diskursanalyse herausfinden, wie Digitalisierung am Arbeitsplatz in einer bestimmten Berufsgruppe verhandelt wird. Vergleichen Sie dafür zunächst die Quellenwerte der im Kapitel genannten einzelnen Textarten. Welche eignen sich für welche Forschungsfragen? Welche konkreten Textarten würden Sie in Ihr Datenkorpus aufnehmen? Warum? Ließe es sich begründen, nur eine im Vorhinein festgelegte Textart zu verwenden?

3.3 Bild- und audiovisuelle Daten

In diesem Kapitel erfahren Sie,

- welche Sorten von Bilddaten es gibt;
- welche Standards für digitale Bilddaten wichtig sind;
- warum digitale Reproduktion bei Bildern relevant ist;
- wie wir Fragen nach Originalität anders stellen müssen;
- wie digitale Audio- und Videodaten unterschieden werden und welche Standards für diese genutzt werden.

Wenn wir uns die Unterteilung von Daten in ► Grafik 8 noch einmal anschauen, sind auch Bilddaten vielfältig vertreten. Text steht oft in Verbindung mit Bildquellen, wie wir es am Beispiel von Zeitungsartikeln und Webseiten oder Social-Media-Posts gesehen haben. Es gibt auch Bilddaten, die für sich stehen – aber auch sie haben in ihrer digitalen Version Metadaten (vgl. ► Kapitel 4.5) in Form von Text, die nicht nur den Titel der Datei, sondern auch weitere Angaben zum Format und zur Kamera enthalten – zumindest bei Born-Digital-Fotos, also Bilddaten aus den letzten rund 20 Jahren. Für retrodigitalisierte Bilder (ob nun Fotos, Gemälde oder sonstige Bildquellen) werden diese Informationen beim Digitalisieren, also beim Scannen oder Abfotografieren, erzeugt. Dies gilt im Übrigen auch für audiovisuelle Quellentypen, obwohl die hinterlegten Metadaten im Detail natürlich unterschiedliche sind. Doch welche Bildquellen gibt es überhaupt?

- Schon erwähnt wurde die digitale Fotografie, eine der größten Quellengruppen in den Bilddaten. Digitale Fotos begegnen uns online in verschiedensten Kontexten. Eigentlich überall dort, wo uns digitaler Text begegnen kann, kann uns auch digitales Bild begegnen: auf Webseiten, in Blogs und Foren, in Social Media, in E-Mails und Messenger-Kommunikationen.
- Dazu kommen die vielfältigen retrodigitalisierten Fotos: Alle Formen von Negativen und Dias, die seit der Erfindung der Fotografie im 19. Jahrhundert überliefert sind, können digitalisiert werden. Auch Papierabzüge kann man scannen, wobei die Qualität nie so hoch sein wird wie vom Negativ oder Dia, da nur die Qualität des Abzugs dargestellt werden kann.
- Ähnliches gilt auch für Gemälde, Zeichnungen und Druckerzeugnisse aus dem vordigitalen Zeitalter: Alles, was analog zweidimensional vorhanden ist, kann gescannt oder fotografiert, danach als Bilddatei gespeichert und somit retrodigitalisiert werden.
- Für die Textdaten (► Kapitel 3.2) habe ich schon Objekte genannt, die in Form von Metadaten (also als Text) erschlossen werden. Dazu kommen deren Objektfotos, die in aller Regel in 2D gemacht werden, 3D-Erfassung gibt es nach wie vor nur für einige wenige, herausgehobene Objekte. Bei Objektfotos ist natürlich die Perspektive der Aufnahme wichtig, wir können hier nur ein peripheres Bild erhalten. Im Idealfall gibt es mehrere Fotos zu einem Objekt, das ist aber nicht die Regel.
- Zudem gibt es Born-Digital-Bilder, die keine Fotos sind: Zum Beispiel Comics oder andere Grafiken werden heute nicht mehr mit Stift und Papier, sondern direkt digital erzeugt. Auch diese können natürlich – je nach unserer Fragestellung – als Bildquellen für uns in Frage kommen.

Diese Liste ist kürzer als die der Textdaten, aber vielleicht auch einfach etwas gröber. Bei Bildern ist die Aufbereitung lange nicht so aufwendig wie bei Texten. Dennoch ist es wichtig, bei der Retrodigitalisierung darauf zu achten, dass jedes Bild vollständig abgebildet wird – deshalb sehen wir in digitalen Archiven oft Randstreifen oder Farbskalen, die mit abgebildet werden, um einen Vergleichswert zu haben und nachzuweisen, dass das komplette Bild dargestellt wird. Nachdem sie gescannt oder abfotografiert wurden, werden Zusatzinformationen als Metadaten hinzugefügt– in der Regel im Triple-I-F-Format. Das ist der mittlerweile gängigste Standard (vgl. ► Kapitel 4.5) für Bilddaten, Triple I-F steht für das „International Image Interoperability Framework" (IIIF). Allerdings sind hier nur Metadaten zur Ansicht des Bildes, also zu Bildausschnitten, Zoommöglichkeiten und Ähnlichem hinterlegbar. Für inhaltliche Metadaten etwa zum Bildrechteinhaber, zu inhaltlichen Beschreibungen und Schlagworten, müssen andere Standards ergänzt werden. Wird der Triple-I-F-Standard verwendet, kann man auch die zugehörigen APIs, also Programmierschnittstellen (vgl. ▶ Kapitel 4.2), nutzen, um die Bilddaten selbst und die dazu hinterlegten Metadaten zur Darstellung abzufragen. Das macht die Darstellung von Bildern in der Weiterverarbeitung einfach.

Bilder werden in der Regel nicht über den Bildinhalt selbst gesucht, sondern über beschreibende Metadaten, insbesondere über inhaltliche Schlagworte. Da diese jedoch durch die Personen begrenzt bleiben, welche die Schlagworte vergeben haben, werden nicht immer alle möglicherweise relevanten Bilder gefunden (Manmatha 2010: 68). So ist es beispielsweise kaum üblich, bei einem Portraitfoto zu vermerken, ob die Person eine Brille trägt. Hätten wir nun aber genau das Erkenntnisinteresse, anhand von Fotos die Designgeschichte der Brillen zu rekonstruieren, müssten wir anhand allgemeinerer Suchkriterien – hier etwa das Schlagwort „Portrait" oder „Mann" bzw. „Frau" – entsprechende Fotografien suchen und diese mit weiteren Findeheuristiken auf Bilder eingrenzen, die tatsächlich Brillen zeigen. Wenn Forschungen den Schwerpunkt auf die Arbeit mit Bilddaten legen, kann es Sinn machen, auch anhand der Bilder selbst zu suchen. Dabei werden Merkmale identifiziert, welche die zu suchenden Bilder ausmachen, um sie mit anderen zu vergleichen, wie etwa Farbschemata oder Hell-Dunkel-Kontraste (ebd.: 72 f.). Die inhaltliche Fragestellung muss also in formale Suchkriterien übersetzt werden. Die umgekehrte Bildersuche von Google funktioniert nach solchen Kriterien und zeigt ähnliche Bilder zu dem ursprünglich eingegebenen an. Auch Funktionen wie Gesichtserkennung oder das Clustern von ähnlichen Bildern in großen Bildmengen sind mittlerweile mit entsprechenden Algorithmen gut zu bewerkstelligen und werden insbesondere für digitale Bilder aus den sozialen Medien verwendet (vgl. Chen et al. 2021).

Wenn es sich nicht gerade um große Kunstwerke handelt, wissen wir oft nicht, in welchem Kontext die Fotos entstanden sind – wir können nur aus den Bildinhalten Vermutungen anstellen und im besten Fall aus den vorhandenen Metadaten Kontextinfos erhalten. Hier kann auch der die Bilder umgebende Text relevant werden, wenn wir etwa ein Bild von einer Webseite verwenden. Noch eindeutiger ist das bei Bildern auf Social Media, die durch den zugehörigen Text des jeweiligen Posts in größere Kontexte eingebunden und oft auch erläutert werden.

Denn auch ohne wissenschaftliche Erschließung mit Metadaten werden Bilder digital hergestellt und verbreitet. Diese digitalen Fotos haben einen eigenen Herstellungskontext und, sobald sie etwa in Social Media verbreitet werden, auch ganz eigene Metadaten-Informationen. Diese Bilder sind leicht veränderbar, Filter und Bildausschnitte können mit wenigen Klicks erstellt werden. Hier ist also, anders als bei den retrodigitalisierten Bildern, eine starke Bearbeitung technisch einfach möglich, was wir in unseren Forschungen berücksichtigen müssen.

Damit stellen sich hier, ganz anders als für Texte, Fragen der digitalen Reproduzierbarkeit und auch Manipulation. Walter Benjamin hat schon 1935 die Frage danach gestellt, wie sich das Kunstwerk im Zeitalter seiner technischen Reproduzierbarkeit verhält (Benjamin 2015 [1935]). Diese Frage stellt sich uns im Digitalen noch einmal neu und anders, wie ich kurz erläutern möchte. Die Möglichkeit zur Reproduktion verändert die Rezeption von – darauf bezieht sich Benjamin – Kunstwerken, und das können wir für Bilder allgemein sagen. Ob ich das Bild in einem Museum, inszeniert an einer Wand und im Rahmen, mit Sicherheitspersonal und Eintrittskarte betrachte, oder ob es in meiner Instagram-Timeline auftaucht, verändert meine Rezeption des Bildes, meine Wahrnehmung. Die Nachbildung ist etwas anderes als die Kopie, sie hat einen eigenen Wert und kann selbst zum Kunstwerk werden. Gleichzeitig haben wir eine enorme Steigerung der Zugänglichkeit: Das Bild ist nicht mehr nur im Museum zu sehen, sondern von überall mit Internetanschluss jederzeit. Werner Schweibenz hält fest, dass sich damit auch unsere Erfahrung vom Original löst, die digitale Kopie ersetzt dieses:

> „Bedingt durch die massenhafte Rezeption im Web scheint das digitale Bild zu einer eigenständigen Quelle der Erfahrung zu werden, die sich zusehends von der Erfahrung des Originals löst." (Schweibenz 2018: 220)

Mit der Wiederholbarkeit der Herstellung durch technische Möglichkeiten stellt sich die Frage nach Originalität neu. Walter Benjamin sieht das nicht negativ (das wird oft falsch verstanden), sondern stellt zunächst einmal fest, dass sich der Werkbegriff verändert – zentral ist für ihn der Begriff der Aura, die sich mit der technischen Reproduzierbarkeit verändert, ein neues „Hier und Jetzt" schafft (vgl. Schönholz 2017: 166). Das ist kein neues Phänomen – denken Sie an die Kopiergeräte, oder an die Möglichkeit, immer neue Abzüge von einem Foto-Negativ zu machen – aber die technischen Möglichkeiten vereinfachen die Reproduktion enorm. Dazu kommen die schon erwähnten Verfahren der digitalen Bildbearbeitung, die nicht „ein Original" setzen, sondern dazu führen können, dass wir zwischen verschiedenen Versionen nicht mehr die unbearbeitete Datei identifizieren können, und das vielleicht auch gar nicht interessant für uns ist.

In welchem Verhältnis stehen dann Original und Kopie? Welche Auswirkungen hat dies für unsere Forschung? Wir müssen hier kritisch Fragen der Repräsentation von Bildern (und auch Objekten) online und in ihrem analogen Kontext diskutieren. Ohne dass das Bild hier abgedruckt ist, können Sie sich das verdeutlichen an der Mona Lisa, wie sie im Louvre in Paris hängt, und der

„Colored Mona Lisa", die Andy Warhol 1963 geschaffen hat, indem er die Kontraste des Bildes erhöht und in einzelnen Farben abgebildet hat – es erinnert ein wenig an das, was wir als Streetart Stencils auch an Häuserwänden finden. Aber was ist hier jetzt Original und was ist Kopie? Hat Warhol Leonardo da Vinci kopiert? Oder ist es ein neues Kunstwerk? Im Zeitalter der technischen Reproduzierbarkeit – in den 1960er Jahren noch nicht mit digitaler Technik – stellen sich diese Fragen neu. Wenn wir noch einmal an den „Next Rembrandt" zurückdenken, den ich bereits als Beispiel für Datafizierung genannt habe (vgl. ▸ Kapitel 3): Wer ist hier der/die Schöpfende? Der Algorithmus? Diejenigen, die den Algorithmus trainiert haben? Oder Rembrandt, dessen Bilder als Vorlage verwendet wurden? Wenn Sie damit experimentieren möchten, was bereits möglich ist, probieren Sie einmal das Online-Tool DeepArt aus, mit dem Sie mittels Machine Learning digitale Bilder im Stil einer Kunstrichtung verändern lassen können.

Benjamins Überlegungen sind heute ebenso aktuell, denn online werden digitale Werke geteilt, verbreitet, reproduziert und verändert. Remix und Zitat haben eine neue Bedeutung erfahren, sind eigene Kunstformen geworden (ob in der Musik oder im Film o.ä.). In den meisten Fällen handelt es sich bei digitalen Daten, wie den Bildern, um exakte Kopien (vgl. Schönholz 2017: 172) – kreative Weiterverarbeitung etwa in Memes wird nur von einem Bruchteil derjenigen gemacht, die die entsprechende Datei teilen. In jedem Fall war es noch nie so einfach, die technische Reproduktion herzustellen: Nur ein Klick und das Bild erscheint in verändertem Kontext, etwa in einer anderen Timeline.

Sie merken, hier stellen sich ganz andere Fragen als beim Text. Die Quellengattung selbst ist vielleicht leichter für computationelle Verfahren zugänglich, denn wir brauchen keine aufwendigen Spezialverfahren wie beim Text, um sie aufzubereiten. Aber hier ergeben sich viel stärker Fragen nach der Veränderung unseres Forschungsprozesses, danach woher die Bilder überhaupt kommen, die wir verwenden. Wir dürfen und können nicht davon ausgehen, dass wir es mit einem Original zu tun haben, wenn wir digitale Bilder finden und nutzen – und das ist je nach Fragestellung zentral zu reflektieren.

Auch die Daten auf einem individuellen Datenspeicher sind in ihrer Vielschichtigkeit in der Regel nicht zu greifen. Von großen Denker:innen und Künstler:innen noch des 20. Jahrhunderts haben wir Nachlässe, in denen unterschiedliche Versionen von Texten mit Durchstreichungen und Ergänzungen versehen sind, oder Entwürfe von Kunstwerken, verschiedene Skizzen und schließlich das Werk mit seinen verschiedenen Farbschichten. Diese lassen uns die Entstehungsgeschichte des später veröffentlichten Werkes nachvollziehen. Heute bleibt nur eine einzige Datei. Die digitale Forensik (Ries/Palkó 2019) beschäftigt sich damit, Fragmente der vorherigen Versionen von Dateien wiederherzustellen, etwa aus automatischen Zwischenspeicherungen, Backups des Betriebssystems oder dem digitalen Papierkorb. Mit der Speichertechnologie von SSD-Festplatten, die elektronisch und nicht magnetisch erfolgt, werden solche Verfahren erschwert, ebenso wie mit der Speicherung in Cloud-Systemen, die keine Suche in gelöschten Informationen ermöglichen. Natürlich wird die digitale Forensik vor allem in der Aufklärung von Verbrechen verwendet, aber auch für unsere künftige Vergangenheit wird das bedeutsam sein: Schon jetzt wandern die ersten Laptops von etwa Künstler:innen ins Museum, um mit deren Unterstützung diese Schaffensprozesse rekonstruierbar zu halten. Auch für alltäglichere Entstehungsprozesse interessieren wir uns als qualitativ Forschende, wenn wir etwa Videos auf Plattformen oder Blogbeiträge in ihrer Entwicklung vor Veröffentlichung untersuchen möchten.

Prinzipiell können Audio- und Videodaten ebenfalls in sehr vielen unserer Forschungsdaten enthalten sein, und auch hier können wir sowohl forschungsinduzierte als auch prozessproduzierte Daten finden. Aber diese Daten werden doch noch immer recht selten von der Forschung verwendet, wenn man von der Medienwissenschaft im engeren Sinne einmal absieht. Das liegt vor allem daran, dass die computationelle Verarbeitung nochmal um ein Vielfaches komplexer ist, als das für Bilddaten der Fall ist. Gleichzeitig gilt auch hier: Die Erschließung von entsprechenden Datensätzen erfolgt wiederum durch Text, durch strukturierte Metadaten.

Es geht im Grundsatz um Ton und um bewegtes Bild. Das ist gleichzeitig sehr umfassend und sehr allgemein: Wir können unterscheiden in Videos allgemein, die in Spielfilme, Serien und Dokumentarfilme differenziert werden können – alles, was Sie auf Video-Plattformen wie YouTube finden, lässt sich im weiteren Sinne ebenfalls in diese Kategorien einordnen, dazu kommen noch Formate wie der Video-Blog oder Mockumentaries. Bei Videos spielt Ton in der Regel eine Rolle, gleichzeitig haben wir zahlreiche Datensätze, die ausschließlich aus einer Tonspur bestehen: Jegliche Art von Musik und gesprochener Sprache, ob nun in klassischen Rundfunkbeiträgen, Podcasts oder Hörbüchern. Sie sehen, diese Liste ist nicht so umfassend und auch nicht so systematisch wie die für unsere anderen Datentypen, auch weil hierzu weniger Systematiken zu finden sind.

In der Frage nach Original und Kopie, der digitalen Reproduktion, gibt es viele Überschneidungen mit den Bilddaten. Auch hier stellt sich die Frage nach der Reproduzierbarkeit, danach, wie die digitale Bearbeitung Daten verändert, und auch hier ist es nicht immer hilfreich, nach einem Original zu suchen. Auch audiovisuelle Daten kommen oft in Kombination mit Text vor, vor allem wenn sie in Sozialen Medien geteilt werden. Es gibt eigene Kanäle für die Verbreitung von Born Digitals, zum Beispiel YouTube, Vimeo, Bandcamp oder LastFM. Selbstverständlich gibt es auch hier das Konzept der Retrodigitalisierung, also der nachträglichen digitalen Aufbereitung von analogen Video- und Audio-Aufnahmen zu digitalen Datensätzen. Auch diese werden mit Metadaten versehen, die entsprechenden Standards sind allerdings nicht so etabliert wie für Text und Bild – oft wird auf den Dublin-Core-Standard zurückgegriffen, der generisch alle Formen von Objekten beschreibt (und genau darauf ausgelegt ist, möglichst allgemein zu bleiben). Große Medienarchive, etwa des deutschen öffentlichen Rundfunks, benutzen eigene Standards und entwickeln diese in ihren Archiv-Datenbanken weiter, ohne sie allgemein verfügbar zu machen. In den USA ist der Standard PBCore, für Public Broadcasting, verbreitet. MPEG-7 wird sowohl für Video als auch für Audio verwendet.

Übungsaufgaben zu Bild- und audiovisuellen Daten

Eigenes Datenkorpus einordnen: Welche Ihrer Daten liegen als Bild oder als audiovisuelle Daten vor? Können Sie diese einer der im Kapitel genannten Kategorien zuordnen? Erstellen Sie eine Liste aller bereits vorhandenen und gegebenenfalls noch hinzuzuziehenden Bilddaten und audiovisuellen Daten für Ihre Forschungsfrage. Überlegen Sie auch, welche Rolle die Frage nach Original und Kopie für Ihre Forschung hat.

YouTube-Netzwerke beforschen: Wählen Sie einen Kanal auf YouTube aus, der sich auf ein bestimmtes Thema spezialisiert hat. Nutzen Sie YouTube Data Tools (vgl. ▸ Glossar), um ein Netzwerk zu erstellen, das aus allen Kanälen besteht, auf die dieser Account verlinkt. Behandeln diese dasselbe Thema wie der Ausgangskanal? Wie könnten Sie das systematisch prüfen?

3.4 Social-Media-Daten

In diesem Kapitel erfahren Sie,

- was die wichtigsten Charakteristika von sozialen Medien sind;
- welche Forschung zu Social Media betrieben wird und welche Rolle digitale Methoden dabei spielen;
- wie die Rolle von Plattformen und der Privatwirtschaft in der Forschung eingeordnet werden kann;
- wie die Inhalte von sozialen Medien spezifisch sind und was das für unsere Forschungsfragen bedeutet;
- inwiefern der Zugriff auf Social-Media-Daten begrenzt ist.

Social-Media-Daten sind erst im Digitalen entstanden, sie haben keine entsprechenden Vorläufer in analogen Daten. In ►Grafik 8 sind wir damit bei den neuartigen prozessproduzierten Daten angekommen, die sich erst mit der Digitalisierung, dem Internet und mobilen Devices entwickelt haben. Social-Media-Daten entstehen nutzergeneriert, sie werden aktiv durch Menschen erzeugt, indem sie posten, kommentieren, liken und Vergleichbares. Damit könnte man natürlich auch die Grafik und ihre Unterteilung in Frage stellen, denn Social-Media-Daten werden von Baur und Graeff (2021) als neuartig, aber eben prozessproduziert bezeichnet, weil sie nicht für die Forschung erzeugt werden. Mit Kinder-Kurlanda (2017: 217) ist präziser darin zu unterscheiden, dass Social-Media-Inhalte ganz bewusst von Menschen produziert werden. Aber auch Baur und Graeff haben in gewisser Weise Recht, denn Social-Media-Daten enthalten besonders viele Metadaten, die wiederum prozessproduziert sind: Sie haben neben den nutzergenerierten Inhalten (wie dem Post, Links oder Hashtags) auch prozessproduzierte Daten, wenn zum Beispiel mitgespeichert wird, von welchem Gerät und von welchem Standort aus der Beitrag verfasst wird. Auch wenn wir nicht posten, entstehen bei der Nutzung von Social-Media-Spurendaten so wie in der Nutzung von anderen Internetdiensten auch: Wo wir hin klicken oder was wir suchen, wird mitgespeichert – im Ergebnis sehen wir dies etwa in personalisierter Werbung. Die Unterteilung in ►Grafik 8 ist eine Hilfestellung, um im Dickicht der verschiedenen Datentypen nicht verloren zu gehen. Sie soll helfen, die Datentypen zu unterscheiden und nacheinander kennenzulernen, auch wenn es Schnittmengen gibt.

Doch in welchem Zusammenhang stehen diese digitalen Daten? Das Internet bezeichnet zunächst nur eine Infrastruktur mit Hyperlinks. Was wir heute als Internet kennen, ist das World Wide Web, das den Zugriff auf Webseiten über Browser (wie Firefox oder Google Chrome) ermöglicht und dafür eine Infrastruktur aus URLs benutzt. Hier können Informationen statisch erstellt und betrachtet werden. Mit dem Web 2.0 zog die Interaktion zwischen Menschen ins Web ein. Insbesondere durch die sozialen Medien können Menschen nun nicht mehr nur Informationen ins Netz stellen, sondern auch direkt miteinander kommunizieren. Mit dem Web 3.0, dem Semantic Web, werden die Informationen im Internet strukturiert, sie stehen nicht mehr quasi flach nebeneinander, sondern werden in semantische, also bedeutungstragende, Beziehungen zueinander gebracht. Metadaten, also Daten über Daten (vgl. ▸ Kapitel 4.5) werden dabei in Relationen zueinander gesetzt: Ein Interview ist ein Textdokument, „Lina Franken" ist ein Name, und Kulturwissenschaftlerin ist eine Berufsbezeichnung. Durch diese Relationen werden Informationen besser durchsuchbar strukturiert. Im Web 4.0, oder auch dem Internet der Dinge, kommunizieren Maschinen, bzw. Algorithmen untereinander, sogenannte Smart Things, vom Fitness-Tracking-Armband bis zur Heizungsanlage, die jeweils ans Internet angeschlossen sind und gegebenenfalls Informationen untereinander austauschen. Im Web 4.0 ist der Eingriff von Menschen in der Standardkommunikation nicht mehr notwendig, das Sprachassistenzsystem etwa bestellt selbstständig das Hundefutter, wenn wir die entsprechenden Berechtigungen einmal gesetzt haben (vgl. Lupton 2015: 9). Natürlich sind diese (bisher) vier Formen des World Wide Web nicht ausschließend zu verstehen, sie bestehen parallel zueinander (wenn sie auch zeitlich hintereinander ihre ersten Ansätze hatten) und ineinander verwoben. Außerdem gibt es konkurrierende Bezeichnungen – wie das genannte Semantic Web oder Internet of Things – und Versuche, neue Terminologien zu etablieren, jüngst etwa das Metaverse, das der entsprechend umbenannte Facebook-Konzern entwickeln möchte.

Uns interessiert für qualitative Forschung insbesondere das Web 2.0. Die entsprechenden Plattformen sind im Zuge des Web 2.0 zu Beginn der 2000er Jahre entstanden: LinkedIn besteht seit 2002, Facebook ging 2004 online, YouTube 2005 und Twitter 2006. Das russische VKontakte ging ebenfalls 2006 online, das chinesische Sina Weibo 2009 und WeChat 2011. Instagram und Pintrest folgten 2010, TikTok 2016. Es gibt auch spezifischere Plattformen, etwa im Bereich des Designs (wie Behance von Adobe). Einige frühe Plattformen wie Friendster, StudiVZ oder Google+ sind bereits nicht mehr online, da wie in allen Bereichen des Plattform-Kapitalismus (Nachtwey/Staab 2020) die Tendenz zur Konzentration auf wenige Anbieter besteht. Es gibt zahlreiche Kategorisierungen zu Social Media und es entstehen immer wieder neue Plattformen, nicht alle von ihnen setzen sich durch.

Social Media werden meist hinsichtlich der verschiedenen Plattformen definiert und abgegrenzt, die für die Ausdifferenzierung zweifelsohne eine zentrale Rolle spielen. Grundlegende Definitionen sind zwar vielfältig, bleiben allerdings oft bei einer allgemeinen Beschreibung stehen, welche die Vernetzung von Menschen in den Mittelpunkt stellt, die über Social Media miteinander (verändert) kommunizieren können (eine Zusammenstellung aktueller Definitionen bei Fuchs 2021: 58–61). Schon 2010 haben Kaplan und Haenlein eine bis heute viel zitierte Unterscheidung vorgestellt, die nach Selbstdarstellung und Reichhaltigkeit der beinhalteten Medien bzw. der sozialen Präsenz unterscheidet (Kaplan/Haenlein 2010). Hohe Selbstdarstellung treffen wir in digitalen Welten gemeinsam mit hoher sozialer Präsenz an, auch bei sozialen Netzwerken bezeichnen die Autoren die soziale Präsenz als relativ hoch, nicht jedoch in Blogs. Die Selbstdarstellung ist hingegen niedrig in virtuellen Spielwelten, in inhaltsbasierten Gemeinschaften wie YouTube oder Pinterest oder in kollaborativen Projekten wie Wikipedia. Für die Frage nach der Unterteilung digitaler Daten relevanter als die Einteilung in Selbstdarstellung und soziale Präsenz ist die eigentliche Gruppierung in sechs Feldern (ebd.: 62): Blogs, soziale Netzwerke, virtuelle Welten, kollaborative Projekte, inhaltsbasierte Gruppen, virtuelle Multiplayer-Games.

Der Begriff der Social Media ist bei Kaplan und Haenlein sehr weit gefasst – auch in Wikipedia wird zwar kommuniziert, aber das ist nicht das vorrangige Interesse der Plattform. Ich würde einen engeren Begriff vorziehen und ihn begrenzen auf die sozialen Netzwerke, die in der Darstellung von Kaplan und Haenlein nur eine von sechs Kategorien darstellen. 2010 ist Twitter noch gar nicht eigens berücksichtigt, was heute zwischen einem Mikroblog (also einer Sonderform des Blogs auf einer eigenen Webadresse) und sozialem Netzwerk eingeordnet wird. Nicht berücksichtigt sind in dieser Differenzierung auch alle Bereiche der direkten Kommunikation im Digitalen, insbesondere Messenger-Dienste und E-Mails. An der Grenze von Social Media können auch alle Bereiche der Bewertungsplattformen, wie TripAdvisor, Dating-Plattformen oder Google-Maps-Rezensionen, eingeordnet werden. Denn die Kommunikation ist hier nicht zentrales Ziel, sondern die Interaktion ist (mehr oder weniger) ein Nebenprodukt der Plattform. Gleichzeitig basieren die Plattformen auf den von den angemeldeten Nutzer:innen produzierten Inhalten. In einer etwas engeren Definition verstehe ich Social Media deshalb als Plattformen, in welchen die Kommunikation im Mittelpunkt steht. Damit sind Blogs und Foren bei Textdaten eingeordnet (vgl. ▸ Kapitel 3.2) und andere Elemente des Web 2.0 werden hier ebenfalls nicht abgebildet: Messenger-Dienste und Bewertungsplattformen möchte ich ebenfalls nicht unter diesem Begriff fassen, auch wenn es Überschneidungen der Funktionen gibt.

Soziale Medien sind in Abgrenzung von klassischen Massenmedien zu sehen: Hier ist nicht mehr die Kommunikation von einem Sender (z. B. einem Fernsehkanal oder einer Zeitung) an viele (die Zuschauenden bzw. Lesenden) relevant, sondern viele kommunizieren an viele. Damit fällt die klassische Aufteilung von Sender und Empfänger weg, aus Nutzung wird die sogenannte ProdUsage, also das Produzieren und Nutzen in einem. Der User Generated Content ist hier zentraler Bestandteil. Dabei ist das eigentliche Generieren und Teilen der Inhalte nicht von den ProdUser:innen geregelt, sondern wird von den Plattformen gehostet und zwischen Produzierenden und Konsumierenden vermittelt (vgl. boyd 2014: 6; Reigeluth 2014: 246). Sie strukturieren, wie diese Inhalte aussehen können. In diesen Produktionsprozessen werden die entsprechenden Daten und Inhalte von den Nutzer:innen an die Plattformen abgetreten, in den allermeisten Nutzungsbedingungen werden die Rechte am Material in der Regel komplett den Plattformen überlassen.

Die interne Struktur von Social-Media-Plattformen orientiert sich an den ProdUser:innen, die Inhalte generieren und teilen: Ihre Posts werden in einer zeitlichen Reihenfolge (der Timeline) denjenigen angezeigt, die den jeweiligen ProdUser:innen folgen – und sind je nach Plattform und Einstellung auch öffentlich zugänglich. Dazu kommt das System von Hashtags, die eine thematische Zuordnung von einzelnen Posts durch die User:innen ermöglichen. Mit Social Media ist es möglich, das Geschehen in der Welt quasi in Echtzeit zu verfolgen: noch während beispielsweise Katastrophen oder Anschläge, aber auch positive Ereignisse (wie etwa Konzerte) geschehen, teilen Menschen ihre Eindrücke und Medieninhalte dazu in den sozialen Medien.

Die konkreten Funktionen von Social-Media-Plattformen sind vielfältig, auch wenn sie sich in ihrer Grundstruktur entsprechen: Sie ermöglichen „kollektives Handeln, Kommunikation, Gemeinschaften, Verbinden/Vernetzen, Kooperation/Zusammenarbeit, die kreative Erstellung nutzergenerierter Inhalte, Spielen, Teilen“ (Fuchs 2021: 61). Durch die Plattformen wird festgelegt, welcher Inhalt überhaupt wie geteilt werden kann: Während YouTube und TikTok klar auf Videos ausgelegt sind, haben andere Plattformen freie Auswahlmöglichkeiten und damit multimediale Inhalte. Twitter begrenzt Tweets auf 280 Zeichen, Instagram lässt 2.200 Zeichen zu (aber, anders als Twitter, keine Links in Posts). Daraus ergeben sich spezifische Formen der Kommunikation je nach Plattform. Hinzu kommen die gesellschaftlichen Diskussionen um die Gefahr von Filterblasen (Bruns 2019) und Fake News. Nicht immer bekommen wir die Setzungen durch die Plattform so dezidiert präsentiert wie in der Medienberichterstattung über den gesperrten Trump-Twitteraccount.

Die Struktur der jeweiligen Plattform stellt eine Affordanz her (Bruns/Burgess 2016: 21; Bogost/Montfort 2009), sie hat also Aufforderungscharakter dafür, bestimmte Formate zu nutzen und andere nicht. Wenn wir etwa wissen, dass der Facebook-Algorithmus neuen Nutzenden so lange vorschlägt, nach Freunden zu suchen, bis das Profil 20 Freundschaften erreicht hat, hat es eine ganz andere Bedeutung, dass viele Profile bei Facebook rund 20 Freundschaften haben, wie in einer frühen Studie herausgearbeitet wurde (Ugander et al. 2011, zitiert nach Salganik 2018: 35). Wir könnten annehmen, dass diese Zahl eine Aussage über soziale Beziehungen ermöglicht, dabei ist sie ein Artefakt der Plattform-Struktur. Nicht immer sind Voraussetzungen der Plattform so leicht zu durchschauen, zumal auch die Plattformentwicklung geistes-, sozial- und kulturwissenschaftliche Forschungsergebnisse rezipiert und Rückkopplungseffekte der wissenschaftlichen Erkenntnisse bestehen.

Mit den vorhandenen Infrastrukturen geht auch das Potenzial einer Ermächtigung der ProdUser:innen einher: Sie können sich hier öffentlich artikulieren, ihre Meinungen, Ideen und Gedanken teilen. Das heißt allerdings nicht, dass diese auch wahrgenommen werden oder frei von Repressionen bleiben, wie sich in der globalen Perspektive etwa an den chinesischen Beschränkungen zeigt, die viele der großen internationalen Plattformen sperren und eigene, staatlich kontrollierte Plattformen anbieten (Bruns/Burgess 2016: 18; Wallis/Cui 2016).

Social Media werden in unterschiedliche Kontexte eingeordnet und es gibt Unmengen von Forschungen dazu aus den letzten Jahren. Social Media Research hat sich als eigene Forschungsrichtung etabliert, es gibt entsprechende Konferenzen und auch Schwerpunktsetzungen in verschiedenen Studiengängen sind in den vergangenen Jahren entstanden, hier nur einige Beispiele: Neben der Möglichkeit, via Social Media bestimmte Themen auf die gesellschaftliche Agenda zu setzen, wird die Frage der Filter Bubbles (Bruns 2019) diskutiert. Die Frage nach dem Einfluss von Bots und Hassrede in sozialen Netzwerken wurde gerade im Zusammenhang mit Wahlen in den letzten Jahren beforscht (etwa Muhle 2020). Es wird danach gefragt, wie sich Systeme organisieren, wie Information verbreitet wird und wie sozialer Einfluss entsteht – in sozialen Medien kann dies, so die Annahme, in einer „natürlichen" Verteilung untersucht werden (vgl. Bruns/Burgess 2016: 18). Die Rolle von Social Media für die Werbung und für die Weiterentwicklung von klassischen Angeboten der Massenmedien wird ebenfalls diskutiert. Gleichzeitig wird untersucht, wie Social Media auch Funktionen der Vernetzung übernehmen können, die etwa für die Selbsthilfe bei chronischer Krankheit oder psychologischen Krankheiten bedeutsam sind (Wiedemann 2021).

Nicht für alle diese Forschungsfelder sind digitale Methoden notwendig, vieles geht auch mit klassischen medienwissenschaftlichen Methoden wie der Inhaltsanalyse oder mit qualitativen Verfahren wie der Online-Ethnografie (vgl. ► Kapitel 5.9). Aber gerade bei der Untersuchung größerer Datenmengen und der Analyse von etwa Netzwerken sind die computationellen Verfahren nicht nur eine große Hilfe, sondern sie ermöglichen auch ganz andere Forschungsfragen. Für digitale Zugänge zu Social-Media-Daten ist ein Unterschied zentral: Ob der Content, die Kommunikation, öffentlich zugänglich ist oder nur zwischen einzelnen Personen oder in geschlossenen Gruppen, also Peer to Peer, stattfindet. Etwa die Datenschutz-Diskussionen um Messenger-Dienste zeigen: Die Kommunikation hier ist eigentlich privat und damit natürlich auch uns als Forschenden nicht zugänglich. Wir können mit digitalen Verfahren nur erheben und untersuchen, was öffentlich gepostet oder in öffentlich zugänglichen Gruppen diskutiert wird (Bruns/Burgess 2016: 19). Je nach Plattform der sozialen Netzwerke sind die Einstellungen für die öffentliche Sichtbarkeit unterschiedlich: Bei Facebook etwa kann sie für jeden Post neu eingestellt werden. Andere Plattformen wie Twitter erlauben es nur, den kompletten Account auf privat oder öffentlich zu stellen. In der Konsequenz unseres forschenden Zugriffs auf Daten heißt das, dass wir nur das sehen, was von den ProdUser:innen als öffentlich markiert wurde (Aragona 2018: 73).

In der Konsequenz unseres Datensettings bedeutet das noch etwas Anderes: Es wird zentral von den Möglichkeiten und Grenzen Plattformen bestimmt, welche die Anbieter setzen. Einige wenige private Plattformen bestimmen einen großen Teil der persönlichen und öffentlichen Kommunikation (Bruns/Burgess 2016: 17) und damit auch einen großen Teil unserer Forschungsdaten in diesem Bereich. Daten sind gerade im Bereich der Social Media nicht mehr staatlich oder wissenschaftlich erzeugt, wie das in quantitativen Erhebungen meistens der Fall ist, sondern die Privatwirtschaft spielt eine große Rolle. Damit verschieben sich Machtverhältnisse (vgl. Prietl/Houben 2018: 9; Salganik 2018: 27). Wir haben einen „scientific digital divide" (Jünger 2018: 120), in welchem die Forschungsabteilungen der großen Unternehmen (Big Tech: Facebook/Meta, Google/Alpha, Amazon, Apple und Microsoft) Zugang zu Daten haben, während externe Forschende sich mit dem zufriedengeben müssen, was öffentlich zugänglich ist oder was die Unternehmen den Forschenden zur Verfügung stellen. Wenn wir ohne Geld oder große Forschungsprojekte forschen wollen, sind wir also auf die frei zugänglichen Teilbestände der Daten angewiesen. Schon deshalb fallen einige Datenbereiche komplett für unsere Forschung aus. Die durch die ProdUser:innen generierten Daten sind das Zentrum der jeweiligen Business Models der Plattformen (Bruns/Burgess 2016: 17; Bogost/Montfort 2009), dementsprechend geben sie diese nicht einfach so her. Wir als Wissenschaftler:innen stehen also in direkter Konkurrenz zu wirtschaftlichen Interessen, und auch zu Firmen, die zur Analyse von den entsprechenden Daten viel Geld ausgeben und dementsprechend Datensätze kaufen.

Gleichzeitig ist zu bedenken: Wir können nur diejenigen Menschen beforschen, die eine entsprechende Plattform auch nutzen – damit gibt es also eine Selbstselektivität, durch die Nutzung bzw. Nicht-Nutzung. Social-Media-Daten bilden also nicht den gesamtgesellschaftlichen Diskurs ab, sondern nur den der Nutzenden der jeweiligen Plattform. So gibt es viel Forschungen zu Twitter, weil hier eine Schnittstelle (API, vgl. ► Kapitel 4.2) angeboten wird und die in der Regel öffentlich geposteten Daten für Forschungen damit vergleichsweise gut zugänglich sind. Für die Nutzungszahlen zeigt sich allerdings im Jahr 2020, dass Twitter weit abgeschlagen hinter Facebook, Instagram und Snapchat liegt (gerade für die jüngeren Bevölkerungsgruppen, vgl. ARD/ZDF 2020). Die Daten, die wir analysieren können, bilden in der Regel wiederum nur einen Ausschnitt aus den Daten, die auf der Plattform produziert werden (Bruns/Burgess 2016: 22). Beide fehlenden Datentypen müssen wir berücksichtigen. Unsere Samples hier sind damit nie repräsentativ. Wir haben es zu tun mit „sample bias and self-seeking samples" (Ignatow/Mihalcea 2017: 6), also einem Problem im Sampling und in der Selbstauswahl der ProdUser:innen bei Auswahl einer spezifischen Plattform. Dazu kommen die Bots in den Netzwerken, die nicht immer herausgerechnet werden, teils auch gar nicht einfach zu erkennen sind. Neben Machine Learning zur Erkennung sind wiederum Menschen notwendig, um Bots zu identifizieren.

Wenn wir uns die Inhalte anschauen, die hier gepostet werden, muss uns klar sein: Was in Social Media gepostet wird, ist eher zu positiv, denn Menschen stellen sich hier selbst dar. Damit ist die Forschung zu sensiblen Themen nur begrenzt möglich oder aussagekräftig. Wer in den sozialen Netzwerken postet, der/die produziert häufig positiven Content, der wenig mit der alltäglichen Situation zu tun hat. Die entsprechenden Daten sind also „algorithmically confounded", wie Salganik (2018: 35) das nennt, also durch den Algorithmus verwirrt oder beeinflusst. Ob nun aus Gründen der angenommenen Überwachung und Kontrolle in den Plattformen (Jünger 2018: 124) oder aus Gründen der Selbstdarstellung: Weitaus mehr Profile sind auf eine positive Selbstdarstellung ausgerichtet als solche, die explizit auch von Problemen schreiben, etwa von psychischen Krankheiten wie Depressionen, und so eine Öffentlichkeit für spezifische Themen schaffen. Wir können trotz der vereinzelten explizit negativen Darstellung von Zusammenhängen insgesamt davon ausgehen, dass das Bild in sozialen Netzwerken weitaus positiver ist als das, was wir im persönlichen Kontakt mit den Menschen generieren könnten – ein vergleichbares Bias wie die soziale Erwünschtheit in quantitativen Befragungen, nur lange noch nicht so gut und systematisch erforscht.

Mit Jutta Weber (2018) können wir aber auch argumentieren, dass es durchaus ein Bedürfnis seitens der Nutzer:innen gibt, das eigene Verhalten zu protokollieren und öffentlich sichtbar zu machen. Dies erzeugt eine gefühlte Wahrnehmung des eigenen Selbst in größeren Zusammenhängen, was in der Analyse der Darstellungsweisen in Social-Media-Posts ebenfalls nicht unterschätzt werden sollte. Sowohl eine Normalisierungsfunktion – also der Abgleich, dass Andere Ähnliches tun – als auch der Wunsch danach, nicht unbeobachtet und damit auch nicht allein oder einsam zu sein, sieht sie in den freiwilligen Überwachungen und Selbstdarstellungen. Aktivität in den sozialen Netzwerken ist auch Prestige, wie uns nicht nur Influencer:innen zeigen.

Schließlich ist bei Social-Media-Daten natürlich wiederum der Datenschutz und eng damit verbunden die Forschungsethik relevant (vgl. ►Kapitel 2.2): Auch wenn eine Plattform es uns prinzipiell erlaubt, Datensätze automatisiert zu speichern, haben wir laut den Terms of Service kein Recht darauf, diese Datensätze zu veröffentlichen – und wir sind darüber hinaus ethisch dazu verpflichtet, gut zu prüfen welche Form von Aggregat wir, etwa als Inhaltsbeschreibung, direktes Zitat oder Tabelle, veröffentlichen können. Der Schutz der personenbezogenen Daten muss auch hier im Mittelpunkt stehen.

Social-Media-Daten sind relativ strukturiert: Es sind zunächst kurze Texteinheiten, die durch Antworten oder Kommentare einen Diskussionszusammenhang darstellen. Gleichzeitig sind die Texteinheiten in sich sehr unstrukturiert, oft mehr der gesprochenen Sprache zuzuordnen als der Standardschriftsprache – es gibt umgangssprachliche Formulierungen, unvollständige Sätze, Abkürzungen usw. Es wird auch häufig über Emojis kommuniziert, wobei hier unabhängig von der maschinellen Lesbarkeit, die inhaltliche Bedeutung erst durch Auslegung ermittelt werden muss, was in der Regel nur im Kontext des Textes von einem Menschen erledigt werden kann. Außerdem sind Social-Media-Daten in ihrer Länge, wie gerade schon berichtet, durch externe Vorgaben (der Plattform) begrenzt. Zum Text kommen, je nach Plattform, weitere multimediale Daten, die zum Text zugehörig sind. Denn eigentlich sind Posts oft mit Links, Bildern, Videos, Audios verbunden, die schon in der Datenerfassung aber oft entfernt werden, etwa wenn wir die Tweets downloaden können, nicht aber die zugehörigen Bilder (die Bilder sind hier nur als ein Link hinterlegt, den wir wiederum per Skript aufrufen müssen, um die Bilddaten dann getrennt zu speichern). Darüber hinaus enthalten Social-Media-Daten immer auch Metadaten in Form von Trace Data, die für uns in der Regel nicht oder nur in kleinen Ausschnitten nachvollziehbar sind. Social-Media-Daten sind also immer sehr fragmentiert, wir arbeiten mit einzelnen Posts als einzelnen Datensätzen und haben damit nicht das gleiche Kontexterlebnis, wie es einzelne Nutzende auf ihrer Wall, in ihrer Timeline oder beim Durchsehen von Hashtags o.ä. haben.

Wie Social-Media-Daten konkret in großer Menge gespeichert werden können und welche Einschränkungen es seitens der Plattformen gibt, wird in ► Kapitel 4.2 beschrieben. Für die digitale Ethnografie, also die rein qualitative Forschung auf und mit diesen Plattformen (vgl. ► Kapitel 5.9), gibt es Umwege, indem man sich einen eigenen Forschungsaccount erstellt und die eigene Freundesliste nach dem Forschungsinteresse generiert, durch den Aufbau von persönlichen Kontakten oder über die Mitgliedschaft in Gruppen, die für unsere computationellen Verfahren aber nicht funktionieren.

Die Relevanz der Plattform und der Forschung zu dieser bedingen sich gegenseitig: Schon früh waren viele Twitter-Studien getätigt worden, weil die Plattform für öffentliche Posts gedacht ist und außerdem gut nutzbare APIs bereitstellte. Damit bedingte die Forschung auch die Relevanz der Plattform, die sich zum Beispiel in der Bezugnahme in der Medienberichterstattung bis heute zeigt. Vergleichbar bei Twitter und bei Facebook gab es in den ersten Jahren ihrer Existenz mehr Möglichkeiten in der API und auch das Speichern und Teilen von Datensätzen wurde geduldet. Dementsprechend entstanden Scraping- und Analysetools, die auf den Datensätzen aufbauten. Das führte zu einer Wissenschaftspolitik des Teilens von Daten, die gerade die frühen Social Media Studies bedingten und ermöglichten. Dann allerdings verbot Twitter die Nachnutzung von Daten in Form von öffentlich einsehbaren Datensets. Es hat sich deshalb etabliert, statt des gesamten Datensatzes die ID zu zitieren, welche Twitter jedem Tweet zuschreibt (und vergleichbare Verfahren gibt oder gab es bei anderen APIs) – mithilfe einer API oder einem Tool kann diese wiederum rückübersetzt und der Tweet erneut gespeichert werden. Und sicherlich gibt es unter Wissenschaftler:innen die Praxis der informellen Weitergabe von Datensätzen, über die aber aufgrund der rechtlichen Lage nicht groß berichtet wird (vgl. Bruns/Burgess 2016: 28). Ein umständlicher Weg, der die Kontrolle über den Datenzugriff weiterhin bei Twitter lässt (Jungherr/Jürgens/Schoen 2018: 271).

Die öffentliche Speicherung und Nachnutzung von Datensätzen aus Social-Media-Plattformen ist, genauso wie für die in der Forschung bestehenden älteren Datensätze anderer Plattformen, rechtlich nicht möglich. Im Jahr 2010 hat Twitter einen kompletten Datensatz des Tweet-Archivs an die US-amerikanische Library of Congress geschenkt, der seitdem aktualisiert wurde. Das hat zunächst zu Euphorie geführt, weil alle Daten außerhalb der Plattformstruktur lagen. Seit 2017 wird dieser Ansatz des kompletten Archivs aber nicht mehr verfolgt, sondern nur noch selektiv gesammelt (wie das Bibliotheken auch für Webseiten tun). Aufgrund der Datenschutzrichtlinien von Twitter, werden die Tweets zwar archiviert, sind aber nicht öffentlich zugänglich. Diese Begrenzung in der Veröffentlichung von Datensätzen widerspricht wissenschaftlichen

Standards und macht es schwierig, Studien nachvollziehbar zu machen – egal, ob sie aus den Daten der Library of Congress oder aus eigenen API-Anfragen entstanden sind.

Wenn Sie also ältere Texte lesen oder im Netz über Tools stolpern, die den Zugriff etwa auf Facebook- oder Instagram-Datensätze versprechen, handelt es sich leider in der Regel um Artefakte aus dieser Zeit, die von den Entwicklungen überholt wurden. Denn die Plattformen haben ihre Agenda seit der jeweiligen Gründung nicht konstant gehalten: Twitter änderte 2011 die Funktionalitäten (Bruns/Burgess 2016: 24) und Facebook schloss nach dem Cambridge-Analytica-Skandal im Jahr 2018 jegliche API, vergibt heute nur ausgewählte Datenstipendien an einzelne wenige Forschende. Das heißt leider auch, dass wir viele spannende Fragestellungen nicht beantworten können, da wir nicht an die entsprechenden Datensätze kommen. Je nach Forschungsinteresse hilft hier nur ein Ausweichen auf die Verfahren etwa der digitalen Ethnografie (vgl. ▸ Kapitel 5.9), die aber einen deutlich anderen Schwerpunkt legen und nur einige der digitalen Analyseverfahren (vgl. ▸ Kapitel 5) ermöglichen werden.

Auch dort, wo wir Zugriff auf Daten über eine API haben, sind wir in unserer Forschung darauf beschränkt, welchen Zugang wir erhalten, welche Daten verfügbar gemacht werden und welche Perspektiven durch die Begrenzungen unmöglich werden (Bruns/Burgess 2016: 20). Nur rund 1% der Tweets sind überhaupt über die kostenloste API von Twitter verfügbar (vgl. ▸ Kapitel 4.2). Wir erhalten also selbst nur einen kleinen Ausschnitt, wenn wir eigentlich alles etwa zu einem Hashtag speichern möchten. Auch diesen Einschränkungen müssen wir uns bewusst sein: „Twitter's APIs therefore mediate between, and are the site of friction between, competing uses and understandings of Twitter as a platform and changes to how they work" (Bruns/Burgess 2016: 20). Bruns/Burgess (2016: 30) weisen zu Recht darauf hin, dass wir die Analyse von sozialen Netzwerken nicht den kommerziellen Interessen überlassen sollten, sondern uns trotz aller Probleme in diese gesellschaftlich relevanten Felder unsere Fragestellungen und Perspektiven einbringen sollten. Wenn wir uns der verschiedenen Hürden bewusst sind, können wir anders und reflektiert Daten zusammenstellen, erheben, bereinigen und analysieren.

Auch die Forschung zu und mit Social-Media-Daten bewegt sich auf unterschiedlichen Ebenen, die wenig miteinander verbunden sind: Es gibt technisch affine Geistes-, Sozial- und Kulturwissenschaftler:innen und Data Scientists, die konkrete Datensätze generieren, Skripte zur Nachnutzung erstellen und Fragestellungen mit diesen Datensätzen beantworten. Diese reflektieren aber wenig die Fragen danach, was die Plattformen mit den Menschen machen, welche Affordanzen sie schaffen und welche eben genau nicht – wie also Daten, Plattformen und Gesellschaft miteinander verwoben sind. Diese Fragen stellen andere Bereiche der Forschung, insbesondere aus den Critical Data Studies (vgl. ► Kapitel 8). Dort wird aber wenig bis gar nicht mit konkreten Datensätzen gearbeitet, sondern die Fragestellungen liegen auf einer allgemeineren Ebene, die sich nicht oder doch kaum für die Inhalte der Daten selbst interessiert, für deren Analysemöglichkeiten und -grenzen. Auch wenn erste Ansätze zur Annäherung mittlerweile bestehen: Ich denke, hier liegt noch ein gutes Stück Arbeit vor uns. Wir müssen beide Perspektiven verbinden, um fundierte Ergebnisse zu gesellschaftlichen Entwicklungen zu erhalten. Gerade an den Social-Media-Daten, die zwar in Teilen zugänglich, aber stark der Willkür privatwirtschaftlicher Interessen unterworfen sind, wird die notwendige Verbindung der Perspektiven sehr deutlich. Gleichzeitig müssen wir, wann immer wir Social-Media-Daten verwenden, unsere ethischen Ansprüche genau prüfen: Nur, weil Datensätze verfügbar sind, heißt das noch nicht, dass deren Nutzung auch ethisch gerechtfertigt ist (vgl. Wieland et al. 2018: 143).

Beispielstudie: Proteste im Gezi Park auf Twitter

Social-Media-Daten ermöglichen es uns, Momentaufnahmen aus den konstant erhobenen Daten zu analysieren. So etwa die Entwicklungen der Proteste im Gezi Park in Istanbul im Sommer 2013. Begonnen hatten die Proteste gegen einen Bebauungsplan, doch schnell eskalierte die Polizeigewalt und grundlegende Themen wie das Recht auf freie Meinungsäußerung standen im Mittelpunkt der Diskussionen. Wenn Geistes-, Sozial- und Kulturwissenschaftler:innen diese Proteste erforschen wollen, so führen sie in der Regel im Nachhinein Umfragen oder qualitative Interviews durch. Mit dem Zugriff auf Twitter, was als Plattform intensiv für die Kommunikation der Proteste genutzt wurde, ist der Protest währenddessen und (mit entsprechenden Zugriffsrechten und gekauften Daten) auch im Nachhinein in großen Ausschnitten und sehr feinteilig in den Daten zu beobachten. Budak und Watts haben diese Datengrundlage genutzt, um die politische Einstellung vor, während und nach den Protesten zu untersuchen. Mehr als 30.000 Twitter-Accounts haben sie dafür im Nachhinein ausgewertet, sowohl von Teilnehmer:innen als auch von Menschen, die nicht an den Protesten teilnahmen (beides basierend auf deren Tweets herausgearbeitet). Die beiden Gruppen im Zeitverlauf untersuchten sie daraufhin, ob sie eine der Oppositionsparteien in der Türkei unterstützten.

Andere Studien hatten bereits herausgearbeitet, dass die Proteste Menschen zusammenbrachten, die sonst kaum miteinander in Interaktion getreten wären. Mit dieser Studie basierend auf Social Media konnten Budak und

Watts zeigen, dass sich das Verhalten aufgrund des Kontaktes mit anderen Protestierenden änderte, aber auch, dass Menschen, die an den Protesten teilnahmen, schon im Vorfeld eher unterstützend bestimmten Gruppen gegenüber gewesen waren. Damit konnten sie Aussagen dazu treffen, für welche Personengruppen es wahrscheinlich war, dass sie sich an den Protesten beteiligten, und wie sich die Einstellungen im Verlauf der Proteste wandelten.

Die Autoren stellen heraus, dass mit der Nutzung von Social-Media-Daten auch Phänomene untersucht werden können, die im Nachhinein mit den üblichen geistes-, sozial- und kulturwissenschaftlichen Methoden nicht zu erheben wären, wie die Änderung von politischen Einstellungen aufgrund eines unvorhergesehenen Ereignisses. Solche Zusammenhänge können Menschen oft nicht klar benennen, wenn wir sie (mit welcher Methode auch immer) befragen. Da Social Media „always on" sind, werden entsprechende Daten protokolliert und sind im Nachhinein nutzbar. Salganik (2018: 21) beschreibt, dass diese Methode quasi einer Zeitreise gleichkommt – wir können das Verhalten aus der Vergangenheit durch die Social-Media-Posts direkt beobachten, die Entwicklung nachverfolgen. Vorausgesetzt wir haben das Geld, um uns die entsprechenden Datensätze zu kaufen, oder beginnen zum richtigen Zeitpunkt mit der Sammlung, wenn gesellschaftliche Prozesse starten – hierfür braucht es ein Gespür und waches Forschungsinteresse, auch ein bisschen Glück, die technische Expertise und die Zeit, um entsprechende Datenerhebungen zum richtigen Zeitpunkt zu starten.

Übungsaufgaben zu Social-Media-Daten

Eigenes Datenkorpus einordnen: Welche Ihrer Daten liegen als Social-Media-Daten vor? Wie haben Sie diese gespeichert und wie können Sie diese Daten gegebenenfalls nachträglich aufbereiten, um sie für die Analyse zu nutzen? Schauen Sie sich hierfür gegebenenfalls das ► Kapitel 4.6 an und bearbeiten Sie in der Folge Ihre Daten so, dass sie als Text, Bild, Video oder Audio vorliegen, aber noch aufeinander bezogen sind. Denken Sie dabei an eine einheitliche Benennung der Datensätze.

Social-Media-Daten computationell erheben: Installieren Sie das Tool Facepager (vgl. ► Glossar) und speichern Sie Daten von YouTube, Twitter oder Facebook. Sie müssen hierzu das Tool installieren und mindestens über einen Google-, Twitter- oder Facebook-Account verfügen, gegebenenfalls erstellen Sie sich bitte neue Accounts. Erstellen Sie nach der Anleitung des Tools Datensätze und exportieren Sie diese als CSV-Dateien. An welche Daten kommen Sie mit diesem Tool? Welche Grenzen bestehen? Fahren

Sie gegebenenfalls mit der Übungsaufgabe zu APIs in ► Kapitel 4.2 fort, um weitere Daten zu erhalten oder nutzen Sie eine Kombination, wie in der Übungsaufgabe zu ► Kapitel 5.9 vorgeschlagen.

3.5 Trace Data

In diesem Kapitel erfahren Sie,

- was Trace Data sind;
- wie Unwissenheit und Unaufmerksamkeit in der Datenproduktion von Spurendaten relevant sind;
- wie Trace Data für Forschung erhoben und verwendet werden können;
- wo die Privatwirtschaft entsprechende Daten besitzt und was die Probleme daran sind.

Wer sich im Netz bewegt, hinterlässt Spuren – und nicht nur direkte Bewegungen im Internet, sondern auch Käufe mit EC- oder Kreditkarte, Bewegungen mit dem Smartphone in der Tasche, zum Beispiel in den „Google Maps Timeline Updates", die das Unternehmen erstellt: Wenn man seinen Standort freigibt, werden Highlights von Bewegungen für die Nutzenden sogar aktiv aufbereitet und zur Verfügung gestellt. Diese Auswertung basiert auf Trace Data, in diesem Fall auf den Daten von Standorten und Bewegungen, die auch berechnen, ob ich gelaufen oder geradelt bin, mit dem Zug oder dem Auto unterwegs war. Auch ohne diesen Zugriff, den ich Google in den Einstellungen gewährt habe, wird mein Telefonanbieter speichern, in welchen Mobilfunkzellen ich mich einlogge und könnte so noch ein viel detaillierteres Bild zeichnen – bis zu 200 Geolokalisierungen werden pro Tag für jedes Mobiltelefon gespeichert (vgl. Reigeluth 2014: 251). Ein großer Teil der Alltage in westlichen Industriegesellschaften ist durch digitale Datenströme begleitet, die erfasst werden, weil entsprechende Einverständniserklärungen durch die Nutzungen von Soft- und Hardware gewährt wurden. Cookies, IP-Adressen, Browser-Chroniken und Log-Dateien, aber auch die Dauer und der Zeitpunkt des Zugriffs sind als Datensätze vorhanden. Die wichtigste Unterscheidung ist, dass Trace Data prozessgeneriert sind, also sozusagen nebenbei, oft ohne aktives Wissen der Menschen, entstehen.

Eine Webseite aufzurufen führt leicht dazu, dass zehn bis zwanzig weitere Seiten Zugriff auf unser Nutzendenverhalten bekommen, also darauf wohin wir klicken, was wir in Suchleisten eingeben etc. – häufig etwa Google Analytics oder andere statistische Anfragen. Sogenannte Tracker protokollieren dies automatisch und erzeugen damit Trace Data. Wenn Sie sich einen Eindruck davon verschaffen möchten, welche Daten über Sie gesammelt und an Dritte weitergegeben werden, wenn Sie Webseiten besuchen, installieren Sie sich zum Beispiel das Add-In Lightbeam für Firefox, welches die Zugriffsrechte in Netzwerk-Grafiken darstellt (vgl. Reigeluth 2014: 246).

Diese Spuren in Form von Daten, werden als Trace Data bezeichnet oder auch als Digital Footprints oder Tracking Data. Sie werden ganz eindeutig prozessproduziert, die Menschen, welche die Daten erstellen, sind sich dessen in der Regel nicht bewusst – zumindest nicht in dem konkreten Moment der Datenerzeugung, vielleicht übergreifend generell durchaus. Trace Data sind also eine, wenn nicht die zentrale Form von Big Data und nicht nur wissenschaftlich, sondern vor allem auch wirtschaftlich relevant: Sie definieren, wie Marktentscheidungen getroffen werden, welche Werbung Individuen angezeigt bekommen oder auch in welche Richtung die Nutzungsfreundlichkeit von Anwendungen und Webseiten weiterentwickelt wird. Trace Data sind Teil der weiten Kategorie der Beobachtungsdaten, „observational data" (Salganik 2018: 13), die auch vor den Phänomenen von Big Data in der Sozialforschung genutzt wurden. Salganik hat einen recht weiten Begriff von Beobachtungsdaten:

> „Roughly, observational data is any data that results from observing a social system without intervening in some way. A crude way to think about it is that observational data is everything that does not involve talking to people (e.g. surveys, …) or changing people's environments (e.g. experiments, …)." (Salganik 2018: 13)

Die Erläuterung, dass diese Daten entstehen, ohne dass wir als Forschende intervenieren müssen (oder auch: können), trifft es gut. Es handelt sich um eine Vielzahl von einzelnen Datenpunkten, die in Beziehung zueinanderstehen, zu Strukturen zusammengesetzt werden können – aber auch erst einmal zusammengesetzt werden müssen, um aussagekräftig zu werden (Reigeluth 2014: 248). Trace Data sind meist Server-zentriert gespeichert, das heißt nicht auf einen Nutzenden bezogen (auch wenn sie natürlich nutzenden-bezogen gespeichert werden können): So speichern etwa Webseiten, wie die Seite besucht und verwendet wurde, nicht aber, durch wen – erst in der Kombination von Datensätzen und dem Abgleich etwa von IP-Adressen können daraus nutzerbasierte Datensätze erzeugt werden (Wieland et al. 2018: 135). Trace Data basieren auf vergangenen Interaktionen, etwa mit einer Webseite oder App, und erlauben in Korrelation zueinander Vorhersagen über künftiges Verhalten (Reigeluth 2014: 250): Menschen klicken auf dieser Seite hier, danach klickten 80% dort, es ist also anzunehmen, dass sie vielleicht auch dort klicken würden, wenn wir es anbieten. Es handelt sich also um eine klassische Anwendung wiederum für profitorientierte Unternehmen oder Anbieter von Informationen, die bestenfalls für die Nutzenden wichtige Informationen auch zentral platzieren.

Die Datenmengen erreichen, das habe ich im Kontext der Frage, was Big Data ist (vgl. ▸ Kapitel 3), bereits ausgeführt, neue Dimensionen, die auch mit quantitativen Datensätzen nicht vergleichbar sind und dementsprechend auch andere Rechenkapazitäten in der Verarbeitung benötigen. Die Daten haben schon in dem Moment, in dem sie als zu sammelnde konzipiert werden, Einfluss auf ihre Auswertungsmöglichkeiten; das wird für Trace Data deutlicher als für andere Datentypen: Welche Form von Daten erhoben werden und welche nicht, ist durch wirtschaftliche Interessen bestimmt, ändert sich vielleicht im Laufe der Zeit und hat doch zentrale Auswirkungen darauf, was aus den Daten herausgearbeitet werden kann. Es geht um Beziehungen eines Individuums, um Verhalten, um konkretes Handeln, das so reduziert oder atomisiert wird, dass es sich in Datenpunkten ausdrücken lässt (vgl. Reigeluth 2014: 253). Durch die Struktur und Art der gespeicherten Daten werden, so Jutta Weber, auch unsere künftigen Optionen in forschender ebenso wie in gesellschaftlicher Hinsicht mitbestimmt:

> „Big Data(mining) ist damit auch ein Medium der Prämediation, der Vorverhandlung und Vorwegnahme – sie verhandelt Zukunftsoptionen und produziert dabei Zukunft mit." (Weber 2018: 95)

Wir können auch mit Reigeluth (2014: 248) von einem „digital unconscious", also einem digitalen Unbewussten, sprechen, das uns begleitet und durch die Spurendaten weiterwächst. Mittlerweile, der Text von Reigeluth ist acht Jahre alt, könnte man davon ausgehen, dass mehr Menschen sich über ihre digitalen Spuren bewusst sind. Doch noch immer ist die Unwissenheit bzw. das Unbewusstsein dazu groß, wie etwa Diskussionen mit Studierenden zeigen.

Um Trace Data nutzen zu können, müssen sie zunächst gesammelt werden – was durch die Privatwirtschaft in großen Data Warehouses geschieht. Die metaphorische Bezugnahme auf Kaufhäuser besteht hier wohl bewusst, denn die Daten sind käuflich zu erwerben (vgl. Reigeluth 2014: 246). Was hier wie gesammelt wird, ist grundlegend wichtig dafür, was in den Daten überhaupt gefunden werden kann. Hier muss ich Sie leider enttäuschen: Trace Data sind in den allermeisten Fällen nicht öffentlich zugänglich, und damit auch nicht für die Forschung nutzbar. Wenn Daten zugänglich sind, handelt es sich um einen Leak, den wir erstmal finden müssten und der forschungsethisch höchst problematisch in seiner Verwendung wäre. Persönliche Daten unterliegen rechtlichem Schutz und wir bräuchten die explizite Einverständniserklärung, um Daten aktiv mit zu tracken – dann würden wir forschungsinduzierte Quellen produzieren (vgl. Jünger 2018: 109). Oder wir nutzen Daten etwa von Google

Analytics, die wiederum eigentlich für Marketing-Zwecke entwickelt wurden. Trace Data aus Social Media, etwa die Likes, sind oft nur in aggregierter Form verfügbar, es ist also zum Beispiel nicht mehr rückverfolgbar, wer welchen Post geliked hat – diese Daten sind natürlich vorhanden, aber der Öffentlichkeit nicht zugänglich (Jünger 2018: 117).

Zwar gibt es Forschungsprojekte, die einzelne Datensätze durch Kooperationsvereinbarungen nutzen, aber in der Regel trifft das nur für große Projekte zu, die entsprechend lange Laufzeiten haben. Viele Datenquellen sind für uns schlicht und einfach nicht zugänglich (vgl. Salganik 2018: 27). Auch wenn es Möglichkeiten der Öffnung von Datensätzen gibt, wenn man begründete Anfragen stellt, ist das für viele Projekte zu aufwendig. In kleinerem Rahmen sind z. B. die Daten die ein Unternehmen über uns als Einzelpersonen hinterlegt hat, auf Anfrage zu bekommen – dann aber für die Analyse oft wenig aussagekräftig. Es gibt natürlich Ausnahmen, gerade bei öffentlichen Datengebern wie der Regierung: Hier sind oft repräsentative Daten zu finden, die aber weniger als kontinuierliche Datenerhebung erzeugt werden (Salganik 2018: 41). Aber wir müssen schon sehr genau wissen, was wir suchen und wie wir an die entsprechenden Datensätze kommen können, wenn wir ohne privatwirtschaftliche Zugriffsrechte auskommen möchten.

Eine ganz andere Möglichkeit besteht darin, selbst einen Tracing-Algorithmus zu programmieren oder nachzunutzen und diesen, etwa in Form eines Browser-Plugins oder einer App, an Studienteilnehmende zu verteilen mit der Bitte, diesen mitlaufen zu lassen – so entstehen Trace Data, die explizit für die Forschung verwendbar sind und auch die entsprechenden Datenstrukturen sind durch die eigene Programmierung gut weiterzuverarbeiten. Gleichzeitig ist der Aufwand enorm hoch und die Frage der sozialen Erwünschtheit der Interaktion während des aktiven Tracking und der Auswahl von Studienteilnehmenden schränkt die Aussagekraft darauf basierender Studien ein. Dennoch gibt es vielversprechende Ansätze, dies in Studien etwa zur Mediennutzung umzusetzen (vgl. Wieland et al. 2018).

Ähnlich wie bei den Social-Media-Daten können wir außerdem an unterschiedlichen Stellen begrenzten Zugang auf aggregierte, also bereits aufbereitete Daten erhalten. Ein gutes Beispiel dafür ist Google Trends. Hier können wir die Suchabfragen, die bei Google getätigt wurden, im Zeitverlauf nachvollziehen. Allerdings erhalten wir hier nur begrenzte Informationen, etwa bei den täglichen Suchanfragen eine sehr allgemeine Zahl wie „mehr als 50.000 Suchanfragen", aber keine genauen Angaben dazu, wie viele Suchen konkret getätigt wurden oder dazu, nach welchen Begriffen überhaupt zusammengefasst wird. Dort können wir auch den Zeitverlauf von Suchanfragen anschauen, was spannend sein kann, denn manchmal ändern sich die Trends ja sehr schnell. Allerdings sind solche Informationen keine Datengrundlage für eine Forschung, sondern können lediglich erste Hinweise auf die Relevanz eines Forschungsthemas liefern, die wir mit unterschiedlichen Ansätzen weiterverfolgen und konkretisieren müssen. Wann immer allerdings gemeinnützige Organisationen beteiligt sind, werden Daten leichter zugänglich. Für viele Daten zu Webseiten können wir das Internet Archive nutzen, und auch Wikipedia und andere Open-Source-Initiativen stellen ihre Daten vollständig offen zur Verfügung.

Übungsaufgabe zu Trace Data

Datentagebuch zur eigenen Nutzung und Produktion von Daten: Erstellen Sie ein Datentagebuch für einen exemplarischen Tag Ihrer Wahl, nutzen Sie also ethnografische Methoden der Selbstbeobachtung. Führen Sie dazu (zwischendurch oder retrospektiv am Abend) ein Forschungstagebuch, auch als Forschungsnotizen bekannt. Notieren Sie (in Stichpunkten) alle Daten, die Sie an diesem Tag produziert oder genutzt haben. Notieren Sie außerdem Ihre Reflexion zu diesen Beobachtungen, stellen Sie dabei Bezüge zu den bisherigen Diskussionen her: Welche Datentypen haben Sie produziert und welche genutzt? Welche Fragestellungen könnten wir mit diesen Daten beantworten? Wie könnten Sie oder andere Forschende Zugang zu diesen Daten erhalten und wo liegen vielleicht Hindernisse?

4. Digitale Daten finden und speichern

In diesem Kapitel erfahren Sie,

- welche Hürden bei der digitalen Datenerhebung bestehen;
- warum computationelle Datenerhebung sinnvoll sein kann;
- wo die Unterschiede zwischen Datenauswahl und Datenerhebung liegen;
- wie der digital erweiterte Forschungsprozess dokumentiert werden sollte;
- welche Rolle Tools spielen und wie sie ausgesucht werden können.

Die Erhebung, Speicherung, Strukturierung und Verarbeitung von Daten hat eine veränderte Bedeutung in unseren digital erweiterten Forschungsprozessen (vgl. ▸ Kapitel 2.4). Schon in der Datenerhebung ist die Kombination von Verfahren sinnvoll und notwendig. ▸ Grafik 9 zeigt eine Modellierung der Hürden in der Datenerhebung am Beispiel von Social-Media-Daten: Wir haben links die Menge der Daten, die theoretisch für ein Forschungsinteresse zur Verfügung stehen, eine Teilmenge davon liegt in digitaler Form vor, wiederum eine Teilmenge in einem spezifischen sozialen Netzwerk und dabei sind nur diejenigen berücksichtigt, die diese Plattform jeweils nutzen. Aus dieser Menge ist wiederum ein Teil öffentlich sichtbar, und wir können davon nur eine kleine Menge nutzen, die uns durch das Unternehmen verfügbar gemacht werden. Daraus resultieren unsere tatsächlich erhobenen Forschungsdaten, in der Mitte der Grafik dargestellt. Durch diese Bedingungen haben wir drei Selektionsebenen (rechts im Bild): Die der Forschenden, die der User:innen und die der Unternehmen.

Dazu kommen sowohl Hürden, die in uns selbst liegen, also auch technische Hürden. Wir als Forschende müssen zunächst über ein Computational Thinking verfügen, um überhaupt den Zugang zu finden, das ist eher konzeptionell. Wir brauchen außerdem entweder ein passendes Tool oder Kenntnisse einer Programmiersprache, um Daten zu erheben, schließlich brauchen wir Zeit und die notwendigen Ressourcen, um die Daten so zu bereinigen, dass wir sie für unsere Analyse nutzen können. Die technischen Hürden bestehen zuerst darin, dass wir ein entsprechendes Tool finden müssen, das funktioniert, oder dass wir die Struktur erkennen und ein zugehöriges Skript programmieren müssen. Außerdem müssen wir (falls wir ein Tool nutzen) dieses auch an unsere Zwecke, unsere Forschungsinteressen, anpassen können. Dazu müssen die

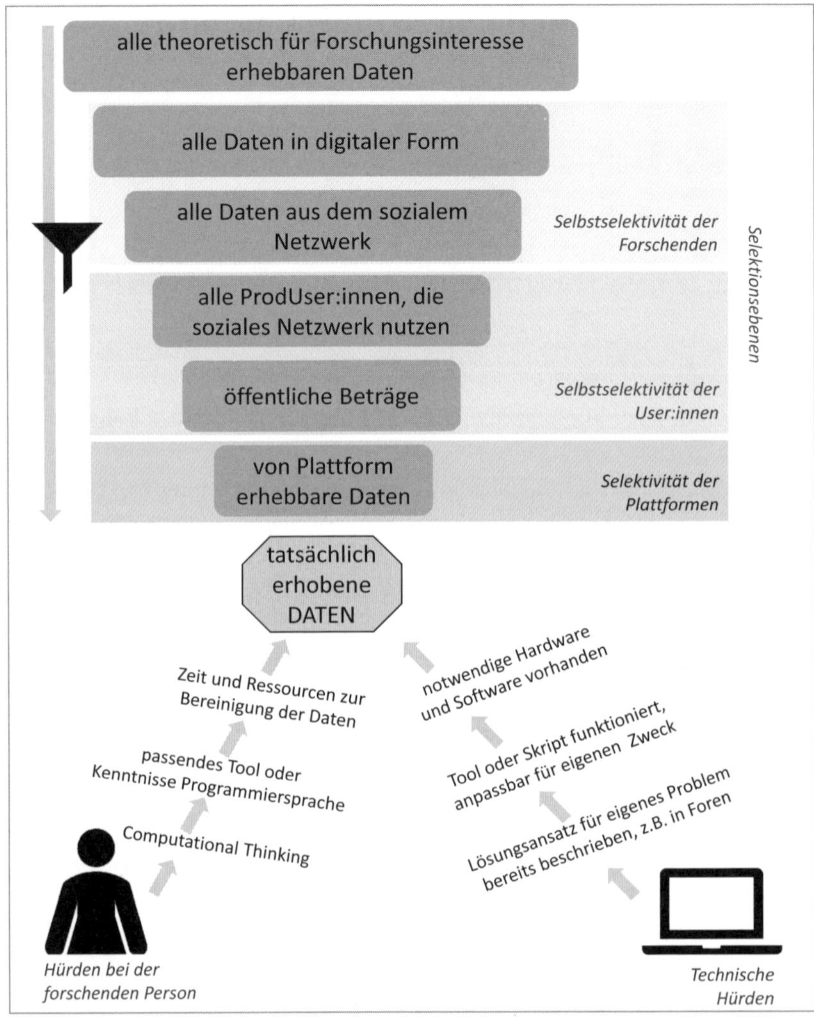

Grafik 9: Hürden bei der Datenerhebung (am Beispiel von Social Media Daten). Entwurf: Katharina Lillich, eigene Darstellung.

notwendige Hardware und Software vorhanden sein, um etwa rechenintensive Operationen durchzuführen.

Es gibt also eine ganze Reihe von Hürden. Trotzdem ist aussagekräftige Forschung möglich, auch wenn die Grundgesamtheit nicht, wie in quantitativen Verfahren üblich, durch ein kontrolliertes Sampling vorgenommen wird, sondern die dahinterstehenden Algorithmen für uns oft eine Black Box bleiben (insbesondere bei der Zusammensetzung der Daten). Nicht immer ist es notwendig oder sinnvoll, einen möglichst großen Datensatz zu generieren. Je nach

Fragestellung sind kleinere Datensätze, die wir uns mit verschiedenen Analyseverfahren genauer anschauen, viel hilfreicher.

Unsere Datenerhebung geht in vielen Bereichen weg von einer Momentaufnahme, die einen eindeutigen Erhebungszeitpunkt hat, – etwa durch eine Umfrage oder ein qualitatives Interview – hin zu einer Datenaufnahme im Verlauf der Zeit, zu einer kontinuierlichen Datenerhebung (Chen 2018: 11; Jünger 2018: 124) etwa durch Social-Media-Daten, aber auch Beobachtungen etwa in Social Media, die fortlaufend mitprotokolliert und eher im Nachhinein für die Forschung verwendet werden. Das bedeutet, dass hier fortlaufend ein Archiv dessen entsteht, was Menschen schreiben, tun und auch denken (vgl. Chen 2018: 15).

Oft bestimmt die Zugänglichkeit von Daten, was wir erforschen können. Dies gilt besonders für das computationelle Finden und Speichern von (größeren) Datensätzen. Entsprechende Probleme wurden oben (▸Kapitel 3) bereits für einzelne Datentypen diskutiert. Etliche Fragestellungen können wir aufgrund mangelnden Zugangs zu den notwendigen Daten nicht in absehbarer Zeit bearbeiten. Gleichzeitig liegen weiterhin noch lange nicht alle Daten digital vor, dies wird absehbar so bleiben (Hodel 2010: 25). Wenn wir digital recherchieren, finden wir nur einen spezifischen Ausschnitt aus der potenziell vorhandenen Quellenvielfalt. Der Zugang zu Daten ermöglicht und verhindert also Forschung.

In der Regel ist es für digitale Datenerhebungen nicht üblich, Daten manuell, also von Hand, zu sammeln und zu speichern. Natürlich könnten wir aus einer Social-Media-Plattform mit Copy & Paste Daten herausholen und eine Datenbank oder auch Excel-Liste erstellen, in der wir diese Datenschnipsel speichern. Aber der Zeitaufwand wird schnell enorm und wir haben wenig gewonnen, wenn wir nicht zeitgleich Forschungsnotizen machen, um die Erhebung zu kontextualisieren. Auch Screenshots oder andere Hilfsmittel wie das Erstellen von PDFs aus Webseiten, bringen uns nur wenig weiter. So lange wir zum Beispiel digitale Ethnografien tätigen möchten, also qualitative Forschungsmethoden in digitalen Bereichen fortführen und experimentell anpassen (vgl. ▸Kapitel 5.9), können solche Techniken hilfreich zur Dokumentation sein. Eine manuelle Kompilation, also das einzelne Suchen und Abspeichern von Datensätzen, ist immer dann sinnvoll, wenn das „Rauschen" im Material gering sein soll, da dies hoch ist, sobald die für strukturierte Texte ausgelegten automatisierten Verfahren für unstrukturiertes Material genutzt werden. Gleichzeitig ist hier natürlich der Aufwand extrem hoch und es macht meistens wenig Sinn, zum Beispiel Posts per Copy & Paste zu sammeln und abzuspeichern. Einige Webseiten bieten allerdings bereits aufbereitete Inhalte zum Download an, gerade wenn es sich etwa um staatliche Stellen handelt oder um Einrichtungen, die sich dem Open Access verschrieben haben und den Zugang dementsprechend transparent gestalten wollen.

Für das Ziel, digitale Daten mit computationellen Verfahren zu analysieren, sind solche Schritte nur wenig gewinnbringend. Für viele digitale Analyseverfahren benötigen wir Datenmengen, für die schon mehrere Menschen Wochen oder gar Monate klicken müssten. Eine maschinelle Datenerhebung ist also fast unerlässlich. Zum Glück gibt es Tools, die uns diese Erhebung erleichtern, und Portale, die Daten zur Nachnutzung anbieten. Persistente Identifiers, wie wir sie auch aus der digitalen Literaturverwaltung als DOI kennen, ermöglichen uns dabei, ebenso wie computationelle Verfahren, das Wiederfinden einzelner Datensätze.

Wenn digitale Daten nicht manuell, also durch einzelne Speichervorgänge, erhoben werden sollen, kommen Tools ins Spiel. Während in ▸ Kapitel 5 erläutert wird, wie mit Datensätzen (ob nun Born Digitals oder retrodigitalisierte Daten, vgl. ▸ Kapitel 3) in der Analyse gearbeitet werden kann, stehen hier zunächst Verfahren im Mittelpunkt, mit denen relevante Daten gefunden und computationell gespeichert werden können. Für all diese Verfahren gilt, dass wir die Struktur der Datenablage verstehen müssen, um erfolgreich suchen zu können (Hodel 2010: 28). Ob es sich nun um durch andere Forschende aufbereitete, also forschungsinduzierte, Daten oder um bestehende, prozessproduzierte Daten handelt: Erst wenn wir die Struktur nachvollzogen haben, können wir sie zielführend in größerer Menge speichern und weiternutzen.

In der Auswahl können wir auf bestehende Datensets zurückgreifen, zum Beispiel aus den sozialen Medien, auf Artikel aus Wikipedia oder auf Korpora, die andere bereits erstellt haben. Wir können aus vorhandenen Webseiten auswählen, Newsartikel durchsuchen und andere Wege nutzen, um an bestehende Datensätze, also prozessproduzierte Daten, heranzukommen, die oft als verstreute Informationen im Internet bestehen und uns aus einer Fragestellung heraus interessieren. Dementsprechend brauchen wir Auswahlkriterien, die in der Regel inhaltlich getrieben sind, aber von den jeweiligen Datentypen beeinflusst werden, nach denen sich die verschiedenen Speichermöglichkeiten ausdifferenzieren.

Wenn wir ausgewählt haben, müssen wir erheben, und in digitalen Methoden heißt das meistens erst einmal: speichern. Ein zentraler Schritt, denn wir müssen die Daten so ablegen, dass wir sie wiederfinden und auch unsere weiteren Tools die Daten lesen können. Damit sind wir wieder beim Computational Thinking (▸ Kapitel 2.3), das uns hilft dafür Heuristiken zu entwickeln, wenn diese nicht schon durch die Datensets vorgegeben sind. Gleichzeitig gelten hier die Grundsätze der verantwortlichen Speicherung an sicheren Orten (vgl. ▸ Kapitel 2.2).

In der Regel ist die Datenerhebung in qualitativen Verfahren kein in sich abgeschlossener Schritt, der einmal durchgeführt wird. In Zugängen wie dem theoretischen Sampling (Strübing 2019; Morse 2007) wird vielmehr immer wieder neu danach gefragt, welche Daten für die jeweilige Fragestellung besonders relevant sind und wie diese erhoben werden können. Dies gilt auch für digitale Methoden, weshalb in der Praxis Datenauswahl, -erhebung und -auswertung miteinander verzahnt sind. Es sind deshalb Findeheuristiken (Adelmann et a. 2019) und Filterprozesse (Koch/Franken 2020) notwendig, mit denen wir immer wieder neues Material ergänzen können und solches aussortieren, das sich als nicht oder wenig aussagekräftig erwiesen hat. Gerade Verfahren des Natural Language Processing, die aus unstrukturierten Textdaten Informationen extrahieren (vgl. ► Kapitel 5.2), stehen an der Schnittstelle der Arbeitsschritte der Erhebung und Auswertung. Das heißt, wir filtern innerhalb z. B. großer Textmengen nach relevanten Texten oder Textpassagen, die in der Folge genauer analysiert werden, oft um mit neuen oder angepassten Fragestellungen erneut in die Textaufbereitung einzusteigen.

Das Kontextwissen um die Daten und ihre Strukturen, welches wir uns in qualitativen Vorabsichtungen aneignen, ist für alle Datenauswahl-Verfahren enorm wichtig: Wir müssen wissen, wonach wir suchen wollen, um sinnvolle Datensätze erzeugen zu können. Je nachdem, welchen Zugang wir zur Datenerhebung wählen, sind auch unsere Daten anders strukturiert. Jacob Jünger unterscheidet in drei Formen: „Rohdaten" sind wegen ihrer Vollständigkeit von Vorteil, aber oft nicht öffentlich zugänglich und wenn, dann mit sehr großen Datenmengen. Mit APIs generierte Daten sind bereits sehr gut vorstrukturiert und deshalb gut weiterzuverarbeiten. Und Daten, die aus User Interfaces (wie etwa dem Webbrowser) gecrawlt und gescrapt sind, kommen der Perspektive näher, die auch Nutzende sehen (vgl. Jünger 2018: 119). Jeder Zugang hat also Vor- und Nachteile. Neben unserer Forschungsfrage stehen bei der Entscheidung auch pragmatische Gründe wie die eigene Vorerfahrung und Zeit im Mittelpunkt.

Dokumentation des digital erweiterten Forschungsprozesses

Aus der qualitativen Forschung sind wir es gewohnt, unsere Schritte im Forschungsprozess zu dokumentieren. Dies sollte auch bei der Erweiterung hin zu digitalen Daten und Methoden nicht verworfen werden. Nur so können wir und andere unsere Vorgehensweisen später nachvollziehen. Somit sind hier neue Gütekriterien qualitativer Forschung (Strübing et al. 2018) notwendig, um die Dokumentation sicherzustellen.

Alle Beschäftigungen mit Daten in der Erhebung und Analyse sollten in einem Forschungstagebuch bzw. in Feldnotizen festgehalten werden. Schreiben Sie also auf, warum und wie Sie gewisse Daten speichern und Analyseverfahren ausprobieren. Notieren Sie auch, wenn Sie scheitern oder verunsichert sind. Nützlich kann es sein, mit Screenshots zu arbeiten, um etwa Einstellungen im Tool zu dokumentieren – insbesondere, wenn Sie verschiedene Einstellungen testen, die Sie später vielleicht rekonstruieren möchten. Auch die Arbeit mit Tools, die diesen Dokumentationsprozess strukturieren (vgl. ► Kapitel 6.3) kann dabei helfen. Durch dieses Festhalten der eigenen Schritte im Forschungsprozess erleichtern Sie sich nicht nur selbst das spätere Verfassen von Kapiteln zum methodischen Vorgehen, sondern machen transparent, wie Sie sich entschieden haben. Dies ist hilfreich für Ihren Reflexionsprozess und die intersubjektive Nachvollziehbarkeit Ihrer Forschung.

Zudem erfordern digitale Quellen eine erweiterte Quellenkritik (vgl. Pfanzelter 2010: 44). Dazu gehören auch Angaben darüber, mit welcher Hardware oder mit welchen Tools die Daten erhoben wurden und wie die konkrete Speicherung getätigt wurde. Vielleicht ist es außerdem relevant, dass beispielsweise Kommentare nicht gespeichert wurden oder das dies zu einem bestimmten Zeitpunkt geschah – vergessen Sie dabei nicht, Dimensionen außerhalb Ihrer engeren Fragestellung zu berücksichtigen. Wenn Sie etwa an einem Freitag speichern, vielleicht hätten die Kommentare am Wochenende ein anderes Bild ergeben? Um solche Aussagen im späteren Forschungsverlauf kondensiert und gleichzeitig fundiert treffen zu können, ist es hilfreich, eine Liste von verwendeten Tools und Zugängen zum Material im Erheben zu erstellen.

Dieses Vorgehen ist eine Hilfestellung, um den noch nicht in allen Teilen entwickelten Gütekriterien für die Anwendung digitaler Verfahren in qualitativer Forschung nahezukommen. Gerade die Gegenstandsangemessenheit und die empirische Sättigung können so dokumentiert werden. Aber auch neuen Formen der Zufälligkeit in der Auswahl und der Unüberschaubarkeit des Materials kann so zumindest in Teilen begegnet werden.

Tools für qualitative Analysen auswählen

Tools sind zu verstehen als kleinere Programme, also Software. Sie wurden in der Regel entwickelt, um ein einzelnes digitales Verfahren zu realisieren, einige Tools kombinieren auch mehrere Verfahren. Es ist zu unterscheiden in proprietäre Tools, die herstellergebunden sind und oft kostenpflichtig erworben werden müssen. Bei proprietären Tools haben Nutzende keine Einflussmöglichkeiten auf die Funktionen, außer sie wenden sich direkt an die Entwickler:innen, was etwa mit einem kommerziellen Support angeboten wird. Oft können dort verarbeitete Daten nicht oder nur eingeschränkt exportiert werden, um in anderen Tools weiterverarbeitet zu werden. Im Gegensatz dazu sind freie Tools, oft Open Source, für die kostenlose Nutzung verfügbar. Die Programmierenden verfolgen keine kommerziellen Interessen und kommen häufig selbst aus der Wissenschaft. In vielen Fällen ist hier auch der hinter dem Tool stehende Quellcode (das Skript in Programmiersprache) online verfügbar, zum Beispiel auf der Plattform GitHub. So können einzelne Bestandteile des Tools angepasst oder erweitert werden von allen, die das Bedürfnis und die notwendigen Kenntnisse haben. Für kleinere Forschungsprojekte ist es jedoch ratsam, sich auf bestehende Tools zu beschränken und die dort vorhandenen Funktionen zu nutzen.

Anders als in der qualitativen Datenanalyse mittels Software (QDA) oder in der Statistik gibt es nicht „das eine" Tool, in dem die komplette Forschung stattfindet. Für die qualitative Forschung gibt es zum Beispiel in MaxQDA oder Atlas.ti erste Ansätze, auch computationelle Verfahren insbesondere des Text Mining einzubauen, die aber sehr schnell an ihre Grenzen kommen – und auch weder auf die Datenerzeugung und -auswahl ausgelegt sind noch digitale Analyseverfahren nutzen (vgl. Nelson 2020: 36). Zudem handelt es sich um kostenpflichtige Programme, die eine Forschungsumgebung liefern, die stark begrenzt in der eigenen Anpassung und auch in der Nutzung von Verfahren ist – darauf, was die Entwickler:innen als wichtig erachten.

Aber Achtung: Es gibt zahlreiche kostenlose Tools, die sich über Werbung finanzieren. Bei der Recherche nach geeigneten Tools sollte deshalb immer darauf geachtet werden, wer das Tool anbietet und entwickelt. Wichtige Kriterien zur Auswahl sind die Nachvollziehbarkeit der im Tool getätigten Schritte sowie die Import- und Exportfunktionen für Daten in die jeweils gewünschten Formate. Zudem sollte darauf geachtet werden, ob das Tool aktuell ist und noch gepflegt wird, da andernfalls Inkompatibilitäten mit dem eigenen Betriebssystem und/oder Sicherheitslücken auftreten können. Je nach Art der damit verarbeiteten Daten ist außerdem der Speicherort des Tools relevant (vgl. ► Kapitel 2.2).

Zentral ist für uns die Recherche nach Tools, die für die eigene Forschung geeignet sind und die meist ein Verfahren bzw. einen konkreten Arbeitsschritt erledigen oder mehrere kombinieren (als eine Art Arbeitsumgebung, wobei die Ansprüche hier sehr weit auseinander liegen, je nachdem welches Tool man sich anschaut). Dies gilt für die Datenerhebung und Datenauswahl genauso wie für spätere Schritte im Forschungsprozess – für viele kleinere Schritte müssen wir das Rad nicht neu erfinden. Aber es gibt keine Forschungsumgebung, die alles erledigt. Im Rahmen von Open Source stehen uns diverse Tools zur Verfügung. Die Plattformen, auf denen diese Tools bereitgestellt werden, sind noch sehr unübersichtlich. Zudem sind nicht alle Tools aktuell oder werden von den Entwickler:innen weiterhin gepflegt, sodass sie nicht mehr verwendbar sind, auch wenn sie noch in entsprechenden Übersichten verzeichnet sind oder über eine Webpräsenz verfügen. Vor der Recherche sollte deshalb einerseits klar modelliert sein, für welchen Arbeitsschritt ein Tool gesucht wird. Andererseits sollte nicht vorschnell fixiert auf ein Tool gearbeitet werden, sondern zunächst mit geringem Aufwand getestet werden, ob es funktionsfähig ist und den eigenen Anforderungen entspricht.

Für eine Forschung verbinden wir in der Regel mehrere Tools und nutzen diese für die jeweiligen Arbeitsschritte. Für unsere Daten heißt das auch, dass wir diese immer wieder in unterschiedlichen Formaten vorliegen haben und es besonders wichtig ist, dass es Import- und Exportmöglichkeiten gibt oder dass wir Möglichkeiten finden, die Daten außerhalb eines Tools zu speichern. Das ist nicht immer gleich wichtig, je nach Umfang der Daten. Aber in jedem Fall ist es – im Rahmen des Computational Thinking (► Kapitel 2.3) – wichtig, sich von Beginn an eine Datenablagestruktur zu erarbeiten.

4.1 Webcrawling und Scraping

In diesem Kapitel erfahren Sie,

- was Information Retrieval ist und wann es in qualitativer Forschung verwendet werden kann;
- was unter Webcrawling zu verstehen ist;
- wie sich Crawling und Scraping als Schritte unterscheiden;
- wann Tools für Crawling und Scraping nachgenutzt werden können und warum das schwierig ist.

Bei der Datenauswahl können wir einfache Suchfunktionen nutzen. Mit der Boole'schen Algebra (siehe ► Kapitel 2.3) in Kombination zum Beispiel mit regulären Ausdrücken entstehen mächtige Suchmöglichkeiten, die uns helfen die „Nadel im Heuhaufen“ von Informationen zu finden. Wenn aus einer großen und unsortierten Datenmenge spezielle Informationen aufgefunden werden sollen, eignet sich hierfür das Information Retrieval. Anders als bei Mining-Verfahren, in denen dezidiert neue Informationen gewonnen werden sollen, geht es bei Information Retrieval darum, bereits bestehende Informationen aufzufinden. Hierfür werden die (Text-)Daten aufbereitet und indexiert, also Verzeichnisse von einzelnen Teilen des Datensatzes erstellt, um schneller auf diese Strukturen zugreifen zu können. Dieses Verfahren wird als Information Extraction bezeichnet. Im Information Retrieval werden Texte zunächst aufbereitet, dann indexiert und in der Folge durchsucht. Die daraus resultierenden Suchergebenisse werden nach einer Metrik in ihrer Relevanz sortiert, die meistens auf vergangenen Suchen basiert. So werden etwa Sortierungen nach Häufigkeit, aber auch nach Relevanz von Elementen möglich (vgl. Ignatow/Mihalcea 2017: 130–147). Die entsprechenden Ergebnisse sind uns von Internetrecherchen, Bibliothekskatalogen oder Onlineshops vertraut, die dahinterstehende Arbeit in der Aufbereitung allerdings nur selten bewusst: In den jeweils praktischen Schritten gibt es zahlreiche Überschneidungen hin zur Aufbereitung von Forschungsdaten (vgl. ▸ Kapitel 4.6). Denn erst, wenn wir Daten so aufgebrochen haben, dass wir wissen, was sie enthalten, können wir über ihre Relevanz entscheiden, sie gegebenenfalls in unseren Datensatz aufnehmen und in der Folge im Retrieval an der entsprechenden Stelle ausgeben. Auch hier ist unsere Suche mit ihren Richtungen und Ergebnissen damit von unserem Vorwissen abhängig (Hodel 2010: 26).

Gleichzeitig arbeiten wir in der Suche nach passenden Datensätzen in vielen Fällen mit Information Retrieval, das andere bereits aufgesetzt haben. Bei Suchen mit der Boole'schen Algebra werden alle Ergebnisse ohne Sortierung ausgegeben. Mittels Gewichtung werden die Einträge im Information Retrieval nach Relevanz sortiert. Somit ist das Verfahren insbesondere bei der Suchmaschinenoptimierung wichtig und begegnet uns in allen Verfahren, mit denen wir größere Datenmengen finden und speichern möchten, die für unsere Fragestellung relevant sind. Wir können es aber auch unabhängig davon in der Suche innerhalb großer Datenmengen nutzen, um große Suchergebnisse weiter zu strukturieren. Somit können Indexierungen als Filterfunktionen (Koch/Franken 2020) auch im weiteren Verlauf des Forschungsprozesses (vgl. ▸ Kapitel 2.3) genutzt werden, um in der Analyse Material zu finden, das im Information Retrieval als besonders relevant identifiziert wird. Die Übergänge zum Text Mining (vgl. ▸ Kapitel 5.3) sind hier fließend.

In der Datenerhebung können wir Webcrawling verwenden, das als Vorstufe dafür zu verstehen ist, eine entsprechende Datenmenge aufzubauen, in welcher wir mittels Information Retrieval – in den digitalen Methoden oft mittels Natural Language Processing (▶ Kapitel 5.2) – gezielt nach uns interessierenden Informationen suchen können. Im Grundansatz werfen wir in diesem Fall unsere eigene Suchmaschine an, die auf Grundlage eines spezifischen Algorithmus Daten aus dem Netz findet.

Denn wo wir keine API (also eine Programmierschnittstelle, vgl. ▶ Kapitel 4.2 und für Social-Media-Daten ▶ Kapitel 3.4) verwenden können, bleibt nur eine eigene Lösung: Wir können versuchen, mit eigener Programmierung Daten maschinell zu speichern. Für solche Verfahren werden mit Crawling (dem gezielten Suchen nach bestimmten Daten) und Scraping (dem Speichern eben dieser Daten) konkrete Datensätze erstellt.

Crawling bezeichnet das Auffinden von Webseiten, die von einer Startseite (Seed URL) aus verlinkt sind. Der Algorithmus durchsucht den Text der Seite nach Links und identifiziert diese. Durch ein Verfolgen der Links in mehreren Schleifen wird so ein Netzwerk dargestellt. Theoretisch können wir damit unendlich weitersuchen, deshalb brauchen wir ein Abbruchkriterium für solche Crawling-Verfahren. Ein solches Kriterium wäre etwa, dass ein Algorithmus nur eine gewisse Anzahl von Verfolgungen macht oder nur eine gewisse Zeit läuft. Wir können uns außerdem entscheiden, ob in die Breite (also über mehrere Webseiten hinweg) gesucht werden soll oder in die Tiefe (also auf einzelnen Webseiten). Wenn wir zum Beispiel ein Forum untersuchen wollen, macht ein Tiefen-Crawl Sinn. Wenn wir hingegen die gesellschaftliche Diskussion eines Themas im Netz analysieren wollen, brauchen wir einen Breiten-Crawl. Wollen wir nach einem bestimmten Thema suchen, ist das thematische Fokussieren durch Begriffe, die im jeweiligen Text enthalten sein müssen, hilfreich für eine Eingrenzung, für ein Filtern auf relevante Teilbereiche. Es kann außerdem unterschieden werden in das Crawling von Inhalten (das Web Content Mining), die Speicherung von Nutzungsdaten (Web Usage Mining) und die Speicherung von Strukturen (Web Structure Mining), die jeweils unterschiedliche Aspekte speichern (vgl. Wieland et al. 2018: 133). Qualitative Forschung wird sich allerdings in der Regel für die Inhalte interessieren.

Scraping bezeichnet das Aufsammeln der Informationen, die auf diesen Webseiten enthalten sind. Wenn also ein Link verfolgt wird, wollen wir ja nicht nur dieses Netzwerk nachvollziehen können, in der Regel in Form von einer Link-Sammlung, sondern meistens interessieren uns die Inhalte dieser Webseite (Ignatow/Mihalcea 2017: 35). Durch Scraping-Verfahren können wir diese Inhalte maschinell extrahieren und speichern, wobei wir dabei definieren müssen, welche Dateiformate (wie HTML-, PDF- oder JPEG-Dateien) wir wie speichern (Waldherr et al. 2017: 439) – und was überhaupt der Inhalt der Seite ist, denn die Navigationsstruktur wollen wir meistens nicht speichern, da sie nicht zum Inhalt gehört. Wir benötigen eine Art Reverse Engineering, also eine Rekonstruktion des Aufbaus der jeweiligen Webseite, um die gewünschten Inhalte zu identifizieren und aus unstrukturierten Daten strukturierte Ergebnisse zu erhalten (vgl. Ignatow/Mihalcea 2017: 40). Das entsprechende Verfahren nennt sich Boilerplate Removal (vgl. Jünger 2018: 112). Mit einigen Kniffen können wir so auch Seiten, die nicht zum Download bestimmt sind – wie etwa Social-Media-Seiten – theoretisch speichern und weiterverarbeiten (vgl. Jünger 2018: 111) – jeweils in der Ansicht, die wir auch als Nutzende haben. Wie ethisch vertretbar das ist, bleibt im Einzelfall genau abzuwägen. Natürlich wissen die Plattform-Betreibenden um solche Versuche und bauen Schranken auf, um genau solche Zugriffe zu verhindern. In der Regel werden Scraping-Verfahren deshalb auf offene Webseiten angewendet, von denen die Inhalte gespeichert werden. Das Boilerplate Removal dient dabei der Entfernung von Strukturelementen der Webseite, die Inhalte werden pro Unterseite getrennt gespeichert.

Wir können bestehende Tools zum Crawlen und Scrapen im Netz verwenden – diese sind aber in der Regel auf strukturierte Daten ausgelegt, wie etwa Adressen oder Produktbezeichnungen, und wir möchten meistens unstrukturierte Daten, wie etwa Texte, verwenden. Das bedeutet, dass die Tools keine perfekten Ergebnisse liefern und oft mit manueller Sichtung der Ergebnisse erst nach und nach die passendsten Einstellungen gefunden werden, da diese je nach Webseite unterschiedlich sind. Außerdem gilt: Bei allen Crawling-Verfahren müssen Startseiten oder mindestens doch eine Startseite angegeben werden, von welcher aus der Crawl gestartet werden soll. Wir selbst geben also die Suchrichtungen durch diese Startpunkte sehr genau vor. Bevor wir in solche Erhebungsverfahren einsteigen können, ist also ein Vorwissen zu unserem Forschungsfeld wichtig, wir sollten uns selbst (ganz manuell) durch die Seiten bewegen, die vielleicht in Frage kommen – das gilt, egal ob wir das Crawling-Verfahren selbst realisieren oder fertige Tools verwenden, um Webseiten zu finden und zu speichern.

Für das Crawling in kleineren Forschungsprojekten bietet es sich trotz aller Schwierigkeiten in der Passung für qualitative Datengrundlagen wie etwa unstrukturierten Text an, auf vorhandene Tools zurückzugreifen. Für die Perspektiven qualitativer Geistes-, Sozial- und Kulturwissenschaften zumindest in Teilen gut geeignete Tools und Skripte sind im ► Glossar aufgeführt.

Übungsaufgaben zu Webcrawling und Scraping

Crawling von Webseiten: Überlegen Sie, welchen Ausgangspunkt (Seed URLs) Sie nutzen könnten, um eine Fragestellung zu beantworten. Machen Sie sich mit dem Tool IssueCrawler oder Hyphe (vgl. ► Glossar) vertraut und starten Sie ein Crawling. Ausgehend von den damit gefundenen URLs versuchen Sie mit einem Scraping-Tool aus dem Glossar, die betreffenden Datensätze zu speichern.

Crawling von Zeitungsartikeln: Wählen Sie ein Thema aus, das aktuell in den Nachrichten häufig diskutiert wird und überlegen Sie sich dazu passende Schlüsselbegriffe. Erstellen Sie auf Grundlage dessen ein Korpus aus relevanten Texten und Bildern mittels des Tools News Agencies Scraper (vgl. ▸ Glossar). Dieses Korpus können Sie anschließend mit den in ▸ Kapitel 5 behandelten Methoden analysieren.

4.2 Application Programming Interfaces und deren Nutzung mit Software

In diesem Kapitel erfahren Sie,

- was eine Programmierschnittstelle bzw. API ist;
- inwiefern APIs von Socia-Media-Plattformen Zugänglichkeit zu Daten ermöglichen;
- wie sich die verschiedenen Zugänge der Twitter-APIs unterscheiden;
- warum etwa Facebook und Instagram keine API anbieten;
- wie die privatwirtschaftlichen Plattformen die Datenerhebung begrenzen und bedingen.

Zentral für die Nutzung von Big Data sind die jeweils zur Verfügung stehenden APIs, also die Application Programming Interfaces, ins Deutsche übersetzt: Programmierschnittstellen zur Anbindung anderer Programme an ein primäres Programm. Sie ermöglichen den maschinellen Austausch von Daten. Über die Dokumentation der jeweiligen API können wir erfahren, welche Daten wie aufbereitet werden, also welche Metadaten uns in welchen Strukturen zur Verfügung gestellt werden. Denn die APIs definieren, wie die Daten strukturiert sind. Sie bieten einen vergleichsweise einfachen Zugang zu großen Datenmengen (vgl. Ignatow/Mihalcea 2017: 40). Wir nutzen APIs, um Daten für unsere Forschung zu speichern. Viele APIs sind nicht für diesen Zweck des Speicherns ausgerichtet, andere (z. B. von Datenbanken, vgl. ▸ Kapitel 4.3 und 4.4) hingegen schon. APIs sind vor allem dafür vorgesehen, dass verschiedene Softwarepakete Daten austauschen können. In vielen Fällen handelt es sich dabei um Software von privatwirtschaftlichen Unternehmen, etwa mit dem Zweck der zielgenauen Platzierung von Werbung oder um einmal generierte Inhalte (z. B. Medienartikel durch einen Verlag) über verschiedene Social-Media-Plattformen automatisch zu verbreiten. Der Nutzen von APIs für unsere Forschung ist also oft eine Art Nebenprodukt. Wo die APIs vorhanden und durch uns nutzbar sind, bleibt im Einzelfall zu prüfen.

Besonders für Social-Media-Datensätze sind die APIs der Plattformen relevant für die Daten, die wir speichern können. Sie ermöglichen die automatisierte Speicherung von großen Datenmengen. Dabei müssen wir uns allerdings bewusst sein, dass die APIs nicht für die Forschung, sondern für die Privatwirtschaft entwickelt wurden, um Schnittstellen in die jeweilige Plattform hinein und aus ihr hinaus zu schaffen: Also zum Beispiel, damit ein Unternehmen untersuchen kann, welcher Beitrag auf Facebook besonders oft geliked wurde.

Twitter hat als einzige Plattform seine Datensätze öffentlich zugänglich, sowohl Tweets als auch zugehörige Bilder und Videos können gespeichert werden. Aufgrund der Zugriffsmöglichkeiten konzentrieren sich viele Forschende auf Twitter, das „vergleichsweise einfachen und umfassenden Datenzugang" (Jungherr/Jürgens/Schoen 2018: 257) gewährt. Dahinter steht eine lange Geschichte des vormals offenen Zugangs, der nach zunehmender Nutzung durch Forschende und auch nach der öffentlichen externen Archivierung von Tweets durch verschiedene Tools, seitens Twitter eingeschränkt worden war. Tweets, die über die API gespeichert werden, dürfen nicht öffentlich gespeichert werden. Das heißt, jede:r Forscher:in muss selbst einen Datensatz generieren und speichern. Sie finden an einigen Stellen im Netz Hinweise auf öffentlich zugängliche Datensätze – diese sind aber leider veraltet und nicht mehr verfügbar.

Die Twitter-Datensätze sind in ihrer öffentlichen Verfügbarkeit über die Twitter-API begrenzt auf die Gegenwart und reichen nur eine Woche in die Vergangenheit, Speicherungen sind in der Regel nur für die Gegenwart durchführbar und für die Zukunft planbar. Es wird angenommen, dass in den kostenlos zur Verfügung gestellten Daten nur etwa 1% der tatsächlich verfügbaren, öffentlichen Tweets enthalten sind – nach welchen Kriterien Twitter diese auswählt, ist nicht bekannt (vgl. Jünger 2018: 110; Bruns/Burgess 2016: 21). Es gibt zwei unterschiedliche Schnittstellen und damit auch zwei verschiedene Perspektiven in die Twitter-Daten hinein: Mit der Rest-API können wir gezielt Nachrichten (mit einer begrenzten Anzahl von Suchbegriffen) suchen, also thematisch mit durch uns festgelegten Hashtags. Mit der Streaming-API können wir hingegen den aktuellen Fluss von Tweets (im Ausschnitt) speichern (vgl. Jungherr/Jürgens/Schoen 2018: 260–263), bekommen also sozusagen einen Live-Eindruck dessen, was insgesamt gerade auf Twitter passiert. Damit ist unser Zugang zu den Daten vom Unternehmen strukturiert (vgl. ► Kapitel 3.4). Außerdem sind die Anzahl von Suchen und das Datenvolumen insgesamt begrenzt, die in den kostenlosen APIs genutzt werden können. Der Zugriff im Verlauf der Zeit ist auf 15-Minuten-Fenster beschränkt, sodass das Speichern von größeren Datenmengen Zeit kostet.

Von Twitter akkreditierte Wissenschaftler:innen können seit 2021 kostenlosen Zugriff auch auf ältere Datensätze erhalten (vgl. Tornes/Trujillo 2021). Für die Akkreditierung braucht man eine institutionelle Anbindung, was ab dem Niveau von Masterarbeiten möglich ist. Es bleibt aber auch mit diesem Zugang bei einem Ausschnitt – und man muss sich als Forschende:r mit einem Forschungsthema und dessen Beschreibung bewerben, um Zugang zu erhalten – also Twitter gegenüber das eigene Forschungsinteresse offenlegen. Nicht immer scheinen diese Bewerbungen auch bewilligt zu werden, zudem gibt es keine Möglichkeit der erneuten Bewerbung bei Ablehnung. Deshalb sollte darauf geachtet werden, dass sich Personen bewerben, die ihren akademischen Status durch eine eigene Webpräsenz nachweisen können, im Zweifelsfall also Betreuungspersonen. Gleichzeitig dürfen entsprechende Zugänge nicht für Teamarbeiten genutzt und die Daten nicht weitergegeben werden. Tweets können mit dieser Academic API für den Zeitraum seit 2006 gesammelt werden, wenn sie nicht in der Zwischenzeit gelöscht wurden (Pfeffer et al. 2022: 9). Noch sind allerdings nicht alle auf die API aufsetzenden Skripte und Tools (vgl. die Zusammenstellung im ▸ Glossar) entsprechend angepasst, sodass in der praktischen Nutzung geprüft werden muss, welche Möglichkeiten bestehen. Mit dieser Neuerung wird uns auch eine höhere Zugriffszahl gewährt, mehr Tweets können also heruntergeladen werden. Die Zahl von rund 1% der Tweets erhöht sich offenbar auf rund 20%, die mittels der Academic API gespeichert werden. Allerdings sind auch mit Stand Frühsommer 2022 noch keine ausführlichen Evaluationen zur Nutzung der Academic API zu finden, denn hier muss man wiederum Reverse Engineering betreiben, um eine Annäherung zu erreichen.

Ältere Daten können gekauft werden, das wird jedoch schnell teuer und ist in der Regel nur für Forschungsprojekte mit Budget realisierbar: Diese Möglichkeit ist vorrangig für Unternehmen gedacht, wird allerdings auch von wissenschaftlichen Projekten genutzt. Das führt jedoch zu einer weiteren Ungleichbehandlung: Studierende oder Forschende, die über keine entsprechenden finanziellen Mittel verfügen, können nur eine eingeschränkte, auf die Gegenwart bezogene Forschung machen. Erst mit größeren Beträgen können Ausschnitte aus dem – bei Twitter natürlich vollständig vorhandenen – Archiv gekauft werden (Bruns/Burgess 2016: 26). Damit sind sowohl mehr Datensätze als auch historische Datensätze verfügbar, um etwa Entwicklungen im Verlauf der Zeit sichtbar zu machen. Firmen mit entsprechendem Interesse an der Datenanalyse, etwa Marketing oder Meinungsforschung, zahlen solche Summen viel unbeschwerter als die chronisch unterfinanzierte Wissenschaft.

Eine andere Plattform hat ebenfalls eine offene API, die aber weniger als soziales Netzwerk und mehr wie ein Forum aufgebaut ist: Reddit. Auf dieser Plattform wird nahezu ausschließlich englischsprachig kommuniziert, wir brauchen dementsprechend englischsprachige Suchbegriffe und müssen auch später in der Datenaufbereitung und Analyse mit Ressourcen und Tools arbeiten, die auf Englisch zugeschnitten sind. Die Schnittstelle ermöglicht einen Zugang zu den offenen Subreddits sowie denen, in denen der eigene Account Zugang hat. Je nach Fragestellung kann es spannend sein, diese und gegebenenfalls andere, eher wenig im Mainstream der Berichterstattung und auch der Forschung stehenden Plattformen zu betrachten und zu prüfen, wo neben technischen Zugängen auch tatsächlich inhaltlich für die eigene Fragestellung relevante Posts zu finden sind (wie etwa Darwin 2017). Reddit- und auch YouTube-Daten sind einfacher zu erhalten, aber vorgesehen ist die wissenschaftliche Nachnutzung dort nicht. So können etwa die YouTube-Videos nicht automatisiert gespeichert werden, allerdings können Kommentare oder Untertitel gespeichert werden. Komplett frei zugänglich über eigene APIs sind Plattformen, die mit einem anderen Anspruch angetreten sind: Wikipedia und das Internet Archive etwa stellen eigene APIs zur Verfügung, mit denen große Datensätze problemfrei gespeichert werden können.

Andere Plattformen, wie Facebook, Instagram oder TikTok gewähren Forschenden keinen Zugriff auf die Daten. Das ist erst seit einigen Jahren so, nach dem Skandal rund um Cambridge Analytica und die damit verbundenen Skandale um Facebook-Daten wurden APIs in ihrem Umfang deutlich reduziert. Die Facebook-APIs sind lediglich noch nutzbar, um über Drittprogramme Inhalte auf der Plattform zu publizieren – der Weg rein, aber nicht mehr der Weg raus ist also möglich. Es gibt Studien, die mit älteren Datensätzen arbeiten (wie etwa Fedtke/Wiedemann 2020). Wenn wir Glück haben, finden wir solche Datensätze und können sie nachnutzen, dies ist allerdings die Ausnahme. Es gibt jedoch keine Schnittstellen und die Daten sind auch so gut abgesichert, dass sie nicht oder doch nur mit sehr großem Aufwand ohne Zustimmung der Plattformbetreibenden gespeichert werden können – was aus datenschutzrechtlichen Gründen gerechtfertigt ist.

Dadurch, dass Facebook-Daten in großen Teilen nur halböffentlich sind, indem sie zum Beispiel nur für Freunde auf der Plattform und gegebenenfalls noch deren Freunde sichtbar gemacht werden, ist selbst in den vor dem Schließen der API generierten Datensätzen nur ein ganz spezifischer Ausschnitt der Facebook-Aktivitäten zu sehen: jene, die öffentlich gesetzt sind (in kleinen Teilen vielleicht aus Unkenntnis, in großen Teilen jedoch bewusst). Es sind also zum Beispiel die Accounts von öffentlichen Einrichtungen, Firmen oder Personen des öffentlichen Lebens einsehbar, nicht aber die von Privatpersonen (vgl. Bruns/Burgess 2016: 20). Das liegt in der Struktur von Facebook, welches sich stärker als persönliches Netzwerk zwischen Freunden versteht. Auch auf Twitter gibt es Accounts, die „protected" sind, also nicht öffentlich zugänglich, das ist aber nur ein verschwindend kleiner Anteil: Twitter wird in der Regel genutzt, um an eine unbestimmte Öffentlichkeit zu kommunizieren. Bei Facebook gibt es noch wesentlich mehr Elemente als den Post: Öffentliche Veranstaltungen und Gruppen sind nachvollziehbar, nicht aber die privaten. Auch heute noch finden wir Tools, mit denen wir über die noch verfügbaren, eingeschränkten Funktionen der API die öffentlich einsehbaren Basisinformationen zu Profilen erheben können, wenn wir sie schon kennen (vgl. ▸ Glossar) – aber der Erkenntnisgewinn aus diesen Daten ist doch recht begrenzt, da wir eine Liste von Profilen vorab erstellen müssen und nicht die einzelnen Posts, sondern nur die Rahmendaten speichern können.

Die dargestellten Einschränkungen für Facebook gelten für andere Plattformen entsprechend, je nachdem welche Möglichkeiten der Privatheit und Öffentlichkeit von Posts von der jeweiligen Plattform vorgegeben werden, welche Affordanzen also zu den Datenschutzmöglichkeiten bestehen. So lange es für diese Plattformen keine API gibt, können wir auch die öffentlich zugänglichen Posts nur mit größtem Aufwand speichern und werden kein Tool finden, das diesen Arbeitsschritt übernimmt, oder gar mit einfachen Scraping-Tools weiterkommen. Das begrenzt die Möglichkeiten der Forschung leider sehr grundlegend.

Wenn APIs verfügbar sind, werden die Daten in sehr gängigen Standardformaten (vgl. ▸ Kapitel 4.5) ausgegeben. Gleichzeitig sind diese Standards aber oft sehr generisch, sodass wir zusätzliche Informationen benötigen, um die Daten entschlüsseln zu können (vgl. Jünger 2018: 123), sobald sie beispielsweise komplexer sind als die Nennung von einzelnen Nutzer:innen und eines zugehörigen Tweets.

Der konkrete Schritt der Datenerhebung mittels API bleibt für uns oft eine Black Box, da die Datensets von Firmen generiert werden (vgl. Behnke et al. 2018: 19), selbst da wo uns offene Schnittstellen zur Verfügung stehen. Wir müssen also (unabhängig von den konkreten digitalen Verfahren, die wir in der Analyse verwenden können), versuchen möglichst viel Kontext zu diesen Daten zu erhalten (Kitchin 2014: 9; Jünger 2018: 120) – etwa, indem wir die Daten, die wir als besonders spannend identifiziert haben, nochmal auf der ursprünglichen Plattform in ihrem Kontext anschauen. Das, was wir mittels einer API herunterladen können, stimmt nicht (oder zumindest nicht immer) mit dem überein, was Nutzende der Plattform sehen – zum Beispiel die Anzahl der Likes oder Kommentare. Das gilt besonders, weil sich solche Daten fortlaufend ändern und wir eine künstliche Momentaufnahme produzieren. Deshalb sollten wir immer wieder auf die Plattform selbst schauen, um unsere Daten im Kontext zu sehen. Außerdem sind etwa Text-Bild-Kombinationen in der Speicherung oft auseinandergerissen, sodass wir nicht mehr dieselbe Darstellung sehen können wie auf der Plattform selbst. Zwar sind die Datensätze miteinander verbunden (etwa durch eindeutige Identifikatoren), aber die Zusammenstellung müsste wiederum mit einem eigenen Tool geschehen. Auch wenn wir Datensätze nachnutzen können, die andere bereits gespeichert haben, müssen wir die Annahme ablegen, wir hätten nun ein vollständiges Datenset. Die Repräsentativität von Big Data bleibt immer zu hinterfragen, die Samplingstrategien sind oft nicht nachvollziehbar und schränken die Validität ein. Dennoch entstehen neue Zugänge und eröffnen sich andere Fragestellungen, wenn wir mit den so erzeugten Datenmengen arbeiten.

Für viele der genannten Datensätze gibt es Tools, die das Konfigurieren der eigentlichen Schnittstelle übernehmen. Wir können dort mehr oder weniger präzise Parameter dazu einstellen, welche Daten wir nutzen möchten. Wichtig als Auswahlkriterien für Tools ist auch hier: Es muss für uns so transparent wie möglich bleiben, welche Daten wir erhalten – und welche nicht. Gerade hier kann es sinnvoll sein, mit einigen wenigen Schritten eigener Programmierung die bestehenden Skripte nachzunutzen, die für die APIs bereits entwickelt wurden. Entsprechende Tools und Skripte, die sich für die Nutzung von APIs in den Geistes-, Sozial- und Kulturwissenschaften als hilfreich erwiesen haben oder gut zu nutzen sind, finden sich im ► Glossar.

Übungsaufgaben zu APIs

Je nach Ihren Programmierkenntnissen, versuchen Sie auf unterschiedliche Weise, mit der Twitter-API Daten zu erzeugen.

Tweets mit TAGS speichern: Nutzen Sie das Tool TAGS (vgl. ► Glossar), um Tweets nach einem Schlagwort zu suchen und speichern. Sie benötigen ein Google- sowie ein Twitter-Account. Folgen Sie den Anweisungen auf der Webseite und nutzen Sie dann den Navigationspunkt „TAGS" in der Kopfzeile des Google-Spreadsheeds, das sich erstellt. Schauen Sie sich auf Twitter nach Sie interessierenden Hashtags um.

Twitter-Daten mittels API: Machen Sie sich mit den Funktionsweisen des Skripts Tweepy (für Python) oder AcademicsTwitteR (für R, beide: vgl. ► Glossar) vertraut und nutzen Sie eins der Skripte zur Generierung und Speicherung von Tweets mittels der Twitter-API.

4.3 Datenbanken I: Archivdaten und kulturelles Erbe

In diesem Kapitel erfahren Sie,

- wie Bibliotheken, Museen und Archiven ihre Bestände digital veröffentlichen;
- was Digitalisierung, Erfassung und Erschließung bedeutet und welche Standards dafür üblich sind;
- in welchen Datenbanken und Portalen die Bestände recherchierbar sind und was dabei zu beachten ist.

Seit ungefähr der Jahrtausendwende haben die großen Erinnerungsinstitutionen begonnen, ihre Quellenbestände digital zu erfassen: In Bibliotheken, Museen und Archiven – im Englischen GLAM-Organisationen genannt (Galeries, Libraries, Archives and Museums) – werden die Bestände zunehmend in Datenbanken erfasst. Dies ist zunächst eine Umstellung der bestehenden Strukturen von analog zu digital: Was bisher in Zettelkasten-Systemen auf Karteikarten verzeichnet war, wird nun in einer Datenbank strukturiert. Aus Bibliotheken sind wir bereits sehr gewöhnt, dass wir alle Bücher und sogar einzelne Aufsätze über ein digitales Portal recherchieren können, die Zettelkästen sind auch physisch aus den öffentlichen Bereichen verschwunden. Museen und Archive befinden sich in den meisten Fällen noch in der Umstellungsphase: Je nach Haus sind bereits alle Bestände digital erfasst oder es warten noch alte oder gar alle Bestände darauf, von der Karteikarte in eine Datenbank übertragen zu werden. Mit diesem Schritt wird digital nachvollziehbar, was in der jeweiligen Institution liegt, um was es sich handelt und wo es zu finden ist. Es wird dabei unterschieden in (1.) Digitalisierung, also die Erstellung eines retrodigitalisierten Datensatzes, (2.) Erfassung, also der Aufnahme von formalen Daten wie Inventarnummer, Verfasser:in oder Herstellungsdatum und (3.) Erschließung, also der inhaltlichen Beschreibung der jeweiligen Quelle mit etwa Titel, Beschreibung oder Schlagworten (vgl. Gaus 2005: 47; Bertram 2005). Diese Erschließung wird auch als Informationsraum bezeichnet, in welchem die Informationen nach vorab festgelegten Kriterien strukturiert werden (Hodel 2010: 28).

Die Formen der Erfassungen und Erschließungen sind dabei zwar weit verbreitet, aber nicht immer einheitlich. Zwar bestehen internationale Datenstandards (vgl. ▸ Kapitel 4.5) wie etwa LIDO für Objekte (das Lightweight Information Describing Objects, basierend auf XML, also ein Dateiformat das sowohl den Text also auch Metadaten enthält) oder allgemeiner der Dublin-Core-Standard für Dokumente. Aber nicht jede Datenbank-Software nutzt diese Standards tatsächlich. Gerade kleinere Museen und Archive arbeiten häufig mit veralteten

Tools. In vielen Institutionen haben sich außerdem in den analogen Systemen eigene Standards entwickelt, die teils schon in Zwischenlösungen wie große Excel-Dateien übertragen oder für die Datenbankstrukturen angepasst wurden und werden. Die Migration der Metadaten in die entsprechenden Standards ist entsprechend arbeitsintensiv und geht je nach Personalstruktur nur langsam voran. Außerdem wurden in vielen Bereichen insbesondere die Beschreibungen und Verschlagwortungen in der Erschließung sehr frei und nach der jeweiligen inhaltlich-fachlichen Perspektive vorgenommen. Mit fachlichen oder strukturellen Vokabularen (vgl. ▸Kapitel 4.5) ist das oft nicht oder nur sehr bedingt vereinbar und gerade die inhaltliche Erschließung öffnet Raum für Interpretation, die nicht immer eindeutig sind.

In den Datenbanken insbesondere der Museen und Archive liegen also oft unvollständige und wenig einheitliche Informationen zu den Beständen vor. Dementsprechend werden diese Informationen nicht – oder nicht immer – online veröffentlicht, sondern sind nur (wenn auch digital) in den Häusern vor Ort zu nutzen. Gleichzeitig wurden in den letzten Jahren größere Digitalisierungsprojekte finanziert, die verschiedene Institutionen mit zusätzlichem Personal und Geld ausgestattet haben, um diese Digitalisierung, Erfassung, Erschließung und Veröffentlichung der Bestände voranzubringen. In der Regel werden dabei Teilbestände, etwa zu einem Bereich oder von einer Quellengattung, nach und nach bearbeitet und veröffentlicht. Zudem lohnt es sich, bei inhaltlich interessanten Sammlungen die entsprechenden Institutionen anzusprechen, um Zugang zu nicht öffentlichen Datensätzen für ein Forschungsprojekt zu erhalten.

Uns interessieren meistens nicht (nur) die Metadaten, die vor allem für das Suchen und Finden von relevanten Quellen bedeutsam sind. Vielmehr möchten wir auf die Quellen selbst zugreifen, also ein Digitalisat finden und nutzen. Es handelt sich dabei um retrodigitalisierte Quellen (vgl. zur Unterscheidung ▸Kapitel 3), zunehmend werden auch Born-Digital-Quellen in die Datenbanken eingepflegt, wie etwa Fotos zu Ereignissen der letzten Jahre. Entsprechend finden wir – wenn sie denn veröffentlicht werden (können) – in den meisten Fällen Scans der Quellen, die durch die Institutionen erstellt und mit Metadaten versehen wurden. Allerdings unterliegen diese Veröffentlichungen natürlich den rechtlichen Einschränkungen (vgl. ▸Kapitel 2.2), sodass etwa jüngere Fotos oder urheberrechtlich geschützte Dokumente in der Regel nicht veröffentlicht werden.

Das sogenannte digitale Kulturerbe (Smith 2013; Meyer et al. 2014; Kenderdine 2016) – streng genommen müsste es digitalisiertes Kulturerbe heißen – finden wir in zunehmender Zahl in Datenbanken und Portalen, die online zugänglich sind. Dies erweitert unsere Möglichkeiten, auf Archivmaterialien zuzugreifen, enorm. Wo wir früher einzelne Archive und Museumsdepots aufsuchen mussten, nachdem wir meist im direkten Kontakt mit den Mitarbeitenden erfragt hatten, welche Bestände dort lagern, können wir heute direkt digital suchen, finden, speichern und weiternutzen. Gleichzeitig entstehen neue Unübersichtlichkeiten: Welche Quellen sind überhaupt verfügbar? Wo liegen diese und wie finde ich sie? Der Aufbewahrungskontext von Archivmaterialien wird zudem entfernt, denn nur mit aufwendigen und nicht immer realisierten Relationen kann abgebildet werden, welche Dokumente vor oder nach dem Digitalisat in einer Mappe liegen oder wie die Ordnungsstruktur etwa von früheren Sammler:innen ist (vgl. Franken/Hänel 2015).

Portale für diese Daten, die eher den klassischen prozessproduzierten Quellen zugeordnet werden können, haben in der Regel offene Zugänge, wenn die Daten ethisch vertretbar nachgenutzt werden können und entsprechend aufbereitet wurden. Das gilt besonders für staatliche Archive: Datenbanken zum kulturellen Erbe und auch zu statistischen Daten sind weitestgehend öffentlich zugänglich. Auch Dokumente der staatlichen Verwaltung, von Bundestags- oder Stadtratsprotokollen bis zu Gesetzen und Verordnungen, finden wir leicht mit einer Internetrecherche auf eigens dafür eingerichteten Portalen.

Für deutschsprachige Daten ist die Deutsche Digitale Bibliothek die zentrale Anlaufstelle (DDB, Frischmuth 2017), für europäische Datensätze die Europeana (Petras et al. 2017). Da die DDB an die Europeana liefert, tauchen schon hier Dubletten auf, wir finden also den identischen Datensatz im Zweifelsfall in beiden Portalen. In der Europeana finden wir allerdings auch Datensätze aus den anderen europäischen Ländern, und noch nicht alle Datensätze der DDB sind an die Europeana weitergegeben worden. In welchem Portal man primär sucht, hängt vom Erkenntnisinteresse ab. Da es sich hierbei um staatliche zentrale Einrichtungen bzw. zentrale Portale handelt, werden in der Regel nur die grundlegenden Metadaten dort abgebildet, und es wird ein Link angegeben, um den einzelnen Datensatz beim Datengeber, also auf der Plattform zu sehen, die von der jeweiligen Institution bereitgestellt wird, in der auch der analoge Bestand liegt, also etwa das physische Dokument oder Objekt. Wenn wir also mit einer Fragestellung nach Daten recherchieren, sind die DDB und die Europeana gute Einstiegspunkte, auch um die für die Datensätze relevanten weiteren Portale zu identifizieren. Es lohnt sich im Anschluss an erste Recherchen, bei den einzelnen Portalen noch einmal zu recherchieren, eben weil nicht alle Datensätze und auch nicht alle Metadaten weitergegeben werden. Es besteht parallel eine Reihe von thematischen und fachlichen Portalen und nicht immer sind alle Datenbestände (schon) an die zentralen Portale weitergeliefert worden. Gerade im engeren fachlichen Zusammenhang lohnt es sich, auch die kleineren Portale und offenen Datenbanken einzelner Institutionen nach Material für die eigene Fragestellung zu sichten. Eine Übersicht von für qualitative Forschung besonders relevanten Portalen findet sich im ► Glossar. Bevor wir dazu übergehen, einzelne Datensätze für die eigene Forschung zu speichern oder die APIs der Portale zu nutzen (vgl. ► Kapitel 4.2), sollten wir Kriterien für unser eigenes Datenmanagement (vgl. ► Kapitel 6.3) erstellen, um den Überblick nicht zu verlieren.

Übungsaufgabe Datenbanken I: Archivdaten und kulturelles Erbe

Datensätze aus einem digitalen Archiv erzeugen: Recherchieren Sie mit den im ► Glossar angegebenen Datenbanken und Portalen nach Datensätzen für eine Sie interessierende Fragestellung. Achten Sie dabei insbesondere auf Ihre Recherchewege und mögliche Probleme: Wie gehen Sie mit großen Datenmengen um? Was könnten Hindernisse durch etwa eine Schlagwortsuche sein und wie können Sie diese umgehen?

4.4 Datenbanken II: Forschungsdaten

In diesem Kapitel erfahren Sie,

- was Forschungsdaten sind und welche Infrastrukturen für deren Management und Veröffentlichung bestehen;
- welche Chancen in der Nachnutzung von Forschungsdaten bestehen und warum Kontext dabei besonders wichtig ist;
- aus welchen Forschungsbereichen bereits Daten zu finden sind und in welchen Repositorien diese stehen.

Neben den überlieferten Kulturerbe-Daten produzieren Forschende fortlaufend neue Daten, also forschungsinduzierte Quellen (vgl. ► Kapitel 3.1). Dass Forschungsdaten aufbewahrt und von anderen weitergenutzt werden, ist an sich nichts Neues: Denken Sie an Archive, Nachlässe von Wissenschaftler:innen und deren Aufbereitung etwa durch die Nutzung von einzelnen Forschungsmaterialien oder in Form von Editionen. Neu ist das Forschungsdatenmanagement im Digitalen, das seit einigen Jahren von den Natur- und Lebenswissenschaften ausgehend auch in den Geistes-, Sozial- und Kulturwissenschaften wichtig wird. Daten aus abgeschlossenen Forschungsprojekten sind dank des Forschungsdatenmanagements (Putnings/Neuroth/Neumann 2021) zunehmend in entsprechenden Portalen zu finden und wir können sie nachnutzen. Wie solche Forschungsdaten erzeugt werden und was dabei zu beachten ist, wurde bereits in ► Kapitel 2.2 dargestellt, dort finden sich auch Verweise auf konkrete Handreichungen und Richtlinien. Selbstverständlich können wir solche Forschungsdaten auch nachnutzen: Die Sekundäranalyse hat in qualitativen Forschungen einen geringeren Stellenwert als in etwa der quantitativen Sozialforschung, ist aber durchaus ein intensiv verhandeltes Forschungsfeld (etwa bei Bambey et al. 2018; Bishop/Kuula-Luumi 2017). Gerade für digitale Analyseverfahren ist es vielversprechend, (auch) auf die Forschungsdaten von anderen zurückzugreifen.

Dabei wird im Hintergrund viel Infrastruktur aufgebaut und in den kommenden Jahren werden vermehrt auch vernetzte Angebote entstehen, in denen wir Datensätze von anderen suchen und finden, in einigen Fällen sogar qualitative Daten nachnutzen können: Im Aufbau befindet sich nicht nur die Nationale Forschungsdateninfrastruktur (NFDI), bei der Standards und Verfahren weiterentwickelt werden, sondern auch eine European Open Science Cloud (EOSC), die aktuell noch nicht verfügbar ist. Es gilt dabei, um es mit den Begrifflichkeiten der EU-Forschungsförderung zu sagen, weiterhin das Konzept „As open as possible, as closed as necessary“ (Landi et al. 2020). Es wird also durchaus berücksichtigt, dass beispielsweise qualitative Daten ethisch sensibel sind und nicht ohne Weiteres zur Verfügung gestellt werden können – dies gilt natürlich auch für andere Wissenschaftsbereiche. Wir müssen aktuell, und werden es weiterhin müssen, genau begründen, warum wir Datensätze aus unserer Forschung nicht veröffentlichen. Gleichzeitig müssen wir in den meisten Fällen begründen, warum wir Zugriff auf die Daten von anderen erhalten möchten, da diese mindestens hinter der Anmeldung zu einem Portal liegen oder erst auf direkte Anfrage hin zur Verfügung gestellt werden, um die Forschungspartner:innen zu schützen (Imeri 2018).

Wenn Forschungsdaten veröffentlicht werden – wenn also das Forschungsfeld wenig ethische Bedenken beinhaltet –, brauchen diejenigen, die gerade qualitative Daten nachnutzen möchten, möglichst viel Kontextinformationen zu diesen Datensätzen. Nachnutzung bietet Chancen etwa für vergleichende Perspektiven in qualitativer Forschung, die mit je kompletter eigener Erhebung oft zu groß für ein Projekt sind. Vielleicht kommen wir in den nächsten Jahren oder Jahrzehnten dahin, dass bestehende Datensätze vergleichbar mit bestehender Sekundärliteratur zu Beginn der eigenen Arbeit gesichtet und bei entsprechender Passung berücksichtigt werden. Das macht eigene Erhebungen zu der je spezifischen Fragestellung nicht überflüssig, sondern spezifischere Forschungen durch ein erhöhtes Maß an Vorwissen möglich.

Aktuell sind nur relativ wenige aufbereitete dezidiert qualitative Datensets online zu finden, die wir für unsere eigenen Fragestellungen und auch das Ausprobieren und Lernen von Verfahren nutzen können. In vielen Bereichen kann es auch sinnvoll sein, Daten aus weiteren Forschungskontexten zu sichten, die zum eigenen Themenfeld passen. So hat etwa die Bildungsforschung bereits gut ausgebaute Portale für Forschungsdaten, und übergreifende Strukturen wie das europäische Zenodo bieten eine große Bandbreite an Daten, die wir nach unseren Erkenntnisinteressen durchschauen können. Wie bei den Archivdaten sind dabei die Suchoptionen besonders zentral. Allerdings sind im Bereich der Forschungsdaten noch keine zentralen Portale entstanden, sondern die Daten stehen aktuell relativ verstreut. Aus den Sozialwissenschaften sammelt GESIS, aus qualitativen Forschungen Qualiservice entsprechende Datensätze. Verschiedene Projekte haben in den letzten Jahren umfangreiche Bestände biografischer Interviews aus vergangenen Jahrzehnten digitalisiert und stellen diese zur Verfügung, da die Forschungspartner:innen hier explizit einer Veröffentlichung zugestimmt haben. Auch für einzelne Themenbereiche wie etwa die Arbeitsforschung bestehen bereits eigene Portale mit Daten, die auf Initiative von Forschenden und einzelnen Institutionen entstanden sind. Eine Übersicht über die für qualitative Forschung vielversprechendsten sowie übergreifende Portale findet sich im ► Glossar im Bereich zu Repositorien mit nachnutzbaren Datensätzen.

Übungsaufgabe Datenbanken II: Forschungsdaten

Datensätze aus einem Repositorium erzeugen: Für Forschungsdaten sind die Zugänge noch weit verstreut. Informieren sie sich mithilfe des ► Glossars über bereits zugängliche Datensätze und recherchieren Sie, ob es für Ihre Fragestellung passende Datensätze gibt. Sehen Sie sich für mindestens einen Datensatz die konkreten Nutzungsbedingungen an und überlegen Sie, wann und warum Sie diese Nutzungsbedingungen erfüllen würden. Wenn vorhanden, recherchieren Sie auch zu den Kontextmaterialien des entsprechenden Datensatzes, wie etwa einer Beschreibung der Studie oder zugehörigen wissenschaftlichen Veröffentlichungen. Haben Sie nun genug Informationen, um auf Grundlage dieses Datensatzes Ihre Fragestellung zu beantworten? Falls nicht, reflektieren Sie, wie Sie mit diesen Lücken umgehen können und ob Sie diese etwa durch eigene Erhebungen schließen können.

4.5 Normdaten und Vokabulare, Standards und Metadaten

In diesem Kapitel erfahren Sie,

- was Datenstandards sind;
- wie Daten, Metadaten und Paradaten sich unterscheiden;
- was die FAIR- und die CARE-Prinzipien sind;

- wofür Ressourcen wie Vokabulare, Lexika und Thesauri in qualitativer Forschung genutzt werden können;
- welche Ressourcen bestehen und zugänglich sind.

Wo Daten digital zur Verfügung stehen, werden Informationen über diese Daten unerlässlich. Dementsprechend entstehen für diese Daten Normen in unterschiedlichen Bereichen: Neben der Privatwirtschaft haben auch öffentliche Institutionen und die Wissenschaft längst ausgefeilte Systeme entwickelt, die gleichzeitig fortlaufend weiterentwickelt werden. Standards helfen, wann immer wir spezifische Quellengattungen finden wollen: Ob für Musiknoten, Videos oder Texte: Für die meisten Medienformate gibt es nicht nur Dateistandards, sondern auch Standards für das Festhalten von Informationen über die einzelnen Dateien.

Für die Aufbereitung brauchen wir Standards, die festlegen, welche Datenfelder es gibt und wie sie ausgefüllt werden sollen. Gleichzeitig brauchen wir diese Standards, um Daten, die andere aufbereitet zur Verfügung stellen, zielgerichtet zu finden. In diesen Standards wird festgelegt, welche Felder es in einer Datenbank gibt, um dort konkrete Datenwerte einzutragen. Dazu wird definiert, in welcher Relation die unterschiedlichen Werte und Datensätze zueinander stehen können. Standards müssen wir nicht selbst im Detail verstehen, sondern sie sind in Tools oder Datenbanken bereits eingeschrieben. Zentral ist es, das dahinterstehende System zu verstehen, um so eine fundierte Auswahl zwischen Standards treffen zu können oder den von anderen genutzten Standard einordnen zu können. Datenbanken als Ordnungssysteme sind in diesem Zusammenhang zentral (Burkhardt 2015; Passoth/Wehner 2018). Auch wenn wir selbst nicht mit den Datenbanken arbeiten, sind die von uns genutzten Datensätze in der Regel durch Datenbanken strukturiert, die Standards folgen.

Die konkreten Daten, die nach diesen Standards gebildet werden, sind Metadaten (Gartner 2016), also sozusagen Label, die wir jedem einzelnen unserer Datensätze (auch computationell) zuschreiben: Es handelt sich zum Beispiel um Label wie Urheberschaft, Erstellungsdatum und -ort, aber auch Inhalte (vgl. Berkelaar/Francisco-Revilla 2018: 42; Jünger 2018: 117). Diese Informationen steht erst einmal unabhängig vom konkreten Datensatz, dessen Bezeichnung in einem Metadaten-Feld ebenfalls abgebildet wird – die Bild- oder Textdatei etwa wird also auch unabhängig von diesen Metadaten gespeichert. Dazu kommen Paradaten, also Aussagen über diese Aussagen (McIlvain 2013; Huvila 2012): Wer hat diese Metadaten wann erstellt und auf welcher Grundlage? Wenn etwa wissenschaftliche Aussagen zu einzelnen Datensätzen oder den zugehörigen Wirklichkeitsausschnitten umstritten sind, können Paradaten helfen, diese

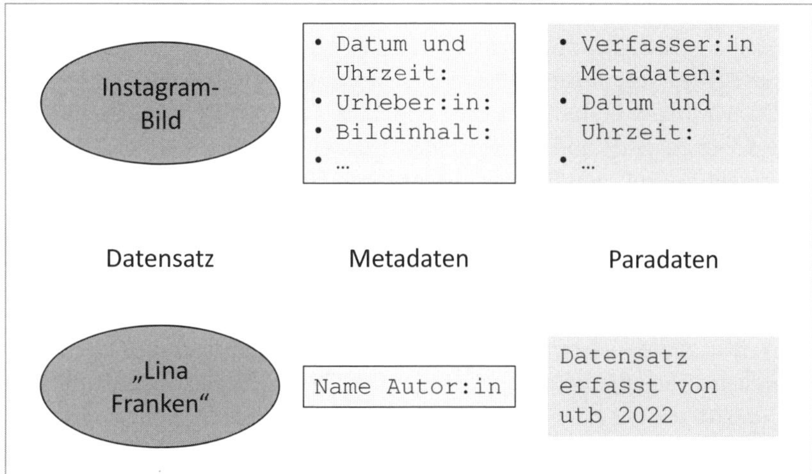

Grafik 10: Der Unterschied zwischen Datensatz, Metadaten und Paradaten an zwei Beispielen. Eigene Darstellung.

Perspektivität festzuhalten. Auch für veraltete Forschungsperspektiven sind Paradaten notwendig, um diese nicht unkommentiert stehen zu lassen. Sowohl Metadaten als auch Paradaten können auf ganze Datensätze (wie etwa ein Instagram-Bild) oder einzelne Zuschreibungen (wie etwa einen Namen) bezogen werden. Metadaten und Paradaten können, genauso wie Datensätze, entweder von uns selbst erzeugt werden (maschinell oder manuell), oder von anderen übernommen werden. In ▸ Grafik 10 ist der Unterschied am Beispiel dargestellt.

In diesen Bereichen kommen die FAIR-Principles ins Spiel, die an wissenschaftliche Daten und Metadaten vier Anforderungen stellen (vgl. Wilkinson et al. 2016: Box 2):

- Findable: Daten sollen auffindbar sein, benötigen also eindeutige Zuordnungen – etwa in Form einer DOI, einem Digital Object Identifier. Metadaten sollen nicht nur auf die Originaldaten bezogen, sondern auch umfangreich („rich“) sein, also genug Informationen enthalten, um für unterschiedliche Interessen auffindbar zu sein.
- Accessible bedeutet, dass die Daten zugänglich sein sollen. In der Regel verbindet dies die Identifier mit einem Standard wie dem Dublin Core. Selbst wenn die Digitalisate einmal nicht mehr verfügbar sein sollten, sind damit immer noch die Metadaten aufzufinden. Accessible bedeutet auch, dass die Daten nicht hinter einer Paywall oder Vergleichbarem verborgen sein sollen.

- Interoperable: Hier geht es um die formale Sprache der Daten und Metadaten. Sie soll einheitlich sein und sich auf die bereits erwähnten Standards beziehen, die möglichst allgemeingültig sein sollen. Für die gängigen Standards gibt es deshalb auch ein Mapping, also eine Tabelle die aufzeigt, welches Metadatum in einem Standard welchem in einem anderen entspricht. So sind zum Beispiel „Autor" und „Urheber" für Texte in der Regel identisch. Außerdem sollen die Daten und Metadaten auf jeweils andere Standards und Metadaten Bezug nehmen und gängige Vokabulare nutzen, um die Metadaten zu strukturieren.
- Reusable: Die Weiterverwendbarkeit der Daten und Metadaten soll erreicht werden, indem Herkunft und Lizenzen deutlich gemacht und die jeweils üblichen Standards eingehalten werden. Dies geht auch einher mit der Möglichkeit der offenen Nachnutzung, die etwa über Creative Commons gegeben ist und im besten Falle eine freie Verwendung ermöglicht.

Diese Elemente beeinflussen im Zusammenspiel unsere Forschungen, ermöglichen oder verhindern die Bearbeitung von Fragestellungen. Dabei kann man diese Kriterien nicht nur auf Daten anwenden. Ebenso lässt sich argumentieren, dass auch die Software, mit der die Erkenntnisse gewonnen werden, diesen FAIR-Prinzipien unterliegen sollten (Hasselbring et al. 2020; Lamprecht et al. 2020). Die FAIR-Prinzipien können auch mit den sogenannten CARE-Prinzipien verknüpft werden, mit denen die datenbezogenen Rechte indigener Völker gewahrt werden sollen (Carroll et al. 2021). Bei dieser Erweiterung oder Infragestellung der mittlerweile etablierten FAIR-Prinzipien geht es darum, die Rechte von Anderen nicht zu beeinträchtigen, was insbesondere für historische Quellen der Fall ist, die etwa in kolonialistischen Kontexten gesammelt wurden. CARE steht dabei für Collective Benefit, Authority to Control, Responsibility und Ethics. Beim Datenmanagement treffen unterschiedliche Interessen aufeinander, die gründlich abgewogen werden müssen. Nicht immer ist deshalb etwa das Kriterium der Nachnutzbarkeit (Reusable) anwendbar, weil Schutzrechte nach den CARE-Prinzipien oder andere ethische Überlegungen relevanter sind als die freie Verfügbarkeit (vgl. Imeri/Rizzolli 2022).

Wir können uns bestehende Standards und Ressourcen auch für spezifischere Anliegen zu Nutze machen, etwa wo Schlagworte eindeutig definiert und in Beziehung zueinander gesetzt werden. Die meisten Ressourcen sind offen nachnutzbar und können uns helfen, in diesem Fall Schlüsselbegriffe für Themenfelder zu identifizieren. Wenn wir solche Themenfelder in Form von Begriffen herausarbeiten, dann wird nicht mehr nach einzelnen Begriffen gesucht, sondern nach einem Set von Begriffen als Wortfeld (Adelmann et al. 2019; Trier 1973). In anderen Zusammenhängen kann es hilfreich sein, in der

Sortierung des eigenen Datenmaterials und der Datenablage auf Standards wie Dublin Core zurückzugreifen, um im Idealfall größere Datensätze mit bestehenden Mapping-Tabellen zusammenzubringen, die bereits eindeutig festlegen, welche einzelnen Datenfelder der Standards jeweils miteinander identisch sind, auch um später die eigenen Daten wiederum vergleichsweise einfach im Rahmen des Forschungsdatenmanagements Dritten zur Verfügung zu stellen.

Neben den Standards sind Vokabulare und Lexika, auch als Thesauri bezeichnet, besonders hilfreich. Hier werden Begrifflichkeiten eindeutig definiert und in eine (meist) hierarchische Beziehung zueinander gesetzt (Harpring 2010). Selbstverständlich sind solche Definitionen nicht allumfassend und stellen in gerade spezifischeren Fällen nur Annäherungen dar. Sie helfen jedoch im Sinne des Computational Thinking (vgl. ▶ Kapitel 2.3) dabei, Eindeutigkeiten herzustellen und damit entsprechende Daten zu bezeichnen und zu finden. Denken Sie dabei daran, dass die jeweilige Sprache natürlich relevant ist, wir also andere Ressourcen benötigen, wenn wir mit deutschen oder englischen Texten arbeiten. Im Folgenden werden einige wichtige Vokabulare und Lexika aufgeführt und eingeordnet, die allerdings keinen eigenen Eintrag im Glossar haben. Alle verfügen über eigene Webpräsenzen, die durch eine Internetrecherche zuverlässig zu finden sind.

Es bestehen etliche explizit linguistische Lexika, die wir für die Arbeit mit Texten heranziehen können. Diese sind aber meist sehr spezifisch grammatisch aufgebaut, es gibt etwa Gruppierungen von Verbarten oder Listen von Kombinationsbegriffen aus mehreren Nomina. Das Stuttgarter Institut für Maschinelle Sprachverarbeitung bietet einen guten Überblick und verlinkt auch auf die Ressourcen von anderen linguistischen Forschungsstellen. Auch das digitale Wörterbuch der Deutschen Sprache (DWDS) bietet ein Vielfaches mehr an Informationen als der Duden. Wenn man sich anmeldet, kann man Datensätze herunterladen und diese zum Beispiel als Trainingsmaterial für die Anwendung eines Machine-Learning-Algorithmus nachnutzen.

Wenn wir stärker an der Bedeutung von einzelnen Begriffen und deren Systematik – also den Beziehungen von Begriffen zueinander – interessiert sind, helfen die Gemeinsame Normdatei der Deutschen Nationalbibliothek (GND, Wiechmann 2012) und zunehmend auch Wikidata weiter. Die GND ist ein Vokabular, das Bibliotheken in Deutschland schon lange verwenden, um die Schlagworte zu Publikationen zu vergeben – die uns wiederum dabei helfen, die entsprechenden Titel auch zu finden, die für unser Thema besonders relevant sind. In den großen Industrienationen werden alle erschienenen Werke in einer Nationalbibliothek gesammelt und diese Bibliotheken verwalten in der Regel auch ein eigenes Vokabular – eine Datenbank mit Schlagworten, deren

Definition und Beziehungen zueinander. Wenn wir im Online-Katalog der DNB suchen, finden wir Treffer, die das entsprechende Schlagwort enthalten. In der dahinter liegenden Datenbank, die ebenfalls öffentlich zugänglich ist, können die Beziehungen zwischen den einzelnen Begriffen angezeigt werden. Wir können für eigene Wortfelder alle Unterbegriffe des gesuchten Begriffs in diversen Datenformaten herunterladen und nachnutzen.

Auch Wikipedia arbeitet mit solchen Hierarchien und bildet diese in Wikidata ab – wobei die GND und Wikidata aufeinander verlinken, sich also im Semantic Web mit persistenten, eindeutigen Identifiers gegenseitig als Referenz angeben und so sicherstellen, dass derselbe Begriff nicht mehrfach angelegt wird. Definitionen finden wir hier nicht immer, denn im Hintergrund bedeutet es sehr viel manuelle Arbeit, diese Definitionen und Referenzen zu erstellen. In Wikidata werden nicht nur Unterbegriffe angegeben, sondern auch die verschiedenen Kategorien, in denen der Begriff enthalten ist.

Natürlich gibt es noch viele andere Ressourcen, die je nach unserer Fragestellung in Betracht kommen können. So machen zum Beispiel Listen von Personen Sinn, wenn wir Named Entity Recognition (vgl. ▸ Kapitel 5.2) regelbasiert durchführen möchten – die EU stellt dazu eine eigene Ressource zur Verfügung, die JRC-Names. Im englischsprachigen WordNet können wir nicht nur Nomen, sondern auch Verben und Adjektive recherchieren, die in linguistische Zusammenhänge eingeordnet werden – hier erfordert die Anwendung wiederum mehr Expertenwissen in der Computerlinguistik. Für deutsches Part of Speech-Tagging wird häufig das Stuttgart-Tübingen-Tagset (Zinsmeister/Heid/Beck 2013) verwendet, das seit mehreren Jahrzehnten von zwei großen Linguistik-Instituten entwickelt und gepflegt wird. Mit dem General Inquirer, eines der ersten Computerprogramme für die Sozialwissenschaft, das eine Inhaltsanalyse computationell unterstützt (vgl. ▸ Kapitel 2.1), finden wir ebenfalls eine Ressource mit mehr als 100 Kategorien, in die jeweils viele hunderte Begriffe eingeordnet sind (vgl. Ignatow/Mihalcea 2017: 48). Wir können aber auch Listen von thematisch zusammenhängenden Wörtern nachnutzen, statt sie aufwendig selbst zu erstellen. Manchmal finden wir in den entsprechenden Vokabularen die Begrifflichkeiten nicht, nach denen wir suchen – gerade, wenn wir uns mit jungen gesellschaftlichen Phänomenen beschäftigen, müssen wir deshalb auf allgemeinere Begriffe zurückgreifen.

Zur Nutzung solcher Ressourcen kann man beispielsweise wie Laura Nelson (2020: 32) verfahren: Sie nutzt die Begriffshierarchien in kontrollierten Vokabularen, um spezifische und unspezifische Begriffe voneinander zu unterscheiden, indem sie die Menge der Oberbegriffe zählt. Sie geht also davon aus, dass die Menge von Oberbegriffen, die ein spezifischer Begriff hat, aussagekräftig dafür ist, wie genau der Begriff etwas bezeichnet. Das setzt allerdings eine bereits gut ausgearbeitete Begriffshierarchie mit ungefähr gleich verteilten Mengen von Ober- und Unterbegriffen für eine Vergleichbarkeit voraus oder den Vergleich innerhalb einer Begriffsgruppe. Nelson schlägt auch vor (ebd.: 36), eigene Hierarchien für die jeweils benötigten Begriffe zu erstellen – das kann eine Ad-hoc-Lösung sein, ist aber immer vorläufig und sehr subjektiv. Stattdessen können wir Ressourcen nutzen, um informiertere Suchen durchzuführen, also als Teil des Text Mining (vgl. ▸ Kapitel 5.3). Denn wenn wir nicht nur nach einzelnen Wörtern suchen möchten, brauchen wir ein Set aus Begrifflichkeiten, das sich so informierter erstellen lässt, als das möglich wäre, wenn wir selbst eine Liste von Begriffen erstellen, die uns einfallen.

Übungsaufgabe zu Normdaten, Vokabularen, Standards und Metadaten

Spiel zu formalen Ontologien und dem Beispiel CIDOC CRM: Lernen Sie durch ein Spiel die Modellierung in Ontologien am Beispiel von Objekten kennen. Installieren Sie das von der CIDOC-CRM-Community entwickelte Spiel von deren Webseite herunter (http://www.cidoc-crm-game.org/node/39) und folgen Sie den Anweisungen zur Installation des Spiels. Es öffnet sich im Vollbildmodus, lassen Sie sich davon nicht abschrecken.

4.6 Aufbereitung von digitalen Daten für die eigene Analyse

In diesem Kapitel erfahren Sie,

- warum Datenaufbereitung für die Analyse relevant ist und dennoch selten in Forschung dazu berichtet wird;
- welche Schritte im Preprocessing sinnvoll sind und wie sich das je nach Fragestellung unterscheidet;
- was Noise in diesem Zusammenhang heißt;
- wie die Datenablage strukturiert und organisiert sein sollte;
- welche Schritte im Preprocessing von Textdaten häufig umgesetzt werden.

Über den Bereich der Datenzusammenstellung wird in der Forschung wenig offen kommuniziert. Mit Star und Strauss können wir das auch als Invisible Work (Star/Strauss 1999) bezeichnen: Wie die Daten genau ausgewählt und konkret erhoben, gespeichert und bereinigt werden, wird in den meisten Studien nur mit wenigen Sätzen beschrieben. Auch das Team um Jennifer Edmond hat in einer Studie zum Umgang der Geistes-, Sozial- und Kulturwissenschaften mit Big Data herausgearbeitet, dass Noise beim Bereinigen von Daten nie dokumentiert wird, also im Nachhinein nicht oder kaum nachvollziehbar ist, was warum ausgeschlossen wurde (Edmond et al. 2018). Mit Pink et al. können „data preparation and repair as domestic, mundane work" verstanden werden (2018: 3). Daten verstehen diese Forschenden als „made, crafted, growing [in a] creative act of data making" (S. 10). Nicht immer wird jedoch diese reflexive Perspektive eingenommen. Die Datenzusammenstellung und -bereinigung sind zentrale Schritte, welche die Ergebnisse bedingen. Wir dürfen nicht voraussetzungslos kompilieren, sondern müssen uns die Bedeutung dieser Schritte bewusst machen. Ein konkretes Beispiel: Nach welchen Hashtags suchen wir in Twitter, welche Tweets gehen dabei vielleicht verloren, die für unsere Fragestellung wichtig sind? Welche Suchbegriffe verwenden wir im Text Mining, welche alternativen Begriffe sollten wir noch mit aufnehmen? Welche Spezifika haben Korpora, also Zusammenstellungen von Datensätzen, die wir nur mit solchen algorithmischen Verfahren kompiliert haben? Die Datenauswahl ist strategisch wichtig für den weiteren Forschungsverlauf: Was wir hier nicht suchen und an Datenstruktur berücksichtigen, können wir später nicht oder nur falsch weiterverarbeiten. Wir sollten sie uns deshalb explizit bewusst machen. Mit Ignatow/Mihalcea (2017: 18 ff.) können wir unterscheiden in Case Selection (also ein Vorgehen das sie von den qualitativen Verfahren adaptieren und das stark auf einen konkreten Fall zugeschnitten ist, der möglichst umfassend erfasst werden soll) oder in Text Sampling (also einer bewusst gewählten Sampling-Strategie, um eine begründete Auswahl aus den verfügbaren Big Data zu treffen). Aber Vorsicht: Das Sampling hier wird selten repräsentativ sein, und wenn dann nur innerhalb eines spezifischen Ausschnitts – innerhalb eines Datensets können wir statistische Verfahren des Samplings anwenden, aber um dieses zu erhalten, müssen wir fast immer Convenience Sampling anwenden, also das nehmen was da ist, was wir bekommen können. Das heißt nicht, dass wir uns keine Gedanken darüber machen müssen, was wir erheben: Social-Media-Daten beispielsweise von den Weihnachtstagen oder auch allgemeiner von Wochenenden können wir ganz explizit nutzen, um zum Beispiel Fragen nach psychischer Gesundheit zu stellen. Wenn wir aber nicht reflektieren, dass unsere Daten an einem Wochenende entstanden sind, verfälscht das je nach Fragestellung die Aussagen, die wir auf deren Grundlage treffen.

Insbesondere über die Aufbereitung der Daten als Vorverarbeitung oder Preprocessing – die für viele Verfahren vor der „eigentlichen" Analyse stattfinden muss – wird kaum berichtet, es heißt nur, die Daten seien bereinigt worden. Die Datenauswahl und Bereinigung sind in der Forschungspraxis allerdings miteinander verschränkt. Der Großteil der praktischen Arbeit wird deshalb oft der Datenbereinigung und Aufbereitung zugesprochen, der Suche nach und dem Beheben von Fehlern – und eben nicht der Modellierung von Prozessen oder der Visualisierung von Ergebnissen. Entsprechende Tätigkeiten finden jedoch oft auf der Hinterbühne statt und bleiben damit unsichtbar (vgl. Mützel et al. 2018). Hier ist es an uns als Forschenden, mehr Transparenz dieser Aufbereitungen einzufordern.

Eine solche Aufbereitung der Daten oder Bereinigung ist oft notwendig, bevor wir die Daten mit digitalen Verfahren weiterbearbeiten können. So sind zum Beispiel PDFs immer in Text umzuwandeln, dabei machen schon Kopf- und Fußzeilen Probleme. Das sogenannte Preprocessing spielt vor allem für unstrukturierten Text eine wichtige Rolle, wenn wir später Text-Mining-Verfahren anwenden wollen (vgl. ▶ Kapitel 5.2). Aber auch andere Daten müssen bereinigt werden, wie das auch in der Statistik üblich ist: Fehlerhafte Datensätze müssen ebenso entfernt werden wie unvollständige Datensätze oder Dubletten, manchmal müssen auch Anpassungen einiger Datensätze vorgenommen werden, um sie zu vereinheitlichen. Unstrukturierte Daten müssen standardisiert werden. Für Sprache bedeutet das etwa, dass Texte in einzelne Worte aufgeteilt werden, mittels Tokenisierung, und gleichzeitig in ihren Relationen darstellbar bleiben (also der syntaktische Satzbau und die Reihenfolge der Wörter im Text). Metadaten müssen vielleicht aus verschiedenen Datenquellen übernommen und vereinheitlicht werden, fehlende Informationen manuell oder maschinell ergänzt.

Zentral sind hier Fragen danach, welche Informationen wir weiterverarbeiten, die uns in der weiteren Forschung hilfreich sind, und was wir als Datenmüll entfernen können, weil es uns nicht interessiert. Bevor wir hier Arbeitsaufwand hineinstecken, muss also wiederum unser Forschungsprozess so weit modelliert sein, dass wir wissen, welche Daten wir wie weiterverwenden möchten. Um in der Bereinigung Fehler und falsche Annahmen dazu, was man später braucht, behebbar zu machen, empfiehlt sich eine Sicherung der Daten vor dem Preprocessing.

Wenn wir Daten bereinigen oder bereinigte Datensätze von anderen weiterverarbeiten, müssen wir uns bewusst sein, dass hier Noise entfernt wurde – wörtlich übersetzt Störgeräusche oder Rauschen, die den Klang der Daten beeinträchtigen. Irrelevante Daten müssen aussortiert werden – aber welche das sind, kann sehr unterschiedlich bewertet werden. Gleichzeitig können wir davon ausgehen, zumindest haben das Annie Waldherr und ihr Team in einer Untersuchung eines maschinell erstellten Datensets mit manueller Inhaltsanalyse herausgefunden, dass der Noise recht hoch ist, dass viele Daten keine für unsere Fragestellung eigentlich relevanten Inhalte beinhalten – in ihrem Beispiel waren das 72% bzw. sogar 90% der maschinell gecrawlten Webseiten

(Waldherr et al. 2017: 438). Onlinequellen, so stellt die Gruppe um Waldherr fest, beinhalten als eine fundamentale Eigenschaft Noise– denken Sie an Bots, aber auch an Werbebanner und den unklaren Bezug zu einem Thema, den wir durch einen Link oder einzelne Begriffe nur setzen können. Je pluraler unsere Datengrundlage wird (insbesondere bei Webseiten), desto stärker wird die Noise (Waldherr et al. 2017: 430). Damit handeln wir uns Probleme in der Validität ein, über die wir uns bewusst sein müssen.

Wie schon dargestellt benötigen wir ein technisches Verständnis zur Struktur von Daten und Datenquellen. Das zeigt sich auch hier wieder. Wir übernehmen Verfahren etwa aus der Computerliniguistik, um die ersten Schritte mit unseren Daten gehen zu können (vgl. Chen 2018: 5). Die großen Bereiche des Information Retrieval, Data Mining und Machine Learning haben ebenfalls Schnittmengen mit der Datenauswahl und -bereinigung, aus all diesen Bereichen können wir Verfahren heranziehen. Aber natürlich passiert nach (oder auch schon mit) der Datenauswahl noch viel mehr – und hier nutzen wir vergleichbare Ansätze, auf die wir bei den Auswertungsverfahren nochmal zurückkommen.

Eine eigene Datenbank oder mindestens Datenablage mit einheitlicher Benennung und Systematik zum Wiederfinden aufzusetzen und zu strukturieren, ist je nach Datenmenge ein wichtiger Teil der Datenaufbereitung (vgl. ▸ Kapitel 2.2). Dabei können wir uns an den Standards (vgl. ▸ Kapitel 4.5) der jeweiligen Datensätze orientieren und sollten Zeit dafür einplanen. Selbstverständlich sollten auch die Daten selbst einheitlich und nachvollziehbar benannt werden.

In unseren Forschungen werden wir danach immer weiter Auswahlen treffen, wenn uns bestimmte Fragestellungen interessieren. In der Analyse bilden wir – auch ganz ohne digitale Methoden – ständig Kategorien, markieren Datensätze oder Textteile als besonders bedeutsam für einen Aspekt unserer Forschung. Mit digitalen Verfahren haben wir die Möglichkeit, diese Auswahlprozesse anders zu skalieren. Trotzdem nimmt die Korpusgenerierung und -aufbereitung manchmal viel Zeit in Anspruch: Bis wir die passenden Daten in der Form vorliegen haben, in der wir sie weiterverarbeiten und überhaupt analysieren können, sind oft mehrere Schritte der Bereinigung notwendig – die einen zentralen Einfluss darauf haben, was wir beforschen.

In der Datenaufbereitung, insbesondere von Social-Media-Daten oder für Ergebnisse aus einem Webcrawling, ist wohl der wichtigste Punkt, Datenmüll also Noise, zu entfernen: Je nach Fragestellung kann das etwa das Entfernen von Bot-Posts sein oder das Reduzieren von geteilten Posts auf einen Ausgangspost (der sonst mehrfach, immer wieder im Datenset auftaucht und alle Häufigkeitsverteilungen zunichte macht). Wer hier nicht viel Arbeitszeit investiert, hat später größere Schwierigkeiten in der Analyse und wird wahrscheinlich dort mehr Zeit hineinstecken müssen (Salganik 2018: 61) – wieder eine Form der schon erwähnten Invisible Work nach Star und Strauss (1999), denn diese Datenaufbereitung wird unsichtbar, gerade wenn sie genau (und damit aufwendig) gestaltet wurde. Auch wenn diese Datenstrukturen später nur im Hintergrund stehen, sind sie doch für die Aussagekraft der Untersuchungen essenziell.

Je größer der Datensatz, desto mehr Heuristiken müssen angewendet werden, um eine gute Bereinigung zu erreichen, ohne relevanten Inhalt zu löschen. Wir müssen uns also mit dem Material auseinandersetzen, wissen woher die Daten kommen und wie sie erzeugt wurden. Außerdem sind Tiefbohrungen sinnvoll, um selbst hinzuschauen, wo Fehler konkret in den Daten liegen könnten. Oft helfen uns dazu auch Analyseverfahren, die in ihrem ersten Ausprobieren an neuen Daten schnell Auffälligkeiten zeigen, die sich als Fehler in den Daten herausstellen: Doch dabei ist Vorsicht geboten: „relatively simple analysis of relatively complex and messy data has the potential to go seriously wrong“ (Salganik 2018: 38–39).

Wie für Textdaten sind auch für alle anderen Datenformate Aufbereitungen und Sortierungen notwendig, um die Datenmengen zu organisieren und für die Analyse zugänglich zu gestalten. Allerdings gibt es für Social Media und Trace Data keine internationalen Standards, nach denen hier gearbeitet wird – jedes Unternehmen organisiert die Datensätze entsprechend und bereitet sie, wenn wirtschaftliche Interessen im Spiel sind, in der Regel bedarfsgerecht für die jeweilige Kundschaft auf. Wenn wir solche Datensätze in der Forschung nutzen können und wollen, müssen wir uns also selbst einen Standard überlegen, nachdem wir die entsprechenden Daten aufbereiten und weiterverarbeiten möchten. Die eigene Datenbank aufzusetzen und zu strukturieren, ist oft essenzieller Teil der Datenaufbereitung (vgl. Wieland et al. 2018: 141). Es ist hilfreich, sich hierfür entweder an den Datenformaten der genutzten API oder dem genutzten Tool zu orientieren. Gerade, wenn wir unterschiedliche Datensätze kombinieren wollen, stellt das Mapping und Anpassen der Datensätze aneinander einen wichtigen Schritt dar, bei dem Fehler zu hohen Verlusten in der Analysequalität führen können. In der Praxis bedeutet das oft, dass Datensätze in sehr generischen Datenformaten aufbereitet werden, die nur mit einer entsprechenden Dokumentation zuzuordnen sind: Was in einer XML- oder einer CSV-Datei was bedeutet, müssen wir entweder selbst festlegen oder aus dem Kontext erschließen, den uns manchmal Dokumentationen bieten.

Am Beispiel von Textdaten soll dies noch einmal konkreter vorgestellt werden. Ich stelle das so zentral, weil, wie Sie an der umfangreichen Liste von Textarten

(► Kapitel 3.2) gemerkt haben, Text fast immer eine Rolle in unseren Analysen spielt. Wenn Text gut aufbereitet ist, gibt es sehr viele Möglichkeiten zur Analyse – aber eine Vorbereitung, eine Aufbereitung ist essenziell.

Im Preprocessing stehen die eher vorbereitenden Arbeiten im Mittelpunkt, die im Zuge der Aufbereitung des (Text-)Materials erledigt werden, um die Daten in der Analyse verarbeiten zu können. Wann immer wir Text verwenden möchten, muss dieser digital vorliegen. Für die Retrodigitalisierung heißt das nicht nur, dass die entsprechende Seite gescannt werden muss. Vielleicht kennen Sie das Problem, dass ein PDF nicht so formatiert ist, dass wir einzelne Textteile markieren können, etwa beim Lesen von wissenschaftlichen Texten. Optical Character Recognition, kurz OCR, schafft Abhilfe. Mit diesem, mittlerweile sehr ausdifferenzierten, Verfahren werden die einzelnen Buchstaben auf einer Seite maschinell erkannt und in der entsprechenden Reihenfolge als Text abgespeichert – in Form von Metadaten (die im PDF-Format allerdings bereits integriert sind). Wenn der Scan schief liegt oder eine nicht gut lesbare Schriftart verwendet wird (oder der Text sogar in einer Handschrift geschrieben ist), wird es für die maschinelle Erkennung schwer. Spezifische Anwendungen werden allerdings auf verschiedene Schriften trainiert (zum Beispiel wird die Handschrift Goethes maschinell mittlerweile gut erkannt) und auch andere Korrekturmaßnahmen führen dazu, dass die OCR-Qualität in den letzten Jahren enorme Fortschritte gemacht hat. Trotzdem müssen wir das berücksichtigen, wann immer wir Textanalyse mit retrodigitalisiertem Text machen: Die maschinelle Verarbeitung führt zu Fehlern im Material, die wir entweder aufwendig selbst nachbearbeiten müssen oder die wir als Noise, als Rauschen, in unserer Analyse berücksichtigen müssen.

Ziel bei allen Vorbereitungen ist es, den Text von seinen Eigenschaften im Layout zu trennen, wir möchten Plain Text haben, um zu den eigentlichen Textinhalten zu kommen. Wir arbeiten hier deshalb nicht mit PDF-Dateien oder Dateiformaten aus der Textverarbeitung (wie DOC oder RTF), sondern mit TXT- oder XML-Dateien, die nur den Text in ASCII- oder UTF-8-Format enthalten. So würde eine DOC-Datei noch zusätzliche Metadaten, zum Beispiel zum Layout, enthalten, während TXT-Dateien Plain Text enthalten, also nur die Buchstabenfolgen ohne die Metadaten zu Schriftarten oder Ähnliches. Dieser Text ist zwar menschenlesbar, aber auch maschinenlesbar – und das recht universell und einfach. Aber Vorsicht: ASCII steht für American Standard Code for Information Interchange, hier fehlen die deutschen Umlaute, oder auch griechische oder kyrillische Schriftzeichen. Mit dem Standard UTF-8, der auf ACSII aufbaut und fast allen Textdaten im Internet zugrunde liegt, können Umlaute und auch einige weitere Sonderzeichen dargestellt werden. Allerdings können etwa chinesische Schriftzeichen oder auch Emojis so noch nicht dargestellt werden. Das geschieht mit dem noch in Entwicklung befindlichen Unicode-Standard. Die gängigen Schriftarten wie etwa Arial sind in Unicode angelegt, und das zeigt schon, dass hier wieder mehr Layout-Informationen in den Zeichen stecken. Als Grundlage ist es wichtig, die Unterschiede zu kennen und je nach Textquelle darauf zu achten, welchen Standard man verwendet. In der Regel fahren wir mit UTF-8 für deutschsprachigen Text gut.

Wenn wir Text aus computationeller Perspektive betrachten, so ist dieser (auch wenn er nur noch Plain Text ist) zunächst unstrukturiert. Nur wir Menschen können die Satzzeichen und Leerzeichen nutzen, um Sinnzusammenhänge zu erkennen, Wörter und Sätze zu bilden. Wir benötigen Verfahren vor allem aus der Computerlinguistik, um Text maschinenlesbar zu machen. Die einzelnen Verarbeitungsschritte des Natural Language Processing (NLP) werden in ▸ Kapitel 5.2 vorgestellt.

Arbeiten wir im Preprocessing sorgfältig, können wir Daten mit geringem Noise erzeugen. Dieser Aufwand lohnt sich, gerade auch mit computationellen Verfahren des Preprocessing, wenn unsere Aufbereitungen skalierbar sind – wenn sie also nicht (nur) auf kleine Datenmengen anwendbar sind, sondern wenn wir mit ihnen sehr viele Daten extrahieren und analysieren können. Gerade dann macht die aufwendige Vorarbeit Sinn. Auch dabei gilt, dass wir unterschiedliche Aufbereitungen brauchen, je nachdem mit welchem Verfahren und welchem Tool wir arbeiten. Wenn das Tool im Analyseverfahren etwa eine JSON-Datei braucht, hilft uns ein PDF wenig weiter, wir müssen dieses Format erst aufbereiten und in den entsprechenden Standard überführen – das geht manchmal sehr einfach, manchmal sind aber auch manuelle Bearbeitungen notwendig und aufwendig.

Um Daten zu speichern, können wir lokale Datenbanken oder einfache Ordnerstrukturen nutzen. Größer gedacht, können unsere Forschungsdaten aber in Repositorien gespeichert werden, die eine langfristige Sicherung und – je nach Sensibilität der Daten – Zugänglichkeit für andere Forschende sicherstellen. Repositorien sind dabei prinzipiell die gleichen, aus denen wir auch Daten für unsere Fragestellungen nachnutzen können (vgl. ▸ Kapitel 4.4). Eine Ablage der eigenen Daten für die langfristige Sicherung kommt immer in Betracht, wenn eine größere Menge relevanter Daten erhoben wurden, etwa im Zuge einer Doktorarbeit oder eines Drittmittelprojektes. Die großen Institutionen der Forschungsförderung machen eine Sicherung der Forschungsdaten seit einigen Jahren zur Bedingung der Förderung, sodass hier das entsprechende Forschungsdatenmanagement verpflichtend ist.

Übungsaufgabe zur Aufbereitung von digitalen Daten

Die Aufbereitung des eigenen Datenkorpus modellieren: Falls Sie die Übungsaufgabe zu digitalen Datentypen (vgl. ▶ Kapitel 3) bereits erledigt haben, greifen Sie auf Ihre dabei erstellte Übersicht Ihrer Quellen zurück. Andernfalls erstellen Sie nun eine Übersicht aller Quellen(-gruppen), die Sie im Rahmen Ihrer Forschung als Daten nutzen möchten. Gehen Sie diese Übersicht durch und halten Sie notwendige Aufbereitungsschritte fest: Müssen Sie Dateien umformatieren oder bearbeiten? Für welche Analyseverfahren (vgl. ▶ Kapitel 5) benötigen Sie welches Dateiformat? Schauen Sie ins ▶ Glossar, um Tools zu finden, die Ihnen bei der Aufbereitung hilfreich sein könnten, und probieren Sie diese aus, gegebenenfalls ergänzt um Internetrecherchen für Ihre spezifische Datenaufbereitung. Werden Sie bei Textdaten spezifischer, indem Sie die ▶ Übungsaufgabe zu Kapitel 5.2 anschließen.

Lassen Sie sich nicht von den vielen Möglichkeiten und Schwierigkeiten abschrecken: Es ist ganz normal, bei diesem Arbeitsschritt auch festzustellen, dass nicht alle Quellen der qualitativen Erhebung mit digitalen Methoden ausgewertet werden können. Überlegen Sie stattdessen, welche Teilbestände Ihrer Daten sich vielleicht besonders eignen.

Beispielstudie: Verschiedene Aufbereitungen und Nutzungen der Protokolle des Deutschen Bundestages

Um die Verwendung von digitalen Datentypen in geistes-, sozial- und kulturwissenschaftlicher Forschung etwas deutlicher und greifbarer zu machen, möchte ich eine Datengrundlage exemplarisch anführen: die Protokolle des Deutschen Bundestags. Das sind klassische prozessproduzierte Daten (vgl. ▶ Kapitel 3.1), und als solche können Parlamentsprotokolle uns Auskunft über gesellschaftliche Entwicklungen und Diskussionen geben. Nahezu alle gesellschaftlich relevanten Themen werden über kurz oder lang und mehr oder weniger ausführlich auch im Bundestag diskutiert. Vergleichbares lässt sich auch über die Landes- und Kommunalebene sagen, hier finden sich in sehr unterschiedlichem Umfang ebenfalls Protokolle online.

Die Wochenzeitung Die Zeit hat in einem Projekt des immer beliebter werdenden Datenjournalismus anlässlich des 70. Jahrestages des Deutschen Bundestages alle Protokolle des Bundestages seit seiner Gründung 1949 verwendet (Biermann et al. 2019). Die Journalist:innen haben auf die Daten des Open-Data-Portals des Deutschen Bundestags zurückgegriffen und diese in eine Suchumgebung eingebettet, sodass die Lesenden mit wenigen

```
(Abg. Dr. Schmid [Frankfurt]: Rechtlich unverbindlich, aber
moralisch bedeutsam!)
1224 Deutscher Bundestag — 3. Wahlperiode — 23. Sitzung. Bonn,
Freitag, den 18. April 1958
Rasner
— Aber, Herr Professor Schmid: erstens erwartet die Sozialdemokratie
doch trotz dieser Betonung der Rechtsunverbindlichkeit nichts
anderes, als daß die Regierung aus dem Ergebnis einer
Volksbefragung, wie immer sie ausfallen mag, die Konsequenzen zieht.
(Zurufe von der SPD: Jawohl, natürlich! — Abg. Dr. Menzel: Haben Sie
davor Angst?)
Zum anderen, Herr Professor Schmid, wissen Sie, daß diese
Unterscheidung die Dinge, glaube ich, nur noch schlimmer macht. Denn
die Verfassung der Weimarer Republik kannte zwar Volksbegehren und
Volksentscheid, aber die Einführung der Volksbefragung, Herr
Professor Schmid, durch ein Gesetz vom 14. Juli 1933 blieb
ausgerechnet Adolf Hitler, dem Verfassungsbrecher, vorbehalten.
(Beifall bei der CDU/CSU. — Abg. Dr.
Schmid [Frankfurt] : Daß Sie Hitler in einem
Atemzug mit uns nennen, das kennzeichnet
Sie!)
```

Grafik 11: Auszug aus: Deutscher Bundestag – 3. Wahlperiode – 23. Sitzung. Bonn, Freitag, den 18. April 1958. XML-Version unter https://www.bundestag.de/services/opendata. Grau hinterlegt: im Fließtext enthaltene Kopfzeile des Dokuments.

Klicks selbst Trends von Begriffen in den Debatten nachvollziehen können. Allerdings haben sie, soweit man das recherchieren kann, die dargestellten Schritte des Preprocessing (vgl. ▶ Kapitel 4.6) nicht durchgeführt. Damit bleiben zahlreiche linguistische Informationen verborgen und wir müssen z. B. nach allen Wortformen suchen, um hier genaue Ergebnisse zu erhalten. Aber die Datenaufbereitung ist sehr einfach zugänglich.

Die zugehörigen Protokolle sind beim Bundestag selbst online verfügbar, sortiert nach Legislaturperioden. Lange waren die Daten für die Zeit bis 2017 nur als PDF zugänglich. Auch in jüngeren Aufbereitungen zeigt sich dies und man sieht deutlich, dass die Digitalisate der PDFs aufbereitet wurden. Die PDFs der Scans wurden zwar mit OCR-Verfahren sehr gut in Volltext umgewandelt, aber die Paratexte (wie die Seiten-Kopfzeilen) wurden nicht entfernt. Sie sehen das in ▶ Grafik 11 an dem Auszug aus einem Protokoll von 1958, in dem in der zweiten und dritten Zeile die Metadaten einfach mitten im Text stehen (die Seitenzahl der Drucksache, die Kopfzeile des Dokumentes und, wie in diesen Dokumenten üblich, die Nennung des Redners, dessen Redebeitrag von der letzten Seite fortgesetzt wird). Auch das in Klammern stehende „Beifall bei der CDU/CSU“ ist nicht als Paratext gekennzeichnet und kann so maschinell nicht vom eigentlichen Rede-Text unterschieden werden. In allen Zählungen der Worthäufigkeit wird „Deutscher“ und „Bundestag“ und „Bonn“ und „Sitzung“ hohe Trefferzahlen

```
     <name>Präsident Dr. Wolfgang Schäuble:</name>
     <p klasse="J_1">Uli Grötsch, SPD, ist der nächste Redner.</p>
     <kommentar>(Beifall bei der SPD)</kommentar>
</rede>
<rede id="ID1922800300">
     <p klasse="redner">
          <redner id="11004282">
               <name>
                    <vorname>Uli</vorname>
                    <nachname>Grötsch</nachname>
                    <fraktion>SPD</fraktion>
               </name>
          </redner>Uli Grötsch (SPD):</p>
          <p klasse="J_1">Vielen Dank. - Herr Präsident! Liebe
         Kolleginnen und Kollegen! In gewisser Weise kann ich an
         die Worte meines Vorredners anknüpfen und sagen: Noch nie
         war das Bundesamt für Verfassungsschutz mehr ein
         Frühwarnsystem für extremistische Bestrebungen als heute.
         Wie wichtig das ist, haben wir eben gehört bzw. anhand der
         Ausführungen meines Vorredners festgestellt.</p>
          <kommentar>(Beifall bei der SPD sowie bei Abgeordneten
         der CDU/CSU und des BÜNDNISSES 90/DIE GRÜNEN)</kommentar>
```

Grafik 12: Auszug aus: Deutscher Bundestag – 19. Wahlperiode – 228. Sitzung. Berlin, den 7. Mai 2021. XML-Version unter https://www.bundestag.de/services/opendata

haben, da die gleichbleibenden Kopfzeilen zum Fließtext hinzugerechnet wurden. Wir müssten also weitere Schritte der Datenaufbereitung gehen, um diese Daten für Analysen nutzen zu können.

Seit der 20. Legislaturperiode gibt es das zusätzliche Angebot der Open Data, bei dem in strukturierten Dateien Bundestagsprotokolle aufbereitet bereitgestellt werden. Hierfür wurde ein eigener XML-Standard dafür entwickelt, wie die Ansetzungen in der Auszeichnung der entsprechenden Metadaten im Dokument zu machen sind. Dies ist nachvollziehbar an den in spitzen Klammern gesetzten Auszeichnungen in ► Grafik 12, die sehr spezifisch sind: „Redner“ werden mit Vorname, Nachname und Fraktion klassifiziert, es gibt „P Klasse=J_1“ als Markierung für gesprochene Sprache und die Bezeichnung „Kommentar“ für alles, was an Paratext in den Reden enthalten ist, etwa Hinweise auf Applaus und Zwischenrufe. Dieser Text ist für uns Menschen anstrengend zu lesen, für Maschinen hingegen strukturierter Text. Die entsprechende Standard-Dokumentation ist online beim Bundestag zugänglich, mit dieser können wir die Informationen leicht extrahieren und weiterverarbeiten. Hier fallen die Begriffe „Bundestag“, „Beifall“ oder auch „Kommentar“ nicht mehr unter die häufigsten Begriffe, weil sie nicht zum Text gezählt werden, sondern als Paratext gekennzeichnet sind.

Wollen wir Menschen dieses Protokoll lesen, ist die PDF-Version natürlich viel hilfreicher, die auch für neue Protokolle online verfügbar ist. Aber

Deutscher Bundestag – 19. Wahlperiode – 228. Sitzung. Berlin, Freitag, den 7. Mai 2021 29125

Jens Maier

(A) (Benjamin Strasser [FDP]: Die Betonung liegt auf „ehemaliger"!)

spricht eine Vermutung dafür, dass an dem Verdacht nicht viel dran ist; sonst bedürfte es dieses Umfangs nicht.

Seitdem Herr Haldenwang das Bundesamt leitet, ist die Maske gefallen. Der Verfassungsschutz hat seine Legitimation, sein Ansehen eingebüßt und das in ihn gesetzte Vertrauen verspielt. Er ist zu einem Unterdrückungsinstrument verkommen.

(Benjamin Strasser [FDP]: Wer hat das Verfahren gegen Sie eingeleitet! War das nicht Herr Maaßen, Herr Kollege Maier? – Zuruf von der LINKEN: Lächerlich!)

Am Umgang mit den Querdenkern kann man das besonders deutlich erkennen.

(Beifall bei der AfD)

Der Verfassungsschutz ist dabei, sich Schritt für Schritt in eine Richtung zu entwickeln, die wir in Deutschland, vor allem aber in der ehemaligen DDR schon mal hatten. Darum sagen wir von der AfD: Es bedarf einer grund-

Präsident Dr. Wolfgang Schäuble: (C)
Uli Grötsch, SPD, ist der nächste Redner.

(Beifall bei der SPD)

Uli Grötsch (SPD):
Vielen Dank. – Herr Präsident! Liebe Kolleginnen und Kollegen! In gewisser Weise kann ich an die Worte meines Vorredners anknüpfen und sagen: Noch nie war das Bundesamt für Verfassungsschutz mehr ein Frühwarnsystem für extremistische Bestrebungen als heute. Wie wichtig das ist, haben wir eben gehört bzw. anhand der Ausführungen meines Vorredners festgestellt.

(Beifall bei der SPD sowie bei Abgeordneten der CDU/CSU und des BÜNDNISSES 90/DIE GRÜNEN)

Insbesondere die jüngste Entscheidung zur Beobachtung von Teilen der Querdenkerbewegung zeigt, dass die Behörde schnell auf neue Formen des Extremismus reagiert und meiner Meinung nach auch reagieren können muss.

Grafik 13: Auszug aus: Deutscher Bundestag – 19. Wahlperiode – 228. Sitzung. Berlin, den 7. Mai 2021. PDF-Version unter https://pdok.bundestag.de/index.php?start=pp

schon das Wort „Frühwarnsystem", das in ►Grafik 13 im Redebeitrag erwähnt wird, finden wir in der Volltextsuche des PDFs für diese Textstelle nicht mehr, weil es im PDF durch einen Bindestrich unterbrochen wird und damit in der Textsuche nicht gefunden wird.

Die PolMine-Gruppe um den Politikwissenschaftler Andreas Blätte hat es sich zur Aufgabe gemacht, diese Protokolldaten in TEI-Standard umzusetzen. Man kann sagen, das Projekt ist ein wenig von den Entwicklungen überholt worden, da nun auch der Bundestag XML-Dateien anbietet. Das war noch nicht der Fall, als das Team um Blätte den sogenannten GermParl-Korpus zur Verfügung gestellt hat. Dieser Datensatz wurde mit eigenen OCR-Verfahren erarbeitet, die etwa Kopfzeilen aus dem Fließtext entfernen. Ein entsprechend aufbereitetes Protokoll ist in ►Grafik 14 im Ausschnitt zu sehen, wobei die berücksichtigten Zeiträume sich nicht überschneiden: das GermParl-Korpus war bereits abgeschlossen, als die ersten aktuellen Protokolle im Open-Data-Format des Bundestags erschienen. Beide sind in XML formatiert, sehen jedoch ganz unterschiedlich aus. Mit dem TEI-Standard wird das Dokument wesentlich länger (und für uns Menschen noch schwerer lesbar, ich habe Ihnen hier die Textstellen gefettet, in denen tatsächlich steht, dass die nächste Rednerin die Vizepräsidentin Petra Pau ist). Aber es ist an die internationalen Standards angebunden und mit jedem TEI-Reader lesbar. Für viele Auswertungsverfahren ist diese Art der Aufbereitung also

```
  <td id="L1060" class="blob-num js-line-number" data-line-
  number="1060"></td>
    <td id="LC1060" class="blob-code blob-code-inner js-file-line">
    &lt;<span class="pl-ent">sp</span> <span class="pl-
    e">who</span>=<span class="pl-s"><span class="pl-
    pds">&quot;</span>Petra Pau<span class="pl-
    pds">&quot;</span></span> <span class="pl-
    e">parliamentary_group</span>=<span class="pl-s"><span class="pl-
    pds">&quot;</span>NA<span class="pl-pds">&quot;</span></span> <span
    class="pl-e">role</span>=<span class="pl-s"><span class="pl-
    pds">&quot;</span>presidency<span class="pl-
    pds">&quot;</span></span> <span class="pl-e">position</span>=<span
    class="pl-s"><span class="pl-pds">&quot;</span>Vizepräsidentin<span
    class="pl-pds">&quot;</span></span> <span class="pl-
    e">party</span>=<span class="pl-s"><span class="pl-
    pds">&quot;</span>DIE LINKE<span class="pl-
    pds">&quot;</span></span> <span class="pl-e">name</span>=<span
    class="pl-s"><span class="pl-pds">&quot;</span>Petra Pau<span
    class="pl-pds">&quot;</span></span>&gt;</td>
</tr>
<tr>
  <td id="L1061" class="blob-num js-line-number" data-line-
  number="1061"></td>
    <td id="LC1061" class="blob-code blob-code-inner js-file-line">
    &lt;<span class="pl-ent">speaker</span>&gt;Vizepräsidentin Petra
    Pau:&lt;/<span class="pl-ent">speaker</span>&gt;</td>
</tr>
<tr>
```

Grafik 14: Auszug aus: Deutscher Bundestag – 18. Wahlperiode –182. Sitzung. Berlin, den 6. Juli 2016. XML-Version unter https://github.com/PolMine/GermaParlTEI/tree/master/18

die, mit der wir weiterarbeiten und unsere Fragestellungen an dieses umfangreiche Material richten können.

Für die Legislaturperioden 13 bis 18, also für die Jahre 1994 bis 2017, liegen die Daten aufbereitet vor. Vergleichbare Aufbereitungen im TEI-Standard hat die Gruppe auch für die Protokolle der United Nations General Assembly (von 1944 bis 2018), der französischen Assemblée Nationale (von 1996 bis 2019) und des österreichischen Nationalrates (für 1996 bis 2019) erstellt. Schon an den Zeiträumen lässt sich ablesen, dass das Ziel hier eine Vergleichbarkeit der unterschiedlichen Parlamentsdebatten war, eine inhaltliche Fragestellung also die Datenaufbereitung bedingt hat.

Es besteht eine umfangreiche zugehörige Analyseumgebung, die auf der Programmiersprache R aufbaut und mit der die Gruppe eigene Studien vor allem zum Diskurs rund um Migration realisiert hat. So wurden etwa die sprachlichen Verschiebungen von einer Willkommenskultur hin zu Begrifflichkeiten wie einer Flüchtlingswelle am Material untersucht (Weiß et al. 2021). Die Gruppe kombiniert quantitative Verfahren, in denen sie Worthäufigkeiten und deren zeitlichen Verlauf betrachten, mit qualitativen

Untersuchungen, die das jeweilige konkrete Framing der Begriffe in einer Problem- oder Lösungsdarstellung untersuchen. Dabei wurde zunächst maschinell nach vorab als Wortliste zusammengestellten Begriffen im gesamten (aufbereiteten) Korpus der Protokolle gesucht. Jeder einzelne Treffer wurde manuell daraufhin geprüft, ob der Kontext stimmt, der durch den Suchbegriff angenommen wird. Die Protokolle wurden aufbereitet, entsprechende Begriffe identifiziert und auf das Material angewendet und überprüft, dann wurden die Ergebnisse in einer Visualisierung zusammengefasst (Weiß et al. 2021: 45).

Die qualitative Analyse der Forschendengruppe hat zunächst entsprechende gefundene Textstellen induktiv offen annotiert, die damit entstandenen Kategorien nach und nach zu übergreifenden Kategorien zusammengefasst und davon ausgehend mit konkreten Kodieranweisungen versehen, das Material erneut annotiert. Hier wurden auch, wie das für qualitative Verfahren üblich ist, nicht mehr nur einzelne Wörter annotiert, sondern ganze Sinnzusammenhänge, also Satzteile oder Sätze; in der Summe kann man den Ansatz mit einer qualitativen Inhaltsanalyse vergleichen (Kuckartz/Rädiker 2022). Aus der Kombination dieser Verfahren leiten die Forschenden inhaltliche Ergebnisse ab. Entscheidend ist dabei, dass die entsprechenden Textstellen erst durch die computergestützte Aufbereitung und Analyse des Datenmaterials gefunden werden konnten. Ohne diese wäre es wohl kaum möglich gewesen, die entsprechenden Passagen aus den umfangreichen Parlamentsdebatten zusammenzutragen und vergleichend zu analysieren. Die Gruppe musste ihr Themenfeld erst genau kennen, um die von ihnen im Vorfeld mit großem Aufwand aufbereitete Datengrundlage zielführend zu beforschen.

Die Aufbereitung des Datensatzes ist also höchst abhängig davon, was wir mit ihm machen möchten, und davon, wie viel Aufwand wir betreiben können und wollen, um fehlerhafte oder unstrukturierte Daten zu bereinigen und aufzubereiten. Ob dementsprechend auf eine der bestehenden Aufbereitungen zurückgegriffen wird, ist im Falle der Bundestagsprotokolle davon abhängig, was wir im nächsten Schritt mit den Daten herausfinden möchten. Je nach Analyseverfahren und dabei genutzten Tools oder Skripten sind die verschiedenen Aufbereitungen unterschiedlich hilfreich.

5. Digitale Analyseverfahren

In diesem Kapitel erfahren Sie,

- was quellenferne und quellennahe digitale Analyseverfahren unterscheidet;
- warum die Datenauswahl für die Wahl der Analyseverfahren relevant ist;
- warum verschiedene digitale Verfahren kombiniert werden können, um qualitative Forschung zu erweitern.

Im Arbeitsschritt der Analyse geht es darum, auf Grundlage der generierten Daten zu Erkenntnissen für unsere Fragestellung zu kommen. Hierfür beschäftigen wir uns intensiv mit den Daten und – je nach Methodologie – ergänzen die Datenauswahl so lange, bis wir fundierte Aussagen treffen können. Im Zentrum steht die systematische, planmäßige Auswertung unserer Daten. Das bedeutet in der Regel eine tiefgehende Auseinandersetzung mit kompletten Datensätzen oder mit Ausschnitten. Wir gehen hier nicht zufällig vor, sondern gemäß einem methodologischen Setting. Eine Reihe von Auswertungsverfahren kennen Sie aus dem Methodenspektrum der qualitativen Sozialforschung. Mit computationellen Verfahren können wir einerseits einige der bestehenden Verfahren nun per Algorithmus realisieren. Andererseits können wir etablierte Verfahren der Data Sciences auf unsere geistes-, sozial- und kulturwissenschaftlichen Daten anwenden. Und, als dritten Punkt, können wir neue Zugriffe auf die Daten nutzen, die ohne computationelle Verfahren nicht möglich wären – also ganz neue Verfahren entwickeln.

Es gibt Zugriffe, die (gerade auch bei Big Data) einen Überblick über den Datenbestand ermöglichen, ohne dass wir uns diesen im Einzelnen selbst anschauen: Wir können so in quellenfernen Verfahren Auffälligkeiten oder Strukturen erkennen. In der Folge können wir mit quellennahen Verfahren genauer hinschauen, einzelne Datensätze im Detail anschauen, um diese Besonderheiten zu erklären, dabei aber einen anderen Zugriff wählen, als wir es in der manuellen Analyse tun würden (vgl. Franken 2022b).

In ▸ Kapitel 2.4 habe ich vier Elemente aus der schematischen Darstellung unserer Forschungsprozesse herausgegriffen, die im Rahmen der Verwendung digitaler Methoden verändert und erweitert realisiert werden: die Auswahl des

Verfahrens, die Auswahl der Daten, die Datenerhebung und die Datenauswertung.

Bisher haben wir uns in ► Kapitel 3 mit verschiedenen Typen von Daten befasst und in ► Kapitel 4 die Datenerhebung betrachtet. Natürlich greift das ineinander mit den beiden Schritten, die vor und nach diesen Bereichen stehen, nämlich der Auswahl des Verfahrens und der Datenauswertung. In Modellierungen geht es darum, Prozesse klar voneinander zu trennen, um sie abstrakt fassen zu können. In der Forschungspraxis sind sie aber doch miteinander verzahnt: Tatsächlich bedingt sich die Auswahl von Daten zentral durch unsere Fragestellung, die wiederum auch die Analyseverfahren bedingt, mit denen wir später arbeiten möchten. Für klassische Quellen hieße das zum Beispiel: Wenn wir eine Bildanalyse zur Untersuchung von stereotypen Darstellungen im Kontext Fußball machen möchten, bringt es uns wenig, wenn wir eine Umfrage unter Politiker:innen durchführen – das ist natürlich bewusst konstruiert. Der Forschungsprozess ist zwar als Abfolge zu verstehen, aber wir müssen ihn im Vorfeld bereits durchdenken und nicht kopflos Daten erheben, die wir später nicht oder nur schlecht verwenden können. Oder anders: Wir müssen erst unser Forschungsprojekt analytisch durchdenken, um es daraufhin mit computationellem Denken in ein Model zu übersetzen, in dem wir Teile des Forschungsprozesses maschinell erledigen können.

Wir sollten uns immer bewusst sein, welche Daten wir wie erhoben haben – und wie wir vorhandene Datensätze nutzen und umnutzen können. Nicht immer sind Datensätze von anderen für unsere Fragestellungen und damit zusammenhängend für unsere Analyseverfahren gewinnbringend – ob wir zum Beispiel die Plenarprotokolle des deutschen Bundestags als Daten in der Version des Bundestags-XML verwenden möchten oder in der TEI-Version des GermParl-Korpus (vgl. ► Kapitel 4.6), ist von den Verfahren und Tools abhängig, die wir für unsere Fragestellung als zielführend identifizieren. Wenn man sich online umschaut, gibt es sogar (zumindest für einzelne Legislaturperioden) noch andere Datenaufbereitungen der Protokolle. Um es allgemeiner und mit Salganik zu formulieren:

> „I think the idea of repurposing is fundamental to learning from big data sources. (…) If you didn't collect your data yourself, there are likely to be important differences between what you want and what you have. Noticing these differences will help clarify what you can and cannot learn from the data you have, and it might suggest new data that you should collect." (Salganik 2018: 16)

Der Schwerpunkt der derzeitigen Datensätze liegt eindeutig in den Textdaten, wie wir an der ausdifferenzierten Datenaufbereitung sehen (vgl. ► Kapitel 4.6), die so für Bilder und audiovisuelle Daten (noch) nicht existiert. Dieses Ungleichgewicht wird uns in den Analyseverfahren wieder begegnen. Multimodale Quellenanalyse, also die Verbindung unterschiedlicher Datentypen in der Auswertung, steckt noch in ihren Anfängen. In der Regel müssen wir also die Datentypen voneinander trennen, um sie computationell zu verarbeiten.

Insgesamt ist festzuhalten, dass eine Speicherung und Aufbereitung aufwendig sein kann. Daten sind dementsprechend oft unvollständig und nicht immer im Detail erschlossen. Entsprechende Standards bestehen zwar, aber (noch) nicht alle Datenproduzierenden halten sich an diese Vorgaben, es gibt viele eigene Lösungen und konkurrierende Ansätze.

Die Relevanz von Metadaten zum Erschließen und Wiederfinden der Datensätze ist enorm hoch. Der eigentliche Quellenwert liegt aber oft im Kontext, den wir uns aus den Metadaten und der Kombination vieler verschiedener Daten erschließen können. So ist eine einzelne Aussage im Bundestag an sich nicht interessant, wird sie jedoch in den Kontext eines zeitlichen Verlaufs oder einer Diskussion mit unterschiedlichen Positionen gestellt, so kann sie durchaus sehr aussagekräftige Einblicke in eine gesellschaftliche Debatte und in Aushandlungsprozesse liefern.

Vergessen Sie auch nicht, dass die Datenanalyse nur ein Teil des geistes-, sozial- und kulturwissenschaftlichen Forschungsprozesses sind, wie er in ▸ Grafik 6 und ▸ Grafik 7 mit Erweiterungen dargestellt ist. Digitale Analyseverfahren bedeuten zunächst einmal, dass Teilaufgaben computationell erledigt werden. Zuerst müssen wir ein Vorverständnis oder Hypothesen formulieren, also eine Fragestellung entwickeln. Nach der Datenanalyse müssen wir in die Interpretation insofern einsteigen, als dass wir mit Hilfe von Sekundärliteratur und Theorien die Ergebnisse in einen Kontext einordnen, um sie schriftlich darzustellen und daraus neue Hypothesen zu generieren. Wenn wir diese Schritte nicht umsetzen, brauchen wir uns die Arbeit der digital erweiterten Datenerhebung und Analyse nicht zu machen, denn dann hätten wir bedeutungslose Datensammlungen.

Verfahren und für diese entwickelte Tools sind für die Analyse zentral, wobei die Erhebung von Daten mittels digitaler Methoden bereits in ▸ Kapitel 4 ausführlich erläutert wurde. Tools und Verfahren in Zusammenstellung mit Daten können neue Forschungsmethoden entstehen lassen (vgl. Chen 2018: 2). In ▸ Grafik 5 wird in einer ersten Zuordnung aufgezeigt, welche Verfahren welche Schritte des qualitativen Forschungsprozesses erweitern können.

Ein fundamentaler Schritt ist dabei wichtig, der zu oft vernachlässigt wird: Wir machen nicht nur einen einzelnen, bestimmten digitalen Arbeitsschritt, um unsere Daten auszuwählen, zu erheben und auszuwerten. In den verschiedenen Phasen des Forschungsprozesses können jeweils unterschiedliche Verfahren hilfreich sein. Das ist nicht generell festzulegen, denn je nach konkretem Projekt können die Verfahren in unterschiedlichen Schritten und Teilbereichen hilfreich sein. Für Ihr eigenes Forschungsprojekt werden Sie im besten Falle eine fundierte Auswahl von Verfahren treffen, die Sie in einzelnen Schritten Ihrer Forschung voranbringen. Dazu kommt: Für jedes Verfahren gibt es verschiedene konkrete Tools, die die Umsetzung erleichtern – theoretisch können wir alles auch selbst programmieren, in der Praxis wurden für viele Schritte schon gute Tools entwickelt. Für qualitative Forschung ist in der Regel eine Zusammenstellung von Verfahren und damit auch von Tools zielführend.

In der Regel werden mehrere Verfahren kombiniert, die jeweils an die Fragestellung und das Quellensetting angepasst werden. Ganz unterschiedliche Fragestellungen können sich dabei auf vergleichbare Verfahren und Tools beziehen (Bruns/Burgess 2016: 17). Dabei geht es also nicht nur um eine Anwendung der neuen Methoden (der „Big Data Methoden" laut Behnke et al. 2018: 20), sondern um die Verbindung unterschiedlicher Methoden für die Analyse des potenziell sehr vielgestaltigen Datenmaterials. Oft ist es in der Forschungspraxis so, dass einige Schritte computationell erledigt werden können, andere aber wieder die Arbeit und das Durchdenken von Menschen brauchen – die erwähnte Hinwendung zu Mixed Methods, auch wenn dieser Bezug selten explizit gemacht wird.

5.1 Überblick

In diesem Kapitel erfahren Sie,

- was wichtige digitale Analyseverfahren sind;
- worin der Unterschied zwischen regelbasierten Verfahren und Machine-Learning-Verfahren besteht;
- wann einzelne Verfahren ihre Grenzen erreichen;
- was Distant, Scaleable oder Blended Reading ist.

Im Folgenden gebe ich einen knappen Überblick über eine Auswahl von gängigen Verfahren, von denen einige in den folgenden Kapiteln noch ausführlicher behandelt werden, auch wenn dabei keinerlei Anspruch auf Vollständigkeit erhoben wird. Eine Strukturierung und Gruppierung der Verfahren wird bisher vor allem nach Datentypen, weniger aber nach Anwendungsszenarien getroffen.

Hier wird der Unterschied zwischen CSS und DH noch einmal deutlich, der sich gut anhand der Vorträge bei den entsprechenden nationalen und internationalen Konferenzen der vergangenen Jahre festmachen lässt. In den CSS kommen immer wieder Social-Media-Analysen vor, aber auch Wikipedia und Empfehlungsportale werden ausgewertet. Daneben werden Netzwerke analysiert und Modelle erstellt, Texte mit verschiedenen Zugängen analysiert und Datenkorpora vorgestellt. Es geht um die Datenzusammenstellung und um die Reproduzierbarkeit von Datensätzen. In den DH stehen Verfahren wie das Text Mining oder Topic Modeling im Mittelpunkt, dazu kommen Visualisierungen und auch Netzwerkanalysen. Anders als in den CSS spielen allerdings auch die Erzeugung und Aufbereitung von Daten des digitalen Kulturerbes, insbesondere in Sammlungen und Editionen der GLAM-Institutionen, eine große Rolle. Methoden der Annotation und Transkription sind hier deutlich zentraler als in den CSS, dafür kommen Modelle und Modellierungen weitaus seltener vor. Im Folgenden wird danach ausgewählt, welche Ansätze für qualitative Forschung vielversprechend sind, nur diese werden genauer vorgestellt und auf qualitative Perspektiven bezogen.

Regelbasierte Verfahren und Machine-Learning-Verfahren

Eine Unterscheidung von regelbasierten Verfahren und Prozessen des maschinellen Lernens ist wichtig für die Arbeit mit digitalen Verfahren. Viele der Algorithmen, die ich zum computationellem Denken (▸ Kapitel 2.3) und zur Aufbereitung von Daten (▸ Kapitel 4.6) erläutert habe, basieren auf menschengenerierten Regeln: Wenn Bedingung X gegeben ist, dann tue Y, bis Z eintritt. Das sind oft „If-Then-Else"-Konstruktionen, also Bedingungen. Diese Algorithmen dürfen keine Uneindeutigkeiten beinhalten, um eindeutige Entscheidungen zu ermöglichen. Für jeden Arbeitsschritt müssen die verschiedenen Möglichkeiten vorab durchdacht werden.

Dies ändert sich mit Machine Learning, mit dem Modelle erstellt werden können, die aus den Daten lernen und somit nicht auf die Angabe von expliziten Entscheidungsregeln angewiesen sind. Im Supervised Learning, also überwachtem Lernen, erstellen wir stattdessen ein Set von Trainingsdaten: Im einfachen Beispiel eines Klassifizierungsproblems unterscheiden wir etwa Bilder, auf denen ein Hund und auf denen eine Katze zu sehen ist, wie in ▸ Grafik 15. Andere Beispiele sind die Identifikation von einem Menschen, einem Auto, oder die Entscheidung darüber, ob ein Wort eine positive oder eine negative Bedeutung hat (Salganik 2018: 46). Den Trainingsdaten werden durch manuelle Arbeit von Menschen Zielwerte zugeordnet – im Beispiel werden an die Bilder die Klassifizierungen „Hund" oder „Katze" vergeben. In einigen Fällen finden wir auch Daten mit existierenden Labels, die wir für das Training unseres Modells nachnutzen können, etwa wenn

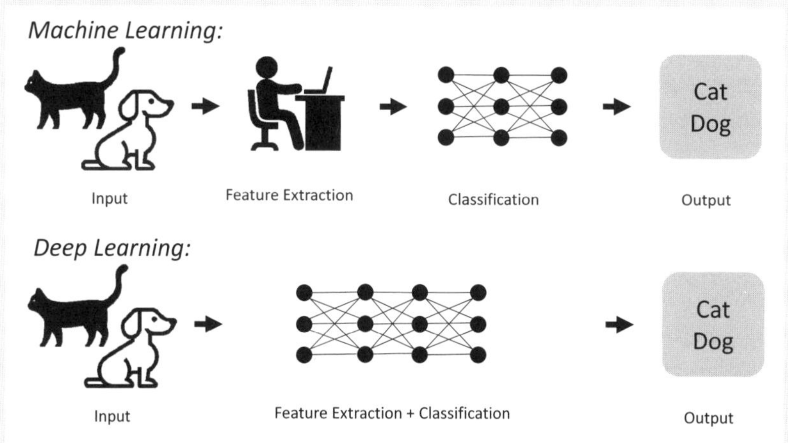

Grafik 15: Machine Learning und Deep Learning im Vergleich. Eigene Darstellung.

andere Forschungsprojekte die Arbeit schon getan haben oder wenn die Daten in einem ganz anderen Zusammenhang mit Metadaten angereichert wurden. Diese Trainingsdaten sind der Input für den Supervised Machine-Learning-Algorithmus, der auf Grundlage der eindeutig strukturierten Eingabedaten Muster erkennt und diese auf neue, unbekannte Datensätze überträgt (Denning/Tedre 2019: 67). Der einmal gegebene Input kann also auf beliebig viele andere Datensätze übertragen werden, solange diese in ihrer Struktur und Aufbereitung vergleichbar sind. Das unbekannte Material wird anhand der im Trainingsprozess erlernten Muster eingeordnet, sodass neuen Daten ebenfalls ein Zielwert zugeordnet werden kann. Spitze Ohren könnten etwa mit einer Katze assoziiert sein oder das Wort „traurig" mit negativem Sentiment. Natürlich muss beim Supervised Learning beachtet werden, welcher Bias gegebenenfalls in den Trainingsdaten enthalten ist. Wenn es beispielsweise nicht um spitze und runde Ohren, sondern um die Zuordnung von Geschlechterkategorien geht, können schnell Stereotype ins Trainingsmaterial eingeschrieben werden, die in der späteren Analyse nicht mehr als solche zu erkennen sind.

Im Unsupervised Machine Learning, also in unüberwachten Verfahren, geschieht das Erkennen von Mustern in den Daten automatisch ohne Vorgabe von Trainingsdaten. Der Algorithmus errechnet Features und sortiert die Daten entsprechend. Um solche Strukturen finden zu können, sind jedoch sehr große Datenmengen als Input notwendig und, je nachdem wie das dahinterstehende mathematische Verfahren arbeitet, sind die Ergebnisse unterschiedlich gut. Deshalb sind unüberwachte Verfahren oft nicht umsetzbar – eine so große Menge von Daten ist selten verfügbar. Dann werden Modelle verwendet, die auf anderen Daten trainiert wurden und entsprechend Bias mitbringen.

Als eine Teilmenge des Machine Learning hat das Deep Learning immer mehr an Bedeutung gewonnen. Dabei werden künstliche neuronale Netzwerke, inspiriert von biologischen neuronalen Netzwerken, eingesetzt, um Strukturen aus dem Material zu lernen. Deep Learning arbeitet dabei mit mehreren Ebenen, was zu sogenannten Hidden Layers führt, die uns nicht direkt zugänglich sind. Der Hauptunterschied zu anderen Verfahren des Machine Learning ist, dass die entscheidenden Features durch den Algorithmus extrahiert werden – wir also vorher nicht wissen müssen, dass wir nach den spitzen Ohren einer Katze suchen, um diese eindeutig als Katze zu labeln.

Im Machine Learning geht es also übergreifend darum, möglichst gute Vorhersagen über unbekanntes Material zu treffen (Ignatow/Mihalcea 2017: 63). Das kann uns natürlich dabei helfen, große Datenmengen zu überschauen. Es gibt zahlreiche Verfahren, bei denen maschinelles Lernen weitaus bessere Ergebnisse erzielt als die klassischen regelbasierten Verfahren.

Zunächst einmal können statistische Standardverfahren im Text Mining angewendet werden, um die skalierbar größeren Datenmengen zu untersuchen (vgl. ▶ Kapitel 5.3). Einfache Auszählungen können, gerade bei großen Korpora und bei gut aufbereitetem Material, bereits vielschichtige Erkenntnisse bringen, wenn sie mit interessanten und relevanten Fragestellungen verbunden werden (vgl. Salganik 2018: 41). Auch die Erstellung von Zeitreihen, unterschiedliche Clusterings als nach verschiedenen Ordnungskriterien vorgenommen Gruppierungen von Verteilungen oder Regressionsanalysen gehören in diesen Bereich. Indexing erstellt über die großen Datenmengen hinweg Strukturen, die unsere Suchen beschleunigen und Informationen über die Daten vorhalten. Mixed Methods sind hier relevanter als in vielen anderen Bereichen.

So können zum Beispiel Verfahren der Inhalts- und Dokumentenanalyse, die schon lange mit Mixed-Methods-Ansätzen arbeiten, mit digitalen Verfahren unterstützt und skaliert werden. Hierbei geht es darum, systematisch Kommunikationsmaterial zu bearbeiten, um Sinnstrukturen zu erkennen. Der Schwerpunkt liegt auf der Systematik, die nach einer induktiv (also aus dem Material heraus) entwickelten Kategorisierung mit einem festgelegten Kategorienset große Textmengen codiert, also Textstellen annotiert (▶ Kapitel 5.5). Sobald die Kategorien gut operationalisierbar sind, also in eindeutige Regeln überführt werden können, ist diese Tätigkeit gut in Algorithmen zu übersetzen und computationell zu erledigen: Wo in älteren Forschungsprojekten studentische Hilfskräfte nach genau festgelegten Kategoriesystemen Texte durchgesehen haben, erledigt dies heute Software.

Solche Verfahren haben aber genau dort Grenzen, wo Kategorien nicht eindeutig sind: Computationelle Verfahren können mit Bedeutungsvielfalt, mit Ambiguitäten, nicht gut umgehen. Wenn also etwa in Diskursanalysen stärker induktiv herausgearbeitet werden soll, welche Diskurspositionen bestehen und wer diese vertritt, sind die Kategorien zu wenig festgelegt und zu wenig eindeutig, um sie computationell an Textstellen festzumachen. Gleiches gilt auch für viele Schritte in der qualitativen Analyse von Interviews. Hier bleiben uns Verfahren der Computerunterstützung, also Settings in denen Forschende den Text selbst lesen und Kategorien vergeben, aber dies durch ein Tool unterstützt wird, indem also nicht mit Stift auf Papier oder mit Markierungen im PDF gearbeitet wird, sondern auf einer Programmoberfläche ein Set an Kategorien (manuell) erstellt wird, die einzelnen Textstellen zugeordnet werden (vgl. ▸ Kapitel 6).

Wir können automatische Annotationen vornehmen, etwa indem wir alle „Named Entities" entsprechend markieren: Alle Namen von Personen, Orten und ähnlichen Entitäten, die wir in entsprechenden Ressourcen gefunden oder zusammengestellt haben. Auch die Struktur von Daten, etwa einzelne Sätze oder Strukturen in einer Grafik, können wir automatisch annotieren. Kollokationen und Keywords in Context können Strukturen sichtbar machen, die manuelle Annotation und damit Interpretation evozieren. Viele Teilschritte sind hier schon gut automatisierbar. Damit wird ein zugleich schnelleres und qualitativ hochwertigeres Erschließen von unbekannten Quellen möglich.

Wir können Sinnzusammenhänge und Bedeutungen auch manuell annotieren – das kann im nächsten Schritt wieder als Vorarbeit für digitale Verfahren genutzt werden. Das ist aber ein prinzipiell anderes Annotieren als das, was wir zum Beispiel als offenes Codieren in der Grounded Theory kennen.

Mit dem Verfahren Topic Modeling (vgl. ▸ Kapitel 5.4) können Zusammenhänge von Wörtern in unstrukturierten Texten herausgearbeitet werden. Mit Machine Learning wird dabei angenommen, dass Begriffe zu einem Thema gehören, wenn sie häufig zusammenstehen. So werden Themen identifiziert, die im Text wahrscheinlich behandelt werden.

Emotional aufgeladene Texte können wir mit Sentimentanalysen (vgl. ▸ Kapitel 5.7) daraufhin untersuchen, welche Textstellen besonders positiv oder negativ aufgeladen sind und wie sich dies über den Textverlauf oder zwischen verschiedenen Texten wandelt. Die Beziehungen zwischen Datensätzen oder Annotationen in Datensätzen können wir in Netzwerken (vgl. ▶Kapitel 5.6) oder anderen Visualisierungen (vgl. ▶Kapitel 5.8) darstellen und somit neue Zusammenhänge sichtbar machen. Hier wird oft auf Annotationen zurückgegriffen, ob nun automatisch erstellte oder solche, die eine Person mit einem klaren Ziel erstellt hat.

All diese Verfahren – oder doch die allermeisten – können wir durchführen, ohne uns die Datensätze selbst genauer anzuschauen. Aus den digitalen Literaturwissenschaften kommt deshalb der Oberbegriff Distant Reading (geprägt durch den Literaturwissenschaftler Moretti 2016; vgl. Schöch et al. 2020), also Lesen aus der Ferne. Damit werden die (digitalen) Verfahren der Textanalyse bezeichnet, bei denen es (anders als in klassischen Verfahren) eben nicht um das Lesen geht, sondern um Zugänge auf Texte, die etwa in Form von Listen, Netzwerken oder anderen Visualisierungen bestehen. Das wurde allerdings auch kritisiert und mittlerweile hat sich eher der Begriff des Scaleable Readings durchgesetzt, das skalierbare Lesen (Müller 2020). Dies beschreibt ein Rein- und Rauszoomen aus dem jeweiligen Text – eine passendere Bezeichnung, da wir uns immer wieder auch an die Datensätze annähern müssen, um fundierte Informationen zu ihnen zu bekommen und Analysen zu tätigen. Andere bezeichnen dies auch als Blended Reading (Stulpe/Lemke 2016), eine ähnlich bildhafte Bezeichnung. Diese Metaphern treffen übergreifend für die Geistes-, Sozial- und Kulturwissenschaften und damit nicht nur für Textquellen gut zu: Wie nah wir an die Quellen heranzoomen, ist skalierbar. Indem wir entscheiden, welches Verfahren wir zu welchem Zeitpunkt verwenden, skalieren wir unseren Blick auf die Daten und vermischen die verschiedenen Perspektiven immer wieder neu miteinander.

Die Verfahren müssen dabei auf ihren konkreten Anwendungsbereich hin differenziert werden. Topic Modeling etwa ist gut geeignet, um grobe Unterthemen zu identifizieren. Hingegen können wir Netzwerke oft erst darstellen, wenn wir unsere Daten schon recht gut kennen. Quellenferne Verfahren eignen sich für frühe Phasen der Auswahl und Erhebung (aber auch für die Auswertung), quellennahe hingegen eher für späte Phasen in der Auswertung. Wir müssen zwischen Zugängen immer wieder wechseln, um fundierte Aussagen zu treffen (Franken 2022b).

Mit diesen (und anderen) bestehenden Verfahren können wir uns zum Beispiel einen groben und ersten Überblick über unser Forschungsfeld zu verschaffen, ohne aufwendige Analysen vorzunehmen. Sie dienen der Exploration und Reduktion. Gütekriterien sozialwissenschaftlicher Forschung gelten natürlich weiterhin (Strübing et al. 2018). Wir müssen allerdings fragen, wie wir sie im jeweiligen Fall anwenden können.

Beispielstudie: Computational Grounded Theory nach Nelson

Die Anwendung von einzelnen Verfahren ist in hohem Maße abhängig vom Interesse der Forschenden. Was das heißen kann, möchte ich anhand einer konkreten Studie zeigen. Es handelt sich nicht um eine besonders elaborierte, ausgefeilte Studie, vielmehr nutzt eine Soziologin verschiedene digitale Verfahren – ganz ohne eigene Weiterentwicklung, sie hat die existierenden Möglichkeiten auf das eigene Forschungsinteresse ihrer Doktorarbeit angewendet. Laura Nelson hat sich sehr bewusst Gedanken dazu gemacht, wie die digitalen Verfahren ihren Forschungsprozess verändern, wie diese mit ihrem Wissen und ihrer Analyse verschränkt werden können. Ihr Ziel ist die Entwicklung eines Best-Practice-Ansatzes (Nelson 2020: 9), und damit geht sie weit über viele andere Studien hinaus, die zwar Verfahren anwenden, das aber nur wenig verallgemeinern.

Nelson verbindet die digitalen Verfahren als deduktive, quantitative Schritte mit textnaher, manueller (also ganz klassischer) Interpretationsarbeit. Dafür stellt sie einen dreischrittigen Ansatz vor (vgl. die grafische Modellierung bei Nelson 2020: 14). Sie unterteilt ihre Datenauswahl, -erhebung und -analyse in drei Schritte, wobei die Zusammenführung mit den genannten Konzepten durch mich ergänzt wurde.

> „Step 1, the pattern detection step, involves using computational techniques to reduce complicated, messy text into simpler, more interpretable lists or networks of words in order to reveal patterns within the text in an unbiased and reproducible fashion. Step 2, the pattern refinement step, involves a reengagement with the data through a computationally guided deep reading of the text. Step 3, the pattern confirmation step, applies further computational techniques to assess the validity of the inductively identified patterns." (Nelson 2020: 5–6)

Im ersten Schritt werden verschiedene computationelle Verfahren – in diesem Fall lexikalische Erarbeitung von Worthäufigkeiten und Topic Modeling – genutzt, um Besonderheiten in großen Datenmengen zu finden. Im zweiten Schritt werden einzelne Textpassagen einem Close (oder Deep) Reading unterzogen, hier ist also die Forschende gefragt. Sie prüft die Plausibilität des gefundenen Patterns und interpretiert diese (Nelson 2020: 25). Auch hier kann „computationally guided" gearbeitet werden, also mit Computerunterstützung entschieden werden, welche Texte aus dem großen Sample überhaupt gelesen werden. Dabei wird also in einzelnen exemplarischen

Engführungen genauer, qualitativ hingeschaut. Der dritte Schritt testet deduktiv und mit computationellen Verfahren die induktiv identifizierten Patterns. Die beiden ersten Schritte beschreibt Nelson als iterativ, sie können mehrfach nacheinander vorgenommen werden und dabei kann auch noch neues Datenmaterial einbezogen werden – wir sind hier also recht nah an den Verfahren der qualitativer Forschungsstrategien, allerdings mit anderen Mitteln. Nelson nutzt hier sehr spezifische Verfahren für ihre Daten, die in den jeweiligen Unterkapiteln (► Kapitel 5.2 bis 5.8) genauer vorgestellt werden, allerdings nicht mehr mit Bezug auf Nelsons spezifisches Vorgehen, das an ihrer Fragestellung und ihren Daten orientiert ist. Es ging zum Beispiel darum, wie oft konkrete Personen in Texten genannt werden. Das zeigt, wie die Zusammenstellung von Verfahren immer spezifisch bleibt und dass wir ein Überblickswissen benötigen, um zu entscheiden welches Verfahren wann sinnvoll ist.

5.2 Natural Language Processing

In diesem Kapitel erfahren Sie,

- wie der Dachbegriff NLP gefüllt werden kann und was hier regelbasierte Verfahren von Machine-Learning-Verfahren unterscheidet;
- was unter Tokenisierung, Lemmatisierung, Part-of-Speach-Tagging, Parsing und Named Entity Recognition verstanden wird;
- wie sich XML-Dateiformate von TEI unterscheiden;
- warum die Aufteilung von Text in Analyseeinheiten wichtig für digitale Verfahren ist.

Ein wichtiges Set von Verfahren ist das Natural Language Processing, das mit allen Textgattungen vereinbar ist, und zum Beispiel die verschiedenen grammatischen Formen von Wörtern zusammenfasst, damit Text besser maschinenlesbar wird (Ruelens 2022). Jegliche Beschäftigung mit Text als natürlicher Sprache fällt unter diesen Dachbegriff. Alle Ansätze können sowohl mit regelbasierten Verfahren als auch mit Machine-Learning-Ansätzen umgesetzt werden (vgl. zum Unterschied ► Definition: Regelbasierte Verfahren und Machine-Learning-Verfahren).

Regelbasierte Verfahren im NLP basieren in der Regel auf im Vorhinein definierten Lexika. Das heißt: Auf Wortebene werden Begriffe gezählt, ihnen Scores bzw. Häufigkeiten zugeordnet oder Relationen zwischen Begriffen festgehalten (Nelson 2020: 10). Was nicht im Lexikon ist, kann aber auch nicht klassifiziert werden. In der Regel gehen den Tagsets als vorgegebene Annotationskategorien (vgl. ▸ Kapitel 5.5) langwierige manuelle Zusammenstellungen voraus. Sie können aber sehr hilfreich sein und sind der klassische Ansatz, der im NLP-Bereich schon seit Jahrzehnten auch computationell umgesetzt wird. Wo Lexika bereits bestehen und in unseren Fragestellungen weiterhelfen, macht es Sinn diese nachzunutzen, da sie fundiert wissenschaftlich erstellt wurden und Linguist:innen viel Zeit und Detailarbeit in diese Ressourcen gesteckt haben. Allerdings ist darauf zu achten, in welcher Sprache diese Ressourcen erstellt wurden, denn viele bestehen nur in Englisch und können dementsprechend nicht für deutschsprachige Daten verwendet werden (Evans/Aceves 2016). Es existieren aber auch einige spezifisch für Deutsch erarbeitete Ressourcen, diese wurden in ▸ Kapitel 4.5 vorgestellt. Mit der Verwendung von Ressourcen, also zum Beispiel Ontologien und Vokabularen als Teil von informierten Analyseverfahren, können wir die Findeheuristik informierter gestalten (Adelmann et al. 2019) – oft wird tatsächlich als Grundlage für eine Forschung ein Set an Begriffen verwendet, deren Herkunft nicht begründet oder in Frage gestellt wird. Je informierter wir die Begriffe jedoch wählen, mit denen wir arbeiten, desto weiter kommen wir mit allen Verfahren.

Machine-Learning-NLP-Verfahren sind wesentlich jünger und erzielen in vielen Bereichen bessere Ergebnisse, ohne dass vorher aufwendig ein Lexikon erstellt werden müsste (Evans/Aceves 2016). Nicht nur Wörter, sondern auch ganze Texte oder Textabschnitte können damit klassifiziert werden, wenn entweder genug Trainingsmaterial vorhanden ist (es sich also um Supervised-Learning-Ansätze handelt, in denen vorab Menschen Text auf die jeweilige Fragestellung hin annotiert haben), oder wenn genug Textmenge vorhanden ist, damit in Unsupervised Verfahren Texte und Textteile ohne Vorab-Input klassifiziert werden können (Nelson 2020: 10–11). Die spezifischen Machine-Learning-Algorithmen des NLP machen sich die Erkenntnisse der Linguistik zu Nutze und beziehen Faktoren wie Sprachstruktur, Kontexte von Wörtern und syntaktische Eigenschaften von Begriffen in die Analyse mit ein (Nelson 2020: 11).

Im Rahmen des NLP hat sich eine Reihe von Verfahren des Preprocessing (vgl. ▸ Kapitel 4.6) zum Standard entwickelt, für die es dementsprechend auch gute Tools und Skripte gibt. Die meisten der genannten Arbeitsschritte erfolgen in Form von Annotationen (vgl. ▸ Kapitel 5.5), also dem Anreichern des eigentlichen Textes mit Informationen – die nicht wie Metadaten den gesamten Text betreffen, sondern einzelne, teils sehr kleine Teile davon.

In der Regel werden alle diese Verfahren nacheinander angewendet, um in Form einer Pipeline von hintereinander liegenden Arbeitsschritten die Texte entsprechend für digitale Methoden vorzubereiten. Auch wenn nicht immer alle Schritte angewendet werden, sind die wichtigsten Punkte, die im Folgenden erläutert werden, die Tokenisierung, Lemmatisierung, Part-of-Speach-Tagging, Parsing und Named Entity Recognition, wobei die Reihenfolge hier auch anzeigt, wie sehr das Verfahren als Standard angesehen wird: Ohne Tokenisierung funktionieren viele Verfahren nicht, Named Entity Recognition wird hingegen nur für einige Methoden benötigt. Es ist also notwendig, das Preprocessing je nach den folgenden Analyseverfahren anzupassen.

- Tokenisierung bedeutet, dass der Text in einzelne Wörter (Token) aufgeteilt wird. Das heißt, es findet ein Aufsplitten in einzelne Begriffe statt. In der Regel wird diese Unterscheidung anhand von Leerzeichen getroffen. Damit einher geht auch die Entfernung von Satz- bzw. Abkürzungszeichen bzw. deren Zuordnung als eigenes Token (vgl. Andresen/Zinsmeister 2019: 32).
- Um die Wörter (also Token) automatisch zu verarbeiten, werden sie in der Lemmatisierung auf ihre Grundform, das Lemma, zurücktransformiert. Damit wird zum Beispiel aus „Häusern“ wieder „Haus“, da die Unterscheidung für viele Verfahren keinen Unterschied macht – wichtig ist, dass das Konzept Haus thematisiert wird (vgl. Ignatow/Mihalcea 2017: 55 f.). Lemmatisierung umfasst strenggenommen das Hinterlegen jeder einzelnen Wortform für ein Textwort – es wird also für „bin“ auch die Grundform „sein“ sowie alle anderen möglichen Wortformen des Verbs „sein“ hinterlegt, also „bist“, „ist“, „sind“, „seid“, „sei“, „war“, „wäre“, „werde“, „würde“, „gewesen“ usw. (vgl. Andresen/Zinsmeister 2019: 10). Stemming ist ein Alternativverfahren für diesen Arbeitsschritt: Im Gegensatz zur Lemmatisierung werden hier nicht alle möglichen Formen eines Wortes hinterlegt, sondern das Wort auf seine Stammform zurückgebildet: „Häuser“ also zu „Häus“. Bei Verben wird dieses Stemming oft schwieriger, denn wie sollte der Wortstamm zu „sein“ aussehen? Ich halte Lemmatisierung für das zielführende Verfahren, aber das ist eine eher subjektive Vorliebe.
- Part of Speech Tagging (POS) ordnet die einzelnen Wörter ihren Wortarten zu, also „Haus“ = „Nomen“. Dies wird mit einem Tagset realisiert, in dem den häufigsten Begriffen einer Sprache die jeweilige Wortart zugeordnet wird – dafür müssen wir erst Lemmatisieren, um die Grundform zu haben. Es gibt zunehmend auch Verfahren im maschinellen Lernen, die hier sehr gute und sogar bessere Ergebnisse liefern als diese regelbasierten Verfahren.
- Parsing ist die Aufschlüsselung nach syntaktischen Relationen, also Bezügen zwischen den einzelnen Wörtern bzw. Tokens: Für jeden Satz im Text werden Subjekt, Prädikat, Objekt und andere grammatische Strukturen ausgezeichnet. Das ist je nach Textform alles andere als trivial und wird meist ebenfalls mit maschinellem Lernen erledigt – oder regelbasiert ganz ohne Maschine mit viel manueller Arbeit.

- Named Entity Recognition (NER) erkennt schließlich mittels Statistik die Namen von Personen, Institutionen oder Orten im Text und ordnet die jeweiligen Treffer einander zu. Allerdings wird erst in manuellen Weiterbearbeitungen, wie der Korefenzannotation, erkannt, wenn mehrere Begriffe die gleiche Entität meinen (vgl. Ruelens 2022). Dass „Angela Merkel" und „Bundeskanzlerin" synonym zueinander sind, ist im Jahr 2022 noch eindeutig, da bisher nur eine weibliche Bundeskanzlerin amtierte. Aber bei der männlichen Form „Bundeskanzler" brauchen wir weitere Informationen, die nicht eindeutig modellierbar sind. Insbesondere weil in diesem Beispiel danach unterschieden wird, um welchen Zeitraum es gerade im Text geht, scheitern die Standardverfahren der NER. Damit sind wir auch an den Grenzen dessen, was computationell erledigt werden kann. Deshalb werden je nach Forschungsfrage Textdaten auch mit manuellen Annotationen weiter vorbereitet.

„Ich hätte es nicht gewagt!" wird zu:

```
Ich    _ich   _PPER  _case=nom|number=sg|gender=*|person=1    -1   2    _SUBJ
hätte  _haben _VVFIN _number=sg|person=1|tense=past|mood=subj -1   0    _S
es     _es    _PPER  _case=nom|number=sg|gender=neut|person=3 -1   2    _EXPL
nicht  _nicht _PTKNEG        _     _                          -1   5    _ADV
gewagt _wagen _ADJD  _degree=pos                              -1   2    _ADV
!      _--    _$.            _     _                          -1   0    _ROOT
```

Grafik 16: Textdaten – Datenaufbereitung mit NLP-Verfahren. Eigene Darstellung

► Grafik 16 zeigt ein Beispiel für einen Satz aus einem mit NLP-Verfahren bearbeiteten Bundestagsprotokoll. Wenn wir solche MarkUps verwenden, wird der Text nur noch schwer für Menschen lesbar, dafür aber umso besser für Maschinen, denn wir haben unstrukturierten Text nun strukturiert. Sie sehen, in dieser mit Tabulatoren abgetrennten Tabelle (die als TXT-Datei gespeichert wird) stehen die Grundformen nach jedem Wort, auch für das Satzzeichen gibt es eine eindeutige Bezeichnung, hier das Dollar-Zeichen, das für alle Satzzeichen die Klasse markiert. Die Abkürzungen stehen für ein bestimmtes Annotationssystem, hier das Stuttgart-Tübingen-Tagset, das Wortarten definiert. Danach folgen weitere Zuordnungen. Nur wenn wir den entsprechenden Standard kennen, können wir diese Tabelle entschlüsseln – und auch computationelle Verfahren funktionieren natürlich nur, wenn wir die entsprechenden Datenstrukturen und Standards kompatibel miteinander halten, also sozusagen Schloss und Schlüssel zueinander passen. Das Beispiel in ► Grafik 16 ist nicht im weit verbreiteten Standard der Text Encoding Initiative (TEI) geschrieben (vgl. ► Beispielstudie: Verschiedene Aufbereitungen und Nutzungen der Proto-

```
<?xml version="1.0" encoding="UTF-8"?>
<TEI xmlns="http://www.tei-c.org/ns/1.0">
    <teiHeader>
        <fileDesc>
            <titleStmt>
                <title>Hallo Welt!</title>
            </titleStmt>
            <publicationStmt>
                <p>Demo für Wikipedia</p>
            </publicationStmt>
            <sourceDesc>
                <p>Originales Werk, keine Vorlage</p>
            </sourceDesc>
        </fileDesc>
    </teiHeader>
    <text>
        <body>
            <p>Hallo Welt!</p>
        </body>
    </text>
</TEI>
```

Grafik 17: Textdaten – Datenaufbereitung nach TEI. https://de.wikipedia.org/w/index.php?title=Text_Encoding_Initiative&oldid=201809020

kolle des Deutschen Bundestages), sondern in NLP-Syntax und damit wesentlich kleinteiliger zerlegt.

Bei Wikipedia findet sich das in ▸ Grafik 17 dargestellte Beispiel für TEI. Dort wird in den ersten Zeilen definiert, auf welchen Standard sich bezogen wird (das fehlt bei den selbst erstellen NLP-Dateien, bzw. diese Info liegt in einem getrennten Dokument). TEI basiert darauf, alle Informationen in einem Dokument zu sammeln, deshalb können diese Header auch mal sehr umfangreich werden. Dann kommen einige Definitionen und schließlich der Titel sowie eine Quellenangabe und danach der eigentliche Text (der in diesem Fall mit dem Titel identisch ist). Nach meiner Einschätzung bewährt sich für viele geistes-, sozial- und kulturwissenschaftliche Verfahren NLP besser, da wir hier eine stärkere Textaufbereitung haben – TEI ist eher für digitale Publikationen gedacht, wie sie die Literaturwissenschaften machen, also für die Darstellung von fertig bearbeiteten Texten und weniger für die Analyse von Texten selbst.

Für alle diese NLP-Schritte gibt es Tools ebenso wie Pakete für die gängigen Programmiersprachen, sodass die Verfahren recht einfach selbst umzusetzen sind. Entsprechende konkrete Hinweise sind im ▸ Glossar aufgelistet. Einige NLP-Verfahren können nicht nur in der Vorbereitung für bestimmte Analysen, sondern auch in unseren Analysen selbst hilfreich sein: Durch das Auszeichnen von einzelnen Begriffen und Entitäten ist es möglich, diese in großen Textmengen zu identifizieren – wenn wir also NER nutzen, um Akteure zu finden, zu quantifizieren und zu vergleichen, kann dieses Aufbereitungsverfahren in unserer Analyse verwendet werden. Relationen können durch die Beziehung zwischen verschiedenen Entitäten aufgezeigt werden (die wiederum vorab definiert und gefunden werden müssen), etwa mit Netzwerkanalyse oder Syntaxprofilen.

Nicht immer sind die aufwendigsten Verfahren die zielführendsten. So stellt zum Beispiel Laura Nelson fest, dass, wenn wir das menschliche Handeln des Zuordnens von Kategorien innerhalb von Texten (also das Aufteilen von Text in Bedeutungseinheiten) erledigen wollen, eher einfache Verfahren hilfreich sind und zum Beispiel Named Entity Recognition viel aussagekräftiger ist als Topic Modeling (Nelson 2020: 18–19, vgl. zum Topic Modeling ▸ Kapitel 5.4). Ich möchte ergänzen, dass in anderen Fällen gerade die Verfahren hilfreich sind, die anders als wir Menschen vorgehen und uns damit einen querliegenden Blick auf unser unbekanntes Material ermöglichen.

Wir verwenden hier in vielen Bereichen Verfahren, die eigentlich für kommerzielle Interessen entwickelt wurden oder stärker aus der Analyse von Textstrukturen kommen, also aus der Computerlinguistik, die weniger nach Bedeutungen und Kontexten fragen, als wir das als Geistes-, Sozial- und Kulturwissenschaftler:innen tun. Methodische Standards für unsere Anwendungen müssen sich, wie so oft in den digitalen Methoden, erst noch etablieren (vgl. Manderscheid 2019: 1114).

Bevor oder während einzelne Verfahren genutzt werden, müssen wir uns entscheiden, in welche Analyseeinheiten wir unsere Textdaten unterteilen – je nachdem kann es zum Beispiel sinnvoll sein, jeden Tweet oder Medienbericht einzeln abzuspeichern, oder größere Einheiten zu bilden. Längere Texte, wie etwa Interviewtranskripte, sollten in einigen Fällen aufgeteilt werden. Wie so oft kommt es auf unsere Forschungsfrage an, die auf diese Entscheidung großen Einfluss hat. Wenn uns interessiert, wie unterschiedliche Personen tweeten, kann es zum Beispiel viel mehr Sinn machen, alle Tweets einer Person als eine Textdatei zusammenzufassen und weiterzuverarbeiten.

Übungsaufgabe zu NLP

Das eigene Datenkorpus mit NLP-Methoden untersuchen: Bereiten Sie Ihr Korpus von Textdaten auf, falls Sie dies noch nicht in der ▸ Übungsaufgabe zu Kapitel 4.6 getan haben. Hierfür können Sie ohne Programmierkenntnisse das Tool Nopaque nutzen, das NLP-Verfahren in einer klickbaren Programmstruktur anbietet. Alternativ bietet die Python-Bibliothek SpaCy viele der gängigen Funktionen. Beide sind im ▸ Glossar beschrieben. Bevor Sie starten, überlegen Sie genau, welche der im Kapitel vorgestellten

Verfahren für Ihre nächsten Arbeitsschritte relevant sind. So ist etwa die NER nur zielführend, wenn für Ihre Fragestellung Entitäten wichtig sind oder Sie in einem weitergehenden Verfahren wie der Sentimentanalyse Auswertungen entsprechend Entitäten-zentriert nutzen möchten.

Speichern Sie Ihre Datensätze nach der Aufbereitung neu ab, damit Sie im Zweifelsfall Zugang zu den vorherigen Versionen haben. Hierbei sind auch Fragen der Ordnerstrukturierung und der Dateibenennung relevant (vgl. ▸ Kapitel 2.2).

5.3 Text-Mining-Verfahren

In diesem Kapitel erfahren Sie

- warum Text Mining ein Sammelbegriff ist;
- wie aus unstrukturiertem Text computationell Informationen extrahiert werden können;
- was Frequenzanalysen, Term Frequency – Inverse Document Frequency, Keywords in Context und Kollokationen sowie nGramms sind;
- wie sich Verfahren mit semantischen Bezügen von Bag-of-Words-Ansätzen unterscheiden;
- was Word Embeddings sind und warum sie für qualitative Forschungen nur bedingt aussagekräftig sind.

Text Mining steht für ganz verschiedene Verfahren, mit denen Informationen aus unstrukturierten Texten herausgearbeitet werden sollen. Es handelt sich um einen Sammelbegriff für verschiedene Verfahren zur Strukturierung und Visualisierung von (unbekanntem) Text. Text Mining ist natürlich eng mit dem verbunden, was bereits zu Textdaten thematisiert wurde (vgl. ▸ Kapitel 3.2): Textdatensätze müssen aufbereitet werden, je nach Auswertungsverfahren unterschiedlich. Die konkreten Methoden sind dabei vielfältig: Wenn wir Ignatow und Mihalcea folgen, können wir darunter ganz unterschiedliche Verfahren fassen:

> „Text mining processes typically include information retrieval (collecting or identifying a set of texts) and applications of advanced statistical methods and natural language processing such as part of speech tagging and syntactic parsing (…), named entity recognition (the use of statistical techniques to identify named text features such as people, organizations, and place names); disambiguation (the use of contextual clues to decide where words refer to one or another of their multiple meanings …); and sentiment analysis, which involves discerning subjective ma-

terial and extracting various forms of attitudinal information such as sentiment, opinion, mood, and emotion." (Ignatow/Mihalcea 2017: 4)

Wir haben also Information Retrieval zur Identifizierung von spezifischen Texten, statistische Methoden sowie NLP mit seinen Unterpunkten (vgl. ▸ Kapitel 5.2). Dazu gehören aber auch Verfahren der Disambiguierung, also der Auflösung von Mehrdeutigkeiten mit dem Kontext des jeweiligen Wortes, und Sentimentanalysen, die positive und negative Wortbedeutungen herausarbeiten sollen. (Ignatow/Mihalcea 2017: 4; vgl. zum Verfahren ▸ Kapitel 5.7).

Auch hier gilt, dass wir oft mehrere Verfahren miteinander verbinden oder nacheinander anwenden, um fundierte Aussagen für unsere Fragestellung treffen zu können. Text Mining ist eng verbunden mit dem allgemeineren Konzept des Data Minings, das auch ohne Bezug auf die Geistes-, Sozial- und Kulturwissenschaften eine wichtige Rolle in den Data Sciences spielt. Ich denke, die Bezeichnung ist in beiden Fällen bildlich. „To mine for something", das steht in der Übersetzung für das Abbauen oder Zu-Tage-Fördern von Rohstoffen: Wir suchen also mit Mining-Verfahren sozusagen nach dem Gold oder nach der Kohle im wertlosen Gestein: Wir wollen nicht alle Informationen eines Textes, nicht alle Steine, sondern ganz bestimme Informationen, die wir durch den gezielten Rohstoffabbau gewinnen können.

Während Data Mining häufig auf Trace Data basiert und in der Regel auf zahlenförmige Daten angewendet wird (Manderscheid 2019: 1103), haben wir es im Text Mining (wie der Name schon sagt) mit Textdaten zu tun. Für die Verfahren des Text Mining ist die Computerlinguistik wiederum, wie schon in der Aufbereitung der entsprechenden Datensätze (vgl. ▸ Kapitel 4.6), zentral. Mit den dort entwickelten Verfahren können wir viel über die Texte und Wörter in ihren Zusammenhängen herausfinden. Statistische Eigenschaften von Text, wie etwa die Korrelationen, werden hier verwendet, um große Textmengen (teil-) automatisiert zu strukturieren. Gleichzeitig nehmen wir damit in Kauf, dass viele Tools nicht auf die Geistes-, Sozial- und Kulturwissenschaften ausgerichtet sind. Sie sind für linguistische Interessen konzipiert und wir nutzen sie um, damit wir spezifische Schritte des Text Minings realisieren können. Besonders intuitiv zu benutzende Tools sind im ▸ Glossar aufgeführt.

Es geht darum, aus unstrukturiertem Text Informationen automatisch zu extrahieren. Dabei möchten wir nicht (nur) jede Nennung eines Wortes auffinden, also einfaches Suchen und Zählen anwenden, sondern wir ermitteln „Eigenschaften dieses Wortes aus dem Zusammenhang seines Vorkommens." (Lobin 2014: 107) Damit kann ein „Netz von Bedeutungen" (ebd.) nachvollzogen werden. Inhaltlich können wir unterscheiden in Methoden zum Finden von ganzen Texten und in Methoden zum Finden von spezifischen Textstellen innerhalb von Texten. Aber der Reihe nach.

Für Verfahren des Text Mining wird in den eher textfernen Verfahren auch von Scaleable oder Distant Reading gesprochen (vgl. ► Kapitel 5.1). In den Verfahren geht es also weniger darum, den Text tatsächlich zu lesen, sondern vielmehr darum, aus der Distanz oder skalierend andere Einsichten in den Datensatz zu erhalten.

Zunächst können wir Frequenzen für einzelne Wörter oder Wortfelder betrachten, die in der Regel als relative Frequenzen berechnet werden, um Unterschiede in der Textmenge auszugleichen (vgl. Andresen/Zinsmeister 2019: 27 f.). Das Verfahren der Term Frequency – Inverse Document Frequency (tf-idf) identifiziert dabei Wörter oder Textteile, in denen bestimmte Wörter überproportional häufig oder überproportional selten vorkommen (Jurafsky/Martin 2021). Mit diesen einfachen Häufigkeiten können wir direkt Visualisierungen erstellen. Wortwolken sind ein beliebtes Mittel zur Veranschaulichung geworden: Je größer der Begriff geschrieben ist, desto häufiger kommt er im untersuchten Text vor, so die intuitiv nachvollziehbare Darstellung. Aber diese Wortwolken betrachten keinerlei Kontexte, und oft werden noch nicht einmal Stoppwörter ausgeschlossen, also häufig vorkommende Funktionswörter wie „der", „die", „das" oder Jahreszahlen. Auch Artikel, Pronomen und Präpositionen sind sinnvollerweise im Vorfeld zu entfernen, weil sie einfach sehr oft in Texten vorkommen, ohne alleinstehend eine spezifische Bedeutung zu haben. Tools wie Voyant (vgl. ► Glossar) erstellen diese Wortwolken direkt auch aus unaufbereitetem Text. Sie werden jedoch aussagekräftiger, je mehr Preprocessing man betreibt, um etwa Füllwörter zu entfernen.

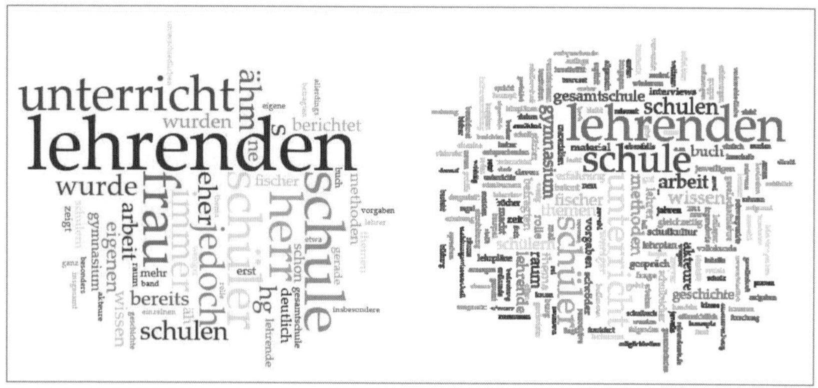

Grafik 18: Wortwolken aus Franken 2017, erzeugt mit Voyant Tools. Darstellung links ohne Stoppwort-Liste, rechts mit.

In ►Grafik 18 ist ein Beispiel für solche Wortwolken aus meiner Dissertation (Franken 2017) abgebildet. Links habe ich keine Stoppwörter hinterlegt, und man sieht: „Ähm“ ist eins der häufigsten Wörter, weil ich die Interviews silbengenau transkribiert habe und solche Äußerungen auch in den Zitaten in der Buchfassung meiner Arbeit stehen gelassen habe. Auch „Hg.“, als Abkürzung von „Herausgeber:innen“ steht hier, weil es oft in Literaturangaben vorkommt – aber beide Begriffe sind natürlich nicht erkenntnisfördernd. Rechts in der Grafik habe ich solche spezifischen Stoppwörter ausgeschlossen, also manuell eine Liste erstellt. Sie sehen, die wichtigsten Begriffe „Unterricht“, „Lehrende“, „Schule“ bleiben gleich, aber es folgen andere, themenbezogenere Begriffe. Für einen ersten Zugang dazu, worum es in diesem Text wohl gehen könnte, ist das schon hilfreich – aber wir haben noch keine Ahnung davon, in welchem Zusammenhang die Begriffe stehen könnten. Es handelt sich hier um ein textfernes Verfahren.

dem höheren Engagement vor allem darauf zurückzuführen ist, dass jüngere	Lehrende	ein anderes Stu-dium absolviert haben, in welchem zumindest
lässt sich wie folgt operationali-sieren: Welche Bedingungen wirken auf	Lehrende	ein, wo sind sie selbst gestaltende Akteure und entwickeln
Ziel hat. Die ganze Persönlichkeit der arbeitenden Akteure wird als	Lehrende	eingebracht, ihr kommt eine große Relevanz zu. Adorno kann
eingeschätzte Bücher zurückgegriffen. Mit Thöneböhn kann davon ausgegangen werden, dass	Lehrende	ent-weder das Buch als Leitmedium nutzen, es als
durch den Beamtenstatus und die dadurch bestehende finanzielle Absi-cherung.	Lehrende	entscheiden sich in der Regel für ihre gesamte berufli-
en Kernlehrpläne im Vergleich zu den vorherigen Vorgaben hin. Jüngere	Lehrende	erarbeiten sich Grundlagen auch weiterhin anhand einzelner Themenbereiche und
wird hier zwar reproduziert, doch geschieht dies individualisiert durch einzelne	Lehrende,	erst in der Zusammenschau des Unterrichts verschie-dener Lehr¬
darüber eine Ebene, auf welcher die Schulpolitik Normen vorgibt und	Lehrende	es sind, die sich an die Vorgaben anpassen müssen.
zurück. Das heute in Lehrplänen und zahlrei-chen Anleitungen für	Lehrende	festgeschriebene Methodenrepertoire hat sich erst in den letzten Jahrzehnten
hier dargestellten Ergebnisse gezeigt, wie stark die Perspektive durch engagierte	Lehrende	gebunden bleibt. Weitere relevante Aspekte können nicht ohne den
die Entscheidung zum Beruf Lehrer sind mehrere Faktoren aus-schlaggebend.	Lehrende	gehen laut bestehenden erziehungswissenschaftli-chen Studien davon aus, dass
untersucht werden, so zeigt sich schon an den vorrangig durch	Lehrende	genutzten Räumen, wie stark gebaute Ordnungen wirksam auf soziale
Geschichtsdidaktiker Bodo von Borries belegte in quantitativen Stu-dien, dass	Lehrende	gerade im Geschichtsunterricht vor allem auf die Text- und

Grafik 19: KeyWords in Context (KWiC) / Kookkurenzen / Kollokationen. Screenshot KWiC-Ansicht im Tool AntConc (Ausschnitt) mit dem Wort „Lehrende“ im Text Franken 2017.

Ein anderes grundlegendes und eigentlich einfaches Verfahren ist die Darstellung von KeyWords in Context, kurz KWiC. In ▸Grafik 19 wurde ein in der Wortwolke zentraler, also ein häufig verwendeter Begriff, im Tool AntConc (vgl. ▸Glossar) im Material gesucht, und wir sehen eine mögliche Ansicht (unten in der Spalte können die Einstellungen verändert werden, ich habe hier den Standard verwendet). Keywords in Context, der Name sagt eigentlich schon alles: Mit diesem Verfahren stellen wir Kontextwörter dar, d.h. den Bereich um ein gesuchtes Wort herum im Abstand von einer festgelegten Anzahl von Wörtern. Der linguistische Begriff hierfür ist die Kollokation oder Konkordanz. Das bedeutet, dass Wörter in einem (vorab durch die Forschenden festzulegenden) Fenster von Wörtern zusammen auftauchen, also z.B. innerhalb von fünf Wörtern rechts oder links vom eigentlichen Begriff (Manderscheid 2019: 1111). In Ergänzung können wir zum Beispiel noch Satzzeichen als Trennung einbeziehen, sodass nur Kollokationen innerhalb eines Satzes untersucht werden. Wir können damit ermitteln, welche Begriffe besonders oft zusammen auftauchen, die – so die Annahme – auch einen inhaltlichen Zusammenhang haben. Die verschiedenen Bezeichnungen mögen verwirren:

> „Begrifflich ist dabei meist von Kookkurrenzen oder Kollokationen die Rede. Kookkurrenz ist dabei ein sehr deskriptiver Begriff, der zunächst nur das gemeinsame Vorkommen meint. Kollokation ist demgegenüber stärker mit linguistischer Theorie aufgeladen und wird in unterschiedlichen Bedeutungen verwendet" (Andresen/Zinsmeister 2019: 29).

Je nach Fragestellung kann ein größeres oder kleineres Fenster sinnvoll sein, um Zusammenhänge als Kollokationen darzustellen. Manchmal ist sogar der Bezug auf einen ganzen Text zielführend, um etwa zu erkennen, in welchen Tweets ein Suchwort in welchem Kontext vorkommt.

Es handelt sich bei Kollokationen und der KWiC-Ansicht um ein textnahes Verfahren, in jeder Zeile steht ein Treffer aus dem Text (und das wäre auch über verschiedene Texte hinweg möglich). Dieses Verfahren wird in vielen Tools angeboten, auch in der Qualitative Data Analysis Software ist es mittlerweile Standard. Wir können uns damit einen Eindruck über den Zusammenhang verschaffen, in dem einzelne Begriffe jeweils verwendet werden. Besonders hilfreich ist es, wie in AntConc, wenn wir nach den Begriffen sortieren können, die häufig mit dem Suchwort eng zusammenstehen (Andresen/Zinsmeister 2019: 25f.).

Um nicht nur die Häufigkeiten von einzelnen Wörtern, sondern Kombinationen von Wörtern in ihrer Frequenz darstellen zu können, nutzen wir das Verfahren der nGrams. Dabei steht n für eine unbekannte Zahl: Bigramme stellen zum Beispiel eine Wortfolge von zwei Begriffen dar, Trigramme drei Begriffe und so weiter (Manderscheid 2019: 1109; Bubenhofer 2017). Wir suchen hier also nach einer zusammenhängenden Folge von Begriffen, die gemeinsam auftauchen (Berkelaar/Francisco-Revilla 2018: 41). Nicht die absolute Frequenz ist dabei interessant, dann würden nur einfache Wörter wie „der", „die", „das" in Verbindung mit häufigen Nomen des Textes das Ergebnis bilden. Stattdessen interessiert bei diesem Verfahren, ob zwei Wörter häufiger zusammenstehen, als das auf Grundlage der Frequenz der einzelnen Wörter anzunehmen wäre (Andresen/Zinsmeister 2019: 29), zum Beispiel „digitale Methoden" in diesem Band.

Bekannt sind nGrams durch die Entwicklung von Google, die nGrams in Google Books einfach zugänglich machen (vgl. ▶ Glossar): Hier können wir nachschauen, wie häufig Wortfolgen im Zeitverlauf in den von Google gescannten Büchern auftauchen – das Tool ist mit der Einschränkung zu nutzen, dass hier natürlich nur die Bücher gescannt vorliegen, die entsprechend rechtliche Freigaben haben, über die Gegenwart und jüngste Vergangenheit können wir also wenig Aussagen treffen.

Die bisher ausgeführten Verfahren verfolgen einen sogenannten Bag-of-Words-Ansatz, bei dem alle Wörter quasi in einem Sack einmal durchgeschüttelt werden und ihre spezifischen Kontexte und semantischen Relationen verlieren. Zentral für die Nützlichkeit von Text-Mining-Verfahren für unsere qualitativen Fragestellungen ist neben diesen eher einfachen, wortbezogenen Verfahren der Einbezug von Kontext in die Analyse, also der Bedeutung, welche einzelne Wörter durch den jeweiligen Kontext erhalten, in dem sie stehen. Das heißt, es geht bei weitem nicht nur um die rein statistischen Zusammenhänge, sondern auch um die semantischen Bezüge, also die Bedeutung der einzelnen Begriffe (Lemke/Wiedemann 2016: 2). Die semantischen Bezüge herauszuarbeiten ist dementsprechend eine zentrale Aufgabe (Ignatow/Mihalcea 2017: 107).

Hier sind insbesondere Fragen nach der Syntax relevant, also die Bezüge zwischen Wörtern innerhalb eines Satzes. Natürlich ist für die entsprechenden regelbasierten Verfahren die Aufbereitung der Daten im Vorfeld besonders wichtig, denn nur wenn wir die einzelnen Sätze sauber als solche identifiziert haben, können wir die syntaktischen und grammatischen Konstruktionen darin als Ausgangspunkt für unsere Analyse nutzen (vgl. Nelson 2020: 36). Wir können in der syntaktischen Dependenzanalyse Zuschreibungen zu bestimmten Begriffen identifizieren. Am Beispiel in ▶ Grafik 20 sehen wir die Darstellung im Digitalen Wörterbuch für die Deutsche Sprache (DWDS), das sogenannte Wortprofile erstellt – dabei werden häufige syntaktische Relationen in deren Referenzkorpus, also in dem vom Wörterbuch-Team selbst erstellen Datensatz, gezeigt, der repräsentativ für die deutsche Sprache der Gegenwart sein soll. Wir

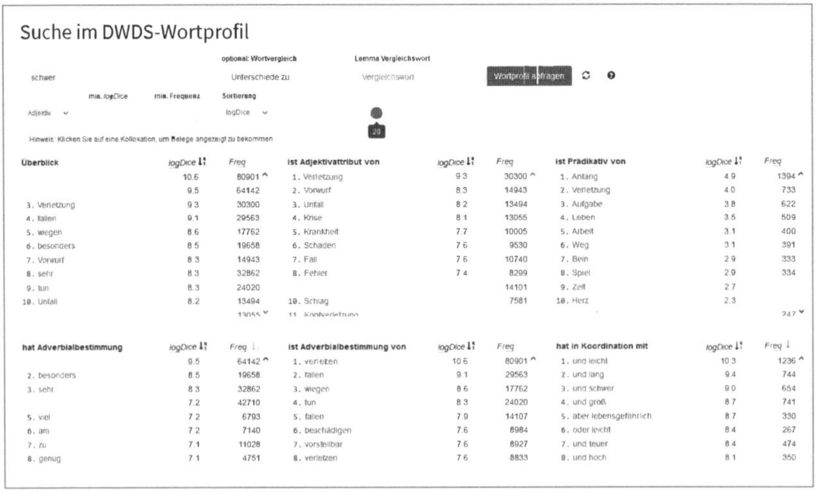

Suche im DWDS-Wortprofil

optional: Wortvergleich | Lemma Vergleichswort

schwer | Unterschiede zu | Vergleichswort | Wortprofil abfragen

min. logDice | min. Frequenz | Sortierung

Adjektiv | logDice | 20

Hinweis: Klicken Sie auf eine Kollokation, um Belege angezeigt zu bekommen

Überblick	logDice	Freq	ist Adjektivattribut von	logDice	Freq	ist Prädikativ von	logDice	Freq
	10.6	80901	1. Verletzung	9.3	30300	1. Anfang	4.9	1394
	9.5	64142	2. Vorwurf	8.3	14943	2. Verletzung	4.0	733
3. Verletzung	9.3	30300	3. Unfall	8.2	13494	3. Aufgabe	3.8	622
4. fallen	9.1	29563	4. Krise	8.1	13055	4. Leben	3.5	509
5. wiegen	8.6	17762	5. Krankheit	7.7	10005	5. Arbeit	3.1	400
6. besonders	8.5	19658	6. Schaden	7.6	9530	6. Weg	3.1	391
7. Vorwurf	8.3	14943	7. Fall	7.6	10740	7. Bein	2.9	333
8. sehr	8.3	32862	8. Fehler	7.4	8299	8. Spiel	2.9	334
9. tun	8.3	24020			14101	9. Zeit	2.7	
10. Unfall	8.2	13494	10. Schlag		7581	10. Herz	2.3	
		13055	11. Kopfverletzung					247

hat Adverbialbestimmung	logDice	Freq	ist Adverbialbestimmung von	logDice	Freq	hat in Koordination mit	logDice	Freq
	9.5	64142	1. verletzen	10.6	80901	1. und leicht	10.3	1236
2. besonders	8.5	19658	2. fallen	9.1	29563	2. und lang	9.4	744
3. sehr	8.3	32862	3. wiegen	8.6	17762	3. und schwer	9.0	654
	7.2	42710	4. tun	8.3	24020	4. und groß	8.7	741
5. viel	7.2	6793	5. fallen	7.9	14107	5. aber lebensgefährlich	8.7	330
6. am	7.2	7140	6. beschädigen	7.6	8984	6. oder leicht	8.4	267
7. zu	7.1	11028	7. vorstellbar	7.6	8927	7. und teuer	8.4	474
8. genug	7.1	4751	8. verletzen	7.6	8833	8. und hoch	8.1	350

Grafik 20: Wortprofil zum Begriff „schwer" mit syntaktischen Profilen im Digitalen Wörterbuch der Deutschen Sprache, Screenshot https://www.dwds.de/wp/schwer.

können solche syntaktischen Profile natürlich mit der entsprechenden Aufbereitung der Daten auch für unsere eigenen Textdaten erstellen, die vielleicht ein ganz anderes Profil ergeben würden, eben weil es spezifische Textdaten sind. Vor dem Hintergrund der Fragestellung können gezielt inhaltlich relevante Kollokationen gesucht werden. Syntaxprofile sind hilfreich für Einblicke in unbekanntes Material, wenn bereits eine gute Vorinformation der Forschenden zum Forschungsgegenstand besteht, wenn wir also schon viel zu dem untersuchten Thema wissen, aber das konkrete Textmaterial noch nicht kennen.

Bisher haben wir regelbasierte Verfahren betrachtet. Es gibt aber natürlich auch im Text-Mining Verfahren auf Grundlage von Machine Learning. Eins davon ist die Erstellung von Word Embeddings: Hier werden nicht einzelne Wörter gesucht, sondern die Kontexte, in denen Begriffe stehen, in die sie „embedded", also eingebunden, sind. Word Embedding erkennt ähnliche Begriffe über Texte hinweg oder innerhalb von Texten. Das funktioniert mittels des Herausarbeitens von semantischen Wortähnlichkeiten mittels Vektoren (vgl. Ignatow/Mihalcea 2017: 108 ff.): Um Ähnlichkeiten festzustellen, werden die lexikalischen Einheiten verglichen, die in Texten übereinstimmend sind. Je ähnlicher die Verwendung von Wörtern, desto näher liegen die entsprechenden Vektoren im Ergebnis zusammen. Ähnliche Vektoren für Wörter zeigen also verwandte Wörter an. Word2Vec ist eine verbreitete Umsetzung dieses Verfahrens, das von Google zur allgemeinen Nutzung vorbereitet wurde, allerdings vor allem als Programmcode zur Verfügung steht.

Für dieses Verfahren müssen wir als Ausgangspunkte einerseits Begriffe wählen, deren Ähnlichkeit über das Textmaterial hinweg verglichen wird. Wir benötigen hier andererseits eine große Textmenge, um genügend Material für das unüberwachte Lernen des Algorithmus zu haben. Das Verfahren ist insofern begrenzt (Ignatow/Mihalcea 2017: 113), als dass nicht alle Bezüge gefunden werden – nämlich nur die, welche semantisch bedingt sind. Das Verfahren kann dabei helfen, ein noch recht unbekanntes Thema weiter auszudifferenzieren und weitere Begriffe für die folgenden Rechercheschritte zu identifizieren. Es zeigt auch neue Zusammenhänge in Texten. Allerdings ist fraglich, ob neue Zusammenhänge zu einem in das Verfahren gegebenen Begriff noch großartig neue Erkenntnisse bringen, wenn der Begriff bereits identifiziert wurde und eine entsprechend für das Machine Learning ausreichende Menge an Text als Korpus generiert wurde, wofür wir ja ebenfalls Begriffe für die Suche benötigen. Das Verfahren ist aber bedeutsam, wenn wir mit einem Set an Wörtern auf die Suche nach ähnlichen Wörtern gehen, also Word Embeddings als eine Art Vorbereitung verstehen, um Bedeutungen aus unserem Material herauszuarbeiten (vgl. Adelmann et al. 2019).

NLP bildet sozusagen den Rahmen des Text Mining. Die Verfahren können nicht nur in diesem Bereich eingesetzt werden, sondern zum Beispiel auch für linguistische Fragestellungen. Es verhindert auch, dass Text Mining nur auf der Oberfläche von Wörtern bleibt, indem es sich die bekannten Strukturen von Wörtern in ihren Kontexten zu Nutze macht und damit präzisiere Ergebnisse ermöglicht.

Übungsaufgaben zum Text Mining

Als Datengrundlage können Sie in beiden Aufgaben einen eigenen Datensatz verwenden oder beispielsweise das Foodblog-Korpus von Andresen und Zinsmeister (2018) unter http://doi.org/10.5281/zenodo.1410462 nachnutzen. Falls Sie das Foodblog-Korpus verwenden, suchen Sie z. B. nach einzelnen Zutaten, wie etwa Mehl oder Salz. Welche Informationen finden Sie über die Verwendung dieser Zutaten? Welche Aussagen können Sie zu den Datensätzen treffen, wenn Sie nach Begriffen wie „super", „toll" oder „einfach" suchen, in welchen Zusammenhängen werden diese Begriffe verwendet?

Text-Mining-Grundlagen umsetzen: Nutzen Sie das Tool AntConc (vgl. ▸ Glossar) und machen Sie sich über eines auf der Webseite verlinkten Tutorials mit den wichtigsten Funktionen vertraut. Laden Sie einen Datensatz und gehen Sie die Registerkarten des Tools durch. Lesen Sie sich auch die Dokumentation des Tools durch bzw. schauen Sie sich die zugehörigen Video-Tutorials an. Was könnten Mehrwerte der hier nutzbaren Verfahren für Ihre eigenen Forschungen sein? Auf welche Zusammenhänge stoßen Sie im Material?

Falls Sie eine der Aufgaben zum Topic Modeling absolvieren (vgl. ► Übungsaufgabe Kapitel 5.4), suchen Sie mithilfe von AntConc nach wichtigen Begriffen, die in Ihrem Topic Model vorgekommen sind.

Text Mining für Fortgeschrittene: Wenden Sie das Jupyter Notebook „Practical Introduction to Text Mining“ (auf GESIS Notebooks, vgl. ► Glossar) von Andreas Niekler und Arnim Bleier an. Dadurch erhalten Sie eine praktische Einführung in Verfahren des Text Mining. Reflektieren Sie auch hier: Was könnten Mehrwerte der hier nutzbaren Verfahren für Ihre eigenen Forschungen sein? Auf welche Zusammenhänge stoßen Sie im Material?

5.4 Topic Modeling

In diesem Kapitel erfahren Sie,

- was ein Topic-Modeling-Algorithmus berechnet;
- was Topics in diesem Zusammenhang bedeuten;
- warum die Anzahl von Topics die ausgegebene Topic-Term-Matrix stark beeinflusst;
- inwiefern Ausprobieren beim Topic Modeling bedeutsam ist;
- welche Relevanz der Stoppwortliste und anderen Preprocessing-Schritten bei diesem Verfahren zukommt;
- warum Topic Modeling besonders gut mit qualitativen Forschungsprozessen verbunden werden kann.

Ein Verfahren aus dem Unsupervised Machine Learning möchte ich genauer darstellen, da es im Text Mining neben den regelbasierten Verfahren eins der meistgenutzten Verfahren ist, um Aussagen zu großen, unbekannten Textmengen machen zu können und auch für qualitative Zugänge besonders hilfreich ist. Es geht um das Topic Modeling, wörtlich übersetzt die Modellierung von Themen. Im Grundansatz bezeichnet Topic Modeling ein Verfahren des Machine Learning, welches die Grundannahme ausarbeitet, dass in jedem Text mehrere Themen in unterschiedlicher Intensität behandelt werden. Dabei wird in Form von Soft Clustering ein Zusammenhang zwischen Wörtern angenommen, wenn diese im analysierten Text häufig zusammen auftauchen – diese bilden die Themen, die Topics (Blei 2012). Diese Zusammengehörigkeit wird über gemeinsames Auftauchen in Texten geclustert, also eine Kookkurrenz oder Kollokation, wie wir sie auch schon bei den Keywords in Context kennengelernt haben (vgl. ▶ Kapitel 5.3). Es geht hier allerdings um allgemeinere Zusammengehörigkeit zwischen den Begriffen als etwa in den Kollokationen, da die Begriffe nur innerhalb des (vielleicht auch sehr langen) Textes stehen müssen (Manderscheid 2019: 1112). Entsprechend relevant ist für die Qualität der Ergebnisse auch bei diesem Verfahren die Aufbereitung des Textkorpus mit Methoden des Preprocessing (vgl. ▶ Kapitel 4.6), also etwa die Speicherung des Textes in einzelnen, bereinigten Dokumenten, und je nach Ziel der Analyse auch NLP-Verfahren (vgl. ▶ Kapitel 5.1) wie etwa die Lemmatisierung sowie die Entfernung von Stoppwörtern.

Beim Topic Modeling wird, im Gegensatz zu regelbasierten Verfahren wie der Kookkurrenz, das Berechnen des gemeinsamen Auftauchens von Begriffen einem Algorithmus überlassen: Die Frage, wann denn eigentlich zwei Begriffe kookkurrent sind, wird nicht mehr durch einen bestimmten Abstand zwischen zwei Begriffen im Text regelbasiert festgelegt, sondern über Wahrscheinlichkeiten errechnet. Im Hintergrund steht aber die Annahme, dass in jedem Dokument ein Set von bestimmten Themen enthalten ist: Das Verfahren versucht nun diese Themen zu ermitteln (vgl. Nelson 2020: 17). Am Anfang wird hier kein Thema vorgegeben, sondern dieses wird nach einer anfänglichen zufälligen Annahme mit dem Algorithmus in iterativen Durchgängen erstellt, sodass sich nach und nach Wörter herauskristallisieren, die in den eingegebenen Texten oft gemeinsam auftreten. Die Tools arbeiten mit lemmatisierten Texten und mit einfachen TXT-Dateien, Stoppwortlisten schließen auch hier wieder bestimmte Begriffe aus. Ausgegeben wird, nach den Durchläufen der Zusammenstellung von Themen, eine Liste von Themen in Form von Begriffen, die gemeinsam mit anderen auftauchen – die Topic-Term-Matrix. Die zweite Ausgabe ist eine Liste mit einer Frequenz zu jedem Text und jedem Thema (also der Darstellung dazu, wie häufig welches Thema in welchem Text auftaucht), die sogenannte Document-Topic-Matrix (Ignatow/Mihalcea 2017, 157 ff.).

Die Topic-Term-Matrix, in welcher verschiedene Wörter einem Topic zugeordnet werden, nummeriert zunächst die Topics durch. Sie ist insbesondere in Kombination mit der Document-Term-Matrix sinnvoll weiterzuverwenden, wo die Topics die Spalten bilden und in den Zeilen die eigentlichen Texte stehen. Dort, wo ein Topic besonders häufig vertreten ist, wird dies entsprechend durch den Wert angegeben – und wir können sehen, in welchen Texten ein bestimmtes Topic stark vertreten ist oder welche Texte aufgrund der Verteilung besonders interessant sein könnten.

Um das zu verdeutlichen, zeigt ▶ Grafik 21 eine Darstellung, die aus dem grundlegenden Aufsatz von David Blei aus dem Jahre 2012 übernommen wurde, der ein bis heute gängiges Standardverfahren entwickelt hat, die Latent Dirichlet

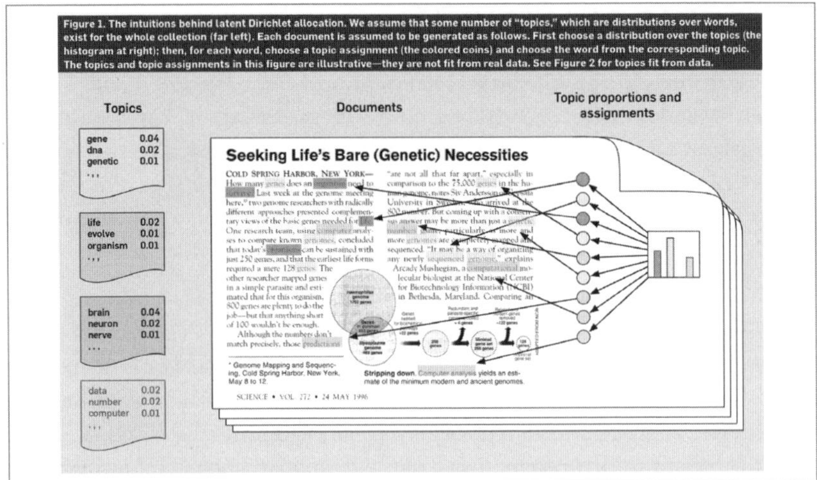

Grafik 21: Grundverfahren von Topic Modeling mit Latent Dirichlet Allocation (LDA) nach Blei 2012: 78.

Allocation (LDA): Eine Anzahl von Topics wird als gegeben angenommen, das ist neben den Texten der zentrale Input von uns als Forschenden. Diese Topics werden in Wortlisten dargestellt, sie stehen hier im Ergebnis links als Datenblätter. Im Text in der Mitte sehen wir schon, dass einige Begriffe mit den entsprechenden Schattierungen hinterlegt sind, also dem entsprechenden Topic zugeordnet werden. Einige Topics tauchen in diesem Text (dahinter liegen in der Grafik weitere Texte) mehr und andere weniger auf.

Wie schon erwähnt geben wir in dieses unüberwachte Verfahren Texte hinein sowie die Vorgabe, wie viele Topics wir generieren möchten. Das ist zentral und entscheidet darüber, wie feinteilig die Topics ausdifferenziert sind: Die verwendeten Zahlen reichen, je nach modelliertem Text und Ziel der Berechnung, von ca. 30 bis 200 Topics. Gerade in sehr heterogenen Datensätzen kann es hilfreich sein, eher viele Topics zu wählen, und innerhalb dieser Topics noch einmal Cluster zu bilden (Nelson 2020: 37). In der Regel wird die Zahl von Topics durch ausprobieren ermittelt: Das Verfahren wird laufen gelassen, die Topics im Ergebnis manuell überprüft und entschieden, ob mehr oder weniger Topics wohl besser die gewünschte Granularität widerspiegeln. Natürlich müssen diese Überlegungen und Experimente dokumentiert und in der Darstellung der Analyse transparent gemacht werden (vgl. zur Organisation von solchen den Prozess begleitenden Notizen ►Dokumentation des digital erweiterten Forschungsprozesses). Mit entsprechenden Tools, wie zum Beispiel Mallet (vgl. ►Glossar), dauert das eigentliche Berechnen von Topics nur wenige Minuten – die Interpretation und Setzung der entsprechenden Rahmen ist das Zeitaufwendige bei diesem Verfahren. Wir haben als Forschende auch noch die Möglichkeit, die Anzahl der Iterationen festzulegen, also wie viele Male die Texte daraufhin durchgegangen werden sollen, wo Wörter zusammen auftauchen. Hier sind hohe Werte sinnvoll, die Standardeinstellung liegt etwa bei 1.000 Durchgängen (aber auch das ist letztliche eine Einstellung, die wir nur durch ausprobieren setzen können).

Ein nicht zu unterschätzender Input unsererseits ist außerdem die Stoppwortliste. Die Erstellung solcher Listen von nicht zu berücksichtigenden Begriffen gehört streng genommen zur Aufbereitung der Datensätze, kann aber im Nutzen von Analyseverfahren wiederum angepasst werden, um die eigenen Ergebnisse im Ausprobieren zu verbessern. Es gibt vorgefertigte Listen für die verschiedenen Sprachen, die wir aber je nach Anwendungsfall ergänzen müssen – wir können hier natürlich auch Verfahren kombinieren und zum Beispiel durch Word Embeddings Begriffe identifizieren, die beim Topic Modeling nicht berücksichtigt werden sollen. Der Text wird quantifiziert, denn jedes Wort im Text wird einem Topic zugeordnet – und weil wirklich jedes Wort einem Topic zugeordnet wird, ist die Stoppwortliste besonders wichtig, um nicht unnütze Topics zu bekommen. Wenn wir hier nicht ordentlich vorarbeiten, haben wir wahrscheinlich Topics, die nicht inhaltlich, sondern eher formal sind.

Mit allem, was mit verschiedenen Wortbedeutungen oder Konstruktionen aus mehreren Wörtern wie etwa Verneinungen zusammenhängt, kommt das Topic Modeling nicht gut klar: Alle Wörter werden, egal in welchem Kontext, als einzelne Token gezählt und über die Iterationen einem Topic zugeordnet – wir haben also auch hier ein Bag-of-Words-Verfahren. Wenn wir Verfahren kombinieren und Tokenisierung oder die Bildung von nGrams (vgl. ▸ Kapitel 5.3) nutzen, um Mehrwortkombinationen zusammenzuhalten, kann das Problem umgangen werden. Die ohne Programmierkenntnisse nachnutzbaren Tools zum Topic Modeling (vgl. ▸ Glossar) sind allerdings nicht auf solche Vorverarbeitungen ausgerichtet, sodass Aufwand und Nutzen je nach Forschungsprojekt abgewägt werden müssen. Außerdem sind die nach der Berechnung ausgegebenen Topics in ihrer Verteilung nicht reproduzierbar. Da jedes Mal neu gerechnet wird, werden auch jedes Mal leicht abweichende Ergebnisse herauskommen. Aber wenn wir eine ausreichende Menge von Iterationen vornehmen, sollten sich die oft gemeinsam vorkommenden Begriffe klar herauskristallisieren und sich die Topics nur noch minimal voneinander unterscheiden.

Natürlich können wir, basierend auf diesen Daten und vielleicht weiteren Metadaten, die wir über unsere Textdaten im Vorfeld gesammelt haben (zum Beispiel Angaben zum Erstellungszeitpunkt, zu Autor:innen oder zu Publikationsorten) davon ausgehend weitere Statistiken erstellen und so unsere je spezifischen Perspektiven auf das Material gewinnen. Relevant ist außerdem die Länge der Texte, die als Input verwendet werden: Ob etwa ein Buch als ein Dokument zählt oder in seine Kapitel zerteilt verwendet wird, hat große Auswirkungen auf den Output.

Topic Modeling ist ein Verfahren des Unsupervised Machine Learning und kann deshalb induktive und abduktive Prozesse unterstützen. Es steht nie für sich allein, sondern gibt uns Hinweise auf mögliche Blickrichtungen. Es liefert keine klaren Zählungen, sondern Hinweise über das Material – es ist Aufgabe der Forschenden, aus diesen Modellen Interpretationen zu erstellen und Bedeutungen zu sehen. So kann im qualitativen Forschungsprozess beispielsweise theoretisches Sampling (Morse 2007; Draucker et al. 2007) von computationellen Methoden übernommen werden, das Codieren (Holton 2007) kann nur unterstützt werden durch Topic Modeling, während die Forschenden manuell kodieren. Für die Diskursanalyse halten Jacobs und Tschötschel fest, was auch allgemeiner gilt: „the algorithm provides the analyst with a condensation or transformation of a large corpus upon which the analyst then releases the analysis itself." (Jacobs/Tschötschel 2019: 475) Das Verfahren ermöglicht es auch, sehr ungewöhnliche Fälle (Texte) mit vielen durchschnittlichen Texten (bzw. Fällen) zu vergleichen und die ungewöhnlichen Texte herauszufiltern (Jacobs/Tschötschel 2019: 477). Topic Modeling kann auch zur Validierung genutzt werden, um Nuancen und Veränderungen aufzuzeigen und um Wiederholungen im Material sichtbar zu machen (Jacobs/Tschötschel 2019: 478). Meist wird Topic Modeling als Verfahren zum Explorieren eines Korpus genutzt, wie eine Vergleichsstudie (Du 2019) ergeben hat: Es wird zum Klassifizieren von Textdokumenten verwendet, als Grundlage für die Visualisierung etwa in Form von den bereits genannten Wordwolken, aber auch in Heatmaps oder als Netzwerke, besonders eben auch in Kombination mit Metadaten zu den jeweiligen Textdokumenten.

In der Anwendung des Verfahrens selbst ist insbesondere die Anzahl der erzeugten Topics entscheidend und sollte in mehreren Durchläufen ausprobiert werden: Je mehr Topics erzeugt werden, desto feingliedriger ist die Unterscheidung, sodass ab bestimmten Punkten Dopplungen und Überschneidungen zwischen den Topics – zumindest für die menschlichen Betrachtenden – auftreten. Wie feinteilig die Untergliederung sein sollte, probiert man mit den eigenen Materialien am besten aus. Im Anschluss an die Erkundung von generierten Topics sollte in jedem Fall eine qualitative Auswertung von besonders aussagekräftigen Texten folgen, die anhand von Besonderheiten oder Häufungen von Topics identifiziert werden können. Es bleibt aber von den Forschenden und ihrer Interpretation und auch Subjektivität abhängig, welche einzelnen Topics für eine genauere Analyse herausgegriffen werden (vgl. Jacobs/Tschötschel 2019: 482).

Gut fassen die Bedeutung des Verfahrens auch Lemke und Wiedemann zusammen:

> „Die Modelle maschinellen Lernens erlauben dabei nicht nur eine Extraktion globaler Kontexte aus der gemeinsamen Beobachtung einer Vielzahl von Dokumenten – beispielsweise die Identifikation eines thematischen Clusters als latenter Sinnzusammenhang in einer Textkollektion. Sie modellieren darüber hinaus gleichzeitig die Beziehungen zwischen den globalen Kontexten und den lokalen Kontexteinheiten – zum Beispiel der Anteil eines Themas an jedem einzelnen Dokument in der Textkollektion." (Lemke/Wiedemann 2016: 3)

Auch Waldherr et al. (2017: 439) stellen fest, dass Topic Modeling als ein dem induktiven Vorgehen nahekommendes Verfahren geeignet ist, um Muster in Texten zu erkennen und irrelevante Texte aus einem verrauschten Datenset (das also viel nicht relevantes Material enthält) auszuschließen.

In der Summe ist Topic Modeling ein guter Weg, um Themen zu identifizieren – auch, weil der Ansatz dem von Geistes-, Sozial- und Kulturwissenschaftler:innen so gut entspricht, mehrere Bedeutungen in einem Text anzunehmen. Der Output entspricht außerdem recht gut den Annahmen von Menschen und ist gut interpretierbar, mit den Listen können wir uns auch ohne technisches Detailwissen intensiv beschäftigen (Nelson 2020: 17 f.). Gleichzeitig müssen wir uns darüber bewusst sein, dass wir als Forschende hier zentral Einfluss nehmen, insbesondere über die Zahl der zu generierenden Topics, die wir nur nach der Nutzbarkeit der Ergebnisse bewerten können, und damit methodologisch unreflektiert festlegen müssen: Warum nun diese Anzahl von Topics sinnvoll ist, kann man als sehr subjektive Bewertung auffassen (Nelson 2020: 18). Außerdem gibt es nicht nur aufgrund der fehlenden Reproduzierbarkeit der eigentlichen Berechnungen (die als Unsupervised Learning eine Black Box für uns bleiben) eine Bandbreite von Möglichkeiten, aus einem Textkorpus verschiedene Topic Models zu erstellen. Für die entsprechenden Arbeitsschritte sind noch keine Gütekriterien entwickelt worden, wie das für qualitative Forschungen sonst üblich ist (Strübing et al. 2018).

Topic Modeling als unüberwachtes Lernverfahren auf große und unbekannte Textmengen ist gut geeignet für erste, induktive Einblicke in große, unbekannte Textmengen, (1.) als eine Form des Filterns bzw. als eine Heuristik zum Finden von besonders aussagekräftigen Texten und (2.) zur Identifikation von Unterthemen bzw. Themenbereichen innerhalb eines Textkorpus. Es kann (3.) auch genutzt werden, um wenig bis nicht passende Texte aus einem großen Korpus auszusortieren (Korpusreduktion). Meistens nutzen wir wohl eine Kombination von allen drei Formen (vgl. Koch/Franken 2020). Nach der Nutzung von textfernen Verfahren wie dem Topic Modeling muss das Quellenmaterial mit anderen, textnahen Verfahren (wie Keyword in Context und anderen Text-Mining-Verfahren, vgl. ▸ Kapitel 5.3, oder Sentimentanalyse, vgl. ▸ Kapitel 5.7) gesichtet werden und in den Kontext des Forschungsstandes eingeordnet werden, um fundierte Aussagen treffen zu können.

Übungsaufgaben zu Topic Modeling

Topic Modeling mit dem DARIAH Topics Explorer: Nutzen Sie einen textbasierten Datensatz passend zu Ihrem Erkenntnisinteresse. Alternativ können Sie das Foodblog-Korpus von Andresen und Zinsmeister (2018) unter http://doi.org/10.5281/zenodo.1410462 nachnutzen. Folgen Sie den Anleitungen im Tool DARIAH Topics Explorer (▸ Glossar) und erstellen Sie ein Topic Model zu Ihrem Datensatz. Je nach ausgewähltem Datensatz dauert das einige Minuten. Was verändert sich am Modell, wenn Sie die Anzahl von Topics verändern? Wenn Sie eine Stoppwortliste verwenden, was passiert dann? Welche Erkenntnisse können Sie aus den Ergebnissen ziehen?

Topic Modeling mit Mallet: Falls Sie mit Programmierung bzw. der Arbeit mit Kommandozeilen vertraut sind, nutzen Sie Mallet (▸ Glossar) und erstellen Sie ein Topic Model zu Ihrem Datensatz. Was verändert sich am Modell, wenn Sie die Anzahl von Topics verändern? Welche inhaltlichen Erkenntnisse können Sie aus den Ergebnissen ziehen? Falls Sie keinen Datensatz mit für Sie interessanten Textdaten zur Verfügung haben, können Sie das Foodblog-Korpus von Andresen und Zinsmeister (2018) unter http://doi.org/10.5281/zenodo.1410462 nachnutzen.

5.5 Annotieren

In diesem Kapitel erfahren Sie,

- was Annotationen sind und inwiefern sie im qualitativen Forschungsprozess auch ohne digitale Methoden relevant sind;
- was der Unterschied zwischen MarkUp- und StandOff-Annotationen ist;
- wie für digitale Methoden spezifisch annotiert wird;
- welche Tools Annotationen sowohl für qualitative als auch für digitale Analyseschritte umsetzen können;
- welche Rolle Zusammenarbeit und Vergleichbarkeit bei Annotationen spielen.

Um Daten aufzubereiten, müssen sie zunächst strukturiert werden. Dies kann automatisch oder manuell geschehen, in der Regel durch das Versehen mit Metadaten oder durch Annotationen. Annotation, das bezeichnet zunächst einmal die Markierung von Text oder Bild mit einer Hervorhebung. Uns interessiert nur die digitale Annotation, das Prinzip ist aber als wissenschaftliche Arbeitstechnik natürlich auch mit Stift und Papier umzusetzen. Digitale Annotationen können entweder von uns Menschen, also manuell, oder im Zuge von Algorithmen, also maschinell, erstellt werden. Sie können in unterschiedlichen Dimensionen als Instrument der Strukturierung verwendet werden und sind prozessorientiert –in der Regel in manueller Annotation – oder produktorientiert (Franken/Koch/Zinsmeister 2020). Ich habe schon einige Beispiele für maschinelle Annotationen genannt, ohne diese als Annotationen darzustellen: In Verfahren wie der Netzwerkanalyse (▸ Kapitel 5.6) oder auch dem Named Entity Recognition (▸ Kapitel 5.2) werden Annotationen im Datenmaterial gesetzt, es werden zum Beispiel Knoten bezeichnet oder Entitäten festgelegt.

Annotationen können entweder in Form eines Standards im Text hinterlegt werden – dann haben wir ein MarkUp – oder mit einem Tool als einzelne Daten hinterlegt werden – das bezeichnet man als StandOff-Annotation (vgl. Gius/Jacke 2015). Web-Annotationen wären ein Zugang, der quer zu diesen textverarbeitenden Methoden liegt – hier wird Text nicht abgespeichert und weiterverarbeitet, sondern das Web als Semantic Web um eigene Annotationen ergänzt.

Mit dem TEI-Standard der Text Encoding Initiative, besteht außerdem ein wichtiger Standard zur MarkUp-Annotation von Texten für die wissenschaftliche Weiterverarbeitung – das ist aber nochmal etwas deutlich anderes als das was die NLP-Verfahren (vgl. ▸ Kapitel 5.2) produzieren. In TEI werden einzelne Bestandteile eines Textes als etwas dem Standard Entsprechendes ausgezeichnet: zum Beispiel eine Überschrift oder Zwischenüberschrift, aber auch spezifischere Angaben wie etwa einzelne Personen in einem Drama. TEI basiert auf XML, ist also eine spezifische Auszeichnungssprache für hierarchische Darstellungen in diesem allgemeinen Datenstandard.

Für unseren Erkenntnisgewinn müssen wir berücksichtigen, dass Annotationen nie vollständig sind: Wenn sie manuell getätigt werden, entstehen Fehler und einzelne Stellen im Datensatz werden übersehen oder falsch markiert. Bei maschinellen Verfahren ist prinzipiell Vollständigkeit möglich, aber auch hier entstehen Fehler und vor allem wird oft aufgrund der Gestaltung des Algorithmus nicht alles gefunden. Active-Learning-Algorithmen in der Nutzung zur freien Annotation bezeichnen Verfahren, in denen auf Grundlage von menschlicher/manueller Annotation einer Textstelle semantisch ähnliche andere Textstellen im Korpus vorgeschlagen werden. So können etwa verwandte Argumentationen identifiziert werden und die Kategorien-Sättigung könnte beschleunigt werden.

Es muss also im Laufe des Forschungsprozesses deutlich festgelegt werden, was warum annotiert werden soll (und zwar präziser als nur in Form einer Fragestellung oder als ein Themenfeld), um mit zielgerichteten Annotationen diejenigen Stellen des Materials zu markieren, die wir für eine Visualisierung berücksichtigen möchten.

In vielen Projekten, die mit digitalen Methoden arbeiten, kommt dem Annotieren eine große Bedeutung insofern zu, als viel Arbeit in die Annotation gesteckt wird und auch im Vorfeld genau definiert werden muss, was wie annotiert wird – das wird in Annotationsguidelines oder Codebüchern festgehalten, die genaue Regeln aufstellen (vgl. Reiter 2020). Oft werden dafür auch Tagsets erstellt, das sind abgeschlossene Listen von Kategorien, die im Zuge einer Annotation vergeben werden können. Damit werden Verfahren zum Beispiel aus der Inhaltsanalyse übernommen und als Vorverarbeitungsschritt eingesetzt, um die umfangreichen Datensätze weiterverarbeiten zu können.

Nicht verwechseln dürfen wir diese sehr genau definierten Annotationen, die wir später aufbereiten und zum Beispiel visualisieren möchten, mit dem Annotieren nach der Methodologie der Grounded Theory (Glaser/Strauss 2010 [1967]; Charmaz 2014). In diesem qualitativen Ansatz werden Annotationen auch als Codierungen bezeichnet, es geht hier darum wichtige Textstellen offen zu markieren und daraus nach und nach ein Kategoriensystem zu erstellen, das sich aus dem Material heraus ergibt. Natürlich können wir auch solche Annotationen visualisieren, aber da hier in der Regel längere Textstellen markiert werden, ist das wenig erkenntnisgenerierend. Vielmehr können maschinell erzeugte Annotationen z. B. durch Topic Modeling (vgl. ▸ Kapitel 5.3) als Filter bzw. Findeheuristik für relevante Texte und Textstellen für ein solches qualitatives Kodierverfahren nach der Grounded Theory genutzt werden.

Es gibt in der Computerunterstützung qualitativer Forschung viel proprietäre Software, die über Jahrzehnte digitale Arbeitsumgebungen entwickelt hat, in denen der Arbeitsschritt der manuellen Entwicklung von Kategorien und Annotation entsprechender Materialstellen komfortabel umgesetzt und die markierten Quellenausschnitte später flexibel in unterschiedlichen Zusammenstellungen ausgegeben werden können. MaxQDA, NVivo oder Atlas.ti sind die größten Anbieter, Open-Source-Lösungen sind noch immer nur sehr eingeschränkt funktional für diese Aufgabe, aber etwa Catma (vgl. ▸ Glossar) kann zentrale Funktionen gut umsetzen. Die Annotation wird in diesen Programmen komplett händisch vorgenommen: Es ist noch keine computationelle

Methode, wenn eine QDA-Software verwendet wird, um die Annotation mit einem Computer statt mit Stift und Papier zu erledigen. Dies ist lediglich eine Computerunterstützung und zählt nicht im engeren Sinne zu digitalen Methoden (vgl. ▸ Kapitel 6).

Grundsätzlich gilt: Je knapper und eindeutiger die Annotation, desto besser eignet sie sich als Grundlage für digitale Methoden – und das ist nicht auf Textdaten begrenzt. Gerade Bilder und auch audiovisuelle Daten können wir ebenfalls in Segmente zerlegen, die wir annotieren können – etwa einen Bildausschnitt oder eine Video- oder Audiosequenz. Die Annotation ist nach den gleichen Grundregeln möglich: Wir definieren eindeutig, welcher Ausschnitt des jeweiligen Datums, also des jeweils einzelnen Elements eines Datensatzes, zu einer definierten Kategorie gehört. Natürlich können wir einem Ausschnitt mehrere Kategorien zuordnen und in jedem Datum mehrere Ausschnitte mit derselben oder unterschiedlichen Kategorien markieren. Ob das zielführend ist, hängt von unserer Fragestellung und von den zu visualisierenden Parametern ab.

Natürlich müssen wir nicht annotieren, wenn wir es ohnehin schon mit strukturiertem Material zu tun haben. In dem Moment, in dem wir zahlenmäßige Daten haben, können wir diese auch in Visualisierungen aufbereiten, wie Sie das aus der quantitativen Sozialforschung kennen. Auch für Metadaten sind keine Annotationen mehr notwendig, da sie bereits strukturiert und gelabelt sind.

Zur Validierung von Annotationen werden diese oft in Gruppen vorgenommen. Die Annotationen verschiedener Personen werden dabei in Bezug auf dasselbe Material verglichen. Dadurch wird ein sogenanntes Inter-Annotator Agreement (IAA) bestimmt, also betrachtet, inwiefern die Annotationen verschiedener Personen beim gleichen Material übereinstimmen oder nicht. Dies kann qualitativ in Gruppendiskussionen geschehen, wird aber vor allem quantitativ durch die Berechnung eines Koeffizienten, der die Reliabilität von Annotationen misst, bestimmt. Je nach Annotationsform kann dies wiederum auf unterschiedliche Art und Weise geschehen (vgl. Artstein 2017).

Übungsaufgabe zu Annotationen

Manuell Annotieren: Wenn Sie noch nie eine eigene, manuelle Annotation computationell unterstützt realisiert haben, suchen Sie sich eins der Annotationstools aus dem ▸ Glossar aus und probieren Sie die Funktionen aus. Wie verändert sich Ihr Erkenntnisgewinn?

Falls Sie bereits qualitativ annotiert haben: Probieren Sie ein Annotationstool aus, das Sie bisher nicht verwendet haben. Falls Sie bisher mit

QDA-Software wie MaxQDA oder Atlas.ti gearbeitet haben, könnte das etwa Catma sein (vgl. ► Glossar). Laden Sie einen exemplarischen Datensatz in das Tool und machen Sie sich mit den Funktionen vertraut. Wie verändert sich Ihre Annotationspraxis durch das neue Tool?

5.6 Netzwerkanalysen

In diesem Kapitel erfahren Sie,

- inwiefern Netzwerkanalysen, Modellierungen und Visualisierungen verwandt miteinander sind;
- was Knoten, Kanten und Matrizen sind und warum diese Begriffe der Graphentheorie für Netzwerkanalysen bedeutsam sind;
- warum gerichtete Kanten und die Länge der Pfade zwischen Knoten für die Darstellung von Beziehungen relevant ist;
- mit welchen Daten Netzwerkanalysen umgesetzt werden können und warum deren Modellierung dafür besonders wichtig ist.

Netzwerkanalysen (engl.: Social Network Analysis, kurz: SNA) ermöglichen es, soziale Netzwerke und soziale Komplexität aufgrund von Daten darzustellen. Es geht um die Untersuchung von sozialen Strukturen und dem Beziehungsgeflecht zwischen den Akteuren (Fuhse 2018: 12). Schon bevor es digitale Verfahren gab, haben Geistes-, Sozial- und Kulturwissenschaftler:innen Beziehungen in Netzwerken dargestellt und hierfür nicht nur Theorien, sondern auch statistische Modelle und mathematische Verfahren entwickelt (Cioffi-Revilla 2017: 142 ff.; Caliandro/Gandini 2017). Ab den 1950ern finden sich mit Luhmann und Parsons in großen soziologischen Theorien Systeme als Kernperspektive. Manuel Castells hat 1996 sogar vorgeschlagen, unsere Gegenwart als Netzwerkgesellschaft zu verstehen, weil die Netzwerke omnipräsent sind. Und auch die Akteur-Netzwerk-Theorie von Bruno Latour und anderen setzt den netzwerkförmigen Charakter von Beziehungen zentral. Wenn wir uns die methodologische Entwicklung anschauen, sind Netzwerkanalysen schon früh als Form der quantifizierenden Darstellung von sozialen Beziehungen genutzt worden, gerade auch (in der Soziologie, aber auch der Ethnologie) zur Darstellung von Beziehungen und sozialen Netzwerken in einem Offline-Verständnis als Beziehungen zwischen Menschen, die enger oder weniger eng sind (Jenkins 2009: 149; Gamper/Reschke/Schönhuth 2014). In älteren Studien finden wir zum Beispiel Grafiken, die Netzwerke mit Stift oder Schreibmaschine darstellen. In der Gegenwart können jedoch spezifische Verfahren der Data Sciences verwendet werden, um die Netzwerke in Graphen abzubilden. Um es mit Fotis Jannidis zu beschreiben:

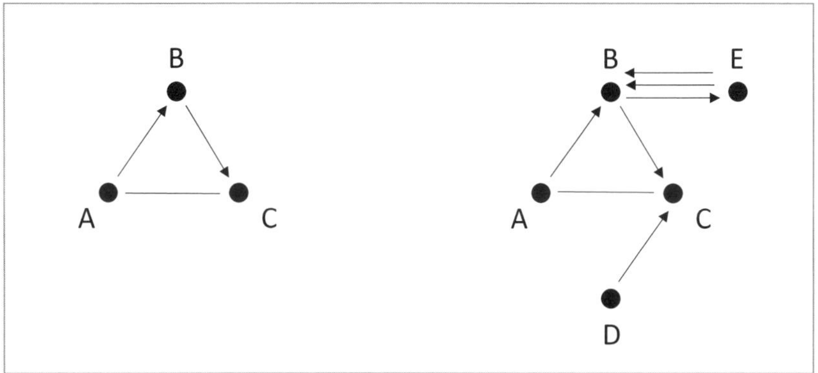

Grafik 22: Beispiel für einfache Netzwerke mit gerichteten Kanten. Eigene Darstellung, angelehnt an Jannidis 2017: 148.

> „Das Konzept des Netzwerks stellt dabei ein Modell bereit, mit dem man unter einer gemeinsamen Perspektive beschreiben und analysieren kann, was die sehr unterschiedlichen Phänomene in einer relationalen Perspektive gemeinsam haben." (Jannidis 2017: 147)

Es handelt sich weniger um Analysen als vielmehr um eine Form der Visualisierung, die einen anderen Zugang zu Quellenmaterial ermöglicht und damit die Analyse bereichert – und Perspektiven auf das Datenmaterial erst ermöglicht (Straus 2006; Jütte 2006). Einige Forschende, wie Shannon-Baker und Hilpert (2020), verstehen die Netzwerkanalyse sowohl als Analyse als auch als Visualisierung, während Cioffi-Revilla betont, dass es eine theoretische Perspektive ist und damit mehr als lediglich eine Reihe verschiedener Methoden (Cioffi-Revilla 2017: 142). Zentral ist gerade für qualitative Forschung jedoch die spezifische Visualisierung, hinter der theoretische Konzepte stehen, die durch die Form der Darstellung vermittelt werden. Gesellschaft wird hier als Relationen beschrieben, die allerdings eindeutig und abgeschlossen sind.

Wir benötigen für Netzwerkanalysen Daten, die in einer ganz spezifischen Form aufbereitet sind, denn in Netzwerkanalysen werden die Beziehungen (im weiteren Sinne) zwischen Metadaten in Relationen dargestellt (Gerstner 2022: 60; Fuhse 2018). Die Daten müssen dafür in tabellarischer Form aufbereitet werden. Es bieten sich somit weniger die Daten selbst als vielmehr Informationen über diese, wie etwa die Verlinkungsstruktur von Webseiten oder die Erwähnungen von Accounts in Posts oder Tweets, für diese Darstellungsform an (Caliandro/Gandini 2017: 163).

Die Darstellung als Netzwerk basiert auf der mathematischen Graphentheorie, mit der einzelne Elemente verbunden werden (Weng et al. 2017; Gerstner 2022: 51). Sie erfolgt über die Definition von feststehenden Knoten (engl.:

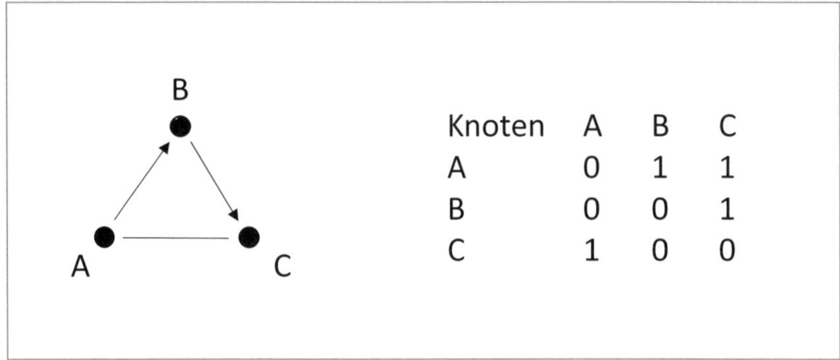

Knoten	A	B	C
A	0	1	1
B	0	0	1
C	1	0	0

Grafik 23: Matrix eines Graphen. Eigene Darstellung, angelehnt an Jannidis 2017: 152.

nodes, wie zum Beispiel Webseiten oder einzelne Accounts auf Social-Media-Plattformen), die über Kanten verbunden werden (engl.: edges, etwa auf den Webseiten eingebettete Hyperlinks, die zwei Webseiten verbinden, oder einzelne Posts, die andere Accounts erwähnen). Kanten können gerichtet oder ungerichtet, sein, wobei gerichtet bedeutet, dass die Kanten in eine Richtung verlaufen, sich also nur ein Knoten auf den anderen bezieht, aber nicht umgekehrt. ▸ Grafik 22 zeigt dies exemplarisch auf. Erwähnt beispielsweise ein Post auf einer Social-Media-Plattform (A) einen anderen Account (B), wäre die Kante gerichtet, wobei der Pfeil in die Richtung des erwähnten Accounts zeigt. Ungerichtet oder symmetrisch ist eine Kante, wenn eine anders geartete Beziehung zwischen beiden Knoten besteht (in der Grafik zwischen A und C), also etwa zwei Profile einander ‚folgen'.

In der Praxis verwenden wir meist gerichtete Kanten. Es ist auch möglich, dass mehrere Kanten zwischen zwei Knoten bestehen oder eine Kante in einer Schleife auf denselben Knoten verweist. Multigraphen, wie in ▸ Grafik 22 rechts zwischen B und E dargestellt, werden häufig ausgeschlossen und stattdessen wird die jeweilige Kante gewichtet, also etwa die Menge von Verbindungen als entsprechendes Gewicht angegeben – und in der Darstellung zum Beispiel dicker dargestellt. Wenn wir die Menge der eingehenden und ausgehenden Verbindungen zwischen Knoten berechnen, können wir schon einiges über das Netzwerk aussagen. Jede Verbindung von Knoten können wir auch als Tupel bezeichnen. Wenn zum Beispiel zwei Knoten durch eine Kante beschrieben sind, ist dies ein 2-Tupel (vgl. Jannidis 2017: 148).

Mit der Nutzung einer Matrix können wir die Kanten zwischen Knoten auch in einem binären System darstellen, also in Nullen und Einsen als Tabelle darstellen: In ▸ Grafik 23 sind die Kanten entsprechend ausgeführt. Sowohl die Reihen als auch die Spalten sind Knoten im Netzwerk. Solche Matrizen benötigen wir,

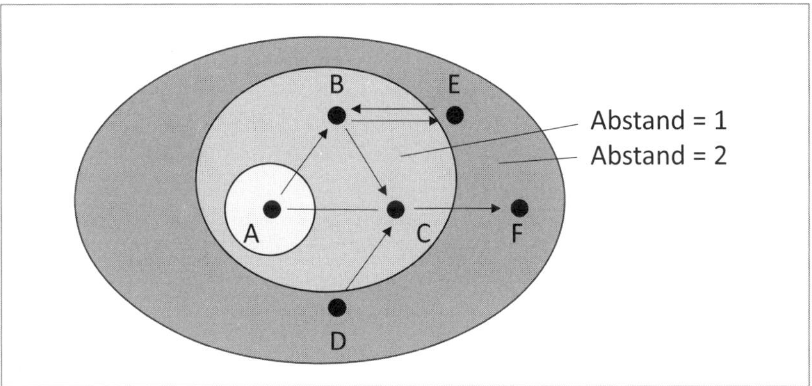

Grafik 24: Abstände zwischen Knoten. Eigene Darstellung, angelehnt an Jannidis 2017: 156.

um Netzwerke in Grafiken darzustellen – gerichtete Kanten können wir durch entsprechende Festlegung von Spalten und Zeilen abbilden, Gewichte durch eine Abweichung vom binären System und der Eintragung des entsprechenden Gewichts in die jeweilige Zelle (vgl. Jannidis 2017: 152; Gerstner 2022: 88).

Wir machen mit diesen Netzwerken auch deutlich, wo Verbindungen bestehen, ohne dass diese direkt zwischen zwei Knoten liegen – die sogenannten Pfade (vgl. Fuhse 2018: 59 ff.): Hier könnten auch weitere Maße vermerkt werden, wie etwa die Anzahl der realisierten von insgesamt möglichen Beziehungen. In der ▸Grafik 24 sind etwa der Punkt A und der Punkt E nicht direkt miteinander verbunden, über einen Pfad aber durch die Kante von A und B, sowie die zwischen B zu E. Die Länge dieses Pfades beträgt zwei, da zwei Kanten zwischen den Knoten A und E liegen (vgl. Jannidis 2017: 150). Je nachdem, welchen Knoten wir als Ausgangspunkt nehmen, können unterschiedliche Gebilde entstehen, wie in ▸Grafik 24 ebenfalls zu sehen: Die Darstellung ist um Punkt A gruppiert, würden wir Punkt B als Startknoten wählen, würden die Abstände anders gruppiert werden. Die Darstellung ist also eine Frage der Perspektivierung und wiederum durch unsere Forschungsfrage bedingt. Netzwerkdarstellungen sind somit auch nicht feststehend, sondern sehen beim gleichen Netzwerk unterschiedlich aus, je nachdem welchen Knoten man in den Mittelpunkt stellt. Um mit diesem Verfahren komplexere Sachverhalte abbilden zu können, können wir die Knoten in Klassen einordnen, etwa in Twitter-Accounts und Hashtags oder in Textautoren und Orte.

Diese Graphen werden visualisiert, wobei durch die eigentliche Verbindung der Knoten zunächst einmal noch nichts weiter festgelegt ist, Entscheidungen wie die Dicke der Kanten oder die Entfernung von einzelnen Knoten werden unabhängig von diesen Graphen getroffen und sind deshalb Teil unserer Interpretation (vgl. Jannidis 2017: 148). Gerade die Länge der Kanten zwischen zwei Knoten ist in der Ausgabe von entsprechenden Tools oft zunächst zufällig, da eine gleich lange Darstellung grafisch bei vielen Knoten irgendwann fast unmöglich wird – wir können die Knoten auf der Fläche gruppieren und so unsere Interpretation darstellen. Mit den Pfaden, also den tatsächlichen Abständen von Knoten zueinander, hat das zunächst nichts zu tun, sondern es handelt sich um Interpretation. In Tools passiert das in der Regel durch Drag and Drop, also ein Hin- und Herziehen auf der Fläche. Denn je nach unserer Fragestellung interessieren uns unterschiedliche Aspekte, etwa die Zentralität einzelner Knoten oder auch die Menge von Kanten zwischen Knoten.

Um die Netzwerkanalyse anzuwenden, müssen wir also im Vorfeld festlegen, was als Knoten und Kanten in unseren Daten dargestellt wird und die Beziehungen zwischen diesen Knoten herstellen – die gegebenenfalls gerichtet sind (also nur in eine Richtung gelten) und gewichtet werden (zum Beispiel nach der Anzahl der Verbindungen). Erst wenn eine entsprechende Aufbereitung stattgefunden hat, können wir die Daten als Netzwerk darstellen und daraus Erkenntnisse generieren. Allerdings gibt es Tools, die diese Vorverarbeitung für uns miterledigen. Die intellektuelle Modellierung übernehmen sie allerdings nicht für uns.

In der Netzwerkanalyse ist es besonders wichtig zu beachten, was wir hier eigentlich darstellen, da das Verfahren an sich so abstrakt ist und in viele Richtungen genutzt werden kann (Fuhse 2018). Wir selbst definieren, was wir als Knoten und was als Kanten festlegen, und welche zusätzlichen Eigenschaften diese haben sollen. Das gibt uns große Flexibilität, aber wir können uns auch auf inzwischen etablierte Konzepte berufen: So ist es zum Beispiel üblich, Tweets und Posts in der Analyse von Social-Media-Daten als Knoten darzustellen, und die Erwähnungen, Retweets oder Kommentare als Kanten (vgl. dazu auch Caliandro/Gandini 2017: 163). Für die Analyse von Bezugnahmen aufeinander, etwa zwischen Blogs oder allgemein Webseiten, ist es ebenfalls naheliegend die jeweilige Seite als Knoten zu definieren und die Links auf andere Webseiten als Kanten. Aber das ist nicht vorgegeben und je nachdem, für was wir die Netzwerkanalyse verwenden, können und müssen wir diese Definitionen im Vorfeld festlegen. Gleichzeitig sind diese Festlegungen wichtig für das Verständnis von Grafiken, die das Ergebnis einer Netzwerkanalyse sind. Wenn Ihnen die Darstellung eines Netzwerkes begegnet, ist diese also in höchstem Maße davon bestimmt, was die jeweiligen Autor:innen damit darstellen wollen.

Netzwerkanalysen ermöglichen große Flexibilität insofern, als dass wir selbst definieren können, was Knoten und was Kanten sind – das aber auch präzise, im besten Fall automatisiert, in eine Matrix umsetzen müssen. Gleichzeitig besteht in der Notwendigkeit der Grenzziehung auch ein Problem, denn hier müssen eindeutige Entscheidungen getroffen werden (Fuhse 2018: 47). Dennoch sind Netzwerkanalysen gerade in der Analyse von neuartigen prozessproduzierten Daten etabliert.

Netzwerkanalysen sind nicht immer im strengen Sinne an computationellen Verfahren ausgerichtet, es gibt auch Beiträge aus der Medienforschung, die genauso wie die erwähnten älteren Studien zwar den Netzwerkcharakter in den Mittelpunkt stellen, aber dabei nicht entsprechende graphenbasierte Netzwerke für die Analyse erstellen. Außerdem müssen wir unterscheiden in Netzwerkanalyse, die bestehende Netzwerke darstellen und analysieren möchte, und Netzwerkmodellierung sowie Modellierung von anderen Strukturen, die in den Daten abgebildet sind; vgl. Aggrawal/Anand 2022: 83).

Am Beispiel des IssueCrawlers der Initiative Amsterdam Digital Methods (vgl. ► Glossar) ist die Netzwerkanalyse auch ohne großen Aufbereitungsaufwand gut nachvollziehbar. Nachdem wir dort eine Liste von Webseiten eingeben, wird eine Liste von verlinkten Seiten ausgegeben, die als Crawling weiterbearbeitet werden kann. Das Tool zeigt auch direkt ein Netzwerk an – mit relativ wenig Möglichkeiten zur Einstellung, aber mit gerichteten Kanten, die in diesem Fall Links darstellen, die von einer Webseite auf eine andere verweisen. Die Größe der Knoten wird hier genutzt, um deren Zentralität im Netzwerk darzustellen. Auf Grundlage der Liste könnte ich aber auch eigene Matrizen erstellen, um diese in anderen Tools weiter zu verarbeiten. Wenn einmal eine Matrix zum Netzwerk erstellt wurde, können umfassendere Tools wie beispielsweise Gephi (vgl. ► Glossar) das Netzwerk darstellen und wir haben eine Vielzahl von Möglichkeiten, um die Visualisierung zu beeinflussen.

Übungsaufgaben Netzwerkanalyse

Netzwerke modellieren: Ihre Familie oder auch wichtige Theoretiker:innen bilden ein Netzwerk. Wie detailliert können Sie dieses Netzwerk modellieren? Erstellen Sie ein Schaubild oder eine Mindmap, mit oder ohne die Nutzung von entsprechenden Tools. Überlegen Sie nun, welche Metadaten hilfreich sind, um die einzelnen Entitäten (Personen, Institutionen etc.) im Netzwerk zu beschreiben (z.B. Geburtsdatum, Verwandtschaftsbezüge). Erstellen Sie eine Matrix der wichtigsten Metadaten für die Knotenpunkte in Ihrem Netzwerk. Wie unterschiedlich können diese Netzwerke aussehen, wo gleichen sie sich?

Online-Netzwerke erstellen und interpretieren: Nachdem Sie sich beim IssueCrawler (vgl. ► Glossar) registriert haben, schauen Sie sich im Reiter „Archive“ verschiedene durchgeführte Crawls an und klicken Sie sich weiter bis zu den verschiedenen Darstellungen als Netzwerk. Welche Aussagen können Sie aus diesen Darstellungen auf Grundlage der Ihnen zugänglichen Infos treffen? Welche Infos würden Ihnen weiterhelfen? Starten Sie selbst einen Crawl (im Reiter „IssueCrawler") und nutzen Sie dabei z. B. die von der Deutschen Gesellschaft für Soziologie oder dem Fachinformationsdienst für die Sozial- und Kulturanthropologie bereitgestellten Linklisten als Startpunkt. Wenn Sie sich weiter mit diesem Netzwerk beschäftigen möchten, installieren Sie das Programm Gephi (vgl. ▸Glossar) und machen Sie sich mit den Funktionen und Möglichkeiten vertraut.

5.7 Sentimentanalyse

In diesem Kapitel erfahren Sie,

- wie Emotionen in Zahlen zwischen -1 und 1 übersetzt werden und welche Rolle Ressourcen wie Lexika dabei spielen;
- warum Satire, Sarkasmus und Verneinungen für Sentimentanalysen problematisch sind;
- welche Forschungsbereiche Sentimentanalyse anwenden können und welche Textarten sich dafür eigenen.

In der Sentimentanalyse wird per Textklassifikation nach Emotionen gesucht. Das Verfahren wird auch als Opinion Mining oder als Sentimentklassifikation bezeichnet, wobei die Begriffe nicht trennscharf voneinander sind (Petz 2019: 21 ff.; Liu 2020). In wissenschaftlichen Anwendungen wird in der Regel von Sentimentanalyse gesprochen (etwa D'Andrea et al. 2015; Schmidt/Burghardt/Wolff 2018; Remus/Quasthoff/Heyer 2010), was auch im Folgenden als der zentrale Begriff verwendet wird.

In Sentimentanalysen werden Methoden aus dem Natural Language Processing und Text Mining verwendet, um in Textklassifikationen sehr textnah zu arbeiten. Dabei wird einem Wort, einem Satz oder seltener einem ganzen Absatz oder gar einem kompletten Text, ein Wert für dessen Tendenz hin zum Positiven oder zum Negativen zugeschrieben. Es wird also die Stimmung, ein Sentiment, der entsprechenden Textstelle berechnet (Manderscheid 2019: 1113). Die Analyseeinheit wird binär positiv oder negativ bewertet, es gibt einen Wert für die Stärke dieser Bewertung – in der Regel Werte von 0 bis 1 für positiv und von 0 bis -1 für negativ (Siegel/Alexa 2020: 23). Wir messen damit die Polarität von Aussagen. Es sollen Meinungen und Gefühle messbar gemacht werden, die im Text vermittelt werden. Je nach Verfahren wird mit einer Ressource, also einer Liste oder einem vorab definierten Set an Kategorien von positiven und negativen Begriffen gearbeitet (vgl. Ignatow/Mihalcea 2017: 117 ff.). Die Genauigkeit des Sentimentwertes hängt in diesem Fall von der Qualität des Lexikons ab (Liu 2020: 11 ff.). Dabei werden Worte, die nicht auf der Liste stehen, nicht als Sentiment berücksichtigt, auch wenn durch manuelle Interpretation ein solcher Wert anzunehmen wäre. Für das regelbasierte Arbeiten ist die Ressource bzw. die verwendete Ontologie zentral für die Qualität des Ergebnisses. Als Grundlage wird in anderen Fällen deshalb überwachtes Lernen mit Input verwendet (Supervised Learning, vgl. ▶ Definition Regelbasierte Verfahren und Machine Learning). Das bedeutet, dass Trainingsdaten verwendet werden, in denen in der vorhergehenden (manuellen) Annotation positive und negative Begriffe hervorgehoben wurden (Ilk/Fan 2022: 323). Alternativ kann Sentimentanalyse auch über nicht überwachte Machine-Learning-Verfahren vorgenommen werden (Bader 2018: 103; Petz 2019: 45 ff.). Dafür werden allerdings, wie für alle Unsupervised Machine-Learning-Verfahren, große Mengen von Daten als Input benötigt. Lexikon- und damit regelbasierte Tools sind in diesem Bereich deshalb noch recht üblich, denn andernfalls bräuchten wir spezifische Trainingsdaten je nach Textgattung, um gute Ergebnisse in der Klassifikation zu erhalten, oder entsprechend große Korpora, was bei diesem textnahen Verfahren selten der Fall ist.

Mit Sentimentanalysen kann man zwar die Bedeutung eines einzelnen Begriffes beschreiben und in Kombination mit linguistischen Methoden auch Wortgruppen analysieren, aber die Analyse erkennt meist keine Satire oder Sarkasmus, Verneinungen und ähnliche Konstruktionen (Jiménez-Zafra et al. 2021; Kennedy/Inkpen 2006; Siegel/Alexa 2020), da sich ihre Emotionalität erst im semantischen Zusammenhang erschließt. Ungenauigkeiten entstehen auch bei Tippfehlern (Liu 2020). Ein wenig kann dem abgeholfen werden, indem wir syntaktische Informationen mit der Sentimentanalyse kombinieren: Man kann den Sentimentwert auf eine bestimmte Entität hin bestimmen, die über einen einzelnen Begriff hinaus geht, und die Satzkonstruktionen so mitberücksichtigen (Liu 2020). Der Satz „Er lachte Tränen." würde in dem Fall wohl einen positiven Sentimentwert erhalten, obwohl Tränen in den meisten Verfahren als Indikatoren für ein negatives Sentiment gewertet werden. Wie bei anderen textbasierten Verfahren muss auch hier ein Preprocessing vorgenommen werden, wie bspw. das Entfernen von Stoppwörtern (Bader 2018: 104).

Die praktische Verwendung von Sentimentanalysen ist vielseitig und umfasst neben der Forschung vor allem Bereiche wie Marktforschung, Bildung oder Politik. So werden Sentimentanalysen häufig in der Produktbewertung genutzt, in der Analyse von Trends und der Meinungsforschung (Alexa/Siegel 2021). Die entsprechenden Verfahren werden also auch in gewinnorientierten Unternehmen verwendet, wenn zum Beispiel Freitext aus Produktbewertungen mit

Sentimentanalyse untersucht wird, um die Bewertung automatisch genauer zu klassifizieren, als dies mit der Notenskala (oft in Form von Sternen) möglich ist. Auch in Chatbots wird mit dem Verfahren gearbeitet, um Emotionen der Schreibenden durch einzelne Zeigewörter zu erkennen. Wenn beispielsweise psychologische Unterstützung das Ziel einer App ist, wird die Eingabe der Nutzenden auf Fragen wie „Wie geht es Ihnen heute?" in positive und negative Statements unterteilt und je nach den verwendeten Begriffen der Nutzenden entsprechende weitergehende Kommunikationsverläufe vorbereitet (Denecke/Deng 2015). In wissenschaftlichen Anwendungen werden die Verfahren etwa genutzt, um Themen in literarischen Texten zu ermitteln (Gius et al. 2020; Schmidt/Burghardt/Wolff 2018) oder zum Nachvollzug der Bewertung von Politikern in den sozialen Medien (Bader 2018).

Die Sentimentanalyse ist also wiederum ein Analyseverfahren, das nicht von und für die Wissenschaft entwickelt wurde, sondern das wir nachnutzen – und bei dem wir deshalb vorsichtig bei großen Versprechungen sein müssen. Die Plattform Text2Data (vgl. ▸ Glossar) etwa verspricht, dass wir auch in der Free-Version aussagekräftige Sentimentwerte erhalten können – aber sie bezieht nicht immer alle Wörter in die Auswertung mit ein. Ein anderes webbasiertes Tool, das aus der Forschung heraus entwickelt wurde und regelbasierte Verfahren nutzt, ist SentText (vgl. ▸ Glossar). Dort werden in der Auswertung die im Wörterbuch als negativ oder positiv bewerteten Begriffe eindeutig gekennzeichnet, sodass wir beim Durchgehen des Textes leicht überprüfen können, ob die Zuschreibung unserer Lesart entspricht. Allerdings können wir hier den Sentimentwert nur auf den gesamten Text hin ausgeben. Um die Analyse mit diesem Tool kleinteiliger zu realisieren, müssen wir also im Vorfeld kleinere Texteinheiten erstellen, die getrennt analysiert werden. Der hier verwendete Algorithmus ist auch in der Lage, einige Negationen zu finden.

Sentimentanalyse eignet sich nicht für alle Textarten gleich gut. Texte mit affektiven Inhalten, starken Positionierungen und Meinungen, haben stärkere Sentimentwerte als informative Texte, Berichterstattung und Zusammenfassungen. Die Genauigkeit in der Analyse sinkt etwa bei Social-Media-Daten deutlich, weil diese Textgattung anders strukturiert ist (Ilk/Fan 2022: 323) Mit kleineren Texteinheiten, z. B. auf Satzebene, kann die Sentimentanalyse allerdings eine Möglichkeit sein, die Meinungen und Positionen in einem Text sichtbar zu machen oder über verschiedene Texte hinweg zu vergleichen (Liu 2020: 10; Siegel/Alexa 2020: 49 ff.). Vollautomatische Verfahren sind aber noch immer nicht gut darin, Sentimentwerte eindeutig zu klassifizieren (Salganik 2018: 44). Es handelt sich um ein textnahes Verfahren, bei dem wir aufgrund der Vieldeutigkeit von Emotionen besonders vorsichtig sein müssen bzw. die computationellen Ergebnisse besonders gut prüfen müssen. Möglich ist hier eine Anreicherung des Interpretationsprozesses durch eine zusätzliche Ebene, die der Textstelle einen Sentimentwert zuordnet und damit die weitere Interpretation unterstützt.

Übungsaufgabe zu Sentimentanalyse

Sentimentanalyse auf einzelnen Texten mit SentText: Als textnahes Verfahren eignet sich Sentimentanalyse insbesondere zur Betrachtung von wenigen Texten. Wählen Sie einen bis drei entsprechende deutschsprachige Texte aus Ihrem Datenmaterial (oder gegebenenfalls aus den im ► Glossar aufgeführten Repositorien) und nutzen Sie das Tool SentText (vgl. ► Glossar) für eine Analyse. Welche Begrifflichkeiten werden Ihnen als positiv oder negativ angezeigt? Deckt sich dies mit Ihrer eigenen Interpretation des Textes? Wo werden Sie auf Besonderheiten hingewiesen, die Ihnen andernfalls nicht aufgefallen wären?

5.8 Visualisierungen und Aufbereitungen

In diesem Kapitel erfahren Sie,

- wann Visualisierungen in der Analyse und wann in der Ergebnisdarstellung verwendet werden;
- warum sich einige Datensätze besser oder weniger gut für Visualisierungen eignen;
- warum Visualisierung Erkenntnisse modellieren kann;
- wie einfache und interaktive Visualisierungen zu unterscheiden sind und wofür sie eingesetzt werden können;
- was die Visual Data Analytics sind.

Visualisierungen sind ein naheliegendes Verfahren der Datenaufbereitung, wenn wir es mit großen Datenmengen zu tun haben. Im Grundsatz unterscheiden wir zunächst nach dem Verwendungszweck von Visualisierungen. Sie können genutzt werden, um in der Analyse zu neuen Erkenntnissen zum eigenen Datenmaterial zu gelangen und den Blick auf die Daten in eine andere Richtung lenken, als das zum Beispiel in den Verfahren des Text Mining geschieht. Hier werden oft die Ergebnisse von einem Verfahren als Zwischenschritt visualisiert, um einen nächsten Schritt im iterativen Forschungsprozess zu gehen. Wir unterscheiden dabei in eine konfirmative Analyse, die Hypothesen deduktiv überprüft, und eine explorative Analyse, die aus den Daten heraus Auffälligkeiten in der Visualisierung sucht, also stärker induktiv vorgeht (Freyberg 2021: 147; Rehbein 2017: 332). Die Grundfunktionen sind dabei das Aus- und Abwählen einzelner Faktoren, das Explorieren und Rekonfigurieren in verschiedenen Anordnungen, das Zusammenfassen oder Vertiefen etwa in Zooms und das Filtern nach Bedingungen sowie das Verbinden von zum Beispiel ähnlichen Elementen (Rehbein 2017: 340). Um diese Funktionen umsetzen zu können, müssen wir selbst eine Visualisierung erstellen und immer wieder entsprechend anpassen oder mit spezifischen Datensätzen arbeiten, für die es entsprechende grafische Oberflächen bereits gibt, wie etwa die Tools Issue Crawler oder Gephi in der Netzwerkanalyse (► Kapitel 5.6). Diese analytische Nutzung von Visualisierungen ist für digitale Methoden in qualitativer Forschung die wesentlich interessantere Perspektive.

Zudem können wir Visualisierungen nutzen, um Ergebnisse darzustellen, sie zum Beispiel in Publikationen oder Präsentationen so aufzubereiten, dass die wichtigsten Erkenntnisse schnell ersichtlich und nachvollziehbar sind. Mit dieser Präsentationsform sind Inhalte und Zusammenhänge in der Art ihrer Darstellung im Vorfeld durch die erstellenden Forscher:innen definiert (Rehbein 2017: 331). Wenn komplexe Datenstrukturen erläutert werden sollen, sind Ergebnisvisualisierungen sehr hilfreich – wir müssen bei diesen aber ebenso sorgfältig durchdenken, was in welcher Dimension und mit welcher Art von Visualisierung zielführend dargestellt werden kann, um einen tatsächlichen Mehrwert zu generieren.

Visualisierungen gehen damit weit über den rein illustrativen Charakter hinaus, wir nutzen sie als digitale Methode nicht (vorrangig) zur Veranschaulichung. Wenn wir Visualisierungen als Möglichkeit der anderen Darstellung von Forschungsergebnissen verwenden möchten, brauchen wir hierzu eine Interpretation, die als Erläuterung die Visualisierung begleitet, für sich allein ist sie in der Regel nicht aussagekräftig (Behnke et al. 2018: 12). Mein Schwerpunkt liegt im Weiteren auf der Nutzung von Visualisierungen in der Analyse, wobei man die verschiedenen Visualisierungsformen natürlich in den meisten Fällen für beide Anwendungsbereiche nutzen kann. Das gilt besonders, weil Objektivität hier (wie eigentlich immer) nie möglich ist. Eine Visualisierung lenkt Perspektiven, Blicke und Aufmerksamkeiten in besonderem Maße und ist damit – genauso wie die Darstellung von Ergebnissen in Textform – nie objektiv. Das muss sie auch gar nicht sein, das kann aber auch zu Fehlinterpretationen führen, wenn Visualisierungen nicht gut gemacht sind.

Prinzipiell sind Visualisierungen für alle bereits dargestellten Verfahren der digitalen Auswertung möglich, auch für eigentlich banal anmutende Verfahren können sie für die Erkenntnisgenerierung sehr hilfreich sein. Aber wir haben in manchen Fällen Datensätze, die sich nicht gut für Visualisierungen eignen. Außerdem finden Visualisierungen meist zu einem recht späten Zeitpunkt im Analyseprozess statt, da wir aufbereitete Datensätze benötigen und sie sich besonders eigenen, um die Analyse zu bereichern und Ergebnisse noch einmal deutlicher herauszuarbeiten (Ignatow/Mihalcea 2017: 85) – denn schließlich sind Visualisierungen wiederum quantifizierende Verfahren. Ein großer Vorteil von Visualisierungen ist, dass sie mehrere Informationsebenen simultan darstellen können (Rehbein 2017: 330). So können wir zum Beispiel einzelne Datenpunkte mit geografischen oder zeitlichen Angaben kombinieren und so anreichen, um in der Visualisierung mehr Informationen darzustellen. Durch die Relationen von Datenmengen werden die Bezüge der einzelnen Daten untereinander hervorgehoben, etwa in zeitlicher oder räumlicher Dimension oder an abstrakten Merkmalen wie Autor:innenschaft oder Schlagworte sowie systematischen Relationen der Daten untereinander etwa als Netzwerk oder Hierarchie (Rehbein 2017: 335–336).

Mit Visualisierungen werden Zusammenhänge sichtbar, die durch Tabellen oder textförmige Darstellung nicht oder zumindest nicht so deutlich erkennbar wären. Visualisierungen sind also ein Werkzeug, um mit komplexen, mehrdimensionalen Datenstrukturen und großen Datenmengen umzugehen. Je nach Forschungsinteresse und Darstellung sehen die Ergebnisse allerdings sehr unterschiedlich aus.

Ein enger Zusammenhang besteht zwischen Visualisierung und der Modellierung (▸ Kapitel 2.1): Nur wenn wir vorher in ein Modell fassen, welche Daten wir wie, worum und wofür darstellen möchten, können wir eine erkenntnisreiche Visualisierung erstellen. Das gilt auch für explorative Analysen mit Visualisierungen, denn auch dann brauchen wir eine Stoßrichtung, die auf Grundlage einer Fragestellung Zusammenhänge sichtbar macht. Wir modellieren hier „for something", also mit McCarty „for purposes of study, or a design for realizing something new" (McCarty 2004: 255). In der Regel erfolgt dabei die Modellierung der Daten zunächst in eine geeignete Aufbereitung, zum Beispiel in Tabellenform, es wird nach möglichen visuellen Strukturen gesucht und schließlich eine spezifische Perspektive tatsächlich dargestellt (Rehbein 2017: 333). Auch hier ist die konkrete Umsetzung nie so geradlinig wie die Modellierung in ▸ Grafik 25: Meist bestehen nur im Idealfall zunächst die Daten, die aufbereitet werden, um in visuelle Strukturen übersetzt zu werden und schließlich in einer Visualisierung dargestellt zu werden. Vielmehr gibt es auch hier Schritte zurück, Schleifen, in denen immer wieder überprüft wird, ob und wie etwas funktionieren kann und weiterhilft.

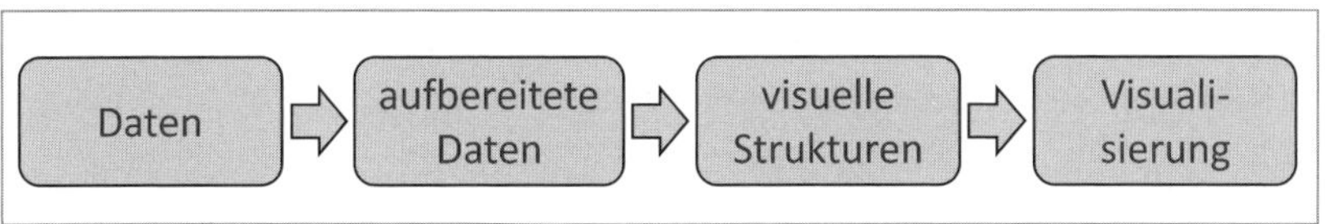

Grafik 25: Visualisierungen und die Schritte ihrer Vorbereitung. Eigene Darstellung.

Wir haben es hier mit einem Verfahren zu tun, das in der Konzeption kaum computationelle Elemente hat. Erst in der Umsetzung der Daten mit ihren festgelegten Merkmalen kommen computationelle Verfahren ins Spiel, um diese Daten grafisch aufzubereiten und eine geeignete Visualisierung zu realisieren. Die meisten Arbeitsschritte sind aber durch uns als Forschende umzusetzen und höchstens durch computationelle Arbeiten in den bereits besprochenen Schritten, etwa der Datenaufbereitung, zu unterstützen. Johanna Drucker geht sogar noch weiter und vertritt die These, dass die Visualisierung selbst die Erkenntnisproduktion modelliert, dass wir also nicht nur die Form der Visualisierung und der vorherigen Generierung von Daten und deren Aufbereitung modellieren müssen und können, sondern dass die grafische Darstellung Elemente einer Modellierung darstellt, die sich erst aus dieser Grafik ergibt (Drucker 2020: 2) – damit haben wir es mit einem Austausch zu tun und nicht mit einem eindimensionalen Weg von den Daten zur Grafik. Die Visualisierung wirkt also auf die Daten zurück und bewirkt im Zweifelsfall eine Anpassung oder Erweiterung des Datensets. Das greift Elemente der Grounded Theory auf, die ja ebenfalls aus der Datenanalyse Schlüsse dafür zieht, wie welche Daten im nächsten Schritt weiter erhoben werden sollen.

Visualisierung ist damit oft ein später Schritt in der Anwendung von digitalen Methoden, da hierbei entsprechend vorbereitete Daten grafisch dargestellt werden. Es gilt ganz grundsätzlich: Visualisierungen sind nur weiterführend, wenn sie mit aufbereiteten Daten realisiert werden. Wenn wir zum Beispiel keine Lemmatisierung durchführen und Stoppwörter berücksichtigen (► Kapitel 6.2), wird uns eine Visualisierung von Text kaum Informationen bringen, sondern eher Noise, Lärm in den Daten zeigen. Wenn wir zum Beispiel aus Bilddaten die Dubletten nicht entfernen, können Darstellungen von Ähnlichkeiten uns nur diese mehrfach vorhandenen Datensätze zeigen. Visualisierungen geben einen quellenfernen Überblick und sind je nach Verfahren auch geeignet, um Tendenzen in weitgehend unbekanntem Material sichtbar zu machen. So können banale Informationen wie die Textlänge oder Autorschaft ebenso wie zeitliche Verläufe von Hashtag-Trends oder die Vernetzung von Webseiten untereinander grafisch dargestellt werden. Besonders in der Kombination mit vorher durchgeführten digitalen Methoden ist eine Visualisierung gewinnbringend. Komplexe, interaktive Visualisierungen fördern induktive oder abduktive Erkenntnisse und können neue Fragestellungen evozieren. Da sie gut aufbereitete Daten benötigen, sind sie besonders in der Nutzung von bestehenden, strukturierten Datensätzen hilfreich.

Wenn wir zum Beispiel schon Machine-Learning-Verfahren angewendet haben, die mit vorhandenen Trainingsdaten oder unüberwacht arbeiten, dann können wir von strukturierten Daten ausgehen, die wir selbst noch nicht gut kennen – in diesen Fällen helfen uns die Visualisierungen, einen neuen Zugang zu unbekannten Daten herzustellen und Themen und Strukturen in den Datensätzen zu identifizieren (Ignatow/Mihalcea 2017: 83).

Ein Beispiel dafür ist die Visualisierung von großen Mengen von Bilddaten, wie sie mit dem Tool PixPlot (vgl. ▸ Glossar) exemplarisch anhand einer Fotosammlung um 1900 durch die Tool-Entwickelnden schon aufbereitet wird. Es werden, ähnlich wie bei den Word Embeddings (▸ Kapitel 5.3) Bilder nach Ähnlichkeit geclustert und in einem Vektorraum angeordnet. Das Tool zeigt eine Art Landkarte, auf der, wenn wir hineinzoomen, die einzelnen Bilder der Sammlung angeordnet sind, danach wie nahe die entsprechenden aus den Bildinhalten berechneten Vektoren zueinander liegen. Schwerpunkte des Bestandes werden so deutlich: Es lassen sich (grobe) Subkorpora bilden, wie etwa Landschaftsaufnahme oder Portraitfotografie, die im Machine Learning als ähnlich erkannt und entsprechend visuell gruppiert werden. Das erlaubt uns einen ganz anderen Zugriff zu den Datensätzen, als es uns die Metadaten oder nur die Bilddaten selbst erlauben würden, in denen wir die „Nadel im Heuhaufen" suchen müssten (vgl. Franken 2020a). Solche interaktiven Visualisierungen sind am besten verständlich, wenn Sie sich diese einmal selbst anschauen.

Oft gehen die Annotationen in konkreten Tools (vgl. ▸ Kapitel 5.5) mit Visualisierungen zusammen: Wenn Sie schon einmal eine QDA-Software wie MaxQDA genutzt haben, um Ihr Quellenmaterial zu annotieren, haben Sie wahrscheinlich auch die dort verfügbaren Möglichkeiten der Visualisierung ausprobiert. Dabei werden die Suchfunktionen und die Visualisierungsmöglichkeiten der Tools durch die Herstellerfirmen besonders hervorgehoben. Allerdings basieren diese Visualisierungen auf qualitativen Annotationen, die hier quantifiziert werden. Nur in wenigen Anwendungsfällen ist dies deshalb gewinnbringend. Denn hier wird das visualisiert, was wir selbst annotiert haben – oft ist das gar nicht so aussagekräftig wie erhofft, da es Strukturen von Texten teils sehr abstrahiert darstellt. So ist in ▸ Grafik 26 die Darstellung meiner Annotationen zu einer Auswahl eines von mir bearbeiteten Korpus zu digitaler Gesundheitsversorgung abgebildet. Alles was wir sehen, sind die Schattierungen, die ich einzelnen Annotationskategorien vergeben habe, deren Verteilung über die Dokumente wird dargestellt. Wir müssen zurückspringen in die Datei, um die Schattierungen zuzuordnen und Mehrwerte daraus zu ziehen. Aber Sie sehen auch, einige Texte sind kaum oder gar nicht annotiert, dort scheint es keine wichtigen Aussagen gegeben zu haben. Die Visualisierung der Annotationen gibt mir also, auch wenn ich sie selbst erstellt habe, einen sehr distanzierten Einblick in das Material.

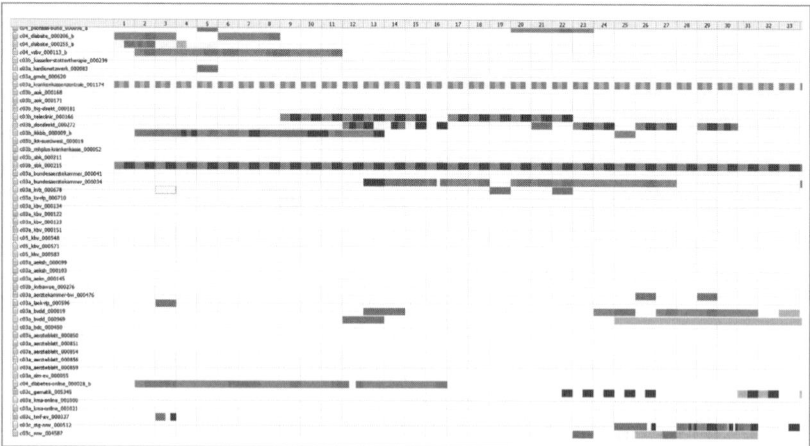

Grafik 26: Visualisierung von Annotationen in QDA-Software. Screenshot MaxQDA mit annotiertem Textmaterial aus einem Webcrawling (Franken 2022).

Diese veränderte Perspektive auf Datenmaterial ist relevanter, wenn wir maschinelle Annotationen betrachten. Dann können uns Annotationen in Visualisierungen Auskünfte darüber geben, wie das Datenmaterial strukturiert ist. Dabei werden Annotationen oft nur im weiteren Sinne überhaupt maschinell vorgenommen, denn die direkten Ausgaben der Machine-Learning-Verfahren oder auch die in anderen Kontexten erzeugten Metadaten etwa einer Museumssammlung werden auch direkt in Visualisierungen übertragen, ohne dass sie am Datenmaterial als Annotation festgehalten werden.

Erst mit einer Datenstruktur – in Form von Listen oder einer Datenbank –, die Datenpunkte umfasst, können Visualisierungen realisiert werden. Visualisierungen haben immer einen Datensatz als Grundlage. Damit schließe ich den Bereich der Infografiken aus, die ebenfalls eine grafische Darstellung sind, aber viel stärker an grafische Modelle andocken, als dass sie tatsächliche Daten darstellen (Freyberg 2021: 183). Im Unterschied zur Statistik können wir prinzipiell alle Datensätze visualisieren. Erst wenn wir annotierte oder strukturierte Daten haben, egal ob diese von Menschen oder von Maschinen erstellt wurden, können wir auf Grundlage dieser Daten und Metadaten Visualisierungen erstellen.

Einfache Formen sind in der Regel auf Grundlage einer einfachen Daten-Matrix erstellt und zeigen einzelne Daten als Punkte oder Linien, durch unterschiedliche Größen oder Farben. Ein Beispiel dafür sind Visualisierungen in Form von Wortwolken, die auf die Häufigkeit von Begriffen zurückgreifen. Wortwolken als Inhaltsangaben basieren in der Regel auf einfachen Statistiken zu Wortverteilungen mit ausschließenden Stopplisten (vgl. ► Kapitel 5.3 und Ignatow/Mihalcea 2017: 56 f. und 84), die Bedeutung oder die Kontexte der Wörter werden hier nicht mit einbezogen. Ein Beispiel einer solchen Visualisierung ist ▶ Grafik 18. Die Aussagen von Wortwolken sind begrenzt, können aber für erste Einblicke in neues Material, das Identifizieren von relevanten Begriffen und den Vergleich zwischen verschiedenen Texten sowie zur Verdeutlichung für Publikum hilfreich sein. Gerade in Verbindung mit anderen Daten, zum Beispiel dem zeitlichen Verlauf oder auf verschiedene Texteinheiten bezogen, können die entsprechenden Visualisierungen doch komplexer werden und Bedeutungen aufzeigen (Manderscheid 2019: 1111).

Auch einfache Visualisierungen können sehr aussagekräftig sein und werden auch schon lange realisiert. Sie kennen das auch aus der Statistik, in der ebenfalls die Datengrundlage häufig in Visualisierungen aufbereitet wird. Rehbein unterscheidet in Datenkarten, die thematisch und raumbezogen arbeiten, Zeitreihen, die eine temporale Veränderung darstellen, und verschiedene Formen der Diagramme, wie Punktdiagramm, Liniendiagramm, Histogramm und Streudiagramm sowie schließlich Graphen und Bäume (Rehbein 2017: 336–337). Diese Liste könnten wir mit weiteren typischen Darstellungsweisen ergänzen, die in der Visualisierung von Statistik gängig sind, wie etwa Boxplot-Diagrammen, Balken-, Säulen- und Kreisdiagramme. Während die ersten beiden von Rehbein genannten Formen auf einen spezifischen, vorgegebenen Aspekt abzielen, sind die anderen Darstellungsformen flexibler einsetzbar und stärker von der Modellierung der Forschenden, die diese nutzen, abhängig: Was in einem Punkt- oder Liniendiagramm dargestellt wird, hängt zentral an der Modellierung der Visualisierung, die Darstellungsform kann prinzipiell mit ganz unterschiedlichen Daten gefüllt werden. Spezifischer sind hingegen Graphen und Bäume, sie sind schon umfangreicher in der Konzeption und Darstellung (vgl. Ignatow/Mihalcea 2017: 84). Für diese Punkte benötigen wir spezifisch aufbereitete Daten, die insbesondere Beziehungen der Daten zueinander darstellen. Hier brauchen wir also Daten, die nicht nur eine Matrix haben, sondern Beziehungen zueinander durch Typen von Relationen festlegen – etwa: „Darth Vader ist Vater von Luke Skywalker" oder „Foucault hat eine Theorie zur Gouvernementalität entwickelt". Wenn wir Kanten und Knoten haben, also stärker die Verbindung an sich im Mittelpunkt steht, stellen wir den Graphen als Netzwerk dar. Bäume hingegen sind eindeutigen Hierarchien zugeordnet: „Tomaten sind ein Lebensmittel", oder „Alle Tweets sind Social-Media-Daten" wären solche stufenförmigen Daten, die Konzepte in unterschiedlichen Hierarchiestufen umfassen.

Für die Nutzung und Weiterentwicklung digitaler Methoden interessant ist außerdem die Forschungsrichtung der Visual Data Analysis, die sich hin zu digitalen Verfahren für ihre längst digitalen Daten (als Born Digitals ebenso wie als retrodigitalisierte Datensätze) öffnen. Es geht hier um die Analyse von Bilddaten, die nicht mehr „nur" klassisch medienwissenschaftlich und kunsthistorisch ausgewertet werden, sondern mit Hilfe von computationellen Verfahren auch in anderen Dimensionen (vgl. Skarpelos 2018). Ziel ist die Visualisierung von Visual Big Data, also Big-Data-Datensätzen, die aus visuellen Daten, in der Regel aus Bilddaten bestehen. Wegweisend sind hier die Arbeiten von Lev Manovitch, der das neue Feld der Cultural Analytics ausgerufen hat. Die Visual Data Analysis steht irgendwo zwischen den CSS, den Medienwissenschaften, der Kunstgeschichte und auch der Data Sciences – wir haben es also nochmal mit einer anderen Querschnittsforschungsrichtung zu tun, die Schnittmengen mit den DH und den CSS hat. Auch in diesem Bereich ist ein gewisses Maß an Vorsicht vor Studien geboten, denn oft wird hier von Informatiker:innen experimentiert, ohne die entsprechenden geistes-, sozial- und kulturwissenschaftlichen Hintergründe und Perspektiven einzunehmen (vgl. Skarpelos 2018: 237). Bisher bleiben die Studien explorativ, aber doch schon mit spannenden Überlegungen. Im Mittelpunkt steht ein Verständnis der Bildproduktion, und damit neue Perspektiven auf Bilder, und auch neue Perspektiven auf Bildrezeptionen.

Es geht hier darum, an historischen Bilddaten ebenso wie an aktuellen Social-Media-Daten Fragestellungen in Bezug auf Gesellschaft zu visualisieren, und das wiederum mit visuellen Quellen. Hier werden also visuelle Datensätze in Visualisierungen abgebildet, wie zum Beispiel in einem „Image Histogram", das die Titelbilder des Time Magazines auf eine Zeitleiste legt (Skarpelos 2018: 253). Wenn wir in dieses Histogramm hineinzoomen, können wir unterschiedliche Bildsprachen ausmachen und daraus Aussagen ableiten. Neben solchen Verfahren wird aber auch mit den bestehenden Methoden an neuem Material gearbeitet, insbesondere mit in den Medienwissenschaften schon lange sehr üblichen Inhaltsanalysen. Für unsere Frage nach Visualisierung ist aber natürlich gerade das Visualisieren von Bildern interessant, das Manovich an verschiedenen Bereichen umgesetzt hat.

Zum Beispiel wurden Instagram-Posts aus Tel Aviv in einem Projekt nach der Färbung der Bilder und weiteren Kriterien auf einem Radius angeordnet. Zoomt man hinein, so sieht man Snippets der einzelnen Bilder, zoomt man heraus so hat man ein Kunstwerk erstellt aus einzelnen Bildern – eine ganz andere Form der Visualisierung, als das mit den eben genannten Verfahren der Fall ist. Mittlerweile sind die entsprechenden Grafiken nicht mehr online zu finden, Lev Manovich (2020) versteht diese jedoch als Mittel der Erkenntnisgenerierung (vgl. Freyberg 2021: 155). Es stellt sich hier natürlich die Frage, ob wir entsprechende Darstellungen als wissenschaftliche Visualisierung ansehen können – zumal es keinen Rückbezug zu den Metadaten der einzelnen Bilder gibt und die Veröffentlichung wohl auch ohne Wissen der jeweiligen Account-

Inhaber geschieht, ethisch also fragwürdig ist. Aber in jedem Fall ist das eine neue, ganz andere Blickrichtung auf unsere digitalen Daten.

Interaktive Visualisierungen kommen aus einer anderen Forschungstradition, sie sind eher dem Design als der Kunstgeschichte verpflichtet. Sie sind ebenfalls aufwendiger in der Gestaltung, aber auch in der Wahrnehmung. Beispiele sind in Buchform schwierig zu präsentieren, da diese nur eine Momentaufnahme zeigen könnten, Kern der Sache jedoch die Interaktivität ist, in welcher Nutzende mit den Grafiken agieren können und veränderte Einstellungen immer wieder neue Ansichten erzeugen. Ganz unterschiedliche Wege innerhalb der Visualisierungen sind möglich, man kann sich mit Details beschäftigen oder einen Überblick erhalten, je nachdem wie man klickt. Je nach Visualisierung sind weitergehende Informationen etwa aus Metadaten hinterlegt und teils direkt einsehbar. Dies sind Beispiele für die Ergebnispräsentation, aber solche Visualisierungen können wir natürlich auch nutzen, um neue Einblicke in unbekanntes Material zu erhalten – wenn denn die Daten entsprechend strukturiert vorliegen. Wichtig ist gerade für die komplexeren Formen, was passiert, wenn wir die Visualisierungen in der Nutzung während der Analyse verändern: Wenn wir rekonfigurieren oder filtern, geschieht das lediglich in der grafischen Darstellung oder auch in der dahinterliegenden Datenstruktur?

Visualisierungen sind hilfreich, da sie sowohl von Menschen als auch von Maschinen gelesen werden können (vgl. Berkelaar/Francisco-Revilla 2018: 51). Alle Arten der Visualisierung können aber auch verkürzen und quantifizieren, sodass ihre Unterstützung des Analyse- und Darstellungsprozesses stark von der Quellengrundlage abhängig ist (vgl. Ignatow/Mihalcea 2017: 83 f.). Bei der Darstellungsform müssen wir uns an visuellen Codes oder Regeln orientieren, die allgemeinen Konventionen folgen und schon bei so basalen Dingen beginnen, dass wir mit lateinischen Schriftzeichen gewohnt sind, Informationen von links nach rechts und von oben nach unten aufzunehmen.

Die genannten Beispiele stammen aus dem Kontext der DH oder werden dort doch rezipiert. Gerade für die CSS ist auffallend: Darstellungsformen spielen dort nur eine geringe Rolle, in vielen Werken werden sie gar nicht explizit thematisiert: In konkreten Studien werden Visualisierungen zur Ergebnispräsentation genutzt, der Bericht über Visualisierungen als Elemente des Analyseverfahrens begegnet uns nur sehr selten – und in diesen Fällen von Forschenden, die ganz explizit mit Visualisierungen arbeiten und auch in einem entsprechenden interdisziplinären Zusammenhang unterwegs sind. Das zeigt eine deutliche Lücke in der Auseinandersetzung (nicht nur) der CSS mit ihren Methoden, denn für die bisher genannten Auswertungsverfahren gibt es Grundlagenliteratur – vielleicht ist auch meine Kategorie, die eben quer zu Verfahren ein Ordnungsprinzip aufzeigt, nicht mit den üblichen Herangehensweisen kompatibel.

Johanna Drucker, aus den Digital Humanities und den Literaturwissenschaften kommend, stellt in Frage, ob wir mit der Informationsvisualisierung, wie sie heute üblich ist, überhaupt die notwendigen interpretativen Rahmenbedingungen haben, die für eine Analyse notwendig wären (Drucker 2020) – hier unterscheiden sich Sozial- und Geisteswissenschaften nicht in ihrem Anspruch nach der Darstellung von Komplexität und Mehrdeutigkeit. Visualisierungen sind keine Abbildungen von Daten, sondern Interpretationen dieser Daten, die einen Medienwandel (von einer Matrix zu einer Grafik) durchlaufen haben (Drucker 2020: 2). Drucker stellt als zentrale Forderung auf, dafür entsprechende Tools zu entwickeln und weiterzuentwickeln, um Interpretationen auch visuell modellieren zu können – ein Weg, der erst noch gegangen werden muss.

Mit den bestehenden Visualisierungstechniken können wir die beiden Hauptfunktionen von Visualisierungen für unsere Forschungen gut nutzbar machen: In der Analyse selbst können wir mit ihnen neue Zusammenhänge erkennen, mit den Daten auch spielerisch umgehen und Entdeckungen machen. Hier müssen wir besonders darauf achten, wie die entsprechenden Schritte im Forschungsprozess dokumentiert werden können, um sie nachvollziehbar zu halten (vgl. ▸ Dokumentation des digital erweiterten Forschungsprozesses). Es kann hier, je nach Struktur der Datensätze, auch spannend sein, sich in interaktive Visualisierungen einzudenken und weg zu gehen von der statischen Darstellung. Wenn wir das weiterdenken, können interaktive Visualisierungen sogar die Darstellung von Forschungsergebnissen übernehmen, die ja nicht immer in linearer Textform am besten präsentiert werden. Gerade der Datenjournalismus, der oft ebenfalls geistes-, sozial- und kulturwissenschaftliche Fragestellungen bearbeitet, wenn auch mit anderem Anspruch als die Wissenschaft, geht hier innovative Wege. Wir können solche Überlegungen aufgreifen. Auch in der Arbeit mit eher einfachen Visualisierungen können wir viel erreichen, wenn wir in der Analyse dadurch neue Einblicke erhalten und in der Darstellung unsere Ergebnisse kondensiert darstellen.

Als „letzter Schritt" in einer Analyse können Visualisierungen die Darstellung der Ergebnisse bereichern und komplexe Sachverhalte einfacher zugänglich machen. Sie können aber auch schon vorher als Analyseverfahren eingesetzt werden, um insbesondere in großen Datenmengen Besonderheiten und Zusammenhänge zu erkennen. Bei letzterem helfen besonders dynamische und interaktive Visualisierungen weiter, die es ermöglichen den Schwerpunkt und Fokus im Datenmaterial im Zuge der Betrachtung zu verändern. Besonders schwierig ist es aber, solche explorativen Zugänge methodisch abgesichert zu vollziehen, denn anders als bei explorativen Verfahren etwa in der qualitativen Sozialforschung hat sich noch kein Standard dafür entwickelt, wie solche Explorationen dokumentiert werden sollen. Zu oft werden die Veränderungen der Daten durch und mit Visualisierungen gar nicht thematisiert (Drucker 2020: 2) Es empfiehlt sich, hier ein Protokoll der eigenen Aktionen im Material und der dabei einsetzenden Erkenntnisse zum Material zu führen, damit die Suchbewegungen und Überlegungen nachvollziehbar sind, denn die interaktive Visualisierung selbst können wir nicht in den verschiedenen Ansichten speichern und unzählige Screenshots geben uns mit Abstand nur schwer Einblick in unsere Überlegungen. Visualisierungen können in der Summe also Merkmale deutlich machen, ob sie uns nun vor der Erstellung der Visualisierung schon bekannt waren oder nicht. Sie sind aber nie objektiv, sondern durch die Daten und die Perspektive der Ersteller:innen der Visualisierungen geprägt. Wenn sie nicht sorgfältig erstellt sind, können sie sogar von den eigentlichen Inhalten ablenken oder verwirren (Ignatow/Mihalcea 2017: 83).

Wenn wir nur mit kleinen Datenmengen arbeiten, sind Visualisierungen in der Regel eher hinderlich als hilfreich, in diesem Fall reicht die Darstellung als Tabelle oder in Textform, da wir so genauer auf die einzelnen Ausprägungen eingehen können (Rehbein 2017: 338). Auch wenn mit Visualisierungen gearbeitet wird, ist weniger oft mehr: Klare und nachvollziehbare Grafiken sind hilfreicher als überladene Visualisierungen, bei denen die eigentliche Intention nicht mehr deutlich wird. Eine Visualisierung ohne erläuternde Informationen, etwa in einer Bildunterschrift oder in der Beschreibung der Interaktionsmöglichkeiten, ist nur sehr begrenzt bis gar nicht aussagekräftig.

Zudem ist es notwendig, bestehende Visualisierungen immer genau zu betrachten und in ihren Aussagen kritisch zu hinterfragen: Was ist die Datengrundlage dieser Darstellung, welche Perspektiven sind in dieser bedingt und wie könnte es anders aussehen? Natürlich bieten uns Visualisierungen kein Abbild der Welt und auch kein einfaches Abbild von Daten, sondern sind immer bereits Interpretation und spezifische Perspektivierung. Erklärungen müssen aus den Daten, mit den Daten und auch gegen die Daten von uns als Forschenden herausgearbeitet werden. Die Entstehungszusammenhänge der in den Visualisierungen mehrfach bearbeiteten und aggregierten Daten, die Aktivitäten von Forschenden mit den Daten, dürfen dabei nicht unsichtbar gemacht werden (Drucker 2020: 1). Damit sind wir bei relativ allgemeinen Punkten der Quellenkritik und der Kritik an Darstellungsformen angelangt, die nicht nur für Visualisierungen und auch nicht nur in den digitalen Methoden gelten.

Übungsaufgaben zu Visualisierungen

Beispiele für Visualisierung: Beschäftigen Sie sich mit einer der folgenden Visualisierungen.

1. PixPlot: Laden Sie die Visualisierung von Fotos aus dem Archiv der Yale's Beinecke Rare Book & Manuscript Library unter https://s3-us-west-2.amazonaws.com/lab-apps/pix-plot/index.html. Welche Cluster finden Sie und was meinen Sie, warum diese gebildet wurden?
2. Phototrails Montage: Schauen Sie sich die Visualisierungen unter http://phototrails.info/visualizations/montage-visualization/an, lesen Sie die Beschreibung und zoomen/scrollen Sie sich durch die Ansichten. Welche Erkenntnisse können Sie daraus ziehen? Können Sie sich einen Anwendungsfall vorstellen, der eine Fragestellung aus den Geistes-, Sozial- und Kulturwissenschaften beantwortet?
3. Coins-Journey der FH Potsdam: Verändern Sie unter https://uclab.fh-potsdam.de/coins/ die Einstellungsmöglichkeiten. Wie verändert sich die Visualisierung und warum? Für welche anderen Datentypen wäre eine vergleichbare Visualisierung aufschlussreich?

Visualisierung und Text Mining mit Voyant Tools: Nutzen Sie das browser-basierte Tool Voyant (vgl. ▸ Glossar). Probieren Sie die unterschiedlichen Möglichkeiten des Tools aus und überlegen Sie, welche Aussagekraft einzelne Visualisierungen haben. In Voyant können Sie einen langen Text, mehrere kurze Texte oder URLs verwenden. Als Datengrundlage können Sie einen eigenen Datensatz verwenden oder beispielsweise das Foodblog-Korpus von Andresen und Zinsmeister (2018) unter http://doi.org/10.5281/zenodo.1410462 nachnutzen.

5.9 Digitale Ethnografie als Alternative oder Ergänzung

In diesem Kapitel erfahren Sie,

- inwiefern digitale Ethnografie ethnografische Methoden weiterentwickelt;
- warum digitale Methoden der Datenauswahl und Datenerhebung für digitale Ethnografien hilfreich sein können;
- wie insbesondere bei Social-Media-Daten digitale und ethnografische Methoden verbunden werden können;
- wann es sinnvoller sein kann, kleinere Datensets manuell zu erheben.

In einigen Übersichten, zum Beispiel zur Digital Sociology (Lupton 2015), wird digitale Ethnografie zu den digitalen Analyseverfahren gezählt. Nur, weil wir *im* Digitalen forschen, heißt das allerdings nicht, dass wir auch *mit* digitalen Verfahren forschen. Es handelt sich bei der digitalen Ethnografie, auch als virtuelle Ethnografie oder Netnografie bezeichnet, um eine zentrale Methode, mit der gesellschaftliche Entwicklungen untersucht werden können, die vorwiegend online stattfinden. Aber die entsprechenden Studien haben häufig nichts mit digitalen Methoden zu tun, wie sie im vorliegenden Buch genutzt werden, denn sie stützen sich nicht auf digitale Auswertungsverfahren. Zwar werden digitale Daten untersucht, diese aber in der Regel nicht mit computationellen Verfahren erhoben oder analysiert.

Digitale Ethnografie ist gerade in der Pandemie-Situation mit fehlenden Möglichkeiten zur direkten Kontaktherstellung stärker in den Mainstream der Methodendiskussionen gerückt. Interviews per Videokonferenz oder die Teilnahme an Online-Meetings sind mittlerweile etablierte Verfahren (Otto/Philipp-Jahnke 2021). Die digitale Ethnografie geht aber über diese Ansätze hinaus. Es handelt sich dabei um eine Übertragung und Anpassung von ethnografischen Methoden in digitale Felder. Oft wird eine Multisighted Ethnography (Marcus 1995) angestrebt, die eine dichte Beschreibung (Geertz 1983) zum Ziel hat und dabei den Akteur:innen, aber auch den Praxen und den digitalen Geräten oder Plattformen folgt. In der Praxis werden Online-Interaktionen etwa auf Social-Media-Plattformen oder in Foren beobachtet, die Forschenden nehmen aktiv an diesen teil und/oder befragen die beteiligten Akteur:innen.

Die Trennung zwischen Online und Offline wird dabei in der Regel überwunden (Hine 2015). Das bedeutet, dass die Forschung keineswegs rein in digitalen Alltagswelten stattfindet oder zumindest nicht stattfinden muss, wie das in frühen virtuellen Welten versucht wurde (etwa Boellstorff 2008). Denn Alltag ist nicht in eine Offline- und einen Online-Bereich getrennt, sondern beide sind ineinander verwoben (Schönberger 2015). Je nach Forschungsfrage werden die beforschten Akteure etwa auch befragt oder beobachtet, wenn sie sich nicht explizit digital äußern. Da die Gegenwart digital durchdrungen ist und es in vielen Fällen gar nicht zielführend ist, zwischen Online und Offline zu unterscheiden – dieses Phänomen wird auch als postdigitale Gesellschaft bezeichnet (Berry 2015) – greift die digitale Ethnografie vielmehr als Erweiterung denn als Ersatz für ethnografische Methoden der Beobachtung, Teilnahme und Befragung. Es handelt sich weiterhin um eine Ethnografie, wenn auch in einem spezifischen Feld, das prinzipiell unabgeschlossen ist (und damit laut Wittel 2000 zum Netzwerk wird). Vor allem ändern sich die Modi der Kommunikation und Partizipation im Digitalen, sodass Forschungen diesen Wandel in den Mittelpunkt setzen können. Dabei entstehen Metafelder als Settings, in denen die verteilte Kommunikation sich zeitweise verfestigt oder festgehalten werden kann (Airoldi 2018: 662). Gleichzeitig bewegen sich Menschen fast immer über verschiedene digitale Kommunikationsplattformen hinweg, sodass wir hier nur fragmentierte Einblicke erhalten können, wenn wir nicht den Akteur:innen im Sinne von Marcus folgen.

Bestehende Einführungen in die Methoden der digitalen Ethnografie (vgl. etwa Hine 2015; Pink et al. 2016; Ardévol/Gómez-Cruz 2013) sind in ihrem Schwerpunkt vor allem auf die Erläuterung von ethnografischen Methoden ausgerichtet, die nun im veränderten Rahmen, nämlich im Digitalen, angewendet und adaptiert werden. Die Möglichkeiten, die sich mit den in ▸ Kapitel 4 und ▸ Kapitel 5 bisher vorgestellten Verfahren der Datenerhebung und Analyse ergeben, gehen allerdings weit darüber hinaus. Neue Kombinationen von methodischen Zugängen sind auch mit dem Ziel einer digitalen Ethnografie möglich und zielführend. Deshalb ist eine digitale Ethnografie nicht alternativ zur Verwendung von digitalen Methoden zu verstehen, sondern beide Perspektiven ergänzen sich.

So können alle Verfahren des Findens und Speicherns von digitalen Daten genutzt werden, um einen Zugang in das entsprechende Feld zu finden. Je nach Fragestellung kann es etwa zielführend sein, zunächst mit einem Crawling und Scraping (vgl. ▸ Kapitel 4.1) wichtige Strukturen des Feldes zu ermitteln oder mit einer API größere Mengen von Posts aus sozialen Netzwerken herunterzuladen (vgl. ▸ Kapitel 4.2). Das Metafeld kann durch Suchabfragen abgesteckt werden, „to reveal dispersed digital discourses rather than a multitude of contexts“ (Airoldi 2018: 666), etwa indem einzelnen Hashtags gefolgt wird, wobei sich schnell große Mengen von ProdUser:innen und Inhalten auffinden lassen. Hier fehlen allerdings die kontextuellen Bezüge der einzelnen Ausschnitte. Aus dieser Grundmenge kann – strukturell ähnlich wie im Text Mining (vgl. ▸ Kapitel 5.3) – gezielt nach besonders relevanten Elementen für die eigene Fragestellung gesucht werden. In der Regel wird eine Ethnografie nur empirisch gesättigt sein, wenn wir nach diesen computationellen Erhebungsschritten oder parallel zu ihnen wiederum in die jeweiligen Bereiche eintauchen und mit klassisch ethnografischen Methoden weiteres Material erheben und analysieren. Auch hier ist also eine Kombination von Verfahren zielführend.

Es gilt umgekehrt allerdings nicht, dass jede Analyse von Social-Media-Daten auch digitale Methoden anwendet: Oft wird hier mit Screenshots gearbeitet oder Forschende erstellen sich kleinere Textauszüge durch Copy & Paste. Auch wenn wir gesehen haben, dass die Zugänge auf Social-Media-Daten durch die entsprechenden Plattformen begrenzt werden (vgl. ▸ Kapitel 3.4), so gilt doch: Wenn das Ziel ist, mit digitalen Analyseverfahren zu arbeiten, sollten entsprechende Daten auch computationell gespeichert werden, um mit der entsprechend großen Datenmenge nicht unnötig Zeit zu verlieren. Ist das Ziel allerdings eine rein qualitative Analyse im Sinne einer Ethnografie, so können digitale Erhebungsverfahren die Schärfung des Forschungsfeldes unterstützen und als Findeheuristik dienen, müssen das aber nicht.

Wenn wir automatische Datenerhebungsverfahren nutzen, ist es umso wichtiger, zu berücksichtigen, welche Daten wir erhoben haben und in welchem Zusammenhang diese standen, bevor wir sie aus dem Kontext herausgegriffen haben (Ignatow/Mihalcea 2017: 9) – denken Sie an die undurchsichtige Auswahlstrategie von Twitter, wo wir nur etwa 1% der Tweets bekommen (vgl. ▶ Kapitel 4.2) – und wie die Daten zusammengesetzt sind: Wen untersuchen wir hier überhaupt? Clustering-Techniken können allerdings dabei helfen, Einblicke in das Material zu bekommen, auch ohne dies manuell zu sichten, und schon Häufigkeitsverteilungen helfen zum Beispiel, um Bots zu identifizieren. Es geht hier um eine „preliminary exploration of the research object" (Airoldi 2018: 668). Manuelle Samplingstrategien müssen besonders sensibel für ihre Einstiegspunkte sein: Wie wurde festgelegt, welche Ausschnitte genauer untersucht werden? Es greifen wiederum die Gütekriterien für qualitative Forschung (Strübing et al. 2018), die gerade keinen Anspruch etwa auf Repräsentativität legen. Durch ihre kontextualisierten Vorgehensweisen können so aber Bedeutungen besser gegriffen werden und im Sinne einer dichten Beschreibung (Geertz 1983) untersucht werden. In der Regel bedeutet dies eine ähnlich intensive Feldforschungsphase, wie dies auch in Ethnografien ohne digitales Element üblich ist, also eine Begleitung über einen längeren Zeitraum. Auch Interviews sind ein geeignetes Verfahren zur Vertiefung der ohne Interaktion gewonnenen Eindrücke. Durch eine Verbindung der Ansätze können die verschiedenen Vor- und Nachteile im besten Falle gewinnbringend zusammengeführt werden.

Wenn Daten aus Social Media rein manuell erhoben werden, etwa aufgrund einer fehlenden API, wird diese Plattform mit Verwendung eines eigenen Accounts so wahrgenommen, wie User:innen dies tun. Auch die entsprechenden Vorschlagsalgorithmen beeinflussen die eigenen Suchergebnisse bereits nach den ersten Interaktionen. Durch den Zugriff über einen Browser (im Gegensatz zur Nutzung einer App) können die HTML-Dateien abgespeichert werden. Screenshots ermöglichen das Abfotografieren des Bildschirminhalts, Screencasts das Speichern von beispielsweise Videos oder Interaktionen mit einer Plattform als Videodatei. Prinzipiell können solche Daten auf dem eigenen Rechner ebenso erzeugt werden wie etwa im Rahmen von Interviews auf den Rechnern von Gesprächspartner:innen. Selbstverständlich sind hier ethische Fragen zu berücksichtigen (vgl. ▶ Kapitel 2.2) und ein Forschungstagebuch sollte die eigenen Interaktionen festhalten und reflektieren (vgl. ▶ Definition: Dokumentation des digital erweiterten Forschungsprozesses). In einigen Fälle ist es sicher zielführender, eine digitale Ethnografie durchzuführen, ohne auf computationelle Erhebung oder Analyse zurückzugreifen.

Übungsaufgabe Digitale Ethnografie

Eigene digitale Ethnografie mit anderen digitalen Methoden kombinieren: Gehen Sie von Ihrer Forschungsfrage aus und überlegen Sie, welches Methodensetting passend ist. Wie können Sie die in ▸ Kapitel 5 vorgestellten digitalen Analyseverfahren mit Elementen einer digitalen Ethnografie verbinden? Welchen Einfluss hat dies auf Ihre Interpretation, welchen bereits auf Ihre Datenerhebung und -analyse? Was sind Vorteile, was Nachteile dieser Kombination?

6. Den Forschungsprozess digital unterstützen

> **In diesem Kapitel erfahren Sie,**
>
> - warum die Unterstützung des Forschungsprozesses häufig nicht zu digitalen Methoden gerechnet wird;
> - inwiefern alle Schritte qualitativer Forschungsprozesse mit digitalen Tools unterstützt werden können;
> - was der Unterschied zwischen Computerunterstützung und digitaler Methode ist.

Wer sich mit digitalen Methoden beschäftigt, kommt schnell zu Definitionen und Abgrenzungen (vgl. ► Kapitel 2.1). In der Regel wird, so wie Sahle (2015) es tut, das reine Unterstützen des Forschungsprozesses nicht zu digitalen Methoden und damit auch nicht zu Forschungszusammenhängen wie den DH oder den CSS gerechnet. Dennoch sind entsprechende Kompetenzen unerlässlich, um im heutigen Forschungs- und auch Studienalltag zu bestehen – neben den in ► Kapitel 2.2 bereits dargestellten Grundkenntnissen zu Datenethik und Datenschutz. Auch wenn im Rahmen der digitalen Lehre in Pandemiezeiten viele Lösungen weiterentwickelt wurden und Lernkurven rasant gestiegen sind, ist das Wissen um diese Unterstützungsmöglichkeiten gerade bei qualitativ Forschenden noch immer zu gering. Während einige mit den ihnen bekannten Tools ihre eigenen Arbeitsprozesse längst entwickelt und Lösungen für sich gefunden haben (vgl. Franken 2020b), stehen andere eher ratlos vor den vielfältigen Optionen. Dieses Kapitel stellt deshalb im Überblick vor, wie Forschungsprozesse digital unterstützt werden können. Gleichzeitig kann es nur erste Orientierungen geben, die in Ergänzung zu den digitalen Grundkenntnissen hilfreiche Richtungen aufzeigen können, in denen je nach Interesse weiter recherchiert werden sollte.

Wenn wir qualitative Forschungsprozesse modellieren, sind besonders die Phasen der Quellenauswahl, -erhebung und -analyse gut durch digitale Methoden zu erweitern (vgl. ► Kapitel 2.4 und in der Anwendung ► Kapitel 4 und ► Kapitel 5). Für die Unterstützung gilt diese Einschränkung jedoch nicht in diesem Maße: Auch die Phasen der Problembeschreibung, Entwicklung einer Fragestellung und später die Verschriftlichung können mit digitalen Tools unterstützt werden – dabei geht es allerdings nicht darum, computationelle Verfahren umzusetzen, sondern die digitale Handarbeit steht im Mittelpunkt: Was wir auch mit Stift und Papier erledigen könnten, wird durch Tools an einigen

Stellen vereinfacht und in vielen Bereichen in Zusammenarbeit mit anderen so erst realisierbar. Die Software-Pakete sind nicht viel anders in ihrer Funktionsweise als die gängigen Office-Pakete: Sie unterstützen eine Tätigkeit, die auch ohne den Computer erledigt werden könnte, sie machen diese lediglich komfortabler. In vielen Bereichen sind gute Open-Source-Lösungen verfügbar.

Es gibt eine Reihe von Ansätzen, die solche Programme als reine Computerunterstützung bezeichnen (Kuckartz 2010; Kelle 2017; Sattler 2014) und die entsprechend nicht zu digitalen Methoden gerechnet werden. Das kommt darauf an, wie eng oder weit man das Konzept digitaler Methoden fasst. Nachdem ich bisher eher einen engen Begriff verwendet habe, soll dieser hier nun um Unterstützungen ergänzt werden. Aber: Nicht alles was als computationell bezeichnet wird, ist auch tatsächlich durch Algorithmen realisierte Forschung, die Graubereiche sind groß. Computerunterstützung allein ist noch keine digitale Methode. Dennoch wird unser Handeln durch die technischen Möglichkeiten ermöglicht und begrenzt (vgl. ▸ Kapitel 8).

6.1 Kollaboratives Forschen

In diesem Kapitel erfahren Sie,

- warum in der Gruppe Bedürfnisse nach Unterstützung der eigenen Zusammenarbeit reflekiert werden sollten;
- wie zwischen Datenschutz und Komfort abgewogen werden muss;
- welche Kommunikationswege wie digital strukturiert werden können;
- wann Forschungsplattformen die Zusammenarbeit unterstützen können.

Ob in der gemeinsamen Entwicklung von Forschungsprojekten oder in kleineren Gruppenarbeiten: Die Zusammenarbeit mit anderen ist in qualitativer Forschung eine wichtige Bereicherung für Forschungsvorhaben. In der Regel ist es hilfreich, das gemeinsamen Denken und Arbeiten durch digitale Hilfsmittel zu unterstützen. In universitären Strukturen bestehen gerade für die digitale Lehre mittlerweile Lernplattformen, die einige Funktionen zusammenfassen und das Teilen von Dateien oder die gemeinsame Bearbeitung von Dokumenten ermöglichen. Oft sind die Zugänge zu solchen Plattformen jedoch begrenzt und die Zusammenarbeit außerhalb von Lehrveranstaltungen ist nicht vorgesehen.

Hier empfiehlt es sich, die eigenen Bedürfnisse in der Gruppe zu reflektieren, um die richtigen Tools zu finden: Werden vor allem Brainstorming und Themenfindung zusammen realisiert, sind Mindmap-Tools das Richtige. Steht hingegen die Zusammenarbeit an Texten im Mittelpunkt, empfiehlt sich für kürzere Texte ein Etherpad, für längere hingegen verschlüsselte Alternativen zu den großen Anbietern wie etwa CryptPad. In einigen Fällen kann es auch sinnvoll sein, den Komfort der Funktionen von Google Docs oder Slides einzutauschen gegen die Datenhoheit, die in diesem Falle an das Wirtschaftsunternehmen übergeht. Noch immer gibt es keine Freeware-Lösungen, die vergleichbare Funktionen der Nachvollziehbarkeit von Änderungen und Kommentierung einfach zu bedienen anbieten. Je nach Art des Dokumentes sollten allerdings die umständlicheren Lösungen in Kauf genommen werden, damit die vielleicht vertraulichen Informationen auf sicheren Servern abgespeichert werden. Auch um größere Datenmengen abzulegen und gemeinsam zu bearbeiten, gibt es Lösungen etwa des CryptPads. Entsprechende Tools sind im ▸ Glossar zu finden.

In der Zusammenarbeit der Analyse macht es auch für die manuellen Arbeitsschritte insbesondere der Annotation Sinn, digital zusammenzuarbeiten. Proprietäre, kostenpflichtige QDA-Software ermöglicht dies nur eingeschränkt bzw. setzt voraus, dass alle Beteiligten über eine Lizenz verfügen. Beispielsweise Catma und Hypothesis (vgl. ▸ Glossar) haben komfortable und intuitive Funktionen für die Zusammenarbeit an Annotationen. Es sollte allerdings im Vorfeld genau abgesprochen werden, wie Änderungen dokumentiert werden, um neben der Textproduktion auch in der Analyse für alle Beteiligten nachvollziehbar zu halten, wie Überarbeitungen und Interpretationen zustande kommen.

Kommunikation in Gruppen ist unerlässlich, gerade auch für den kontinuierlichen Austausch im Laufe des Arbeitsprozesses. Neben E-Mail-Verteilern – das DFN-Forschungsnetzwerk bietet die Einrichtung von Mailinglisten an, wenn man eine Universitäts-Mailadresse nutzt – sind Kommunikationsplattformen wie Discord, Slack oder Mattermost weit verbreitet. So können etwa gemeinsame Fragestellungen, aber auch praktische Aufgaben diskutiert und erledigt werden (Burckhardt/Schiel 2010: 101). Auch im Bereich des kollaborativen Arbeitens, also der Zusammenarbeit von mehreren Forschenden im Team, nutzen wir sehr viele WorkArounds, um die Tools unseren tatsächlichen Bedürfnissen anzupassen. Außerdem ist auch hier in der Regel eine Kombination von verschiedenen Tools für die unterschiedlichen Schritte notwendig – so kann es beispielsweise ein guter Aufbau sein, ein Mindmap- oder Notiz-Tool für die Ideensammlung zu nutzen, die Datenablage an einem anderen Ort zu realisieren und für die Kommunikation einen weiteren Weg zu nutzen.

Wer in Gruppen umfangreicher und mittelfristig zusammenarbeiten möchte, kann sich auch nach Forschungsplattformen umschauen. Von Ethnograf:innen entwickelt wurde die Platform for Experimental Collaborative Ethnography

(PECE) mit ihren großen Instanzen STS Infrastructures und DisasterSTS. Die Funktionen bei dieser Infrastruktur umfassen sowohl die Ablage von Quellen, deren kollaborative Analyse in Gruppen als auch das gemeinsame Publizieren von Forschungsergebnissen, in welche die Quellen eingebunden werden können (Fortun et al. 2014; Poirier et al. 2020). Allerdings ist die Bedienung nicht immer intuitiv und eine Registrierung muss in Absprache mit den die Plattform betreibenden Forschenden geschehen. Ebenfalls für die Zusammenarbeit in Gruppen ausgelegt ist die Plattform TextGrid, die allerdings rein für die Arbeit mit Textdaten gedacht und im Rahmen eines EU-Netzwerkes entstanden ist. Die Funktionen sind hier insbesondere auf die Datenablage und -strukturierung fokussiert.

Ein digitales Tool macht jedoch noch keine Kollaboration aus. Es ermöglicht diese in vielen Punkten, in anderen begrenzt es sie auch. Für die engagierte Forschung in Kollaboration zwischen verschiedenen Forschenden sind aber Grundwerte viel wichtiger: Gegenseitiges Interesse und Interesse am Thema müssen vorhanden sein ebenso wie ungefähr gleiche, in jedem Fall faire Level an Mitarbeit. Vertrauen ineinander und vertraulicher Umgang mit den diskutierten Inhalten, Ideen und Überlegungen sollten selbstverständlich sein oder zu Beginn der Kollaboration explizit vereinbart werden. Diese Grundsätze haben andere bereits systematisch bearbeitet und theoretisch reflektiert (Boyer/Marcus 2021; Kelty et al. 2009; Rabinow et al. 2008; Bieler/Bister/Schmid 2021; Binder et al. 2013). Ohne diese zwischenmenschlichen Voraussetzungen kann Kollaboration nicht funktionieren, da hilft uns kein noch so gut ausgebautes Tool.

6.2 Literatur verwalten

In diesem Kapitel erfahren Sie,

- warum die systematische Ablage von Literaturangaben mittelfristig Zeit spart;
- welche Datenbankstrukturen für Literatur genutzt werden können;
- wann Literatur automatisch in Datenbanken importiert werden kann;
- wie Schlagworte für Ordnungssysteme genutzt werden können;
- wie digitale Quellen zitiert werden sollten.

Wer bereits einmal in alten Dokumenten nach der Literaturangabe gesucht hat, die man in einem alten Text verwendet hat, weiß wie mühsam diese Suchen werden können. Ob Listen oder inhaltlich sortierte Dokumente oder Ordnerstrukturen mit PDFs – die eigenen Systeme stoßen schnell an ihre Grenzen, wenn wir größere Mengen von Literaturangaben etwa für studentische Abschlussarbeiten oder für Doktorarbeiten sammeln und strukturieren möchten. Es empfiehlt sich deshalb, bereits früh mit der systematischen Ablage von Literatur und Literaturangaben zu beginnen. Dabei wird die Literatur an einem zentralen Ort verwaltet – ganz egal, in welcher Form der Text tatsächlich vorliegt. Ob als Buch, Ausdruck, PDF, E-Book oder über einen Online-Zugriff: Alle verwendete Literatur kann und sollte gemeinsam verwaltet werden, um schnell auf bereits Gelesenes zurückgreifen zu können. Dabei wird unterschieden zwischen dem Text an sich – dem PDF oder auch dem Buch, das gar nicht digital vorliegt – und den Informationen über diesen Text, den Metadaten (vgl. ▸ Kapitel 4.5).

Für die Nachhaltung der Literatur in Form von Metadaten werden in der Regel Datenbankstrukturen genutzt, die wissenschaftliche Texte im Grundsatz ähnlich behandeln wie Archivmaterial (vgl. ▸ Kapitel 4.3) oder Forschungsdaten (vgl. ▸ Kapitel 4.4). Allerdings spielen dabei natürlich keine Überlegungen zur Veröffentlichung der Daten eine Rolle. Wohl aber können wir Datensätze nachnutzen, die Bibliotheken bereitstellen. Dabei sind die Metadaten, welche den wissenschaftlichen Texten bereits zugeordnet wurden, für uns in der Regel einfach nachnutzbar – und diese folgen bereits lange internationalen Standards, in der Regel dem Resource Description and Access (RDA), dem etwa die Deutsche Nationalbibliothek folgt. Wir müssen uns im Fall von Literatur allerdings kaum selbst mit diesen Standards beschäftigen. Denn es bestehen für alle gängigen Werke gut erfasste Datensätze, die wir über die ISBN oder DOI des Werkes finden und nachnutzen können. Wenn wir eine Literaturdatenbank wie Zotero verwenden (vgl. ▸ Glossar), so können wir über dort implementierte Schnittstellen anhand der eindeutigen Identifier des zu zitierenden Werkes (eben der ISBN oder DOI) auf die Metadaten zugreifen und diese in unsere Datenbank importieren. Zotero ist die am weitesten verbreitete Literaturverwaltung: Es handelt sich um eine Open-Source-Lösung, die auch für kollaboratives Arbeiten ausgelegt ist. In der Version 6 wird mittlerweile auch unterstützt, dass PDFs direkt annotiert werden können. Somit sind nicht nur die Literaturangaben selbst, sondern auch Zitate aus dem jeweiligen Text in der Datenbank verwaltbar. Diese Funktionen bieten auch die kommerziellen Software-Lösungen an, wobei sich insbesondere Citavi und Endnote durchgesetzt haben. Wer seine Textverarbeitung mit LaTeX realisiert, kann das dort direkt implementierte BibTeX nutzen.

Die Funktionen der Literaturverwaltungsprogramme sind unterschiedlich. In allen Fällen gibt es die Möglichkeit, aus der Datenbank heraus ein Literaturverzeichnis zu erstellen, das alle oder nur ausgewählte Titel enthält – und dies in einem im Tool festzulegenden und veränderbaren Zitationsstil. Für die Anforderung unterschiedlicher Institute oder Zeitschriften und Verlage kann so mit wenigen Klicks ein jeweils einheitliches Verzeichnis erstellt werden, ohne dass für jeden Literaturtitel einzeln die Angaben angepasst werden. Dies ist möglich, weil die unterschiedlichen Angaben – wie Autor oder Erscheinungsort und -jahr – in der Datenbank in einzelnen Metadatenfeldern abgelegt sind, es sich also um strukturierte Daten handelt, die durch einen einfachen Algorithmus den jeweiligen Regeln entsprechend zusammengestellt werden können. Die Tools greifen dafür auf wiederum die Zitationsstandards etwa der entsprechenden Zeitschriften zu und wenden die Regeln an. Citavi beispielsweise verfügt außerdem über einen Editor, der das Anpassen eines Zitationsstils an die eigenen Bedürfnisse oder eben an die Vorgaben eines Instituts oder Prüfungsamtes ermöglicht.

In allen Literaturverwaltungen ist es außerdem möglich, die einzelnen Titel mit beliebig vielen Schlagworten zu versehen. So können inhaltliche Ordnungssysteme abgebildet und selbst nach und nach erstellt werden – gerade die Mehrfach-Zuordnung macht es leicht, verschiedene Aspekte nachvollziehbar zu halten, ohne etwa in thematischen Ordnerstrukturen auf der eigenen Festplatte über kurz oder lang doppelte Dateihaltung notwendig zu machen. Entsprechende Kategorien können auch genutzt werden, um den eigenen Überblick über bereits zitierte Texte oder noch zu sichtende Literatur zu behalten. Dem eigenen System sind dabei prinzipiell keine Grenzen gesetzt, denn in der individuellen Nutzung oder der in kleinen Gruppen müssen wir uns um kontrollierte Vokabulare keine Gedanken machen, sondern können unsere eigenen Ordnungssysteme entwickeln und immer wieder anpassen – vergleichbar mit der Annotation, wie sie in QDA-Software vorgenommen wird. Einige Forschende nutzen Literaturverwaltung sogar für diese Annotationen um, damit sie nicht in zwei verschiedenen Tools in Literatur und Quellen unterscheiden müssen (Franken 2020b).

Damit sind wir bei der anderen zentralen Funktion von Literaturverwaltungstools, die (wie bereits erwähnt) nun auch in der Open-Source-Lösung Zotero verfügbar ist: Das Markieren von Textstellen innerhalb von PDFs und überhaupt das Ablegen von zugehörigen PDFs zu den Metadaten einer Literaturangabe ist in der Regel hier ebenfalls möglich. Je nach Lesegewohnheit kann damit die Recherche und Lektüre enger aneinander gebunden werden. Markierte Textstellen werden wiederum zu Elementen in der Datenbank und können ebenfalls verschlagwortet werden. Es ist jedoch ratsam, sich hier – ebenso wie in der Erfassung von wichtigen Literaturtiteln für das eigene Thema – nicht auf Vollständigkeit zu verlegen, sondern die Datenbank immer nur insofern zu nutzen, wie es für den eigenen Arbeitsschritt gerade notwendig ist. Denn es kann nicht das Ziel sein, den bestehenden Bibliothekskatalog zu doppeln oder eine umfassende Zitat-Datenbank anzulegen. So hilfreich die Strukturen gerade für die mittelfristige Beschäftigung mit Themen ist, da immer wieder schnell auf die bereits recherchierte und gelesene Literatur zurückgegriffen werden kann, so pragmatisch sollten wir in ihrer Nutzung bleiben, um uns nicht in selbstgestellten Fleißarbeiten zu verlieren.

In diesem Zusammenhang sind noch einige Hinweise zur Zitation von digitalen Quellen notwendig (vgl. zu diesen Punkten von Unger/Franken/Egger 2022). Natürlich gilt für digitale Daten und Webadressen, dass auch diese eindeutig nachvollziehbar zitiert werden müssen. Für Social-Media-Daten kann es hilfreich sein, die Daten (gegebenenfalls getrennt nach User:in) durchzunummerieren. Für Webseiten ist es, wenn kein:e Autor:in direkt auf der zitierten Seite zu finden ist, ratsam die Institution oder Einzelperson zu benennen, welche die Seite betreibt und spätestens im Impressum zu finden ist. Zudem sollte der Zeitpunkt des eigenen Zugriffs vermerkt werden, da die digitalen Daten schnell wandelbar sind. Das Internet Archive mit seiner Funktion „Safe Page Now" (vgl. ▸ Glossar) kann hilfreich sein, um eine statische und langfristig zitierbare Version von einer Webseite zu erstellen, wenn diese sich gegebenenfalls ändert und sonst nicht mehr nachvollziehbar wäre. Im Literatur- oder Quellenverzeichnis wird in diesem Fall die im Internet Archive hinterlegte Version zitiert.

6.3 Organisationsprozesse strukturieren und begleiten, Ergebnisse präsentieren

In diesem Kapitel erfahren Sie,

- warum die Bedürfnisse im Forschungsprozess reflektiert werden sollten, bevor ein Tool gewählt wird;
- wie fragmentierten Erkenntnissen entgegengewirkt werden kann;
- welche Schwierigkeiten bei der nichtlinearen Textproduktion bestehen.

Dass mit digitalen Tools mehr realisiert werden kann, als linearen Text zu schreiben, gehört mittlerweile zum Grundwissen und muss hier kaum erläutert werden. Einfach alles in ein Dokument zu schreiben ist zwar möglich, wird aber auf Dauer schnell unübersichtlich. Tools zum Mindmapping oder der Organisation von Wissen in Karten können hier helfen (vgl. die konkreten Nennungen im ▸ Glossar). Auch in diesem Zusammenhang ist es sinnvoll, vor der Entscheidung für ein Tool nicht nur die eigenen Bedürfnisse zu klären, sondern auch die dortige Datenablage zu reflektieren: Viele bequeme und vielseitige

Tools sind im Browser und/oder als App zu nutzen und speichern dementsprechend die dort hinterlegten Wissenselemente in einer Cloud der anbietenden Firma. Wir bezahlen also auch hier die kostenlose Nutzung des Tools mit unseren Daten und Trace Data der Nutzung. Wenn es um Forschungsprozesse mit ethisch sensiblen Daten geht, sollte diese Form der Datenablage ebenso reflektiert werden, wie dies für die Erhebung und Auswertung der Fall ist (vgl. ▸ Kapitel 2.2). Gerade für die Organisation der eigenen Arbeitsabläufe oder für erste Gedanken und Brainstormings ist es aber häufig wenig problematisch, die Tools zu verwenden – wenn daran gedacht wird, etwa keine Klarnamen aus der Erhebung zu nutzen und andere ethisch sensible Informationen nicht oder nur anonymisiert zu hinterlegen.

Durch die Nutzung unterschiedlicher digitaler Daten und Verfahren wird das wissenschaftliche Arbeiten fragmentierter. Wir betrachten Daten und Ausschnitte von Daten in unterschiedlichen Zusammenhängen und als Ergebnisse verschiedener Analysetools. Nur selten ist es dabei vorgesehen, die Überlegungen festzuhalten oder die Dateiversionen systematisch zu speichern um etwa Unterschiede und Gemeinsamkeiten oder Besonderheiten nachvollziehbar zu halten. Gerade für solche, manchmal umfangreiche Dokumentationsprozesse, können ein Mindmap-Tool oder andere Formen der Wissensorganisation etwa in verschiebbaren Karten helfen, um den Überblick zu behalten. Die Organisationstools sind ein Zwischenschritt und eine Gedankenstütze im eigenen Erkenntnisprozess, die in der Regel später in ein Narrativ in der Ergebnispräsentation, also wiederum in einen linearen Text, übersetzt werden. Was in qualitativer Forschung als das Verfassen von Memos bekannt ist (Lempert 2007), wird hierdurch nicht unwichtig. Ganz im Gegenteil: Oft wird das Festhalten der eigenen Gedanken und Handlungsschritte sogar noch zentraler, weil diese im Digitalen flüchtigen Tätigkeiten festgehalten werden müssen, um das methodische Vorgehen nachvollziehbar zu halten. Das Festhalten von unserem Kontextwissen und unseren Erkenntnissen zu einzelnen Datensätzen und über Datensätze hinweg ist in der Regel nicht in den Analysetools selbst umgesetzt. Wenn wir nicht gerade mit einer eigenen Datenbank arbeiten wollen, müssen Datenablage und Erkenntnisgenerierung dementsprechend weiterhin in verschiedenen Programmumgebungen realisiert werden. Welches Tool für diese Arbeitsschritte das richtige ist, bleibt den eigenen Arbeitsvorlieben und Gewohnheiten überlassen.

Wenig gute Lösungen gibt es bisher allerdings für das eigentliche Verfassen von wissenschaftlichen Texten. Zwar bieten Schreibumgebungen die Möglichkeit, die Gliederung mit verschiedenen Elementen anzureichern (Klaffke 2010), in sogenannten Outliner-Tools geschieht dieser Arbeitsschritt mit Drag-and-Drop-Funktionalitäten. Auch hier wird allerdings ein linearer Text als Ergebnis vorausgesetzt. Denn im Ergebnis sind Texte, so wie auch der vorliegende, in aller Regel weiterhin linear strukturiert und höchstens über interne Verweise organisiert. Auch wenn wir unser Wissen in einzelnen Elementen organisieren, es vielleicht sogar in Datenbankstrukturen ablegen, so kommt doch den vernetzten Texten weiterhin recht wenig Bedeutung zu. Hypertexte, wie sie auf Webseiten mit ihren Verlinkungen allgegenwärtig sind, kommen im wissenschaftlichen Schreiben bisher nur selten vor (vgl. Krameritsch 2010). Darüber hinausgehende Einbindungen von multimodalem Datenmaterial werden noch seltener eingesetzt und gerade für Qualifikationsschriften wird sogar explizit davon abgeraten oder Prüfungsordnungen verunmöglichen entsprechende Experimente. Sequenzierte Texte sind in der Regel in kleineren Einheiten, also Modulen, organisiert und verweisen durch Links und Tags aufeinander (Krameritsch 2010: 85 f.). So werden Prozesshaftigkeiten sichtbar und es steht weniger das fertig durchdachte Produkt im Mittelpunkt als vielmehr dessen Unabgeschlossenheit und Offenheit. Offensichtlich hat der technische Wandel noch keinen Einzug in die wissenschaftlichen Arbeitspraxen gefunden. Es lohnt sich jedoch, mit Formen der Vernetzung auch in der Textproduktion zu experimentieren und nicht lineare Formate umzusetzen. Sie entsprechen der zunehmend fragmentierten Beschäftigung mit Quellenmaterial im Zuge der Nutzung von digitalen Methoden und der Reflexion der aus diesen Beschäftigungen gewonnenen Ergebnissen in ihren vielfältigen Dimensionen und Ebenen. Wie entsprechende Ergebnisse aussehen könnten, zeigen verschiedene Blogs und andere experimentelle Projekte gerade aus Lehrforschungsprojekten auf, eine Vielzahl von in sich verschachtelter multimodaler Essays findet sich auch auf den Instanzen der Forschungsplattform PECE (vgl. ► Kapitel 6.1). Mit neuen digitalen Möglichkeiten verschieben sich die Formen des Schreibens weg vom Linearen hin zu Experimenten mit Code oder XML und Blogs, gleichzeitig weg vom Text hin zu Bild und Video (Fortun et al. 2016: 12) oder Audio. Das Verfassen von wissenschaftlichen Studien verändert sich hierdurch insofern, als dass weniger ein kohärentes Ganzes, sondern ein für verschiedene Lesarten, Leserichtungen und Leseinteressen offenes Projekt entsteht. Dass aber im akademischen Betrieb enge Grenzen gerade der Anerkennung solcher Formate als wissenschaftliche Ergebnispräsentation weiterhin bestehen, zeigt der Publikationsbetrieb und auch das hier vorliegende Werk ist Ausdruck dessen.

Übungsaufgaben zu Forschungsprozess digital unterstützen

Praxisbeispiele: Schauen Sie sich Umsetzungen von digitalen Publikationen exemplarisch an:

- visuelle und vernetzte Darstellung zur Intersektionalität unter https://uclab.fh-potsdam.de/intervis/de;

- Darstellung von Forschungsergebnissen in der PECE Infrastruktur unter https://disaster-sts-network.org/

Eigenes Verhalten reflektieren und neue Tools nutzen: Reflektieren Sie Ihre aktuellen Arbeitsweisen und die Nutzung von digitalen Unterstützungs-Tools dabei. Wo sind Sie unzufrieden? Suchen Sie für diese Bereiche nach Tools, die hier im Kapitel und im ▸ Glossar genannt werden und prüfen Sie deren Verwendbarkeit für Ihre eigenen Bedürfnisse.

Den eigenen Forschungsprozess neu modellieren: In der Übungsaufgabe von ▸ Kapitel 2.4 haben Sie Ihren Forschungsprozess modelliert. Greifen Sie auf dieses Modell zurück und überlegen Sie nun, wie Sie sich die Arbeit mit den Tools aus dem vorliegenden ▸ Kapitel 6 erleichtern können. Dabei ist mehr nicht immer besser: Hinterfragen Sie kritisch, an welchen Stellen die genannten Tools wirklich sinnvoll zum Einsatz kommen könnten, und wo analoges Arbeiten vielleicht besser wäre. Falls noch nicht geschehen, überlegen Sie auch, mit welchen Analyseverfahren aus ▸ Kapitel 5 Sie Ihren Forschungsprozess erweitern können.

7. Programmieren lernen?

In diesem Kapitel erfahren Sie,

- was für und was gegen einfach zu benutzende Tools spricht;
- wie einfache Programmieraufgaben mit überschaubarem Aufwand erlernt werden können;
- wann die Zusammenarbeit mit Expert:innen zielführender ist als eigenes Programmieren.

Auch, wenn das Eindenken in computationelles Denken (vgl. ► Kapitel 2.3) abschreckend klingen mag, ist es vergleichsweise einfach, sich in konkrete Tools und auch Programmiersprachen einzufinden und diese für die eigenen Forschungen zu nutzen. Im jungen Bereich der digitalen Methoden, der noch in der Entwicklung ist und in dem sich viel tut, kann mit Neugier und Ausprobieren einiges erreicht werden. Programmieren kann mit der Kenntnis der passenden Tools zwar vermieden werden, auch ohne eigene Programmierung können digitale Methoden realisiert werden. Das ist jedoch nicht immer so einfach, wie man sich das in der ersten Recherche von Tools vorstellt: Oft fehlen Dokumentationen, manchmal scheitert schon die Installation, denn auch die bestehenden Tools sind oft in sehr begrenzter Zeit aufgebaut worden und kommen über ein Proof of Concept nicht hinaus: Sie zeigen, dass es theoretisch die Möglichkeit gebe, mit einem Tool die entsprechende Aufgabe reflektiert umzusetzen. Für viele konkrete Anwendungen ist es deshalb zielführend, sich grundlegende Kenntnisse einer Programmiersprache anzueignen und die Anwendung mittels eigener oder fremder Skripte zu realisieren.

Nicht alle Forschenden finden diese Entwicklung hin zu einfach zu bedienenden Tools gut. Man könnte sogar sagen, dass es zwei Fronten innerhalb der DH und der CSS gibt: Einerseits wird alles selbst programmiert und alles selbst gemacht oder andererseits eine möglichst umfassende Arbeitsumgebung gefordert und sich auf die Strukturierung der Inhalte konzentriert, die das eigene Programmieren mittelfristig für viele Bereiche überflüssig machen würde. Allerdings betonen Jungherr und Team:

> „Diese Werkzeuge nehmen dem Forscher durch ihre bewusst einfache und nutzerfreundliche Gestaltung zahlreiche Entscheidungen in der Datensammlung und -aufarbeitung ab. Dadurch entsteht jedoch eine oft unzureichend dokumentierte Black-Box im Forschungsprozess. Zudem wird Forschern suggeriert, dass die Sammlung (…) quasi per Knopfdruck automatisiert und vollständig erfolge.

Die vielen notwendigen individuellen Entscheidungen, Abwägungen und Unbekannten (…) werden so verdeckt, was wiederum die Gefahr birgt, dass Forscher die daraus entstehenden Konsequenzen in ihren Analysen und der Interpretation ihrer Arbeit vernachlässigen.“ (Jungherr/Jürgens/Schoen 2018: 256)

Die Autoren um Jungherr plädieren deshalb dafür, sich selbst grundlegende Programmierkenntnisse anzueignen – nur um im gleichen Text eine Skript-Box vorzustellen, die als fertiges Skript in ihrer Funktionsweise ähnlich wenig nachvollziehbar ist wie die meisten klickbaren Tools.

Damit zeigt sich die Krux beim Programmieren-Lernen: Will man nicht wirklich einige Zeit investieren und auch in einem konkreten Projekt das Gelernte direkt anwenden, scheitern viele Forscher:innen und bleiben bei einem Grundverständnis stehen, das Elemente des Computational Thinking umfasst und grundlegende einfache Aufgaben erledigen lässt, aber nicht für die Realisierung von komplexeren Programmierbedürfnissen ausreichend ist. Vorhandene Skripte und Notebooks (etwa in Jupyter Notebooks oder Google Colab realisiert) können allerdings mit begrenzten Kenntnissen der jeweiligen Programmiersprache nachgenutzt und angepasst werden. Das gilt auch für einfache Skripte und die vielen Skript-Pakete, die auf Plattformen wie GitHub oder Stack Overflow von anderen veröffentlicht werden. Deshalb reicht ein Computational Thinking zusammen mit dem Abbau der Hemmnisse vor Programmcode oft schon aus, um viele für die eigene Arbeit notwendigen Aufgaben zu erledigen, indem Skripte nachgenutzt werden. Durch diese Perspektive wird es gleichzeitig einfacher, vorhandene Tools im Hinblick auf ihre Anwendbarkeit und auf ihre Reliabilität für spezifische Problemstellungen einzuschätzen. Dementsprechend ist es oft nicht notwendig, im Laufe eines digital erweiterten Forschungsprozesses selbst intensiv programmieren zu lernen oder dies in der Praxis mit viel eigenem Programmcode umzusetzen.

In vielen Bereichen ist es jedoch (noch) notwendig, eigene Lösungen passgenau auf das jeweilige Forschungsinteresse zu entwickeln – wenn nicht in eigener Programmierung, in interdisziplinärer Zusammenarbeit insbesondere mit der Informatik oder, in der allein realisierbaren Version, durch das Anpassen von öffentlich verfügbaren, nachnutzbaren Skripten für die eigenen Bedürfnisse. Ein großer Teil des Aufwandes besteht darin, sich durch Foren und Anleitungen zu lesen und die bereits vorhandenen Skripte aus der Vielzahl von Angeboten heraus zu identifizieren und auf das eigene Interesse hin anpassen. Es lohnt sich sogar oft, einfach direkt bei den Personen nachzufragen und Hilfe zu erbitten, denn in diesen Zusammenhängen wird oft informell und schnell, auch unabhängig vom jeweiligen Status, unterstützt (vgl. Berry/Fagerjord 2017).

Das eigene Repertoire erweitert sich enorm, wenn mit Basiskenntnissen von insbesondere den Programmiersprachen Python oder R Programmbibliotheken genutzt werden können (vgl. Behnke et al. 2018: 15). Es gibt eine ganze Reihe von Online-Angeboten, die entsprechende Grundkenntnisse für Geistes-, Sozial- und Kulturwissenschaftler:innen aufbereiten: Zentrale Anlaufstellen hierfür sind im ▸ Glossar zusammengestellt. Wenn Sie weitergehen möchten und eine Doppelqualifikation anstreben, also neben der qualitativen Forschung programmieren lernen, schaffen Sie die Voraussetzungen für interdisziplinäres Arbeiten. Sie sollten dabei aber immer wieder ausloten und sich bewusst machen, welche Perspektive Sie gerade einnehmen und aus welcher Rolle heraus Sie sprechen oder forschen. Schauen Sie, welcher Ihrer Kompetenzbereiche gerade im Mittelpunkt Ihrer Argumentation steht und machen Sie sich damit Ihre Voreingenommenheit bewusst.

Wer sich in den interdisziplinären Kontexten der Querschnittsdisziplinen DH oder CSS bewegt, wird schnell merken, dass das Programmieren hier als Teil der alltäglichen wissenschaftlichen Praxis verstanden wird. Gleichzeitig bleiben viele Anwendungen und Umsetzungen allerdings auf einer grundlegenden Ebene, die nur einige Grundfunktionen umsetzt. Das Lernen von digitalen Methoden wird in der Regel den einzelnen Personen überlassen, so sind sich zumindest die Befragten von Antonijević einig (2015: 80). Nur wenige der Forschenden haben eine formale Qualifikation im Programmieren etwa durch ein Studium absolviert. Eine systematische Ausbildung besteht nur selten, stattdessen wird individuell recherchiert und sich auf die informelle Hilfe von Kolleg:innen verlassen, je nach den Bedürfnissen der eigenen Forschung werden diese konkret und kleinteilig angegangen. Gleichzeitig beinhalten fast alle der in den letzten Jahren entstandenen DH- und CSS-Studiengänge eigene Programmierkurse, welche die Grundkenntnisse strukturiert vermitteln. Wir befinden uns also in einem Generationenumbruch und es ist davon auszugehen, dass die Zahl der Menschen mit Programmierkenntnissen in den entsprechenden Feldern weiter steigen wird.

Alternativ steht die Zusammenarbeit mit Expert:innen aus den entsprechenden Disziplinen: Für die Informatik, Data Science und angrenzende Disziplinen bedeutet die Umsetzung von Projekten mit qualitativ Forschenden nicht nur das Einlassen auf eine ganz andere Perspektive, sondern auch vielfältige Übersetzungsprozesse. Nicht immer sind unsere Bedürfnisse und Anforderungen für forschende Informatiker:innen interessant, in vielen Fällen greifen wir auf deren Standardverfahren zurück, die wir nicht immer weiterentwickeln wollen – was aber genau das Forschungsinteresse der Informatiker:innen wäre. Wir brauchen also in der interdisziplinären Zusammenarbeit auch ein Aufeinander-zu-Gehen, in dem wir Geistes-, Sozial- und Kulturwissenschaftler:innen ebenfalls Abstriche machen müssen, um die Ansprüche aller Beteiligten zusammenzubringen. Oder wir sehen die Informatik explizit als Dienstleister und beauftragen z.B. ein Software-Unternehmen mit der Entwicklung einer spezifischen Software, dann sind wir allerdings bei großen Infrastruktur-Projekten. Gleichzeitig sollten wir aufpassen, dass wir umgekehrt von der Informatik und verwandten Disziplinen nicht als Dienstleistende oder besser gesagt als Stichwortgebende, missverstanden werden, und die Relevanz des gründlichen Durchdenkens von Fragestellungen, Forschungsstand und Theorien in der Interpretation von kulturellen und sozialen Daten nicht vergessen wird. Nur wenn wir beide Seiten berücksichtigen, ist eine gleichberechtigte Zusammenarbeit möglich.

Im besten Fall befruchten sich die Bereiche gegenseitig, die Informatik oder Data Science lernt also von den Geistes-, Sozial- und Kulturwissenschaften und umgekehrt – und auch in den Forschungsabteilungen von gewinnorientierten Unternehmen können spannende und relevante Dinge entwickelt werden. Es ist notwendig, dass wir unsere Theorien und Perspektiven erweitern und anzupassen (vgl. Berkelaar/Francisco-Revilla 2018: 17) – aber gleichzeitig sollten wir den grundlegenden Paradigmen unserer Disziplinen treu bleiben und unsere Perspektiven nicht aufgeben, sondern aktiv einbringen.

Zusammenarbeit findet in diesen Kontexten nicht nur mit Informatik oder Data Sciences statt, sondern auch innerhalb und zwischen den Geistes-, Sozial- und Kulturwissenschaften. Wir alle stehen nämlich vor strukturell ähnlichen Problemen und Möglichkeiten, wenn wir digitale Daten auswählen, erheben und analysieren möchten und dafür unterschiedliche bestehende digitale Verfahren prüfen oder weiterdenken. Dementsprechend können wir uns zusammentun, um einen Überblick zu bekommen, aber auch indem wir etwa einzelne Erhebungs- oder Analyseverfahren besser für unsere ebenfalls in der Summe oft recht ähnlichen Fragestellungen weiterentwickeln bzw. gemeinsam Kollaborationen mit der Informatik eingehen.

Übungsaufgaben zu Programmieren lernen?

Diskussion des nötigen Vorwissens für Forschung mit digitalen Methoden: Wählen Sie eine der unten genannten Thesen und diskutieren Sie schriftlich Pro- und Contra-Argumente. Überlegen Sie, wo Sie sich jeweils selbst positionieren.

1. „Jede:r sollte programmieren können, um mit digitalen Methoden zu forschen.“

2. „Es ist ausreichend, in den digitalen Methoden mit Tools umzugehen. Den Rest erledigen Informatiker:innen besser als Geistes-, Sozial- und Kulturwissenschaftler:innen."
3. „Die Analyse von großen digitalen Datensätzen sollten die Geistes-, Sozial- und Kulturwissenschaften besser der Informatik und den Data Sciences überlassen."

Erste Schritte im eigenen Programmieren: Anhand der in den vorhergehenden Kapiteln erarbeiteten Datensätzen und der ersten Nutzung von Verfahren können Sie Ihren Forschungsprozess modellieren. An welchen Schritten sind Sie bisher gescheitert, weil Sie selbst hätten programmieren müssen? Wählen Sie eine konkrete Problemstellung und suchen Sie nach Lösungen, die Sie mit geringem Programmieraufwand selbst erledigen könnten. Im ▶ Glossar finden Sie sowohl zu einzelnen Verfahren Hinweise auf Skripte und Tools mit eigenem Programmieraufwand als auch übergreifende Anleitungen zum Lernen der Programmiersprachen Python und R, auf die Sie dafür zurückgreifen können. Machen Sie sich mit der entsprechenden Programmiersprache so weit vertraut, wie Sie es für die konkrete Aufgabe benötigen. Wenn Ihre Versuche nicht funktionieren, recherchieren Sie online nach Lösungsmöglichkeiten, die andere bereits diskutiert haben, z. B. in Foren. Sobald Sie ein Teilproblem gelöst haben, gehen Sie von hier aus weiter und versuchen Sie sich an einer weiteren konkreten Problemstellung in Ihrem Forschungsprozess. So lernen Sie an den eigenen Bedürfnissen Grundlagen des Programmierens.

8. Grenzen digitaler Daten und Verfahren

In diesem Kapitel erfahren Sie,

- warum das kritische Reflektieren und Hinterfragen von digitalen Methoden gerade für qualitative Forschung wichtig ist;
- wo Grenzen digitaler Verfahren für qualitative Forschung liegen;
- wo digitale Verfahren besonders gut geeignet sind, um Schritte in qualitativen Forschungsprozessen umzusetzen;
- wie sich Forschungspraxen durch digitale Daten und Verfahren verändern;
- welche Bedeutung Kreativität und theoretische Perspektivierungen in einer qualitativen Data Driven Science haben können.

Die Weiterentwicklung von methodischen Ansätzen kann nur fundiert erfolgen, wenn wir die kritische Analyse mit der technischen Weiterentwicklung verbinden. Um es als rhetorische Frage zu formulieren: Warum sollen wir reflektieren, was Grenzen digitaler Daten und Verfahren sind, wenn doch geistes-, sozial- und kulturwissenschaftliche Forschungsprozesse mit diesen erweitert werden? Ist nicht einfach alles besser als vorher?

Verheißungsvolle Ankündigungen zu Methoden sind oft vereinfachend und kommen etwa aus der Methodengeschichte der Inhaltsanalyse: Ignatow und Mihalcea schreiben in ihrer Einführung ins Text Mining ganz allgemein, dass Textanalyse nun potenziell automatisiert werden könnte, um auf große Sammlungen von Text angewendet zu werden, die einfach zu groß sind, um komplett gelesen und kosteneffektiv von Menschen interpretiert zu werden. (Ignatow/Mihalcea 2017: 5). Die Kosten könnte man einsparen, indem Text Mining angewendet wird. Das können wir für geistes-, sozial- und kulturwissenschaftliche Forschungsansätze so sicher nicht sagen. Auch die gut ausgearbeiteten Zugänge des Text Mining – das ich hier nur als Beispiel nenne, weil die beiden Autor:innen so deutlich für die Kosteneinsparung argumentieren – sind technisch so begrenzt, dass sie ohne menschliches Eingreifen nicht weit führen und oft lediglich erste Zugriffe auf unbekanntes Material ermöglichen. Wir müssen also, um bei dem Beispiel der großen Textmenge zu bleiben, immer noch entscheiden, welche der Texte wir lesen wollen, um sie zu analysieren, nachdem wir Text-Mining-Verfahren angewendet haben. Damit wird die Forschung in der Regel nicht zeiteffektiver, sondern aufwendiger. Hier bin ich mir auch mit dem im Verlauf des Buches bereits mehrfach kritisierten Mathematiker Cioffi-

Revilla einig, der betont, dass zwar automatische Extraktion von Inhalten als eine der Grundlagen der CSS gesehen wird, aber diese vor allem zu nutzen ist, um Modelle und Theorien aus den Extraktionen zu entwickeln (Cioffi-Revilla 2017: 14). Es geht also nicht, oder zumindest nicht nur, um automatische Elemente zur Einsparung von Zeit und Forschungsgeldern.

Wie nun schon mehrfach dargestellt, können digitale Verfahren hilfreich sein, um unbekannte Daten zu erkunden und bekannte Daten anders (meist visuell) darzustellen. Damit lassen wir uns auf das Experiment Mixed Methods ein, denn, wie Behnke et al. schreiben:

> „Die in den Big Data gefundenen Muster können aber gerade für die Exploration von Theorien wertvoll sein, wobei damit oft auch korrelationsbasierte, quantitative Datenanalyse einer qualitativen Interpretation vorausgeht.“ (Behnke et al. 2018: 11)

Das macht eine Reflexion der Veränderung unserer Forschungsprozesse notwendig (vgl. ► Kapitel 2.4). Gerade für qualitative Ansätze ist die Öffnung hin zu den digitalen Methoden eine Erweiterung des Forschungsprozesses. Aber auch die bisherigen quantitativen Ansätze haben durch neue Datenformen und neue Analyseverfahren eher eine Erweiterung als eine Neuformung des methodischen Vorgehens erfahren. Mit Big Data wird es möglich, Ausreißer im Datenmaterial anders zu untersuchen: Wo die quantitative Forschung sie nur wahrnehmen und im Zweifelsfall herausrechnen kann, können wir mit der Datengrundlage und digitalen Verfahren genau solche Ausreißer suchen und als eigenes Datenset analysieren (vgl. Skarpelos 2018: 238). Dies ist wiederum ein spannendes und relevantes Unterfangen für qualitative Forschung.

Wir sollten allerdings stets kritisch hinterfragen, welche Veränderungen sich aus der Nutzung und Weiterentwicklung digitaler Methoden ergeben. Wie verändert sich unsere Methodologie durch die und mit den digitalen Daten und Verfahren? Um das herauszuarbeiten, ist die Reflexion des eigenen Tuns unerlässlich und auch die Reflexion des Tuns von anderen, wenn wir uns Forschungsergebnisse anschauen und die verwendeten Methoden kritisch hinterfragen. Sie müssen also gar nicht selbst mit digitalen Daten und Verfahren arbeiten, um diese zu reflektieren, sondern es genügt, wenn Ihnen entsprechende Studien bei der Literaturrecherche begegnen. Schon dabei ist es wichtig, die dort getätigten Forschungsschritte kritisch nachvollziehen und hinterfragen zu können.

Mir ist noch ein anderer Punkt wichtig, der zeigt, wie zentral es ist, in und mit den digitalen Methoden zu reflektieren und dies nicht als parallele Entwicklungen zu sehen: Digitale Entwicklungen und qualitative Forschung bedingen sich auch gegenseitig: Die Entwickler:innen von Social-Media-Plattformen etwa nutzen geistes-, sozial- und kulturwissenschaftliche Forschungsergebnisse, um soziale Netzwerke zu strukturieren. Informationsaufbereitung und -darstellung in Blogs, Medienseiten oder auch Werbung folgt oft medienwissenschaftlichen und psychologischen Erkenntnissen dazu, wie Menschen ihre Aufmerksamkeit strukturieren, was Blicke lenkt. Die digitalen Infrastrukturen sind also durch geistes- sozial- und kulturwissenschaftliche Perspektiven geprägt. Das ist eine Wechselbeziehung, denn gleichzeitig prägen diese Infrastrukturen unsere Perspektive auf digitale Gesellschaften, nur durch diese und mit diesen können wir Erkenntnisse erlangen. Diese wechselseitige Prägung kann man als Fluch und Segen zugleich bezeichnen. Denn natürlich ist es gut, wenn unsere Forschungsergebnisse umgesetzt werden, aber dass sie es werden, zeigt auch eine besondere Verantwortung, die wir im Rahmen unserer Forschung haben. Gerade weil in und mit digitalen Methoden aktuell so viel ausprobiert und recht wenig hinterfragt wird, läuft man Gefahr von Rückkopplungseffekten mit der Gesellschaft, die unbeabsichtigt Schaden anrichten.

Es ist und bleibt notwendig, den gesamten Forschungsprozess zu durchlaufen: Wir dürfen nicht in der Datenerhebung oder Auswertung stehen bleiben, sondern müssen bis zur Synthese und Verschriftlichung der wichtigen Ergebnisse kommen (vgl. ►Grafik 6). Andernfalls ist unsere Forschung nicht zielführend. Zu oft führt der wachsende Aufwand durch die Erweiterung unseres Forschungsprozesse dazu, dass nicht alle Schritte umfassend und sorgfältig erledigt werden: Wenn nicht an der Analyse und Einordnung in theoretische Konzepte gespart wird, fehlt in anderen Studien die Sichtung von Literatur zum Forschungsstand, und damit die Einordnung in die wissenschaftlichen Kontexte und vorhergehende Arbeiten, auf die man aufbauen kann und soll. Gleichzeitig bedarf es noch einer Menge an Entwicklungsarbeit, um in vielen Ansätzen über ein Proof of Concept hinaus zu kommen und die Experimente auch in die Forschungspraxis zu übertragen. Damit bleiben wir bei ersten Annäherungen, die von anderen aufgegriffen werden müssen – wenn diese denn sich den Forschungsstand sorgfältig anschauen und überhaupt auf entsprechende Vorarbeiten aufmerksam werden.

Die DH und die CSS sind junge Forschungsrichtungen und wir stoßen in vielen Bereichen (noch) an die Grenzen des Machbaren (vgl. Franken 2022b). Die Rolle von Informatiker:innen und Programmierer:innen für die Ergebnisse unserer Forschung dürfen wir nicht unterschätzen, gerade wenn wir nicht alle Bereiche des genutzten Tools oder Skripts nachvollziehen können (vgl. Aragona 2018: 72). Denn Problemlösungen können oft unterschiedlich aussehen und die Vorannahmen von Programmierer:innen fließen in die Codestrukturen mit ein, bedingen die Lösungswege und die berücksichtigten Möglichkeiten.

Schon die Tatsache, sich dessen bewusst zu sein, hilft bei der Infrage-Stellung von Ergebnissen, die bei digitalen Methoden wohl noch wichtiger ist als in anderen Bereichen.

Unsere Datengrundlage verändert sich mit den digitalen Methoden: Wir greifen nicht mehr nur auf forschungsinduzierte und prozessproduzierte Daten zu, sondern gerade die neuartigen prozessproduzierten Daten (vgl. ▸ Grafik 8) sind relevant für Untersuchungen mit digitalen Methoden insbesondere im Bereich der CSS. Die neuen Verfahren sind gleichzeitig auf klassisch verwendete forschungsinduzierte und prozessproduzierte Daten anwendbar, hier sind die DH aktiver. Durch die neuen Datentypen und Methoden verändert sich unsere Perspektive auf Welt. Wir sollten allerdings die klassischen Methoden dabei nicht vergessen, denn diese können, oft gerade in Kombination mit den digitalen Neuerungen, neue und spannende Erkenntnisse bringen. Es gibt bisher allerdings wenig grundsätzliche Überlegungen dazu, welche Verfahren wann besonders sinnvoll sind. Die Grenzen von Verfahren werden noch sehr wenig ausgelotet, es steht eher das Ausprobieren im Mittelpunkt. Auch bei den Daten wird oft kombiniert, das ist aber doch seltener der Fall als bei Verfahren. Gerade für klassische qualitative Forschung werden unterschiedliche Daten und auch Datentypen aber in der Regel kombiniert. Wir sind allerdings davon abhängig, welche Daten verfügbar, in Repositorien und Datenbanken aufbereitet oder uns von der Privatwirtschaft zugänglich gemacht werden, wenn wir sie nicht selbst erheben möchten. Genau zu reflektieren bleibt auch, welche Daten wir warum und wie erhoben haben, um sich die Bedeutung dieser Schritte bewusst zu machen. Denn oft können wir für digitale Daten nur mit Convenience Sampling vorgehen: Wir nehmen alles, was wir kriegen können, und können erst davon ausgehend weiter filtern oder auch weitersuchen und ergänzen.

Die Infrastrukturen ermöglichen und begrenzen die Fragen, die wir mit den verfügbaren Daten beantworten können. Grenzen liegen in vielen Bereichen auch in den bisher noch fehlenden Infrastrukturen. Ob wir Forschungsdaten von anderen nachzunutzen möchten, oder eine Übersicht über funktionierende Tools suchen, es mangelt an Systematisierungen und Infrastrukturen hierzu. Das ▸ Glossar im Anhang dieses Buches soll hier eine praktische Abhilfe schaffen, auch wenn es in diesem sich schnell wandelnden Feld sicher in einigen Teilen recht bald veraltet sein wird.

Konkrete Auswertungsverfahren sind oft noch nicht auf geistes-, sozial- und kulturwissenschaftliche Daten und Fragestellungen ausgerichtet. Die Lücke von Struktur und Bedeutung ist in vielen Bereichen noch sehr groß, deshalb sind digitale Methoden gerade auch als Vorarbeit und Ergänzung für die eigene Interpretationsleistung nutzbar. Das computationelle Vorgehen führt zu granularen Perspektiven, also Einsichten in das Material, die in ihre Einzelteile zersplittert sind und erst durch Kontextwissen zusammengefügt werden können. Damit ist das Wissen über den eigenen Untersuchungsgegenstand enorm wichtig – informierte Forschende kennen den Forschungsstand zur eigenen Fragestellung – und auch das Wissen um die Begrenztheit der algorithmischen Verfahren, die mit anderen Sichtweisen auf das Datenmaterial ergänzt werden müssen.

Digitale Methoden sind bisher besonders gut geeignet, um einfache und skalierbare Aufgaben zu übernehmen und mit großen Datenmengen zu arbeiten. Mehrdeutigkeiten können nur bedingt oder gar nicht abgebildet werden, sodass wir hier kaum weiterkommen werden. Für einige Fragestellungen müssen wir also feststellen, dass die Grenzen von Verfahren, Tools und Datensätzen erreicht sind und wir unser Erkenntnisinteresse besser mit den eher klassischen Methoden bearbeiten. Lösungen in den digitalen Methoden sind oft pragmatisch und an dem ausgerichtet, was (schon) möglich ist – und begrenzt dadurch, was (noch) nicht geht. Nur wenn wir ganz konkret in einzelnen Arbeitsschritten Möglichkeiten und Grenzen ausloten, die uns digitale Daten und Verfahren aktuell bieten, können wir einen Wandel in unserem methodischen Vorgehen voranbringen. Allerdings beschreiben viele Studien die genutzten Verfahren sehr positiv und loben die genutzte Software, ohne deren Grenzen in Betracht zu ziehen (vgl. Passoth 2015: 268). Wir müssen jedoch gerade die Begrenztheit der digitalen Ansätze und damit auch unserer Aussagen zentral stellen – wie wir es auch in anderen Forschungsbereichen tun –, um die „Unsauberkeit, Unvollständigkeit und potentielle Fehlerhaftigkeit der Daten" (ebd.) zu betonen. Hier können auch Alleinstellungsmerkmale der qualitativen Perspektiven hervorgehoben werden, die wir mit den jeweils gewinnbringenden konkreten Daten und Verfahren kombinieren können.

Denn der Kreativität der Forschenden in der Anwendung, Umnutzung, Weiterentwicklung und Kombination von digitalen Methoden sind quasi keine Grenzen gesetzt (Jannidis 2017: 160). Gerade weil die Perspektiven so neu sind, ist vieles noch möglich, was bei klassischen Verfahren zu verwunderten Reaktionen führen würde. So lange ein Mehrwert aus der entsprechenden Beschäftigung mit dem Datenmaterial entsteht und diese nicht zum Selbstzweck wird, sind Experimente höchst willkommen und sogar notwendig, um die entsprechenden Verfahren und Zugänge weiterzuentwickeln und auf geistes-, sozial- und kulturwissenschaftliche Bedürfnisse hin zuzuschneiden. Experimentelle Ansätze sind dabei durch das heute Machbare begrenzt. Damit sind allerdings auch viele gute Ideen in der Praxis nicht realisierbar, zumindest noch nicht. An vielen Stellen benötigen wir zuerst technische Entwicklungen, an anderen das weitere Ausprobieren der Mehrwerte für unsere Forschungsprozesse. In wieder anderen Bereichen fehlt uns der Zugang zu oder die Aufbereitung von vorhandenen Daten, oder Daten, die wir bräuchten, bestehen nicht (oder nicht mehr). Schließlich gibt es Bereiche und Zugänge, die wahrscheinlich nie mit computationellen Verfahren realisiert werden können.

Wie schon erwähnt ist die Lösung (zumindest aktuell) oft das Einsetzen von iterativen Verfahren: Mensch und Maschine arbeiten in kleinteiligen Folgen nacheinander. Wir entscheiden uns für eine Fragestellung und ein erstes Verfahren, probieren dieses computationell aus und prüfen manuell die Ergebnisse. Dann ändern wir das Verfahren oder wenden ein anderes an, um das Ergebnis wiederum manuell zu betrachten und zu entscheiden, was weiter getan wird. Denn oft können computationelle Ansätze nur funktionieren, indem einzelne Elemente des Forschungsprozesses mittels Automatisierung unterstützt werden. Halbautomatisierte Verfahren sind besonders hilfreich: Nach einer digitalen Auswertung ist der menschliche und auch intellektuelle Blick, zum Beispiel auf den Kontext, wieder notwendig, um die Relevanz einzuschätzen und erklärende Schlüsse aus den Ergebnissen zu ziehen. Das macht oft Mühe und entspricht nicht den Versprechungen der einfach zu erledigenden digitalen Forschungsansätze. Aber an diesem Punkt stehen wir aktuell in der Entwicklung und an diesem Grundsatz wird sich in absehbarer Zeit wenig ändern. Einzelne, repetitive, Schritte werden leichter und erfordern kaum noch Aufwand von uns. Dieser verschiebt sich hin zu einem Modellieren dessen, was wir eigentlich brauchen, und einem Überprüfen der Ergebnisse auf ihren Mehrwert für unsere Ausgangsfragen hin.

Das Tool oder das Skript und die Forschenden verändern sich gegenseitig, diese Wechselbeziehung habe ich schon einmal in ► Kapitel 2.5 aufgemacht. Das klingt zunächst merkwürdig, denn das Tool oder Skript wirkt auf den ersten Blick passiv. Aber es hat ganz konkreten Einfluss darauf, was wir tun können – und was eben nicht. Wenn es keine Funktion, keinen Button oder keine Code-Zeilen dazu gibt, kann ich die entsprechende Funktion nicht umsetzen, zumindest nicht in diesem Tool oder Skript, ohne selbst zu modellieren und eigene Funktionen zu programmieren (wenn das denn durch Open Source überhaupt möglich ist). Das Tool oder Skript konstituiert also unser forschendes Handeln. Gleichzeitig bedingen wir das Tool, denn wenn wir es nutzen oder gar weiterentwickeln, geht unsere spezifische Nutzung ein – nicht nur durch eine Funktionserweiterung, sondern auch wenn wir bestehende Möglichkeiten zum Beispiel anders nutzen, als das geplant und vorgesehen ist.

So, wie es nicht das eine Verfahren gibt, gibt es auch nicht das eine Tool, sondern nur eine Kombination aus verschiedenen Tools ist sinnvoll. Prinzipiell gilt das genauso für Skripte: Auch hier werden wir verschiedene Skripte benötigen, um unsere Schritte gehen zu können. In den seltensten Fällen werden diese über ein einzelne Forschungsprojekt hinausgehend vereint, denn in Einzelteilen sind sie besser nachnutzbar. Das gilt auch für die Tools, aber hier wäre es natürlich aufgrund der hohen Nachnutzung schön, verschiedene kombinieren zu können. Wir brauchen deshalb kein Tool, sondern wir brauchen eine Toolbox von Verfahren, die in Kombination miteinander gewinnbringend sind, eine Pipeline von verschiedenen Schritten der computationellen Verarbeitung, die im Zuge unseres Forschungsprozesses unterstützt. Dafür brauchen wir Kompetenzen im Nachvollzug und auch in der Ausführung und Modifikation von Skripten, außerdem aber Kooperationen mit Forschenden, die die Verfahren weiterentwickeln können. Und: Wir brauchen Kenntnisse dazu, welche Verfahren und Ressourcen bestehen.

Data Driven Sciences, die ich schon in ▸ Kapitel 2.5 kritisch beleuchtet habe, werden zu oft noch nur datengetrieben und ausgerichtet am technisch Möglichen umgesetzt. Fragestellungen stehen dort nicht mehr zu Beginn der Forschung, sondern werden erst ausgehend vom Datenmaterial entwickelt. Zu oft stehen am Beginn einer Forschung mit digitalen Methoden die verfügbaren Daten oder auch das Interesse am Ausprobieren einer Methode. Es wird positivistisch gearbeitet, was geistes-, sozial- und kulturwissenschaftlichen Ansprüchen nicht gerecht wird. Dabei wird immer wieder auch von natürlichen, rohen Daten ausgegangen (z. B. bei Conte et al. 2012: 334), die so nicht bestehen. Denn es gibt keine Rohdaten, keine unbearbeiteten Daten, sondern Daten sind immer in Kontexte eingebettet, die oft in der Datenerhebung nicht oder nicht vollständig mit erhoben werden. Positivistische Ansätze sind jedoch relativ verbreitet in den DH und den CSS (Ignatow/Mihalcea 2017: 11).

Wenn wir dem Ansatz von Data Driven Science nach Rob Kitchin folgen, verbinden wir hier die Elemente von deduktiver, induktiver und abduktiver Forschung, um neue Wege zu finden, um Hypothesen zu generieren und diese theoretisch informiert an Daten zu überprüfen. Matthew Salganik bezeichnet das in einer vergleichbaren Darstellung als „empirically driven theorizing" (Salganik 2018: 61), indem durch die Sammlung von empirischen Daten neue Theorien entwickelt werden. Er stellt den Bezug zur Grounded Theory her, den ich sehr überzeugend finde: Auch hier stehen Daten am Beginn der Überlegungen, aber diese werden nicht voraussetzungslos gesammelt, sondern mit einem Forschungsinteresse. Erst aus den Daten selbst kann sich – Grounded, um mit Glaser und Strauss zu sprechen – eine neue Theorie entwickeln. Diese wächst an dem und mit dem Quellenmaterial und entsteht vor allem dadurch, dass wir uns intensiv mit unserem Material beschäftigen, es kleinteilig annotieren, mit unterschiedlichen Materialien kontrastieren und darauf aufbauend immer wieder iterativ entscheiden, welches Material als nächstes in Betracht gezogen wird. Die Auseinandersetzung mit Material verändert sich, wenn wir es mit computationellen Zugängen auswählen und speichern und mit ebenfalls digitalen Verfahren analysieren: Wir haben oft keine Detailkenntnis von unseren Datensätzen, sondern immer wieder unterschiedliche Eindrücke. Damit sind wir vielleicht bei dem, was Laura Nelson als Computational Grounded Theory bezeichnet (Nelson 2020), aber noch nicht konsequent zu Ende denkt. Salganik betont, dass wir es eben nicht mit einem Ende der Theorie zu tun haben, wie von positivistischen Denkern im Zuge des Computational Turns immer wieder postuliert, sondern dass die Rolle von Theorie und die Interaktion von Daten und Theorie sich durch die digitalen Zugriffe grundlegend ändert (Salganik 2018: 61–62).

Ein großes Forschungsteam um Jennifer Edmond hat deshalb empirisch untersucht, wie Forschende aus den Geistes-, Sozial- und Kulturwissenschaften aktuell mit Daten umgehen, wie Daten hier also diskursiviert werden. Dabei ist deutlich geworden, und vielleicht war uns das auch schon vorher klar, dass Daten nur schwer menschliche Aktivität in ihrer Komplexität abbilden können: Kontext geht verloren oder wird doch verändert. Das Erfahrungswissen, aber auch die Feinheiten von unterschiedlichen Perspektiven, wird dabei, so ihre Erkenntnis, nicht oder nicht vollständig bewahrt. So entstehen blinde Flecken, die keine Aufmerksamkeit mehr auf sich ziehen, da sie in den Daten kaum noch vorhanden zu sein scheinen. Die Forschung ist von den Möglichkeiten bestimmt (Edmond et al. 2018). Das Team fordert deshalb als ein Ergebnis disziplinär gemischte Teams, die sich aufeinander zu bewegen, wobei die Vermittlung der verschiedenen Perspektiven in den Forschungen ein viel höherer Stellenwert eingeräumt werden soll, als das bisher der Fall war.

Data Driven Sciences ist also in der Summe keine schlechte Perspektive, es ist aber die Frage welche Rolle Theorie in diesem Zusammenhang zugesprochen wird. Nur, wenn wir weiterhin auch theoretische Konzepte heranziehen, um Gesellschaft zu analysieren und auch die ganz konkret untersuchten Datensätze zu interpretieren, können wir im Sinne von Kitchin und Salganik Data Driven Sciences realisieren, die geistes-, sozial- und kulturwissenschaftlich fundiert ist.

Übungsaufgaben zu Grenzen digitaler Daten und Verfahren

Diskussion von Reflexionsperspektiven: Wählen Sie eine der unten genannten Thesen und diskutieren Sie schriftlich Pro- und Contra-Argumente. Überlegen Sie auch, wo Sie sich jeweils selbst positionieren.

1. „Es gibt Forschungsschritte, die nur ein computationelles Verfahren zielführend erledigen kann.“

2. „Die Nutzung von digitalen Methoden zur Bearbeitung einer Fragestellung bringt mehr Probleme als Lösungen."
3. „Bei der Nutzung von digitalen Methoden sollten immer mehrere computationelle Verfahren kombiniert werden."
4. „Wenn wir programmieren können, können wir geistes-, sozial- und kulturwissenschaftliche Fragen lösen, ohne Theorien zu kennen."
5. „In den digitalen Methoden ist die Berücksichtigung von ethischen Fragen besonders wichtig."

9. Zusammenfassung und Ausblick

Welche Bedeutung hat es, dass wir kontinuierlich Daten erheben (können) und damit quasi in Echtzeit Aussagen über gesellschaftliche Entwicklungen treffen können? Bringt dies Vorteile oder bleibt das Reflektieren mit zeitlichem Abstand dabei auf der Strecke? Welchen Einfluss hat die Privatwirtschaft auf beforschte und nicht beforschte Themenfelder? Welche Materialien aus Archiven, Bibliotheken und Museen sollten öffentlich digital zugänglich sein, welche etwa aus postkolonialer Perspektive nicht? Diese Fragen werden aktuell noch wenig gestellt und sind oft verdeckt von der Begeisterung für technisch Mögliches. Sie sind aber enorm wichtig, um den Stellenwert entsprechender Forschungen beurteilen zu können.

Digitale Daten und Methoden verändern unsere Forschungsprozesse. Auch wenn natürlich niemand gezwungen wird, entsprechende digitale Methoden tatsächlich zu nutzen, bieten sie sich in vielen Bereichen an und unterstützen zumindest einzelne Schritte enorm. Je nachdem, ob wir vom qualitativen oder vom quantitativen Paradigma ausgehen, sehen diese Veränderungen unterschiedlich aus. Dementsprechend spielen auch Tools und Verfahren eine andere Rolle. Wenn ich hier eine Einordnung mache, so muss diese vorläufig bleiben, aber ich denke, man kann klar gruppieren: Für deduktive Ansätze eignen sich computationelle Verfahren, die Regeln anwenden und damit Hypothesen überprüfen: etwa eine Sentimentanalyse, die zeigt, ob ein Text eher negativ ist, oder eine Netzwerkanalyse, die vorher angenommene Verknüpfungen zwischen einzelnen Entitäten quantifizieren und visualisieren kann. Für induktive (und auch abduktive) Ansätze, wie sie in qualitativer Forschung üblich sind, kommen eher explorierende Verfahren in Frage, also zum Beispiel Topic Modeling zum Auffinden von Themensetzungen oder interaktive Visualisierungen von unbekannten Bildern. Auch deduktive Verfahren können aussagekräftig für induktive und abduktive Ansätze sein, gerade in der Datenerhebung und -auswahl. Wenn wir diese Unterscheidung bei der Entwicklung unserer Fragestellung und den diese beantwortenden Verfahren berücksichtigen, können wir einfacher auswählen und die Stärken einzelner Verfahren gezielt nutzen. Diese Unterscheidung gibt auch Orientierung bei allen experimentierenden Zugängen, von denen wir noch nicht genau wissen, ob und welchen Vorteil digitale Verfahren im konkreten Forschungsprozess bringen werden. Gleichzeitig zeigt sie auf, dass prinzipiell alle digitalen Verfahren qualitative Forschungsprozesse erweitern können, wenn sie überlegt und zielgenau eingesetzt werden.

Die Verwendung von digitalen Daten und Methoden fördert auch eine neue Orientierung hin zu Teamarbeit und Interdisziplinarität. Unsere Stärke ist die Gesellschaftsanalyse und der Einbezug von verschiedenen Theorien und Perspektiven – diese können wir mit der Stärke der Informatik und Data Science verbinden, wir sollten sie in keinem Fall leugnen. Digitale Methoden werden auch von Informatiker:innen und anderen betrieben, die eher aus der Informationsverarbeitung, der Data Science, kommen und sich geistes-, sozial- und kulturwissenschaftliche Fragestellungen aneignen (so, wie wir uns Programmierwissen aneignen können). Aus der Mathematik, der Physik oder der Umweltwissenschaft kommen immer wieder Forschende, die sich für entsprechende Probleme interessieren oder die ihnen bekannten computationellen Methoden auf diese Themenbereiche anwenden. Auch die großen Technologiefirmen wie Google oder Facebook betreiben eigene Forschungsabteilungen, die digitale Verfahren im Sinne der Optimierung von digitalen Angeboten umsetzen – denn digitale Daten und deren Auswertung haben eine hohe wirtschaftliche Relevanz und sind deshalb ein umkämpftes Gut. Diese unterschiedlichen Perspektiven, aus denen digitale Methoden genutzt und weiterentwickelt werden, sind erstmal nichts Schlechtes. Aber die Schwerpunktsetzungen unterscheiden sich manchmal doch recht deutlich: Es ist deshalb besonders wichtig, hinzuschauen und sich zu fragen, wer aus welcher Perspektive spricht oder schreibt. Wenn Sie sich mit Forschungen, Daten und Verfahren in diesem Bereich weitergehend auseinandersetzen, sollten Sie immer den eigenen fachwissenschaftlichen und methodologischen Hintergrund stark machen, die Theorien und Perspektiven, die wir mitbringen, wenn wir auf Welt und Gesellschaft schauen. Nicht jede digitale Methode muss und wird für qualitative Perspektiven gewinnbringend sein. Nicht für alle Bedürfnisse unserer Forschung gibt es bereits methodologische oder technische Lösungen.

Vielleicht befinden wir uns aktuell in einer Übergangsphase, vielleicht stehen wir vor einem Take-off. Das Bild des Take-offs – das schwere Flugzeug, das sich im entscheidenden Moment vom Boden löst – wird gerne benutzt, um eine bestimmte Phase der Industrialisierung zu bezeichnen, die nach einer Frühphase mit der Erfindung der Dampfmaschine, dem beginnenden Ausbau von Transportwegen und einer ganze Reihe von technischen Erfindungen mit Entwicklungen an verschiedenen Stellen solche Fahrt aufnahm, dass sich die Bedingungen – obwohl zunächst unabhängig voneinander entstanden – immer stärker gegenseitig verstärkten. Die Industrialisierung nahm an Fahrt auf und es kam zum Take-off, zur Industriellen Revolution (vgl. Kocka 2001: 51; Wehler 1995). Im übertragenen Sinne also der Moment, in dem alle Vorbereitungen getroffen sind, das Fahrzeug immer weiter an Fahrt aufnimmt und sich das „Flugzeug Industrialisierung“ vom Boden löst – eine Revolution. Dieses Bild lässt sich gut auf den längerfristigen Prozess der Digitalisierung übertragen, und wir können heute noch nicht sagen, ob wir gerade mitten in der revolutionären Phase des Take-offs stecken, oder noch in der Frühphase – oder ob wir schon längst darüber hinaus sind, das Flugzeug also, um im Bild zu bleiben, schon längst stabil in der Luft ist. Da wir uns noch mitten in der Entwicklung befinden, ist sie noch nicht im historischen Überblick einzuordnen.

Vergleichbares gilt auch für die digitalen Methoden als einen Teilbereich der Digitalisierung. Sie sind nicht die Revolution, aber sie sind in sich ein kleinerer, vergleichbarer Prozess. Hier würde ich mutmaßen, dass wir uns noch in der Frühphase befinden, in der an verschiedenen Stellen Entwicklungen geschehen, die sich gegenseitig bedingen und beschleunigen können. Können – aber eben nicht müssen. Vielleicht flacht die Begeisterung wieder ab und es kommt nicht zu einem Take-off, digitale Methoden bleiben ein Spezialgebiet der Geistes-, Sozial- und Kulturwissenschaften und werden nicht in der Breite umgesetzt. Doch die Entwicklungen sprechen dafür, dass ein Take-off irgendwann kommt. Es gibt zahlreiche Forderungen nach einem Computational Turn (etwa Berry 2011) – der sich in eine Reihe etwa mit dem Spatial Turn oder dem Linguistic Turn einordnen würde, um nur einige Beispiele von Turns zu nennen, die in den letzten Jahren postuliert wurden (Bachmann-Medik 2006). Mit diesem Turn würden die Instrumente für die Erforschung von sozialen Phänomenen ganz neu und viel besser gestaltet als bisher (Prietl/Houben 2018: 13). Aktuell, so kann man mit Hodel (2010: 26) festhalten, sind digitale Arbeitstechniken in der Regel (noch) hybride Techniken, verbunden mit viel digitaler Handarbeit (Franken 2020b), und sie werden dies sicher noch lange bleiben. Vielleicht sind wir schon mittendrin im Take-off, das werden wir erst in der Rückschau beurteilen können – oder die Forschendengenerationen nach uns. Wir sind hier in jedem Fall mitten in einer Dynamik, die sich in den nächsten Jahren weiterentwickeln wird. Erstmals können wir heute Gesellschaft in Echtzeit analysieren, und das nicht nur in Social-Media-Daten, sondern auch mit den diversen Internetdaten und auch in der Medienberichterstattung, die viel schneller geworden ist als vor dem Medienwandel hin zur Digitalisierung. Die Datenmengen sind da und wir haben auch erste Verfahren entwickelt, um diese nach unserer jeweiligen Fragestellung zu filtern und mit verschiedenen Perspektiven zu analysieren. Wenn wir uns mit neuartigen prozessproduzierten Daten beschäftigen, so müssen wir diese eigentlich sehr dynamischen Datensätze allerdings in gewissem Sinne stilllegen (vgl. Passoth 2015: 267), um sie überhaupt in unseren Analysen berücksichtigen zu können. Uns fehlen bisher noch Umgänge mit diesen stets im Fluss befindlichen Datentypen, deren Menge ja zugleich groß und variabel ist.

Vieles bleibt also noch zu tun – und es gibt auch eine „dunkle Seite", wie von Behnke und Autorenteam festgehalten wird:

> „Die dunkle Seite von Big Data besteht in der von ihnen ausgehenden Versuchung, durch ihren unreflektierten Gebrauch nicht nur keinen Nutzen zu generieren, sondern womöglich wertvolle Ressourcen an Geld, Zeit und Material unnötig zu verschwenden." (Behnke et al. 2018: 16)

Dies zeigt noch einmal eindringlich, wie wichtig es ist, keine Schritte im Forschungsprozess auszulassen, weil diese an einigen Stellen durch digitale Daten und Methoden erweitert wird (▸ Kapitel 2.4). Es wird, so nehme ich an, eine wachsende Bedeutung der computationellen Verfahren geben, vielleicht werden in zehn oder zwanzig Jahren einige Verfahren etabliert und auch weitverbreitet sein. Sie dürfen allerdings nicht ohne Ziel eingesetzt werden, da sie sonst zur von Behnke und Team aufgeführten Verschwendung führen (können). In jedem Fall bleibt das computationelle Herangehen in den Geistes-, Sozial- und Kulturwissenschaften eine Ergänzung und nicht eine Ersetzung von Forschungsprozessen.

Digitale Methoden umfassen nicht nur die Anwendung von Verfahren in Tools oder Skripten, sondern auch ein anderes Herangehen an geistes-, sozial- und kulturwissenschaftliche Problemstellungen, das man vielleicht als experimenteller bezeichnen kann. Nicht, dass es das nicht auch in anderen Bereichen geben würde, aber hier wird das Experimentieren aufgrund der Neuheit der Zugänge notwendig, und ist eigentlich keine Kür, sondern Pflicht. Noch wenig verhandelt sind mögliche neue Qualitätskriterien, die als Gütekriterien konkrete Forschung nachvollziehbar machen und mit dem Experimentieren einher gehen sollten oder sogar müssten. Da liegt wieder das Bild der Industrialisierung nahe, in der zum Beispiel die Umweltbelastung durch Fabriken noch kein Thema war, die entsprechenden Gütekriterien wurden erst sehr viel später angedacht und zögerlich umgesetzt. So lange wird es in den digitalen Methoden sicher nicht dauern, bis sich Qualitätsstandards durchsetzen – schon jetzt gibt es zahlreiche Diskussionen dazu, wenn auch selten in der übergreifenden Perspektive.

Entwicklungspotenzial in den kommenden Jahren besteht vor allem in der Erweiterung der qualitativen Forschungszugänge, vielleicht auch mit einem stärkeren Zugriff auf Mixed Methods. Aber nicht alle Punkte im qualitativen Forschungsprozess lassen sich eindeutig modellieren und in einer Softwarestruktur abbilden. Denn, so haben wir festgestellt (▸ Kapitel 2.3), nur, was wir in die Logik des Computational Thinking übersetzen können, kann maschinell erledigt werden. In einigen Fällen besteht unser Wissen im Detail erst, wenn unsere eigentliche Erhebung schon abgeschlossen ist. Ob es sinnvoll ist, einzelne digitale Verfahren nur in der Analyse anzuwenden, muss im Einzelfall abgewogen werden. Auch hier gibt es natürlich Ausnahmen. Insbesondere in den unüberwachten maschinellen Lernverfahren liegt Potenzial für diese Bereiche – aber dort gibt es auch noch besonders hohen Entwicklungsbedarf in der Nachvollziehbarkeit und Verhinderung etwa von Bias in Ergebnissen.

Ein anderer Punkt ist in dieser Übergangsphase besonders wichtig: Die Nutzung von digitalen Verfahren hängt aktuell eng damit zusammen, wie viel Erfahrung wir mit den jeweiligen Verfahren schon haben, wie viel Aufwand es uns also kostet, diese Verfahren zu verstehen und konkret anzuwenden. Genau weil es noch keine etablierten Anleitungen und Kombinationen gibt, sind die ersten Schritte besonders aufwendig und nicht immer von Erfolg gekrönt. Durch Kontextwissen und durch das wiederholte Ausprobieren können wir die Lernkurve aber insbesondere nach oben bringen, wenn ein konkretes Projekt umgesetzt wird. Wenden Sie einzelne digitale Verfahren der Datenerhebung und -auswertung also in einem eigenen Projekt an, sei es in der nächsten Hausarbeit oder für einen Teilbereich der Dissertation. So können Sie die Verfahren besonders gut lernen und gleichzeitig bewerten, welche davon mit Ihren Arbeitsweisen und Methoden gut zusammenpassen.

Was ist also der Nutzen von computationellen Verfahren? Er ist, so möchte ich zusammenfassend festhalten, zweifach: Erstens werden repetitive Aufgaben automatisiert (mit einer Werkzeugkiste sind Skalierungen möglich) und zweitens bekommen wir neue Perspektiven auf unsere Forschungsthemen (mit neuen Methoden). Gleichzeitig sollten wir bedenken, dass in einigen Fällen auch ganz klassische Ansätze mit neuen Zugängen und Methoden bezeichnet werden, die eigentlich gar nicht so neu sind – etwa, wenn wir an Fragen der Quellenauswahl denken. Die Anwendung von digitalen Methoden kann sehr aufwendig sein – aber sie kann auch großen Spaß machen, die Arbeit erleichtern und die Augen für neue Blickrichtungen öffnen.

10. Literatur

Adelmann, Benedikt/Franken, Lina/Gius, Evelyn/Krüger, Katharina/Vauth, Michael (2019): Die Generierung von Wortfeldern und ihre Nutzung als Findeheuristik. Ein Erfahrungsbericht zum Wortfeld „medizinisches Personal". In: Sahle, Patrick (Hg.): 6. Tagung des Verbands Digital Humanities im deutschsprachigen Raum e. V. (DHd 2019). Digital Humanities: multimedial & multimodal. Universitäten zu Mainz und Frankfurt 25. bis 29. März 2019. Book of Abstracts. Frankfurt a.M., S. 114–116, https://zenodo.org/record/4622122.

Aggrawal, Niyati/Anand, Adarsh (2022): Social Networks. Modelling and Analysis. Boca Raton u. a.

Airoldi, Massimo (2018): Ethnography and the Digital Fields of Social Media. In: International Journal of Social Research Methodology 21/6, S. 661–673. https://doi.org/10.1080/13645579.2018.1465622.

Alexa, Melpomeni/Siegel, Melanie (2021): Tools für Social Listening und Sentiment-Analyse. Wiesbaden.

Anderson, Chris (2008): The End of Theory. The Data Deluge Makes the Scientific Method Obsolete. In: Wired 23.06.2008, https://www.wired.com/2008/06/pb-theory/.

Andresen, Melanie/Zinsmeister, Heike (2019): Korpuslinguistik. Tübingen.

Antonijević, Smiljana (2015): Amongst Digital Humanists. An Ethnographic Study of Digital Knowledge Production. New York.

Aragona, Biagio (2018): Beyond Data Driven Social Sciences. Researching Big Data Assemblages. In: Stützer, Cathleen/Welker, Martin/Egger, Marc (Hg.): Computational Social Science in the Age of Big Data. Concepts, Methodologies, Tools, and Applications (Neue Schriften zur Online-Forschung, Band 15). Köln, S. 63–76.

ARD/ZDF (2020): Anteil der Nutzer von Social-Media-Plattformen nach Altersgruppen in Deutschland im Jahr 2020. Statista. Statista GmbH, 23. August 2021. https://de.statista.com/statistik/daten/studie/543605/umfrage/verteilung-der-nutzer-von-social-media-plattformen-nach-altersgruppen-in-deutschland/.

Ardévol, Elisenda/Gómez-Cruz, Edgar (2013): Digital Ethnography and Media Practices. In: Valdivia, Angharad N. (Hg.): The international encyclopedia of media studies. Malden, MA.

Artstein, Ron (2017): Inter-Annotator Agreement. In: Ide, Nancy/Pustejovsky, James (Hg.): Handbook of Linguistic Annotation. Dordrecht, S. 297–313.

Bachmann-Medick, Doris (2006): Cultural Turns. Neuorientierungen in den Kulturwissenschaften. Reinbek bei Hamburg.

Bader, Florian (2018): Die Bewertung von Politikern in Onlinemedien. Eine Sentimentanalyse zur Bundestagswahl 2013 auf Basis von Spiegel Online. In: Behnke, Joachim u. a. (Hg.): Computational Social Science. Die Analyse von Big Data. (Schriftenreihe der Sektion Methoden der Politikwissenschaft der Deutschen Vereinigung für Politische Wissenschaft). Baden-Baden, S. 97–118.

Bambey, Doris/Corti, Louise/Diepenbroek, Michael/Dunkel, Wolfgang/Hanekop, Heidemarie/Hollstein, Betina/Imeri, Sabine/Knoblauch, Hubert/Kretzer, Susanne/Meier zu Verl, Christian/Meyer, Christian/Meyermann, Alexia/Porzelt, Maike/Rittberger, Marc/Strübing, Jörg/von Unger, Hella/Wilke, René (Hg.) (2018): Archivierung und Zugang zu Qualitativen Daten (RatSWD Working Paper). Berlin. https://www.econstor.eu/handle/10419/196839 .

Bauernschmidt, Stefan (2014): Kulturwissenschaftliche Inhaltsanalyse prozessgenerierter Daten. In: Bischoff, Christine/Oehme-Jüngling, Karoline/Leimgruber, Walter (Hg.): Methoden der Kulturanthropologie. Bern, S. 415–430.

Baur, Nina/Graeff, Peter (2021): Datenqualität und Selektivitäten digitaler Daten. Alte und neue digitale und analoge Datensorten im Vergleich. In: Blättel-Mink, Birgit (Hg.): Gesellschaft unter Spannung. Verhandlungen des 40. Kongresses der Deutschen Gesellschaft für Soziologie 2020. https://publikationen.soziologie.de/index.php/kongressband_2020/article/view/1362.

Beck, Stefan (1997): Umgang mit Technik. Kulturelle Praxen und kulturwissenschaftliche Forschungskonzepte. Berlin.

Beck, Stefan (2019 [2015]): Von Praxistheorie 1.0 zu 3.0. Oder: wie analoge und digitale Praxen relationiert werden sollten. In: Berliner Blätter. Ethnographische und ethnologische Beiträge 81, S. 9–27.

Behnke, Joachim/Blätte, Andreas/Schnapp, Kai-Uwe/Wagemann, Claudius (Hg.) (2018): Computational Social Science. Die Analyse von Big Data. (Schriftenreihe der Sektion Methoden der Politikwissenschaft der Deutschen Vereinigung für Politische Wissenschaft). Baden-Baden.

Behnke, Joachim/Blätte, Andreas/Schnapp, Kai-Uwe/Wagemann, Claudius (2018): Einleitung. Big Data in der Politikwissenschaft: Wirklich neu oder lediglich mehr? In: Dies. (Hg.): Computational Social Science. Die Analyse von Big Data. (Schriftenreihe der Sektion Methoden der Politikwissenschaft der Deutschen Vereinigung für Politische Wissenschaft). Baden-Baden, S. 7–24.

Benjamin, Walter (2015): Das Kunstwerk im Zeitalter seiner technischen Reproduzierbarkeit (1935). In: Ders.: Gesammelte Schriften. Frankfurt a.M., S. 431–469.

Berkelaar, Brenda L./Francisco-Revilla, Luis (2018): Motivation, Evidence and Computation. A Research Framework for Expanding Computational Social Science Participation and Design. In: Stützer, Cathleen/Welker, Martin/Egger, Marc (Hg.): Computational Social Science in the Age of Big Data. Concepts, Methodologies, Tools, and Applications (Neue Schriften zur Online-Forschung, Band 15). Köln, S. 16–62.

Berry, David (2011): The Computational Turn. Thinking About the Digital Humanities. In: Culture Machine 12, S. 1–12.

Berry, David M. (Hg.) (2015): Postdigital Aesthetics. Art, Computation and Design. Basingstoke.

Berry, David M./Fagerjord, Anders (2017): Digital Humanities. Knowledge and Critique in a Digital Age. Oxford.

Bertram, Jutta (2005): Einführung in die inhaltliche Erschließung. Grundlagen – Methoden – Instrumente. Würzburg.

Bieler, Patrick/Bister, Milena D./Schmid, Christine (2021): Formate des Ko-laborierens. Geteilte epistemische Arbeit als katalytische Praxis. In: Berliner Blätter. Ethnographische und ethnologische Beiträge 83, S. 87–105. https://www2.hu-berlin.de/ifeeojs/index.php/blaetter/article/view/1094.

Biermann, Kai/Blickle, Paul/Drongowski, Ron/Ehmann, Annick/Erdmann, Elena/Gortana, Flavio/Lindhoff, Alicia/Möller, Christopher/Rauscher, Christoph/Scheying, Stephan/Schlieben, Michael/Stahnke, Julian/Tröger, Julius/Venohr (2019): 70 Jahre Bundestag. Darüber spricht der Bundestag. In: Zeit online, 9.9.2019. https://www.zeit.de/politik/deutschland/2019-09/bundestag-jubilaeum-70-jahre-parlament-reden-woerter-sprache-wandel.

Binder, Beate/Bose, Friedrich von/Ebell, Katrin/Hess, Sabine/Keinz, Anika (Hg.) (2013): Eingreifen, Kritisieren, Veraendern. Interventionen ethnografisch und gendertheoretisch. Münster.

Bishop, Libby/Kuula-Luumi, Arja (2017): Revisiting Qualitative Data Reuse. A Decade On. In: SAGE Open 7/1, S. 1–15. https://doi.org/10.1177/2158244016685136.

Blätte, Andreas/Gehlhar, Simon/Gehrmann, Jan/Niederberger, Andreas/Rakers, Julia/Weiler, Eva (2019): Migrationspolitik im Bundestagswahlkampf 2017. Die Kluft zwischen Entscheidungs- und Darstellungspolitik. In: Korte, Karl-Rudolf/Schoofs, Jan (Hg.): Die Bundestagswahl 2017. Analysen der Wahl-, Parteien-, Kommunikations- und Regierungsforschung. Wiesbaden, S. 363–387.

Blei, David M. (2012): Probabilistic Topic Models. Surveying a Suite of Algorithms That Offer a Solution to Managing Large Document Archives. In: Communications of the ACM 55, S. 77–84. http://www.cs.columbia.edu/~blei/papers/Blei2012.pdf.

Boellstorff, Tom (2008): Coming of Age in Second Life. An Anthropologist Explores the Virtually Human. Princeton/Oxford.

Bogost, Ian/Montfort, Nick (2009): Platform Studies. Frequently Questioned Answers. In: Digital Arts and Cultures. http://escholarship.org/uc/item/01r0k9br.

Bolter, David J./Richard A. Grusin (2000): Remediation. Understanding New Media. Cambridge.

Boyd, danah (2014): It's complicated. The Social Lives of Networked Teens. New Haven.

Boyer, Dominic/Marcus, George E. (Hg.) (2021): Collaborative Anthropology Today. A Collection of Exceptions. Ithaca.

Bruns, Axel (2019): Filter Bubble. In: Internet Policy Review 8/4. https://doi.org/10.14763/2019.4.1426.

Bruns, Axel/Burgess, Jean (2016): Methodological Innovation in Precarious Spaces. The Case of Twitter. In: Snee, Helene u. a. (Hg.): Digital Methods for Social Science. An Interdisciplinary Guide to Research Innovation. Houndmills, Basingstoke, Hampshire/New York, NY, S. 17–33.

Bubenhofer, Noah (2017): Kollokationen, n-Gramme, Mehrworteinheiten. In: Roth, Kersten Sven/Wengeler, Martin/Ziem, Alexander (Hg.): Handbuch Sprache in Politik und Gesellschaft. Berlin, New York, S. 69–93.

Burckhardt, Daniel/Schiel, Juliane (2010): Kollaboratives Schreiben. In: Gasteiner, Martin/Haber, Peter (Hg.): Digitale Arbeitstechniken. Für die Geistes- und Kulturwissenschaften. Wien, S. 97–109.

Burghardt, Manuel/Wolff, Christian/Womser-Hacker, Christa (2015): Informationswissenschaft und Digital Humanities. In: Information – Wissenschaft & Praxis 66/5–6. https://doi.org/10.1515/iwp-2015-0053

Burkhardt, Marcus (2015): Digitale Datenbanken. Eine Medientheorie im Zeitalter von Big Data (Digitale Gesellschaft, 7). Bielefeld.

Caliandro, Alessandro/Gandini, Alessandro (2017): Qualitative Research in Digital Environments. A Research Toolkit. New York/London.

Carroll, Stephanie Russo/Herczog, Edit/Hudson, Maui/Russell, Keith/Stall, Shelley (2021): Operationalizing the CARE and FAIR Principles for Indigenous data futures. In: Scientific Data 108/8. https://doi.org/10.1038/s41597-021-00892-0.

Charmaz, Kathy (2014): Constructing Grounded Theory. Introducing Qualitative Methods. Los Angeles u. a.

Chen, Shu-Heng (Hg.) (2018): Big Data in Computational Social Science and Humanities. Cham.

Chen, Shu-Heng/Yu, Tina (2018): Big Data in Computational Social Sciences and the Humanities. An Introduction. In: Chen, Shu-Heng (Hg.): Big Data in Computational Social Science and Humanities. Cham, S. 1–25.

Chen, Yan/Sherren, Kate/Smit, Michael/Lee, Kyung Y. (2021): Using Social Media Images as Data in Social Science Research. In: new media & society. https://doi.org/10.1177/14614448211038761.

Cioffi-Revilla, Claudio (2017): Introduction to Computational Social Science. Principles and Applications. Cham.

Coleman, Gabriela (2009): Code is Speech. Legal Tinkering, Expertise, and Protest among Free and Open Source Software Developers. In: Cultural Anthropology 24/3, S. 420–454. https://doi.org/10.1111/j.1548–1360.2009.01036.x.

Conte, Rosaria/Gilbert, Nigel/Bonelli, Giulia/Cioffi-Revilla, Claudio/Deffuant, Guillaume/Kertesz, Janos/Loreto, Vittorio/Moat, Suzy/Nadal, Jean-Pierre/Sanchez, Angel/Nowak, Andrzej/Flache, Andreas/San Miguel, Maxi/Helbing, Dirk (2012): Manifesto of Computational Social Science. In: The European Physical Journal Special Topics 214/1, S. 325–346. https://doi.org/10.1140/epjst/e2012-01697-8.

Crowder, Jerome W./Fortun, Mike/Besara, Rachel/Poirier, Lindsay (Hg.) (2020): Anthropological Data in the Digital Age. Cham.

D'Andrea, Alessia/Ferri, Fernando/Grifoni, Patrizia/Guzzo, Tiziana (2015): Approaches, Tools and Applications for Sentiment Analysis Implementation. In: International Journal of Computer Applications 125/3, S. 26–33. https://doi.org/10.5120/ijca2015905866.

Darwin, Helana (2017): Doing Gender Beyond the Binary. A Virtual Ethnography. In: Symbolic Interaction 40/3, S. 317–334. https://doi.org/10.1002/symb.316.

Deck, Klaus-Georg (2018): Digital Humanities. Eine Herausforderung an die Informatik und an die Geisteswissenschaften. In: Zeitschrift für digitale Geisteswissenschaften Sonderband 3. https://doi.org/10.17175/SB003_002.

Denecke Kerstin/Deng, Yihan (2015): Sentiment Analysis in Medical Settings. New Opportunities and Challenges. In: Artificial Intelligence in Medicine 64, S. 17–27. https://doi.org/10.1016/j.artmed.2015.03.006.

Denning, Peter J./Tedre, Matti (2019): Computational Thinking. Cambridge Massachusetts.

Draucker, Claire B./Martsolf, Donna S./Ross, Ratchneewan/Rusk, Thomas B. (2007): Theoretical Sampling and Category Development in Grounded Theory. In: Qualitative Health Research 17/8, S. 1137–1148. https://doi.org/10.1177/1049732307308450.

Drucker, Johanna (2020): Visualization and Interpretation. Humanistic Approaches to Display. Cambridge/London.

Drucker, Johanna (2021): The Digital Humanities Coursebook. An Introduction to Digital Methods for Research and Scholarship. Abingdon, Oxon/New York, NY.

Du, Keilo (2019): A Survey On LDA Topic Modeling In Digital Humanities. In: Book of Abstracts. DH2019, https://dev.clariah.nl/files/dh2019/boa/0326.html.

Edmond, Jennifer/Horsley, Nicola/Huber, Elisabeth/Kalnins, Rihards/Lehman, Joerg/Nugent-Folan, Georgina/Priddy, Mike/Stodulka, Thomas (2018): Big Data & Complex Knowledge. Observations and Recommendations for Research from the Knowledge Complexity Project. https://kplexproject.files.wordpress.com/2018/06/trinity-big-data-report-jklr_04-1.pdf.

Elff, Martin (2021): Data Management in R. A Guide for Social Scientists. London/Thousand Oaks, California.

Ernesti, Johannes/Kaiser, Peter (2020): Python 3. Das umfassende Handbuch. 6. Aufl. Bonn.

Evans, James A./Aceves, Pedro (2016): Machine Translation. Mining Text for Social Theory. In: Annual Review of Sociology 42/1, S. 21–50. https://doi.org/10.1146/annurev-soc-081715-074206.

Fedtke, Cornelia/Wiedemann, Gregor (2020): Hass- und Gegenrede in der Kommentierung massenmedialer Berichterstattung. Eine computergestützte kritische Diskursanalyse. In: Klimczak, Peter/Petersen, Christer/Breidenbach, Samuel (Hg.): Soziale Medien. Interdisziplinäre Zugänge zur Onlinekommunikation. Wiesbaden, S. 91–120.

Flanders, Julia/Jannidis, Fotis (2016): Data Modeling. In: Schreibman, Susan/Siemens, Raymond George/Unsworth, John (Hg.): A New Companion to Digital Humanities. Chichester u. a., S. 229–237.

Fortun, Kim/Fortun, Mike/Bigras, Erik/Saheb, Tahereh/Costelloe-Kuehn, Brandon/Crowder, Jerome/Price, Daniel/Kenner, Alison (2014): Experimental Ethnography Online. In: Cultural Studies 28/4, S. 632–642. https://doi.org/10.1080/09502386.2014.888923.

Fortun, Mike/Fortun, Kim/Marcus, George E. (2016): Computers in/and Anthropology. The Poetics and Politics of Digitization. In: Hjorth, Larissa u. a. (Hg.): The Routledge Companion to Digital Ethnography (Routledge Companions). Florence, S. 11–20.

Franken, Lina (2022a): Erweiterungen der Digital Humanities durch kulturwissenschaftliche Perspektiven. In: Geierhos, Michaela (Hg.): 8. Tagung des Verbands Digital Humanities im deutschsprachigen Raum e. V. (DHd2022): Kulturen des digitalen Gedächtnisses. Konferenzabstracts, S. 101–104. https://zenodo.org/record/6327985.

Franken, Lina (2022b): Digitale Daten und Methoden als Erweiterung qualitativer Forschungsprozesse. Herausforderungen und Potenziale aus den Digital Humanities und Computational Social Sciences. In: Forum Qualitative Sozialforschung/Forum Qualitative Social Research 22/2. https://doi.org/10.17169/fqs-22.2.3818.

Franken, Lina (2020a): Anwendungen von DH-Methoden in der Erschließung und Digitalisierung von Kulturerbe. Ein Vorschlag zur Systematisierung. In: 7. Tagung des Verbands Digital Humanities im deutschsprachigen Raum e. V. (DHd 2020). Spielräume. Digital Humanities zwischen Modellierung und Interpretation. Konferenzabstracts. Universität Paderborn 2. bis 6. März 2020, S. 74–77. https://zenodo.org/record/4621736.

Franken, Lina (2020b): Kulturwissenschaftliches digitales Arbeiten. Qualitative Forschung als ‚digitale Handarbeit'? In: Berliner Blätter. Ethnographische und ethnologische Beiträge 82, S. 107–118. https://www2.hu-berlin.de/ifeeojs/index.php/blaetter/article/view/1069/16.

Franken, Lina (2017): Unterrichten als Beruf. Akteure, Praxen und Ordnungen in der Schulbildung (Arbeit und Alltag, 13). Frankfurt a.M.

Franken, Lina/Hänel, Dagmar (2015): Wenn das Erbe in die Wolke kommt. Chancen und Herausforderungen am Beispiel des Digitalen Portals Alltagskulturen im Rheinland. In: Bolenz, Eckhard/Franken, Lina/Hänel, Dagmar (Hg.): Wenn das Erbe in die Wolke kommt. Digitalisierung und kulturelles Erbe. Essen, S. 43–60.

Franken, Lina/Koch, Gertraud/Zinsmeister, Heike (2020): Annotationen als Instrument der Strukturierung. In: Nantke, Julia/Schlupkothen, Frederik (Hg.): Annotation in Scholarly Editions and Research. Oldenburg, S. 89–108. https://doi.org/10.1515/9783110689112-005.

Freyberg, Linda (2021): Ikonizität der Information. Die Erkenntnisfunktion struktureller und gestalteter Bildlichkeit in der digitalen Wissensorganisation. Dissertation im Fach Kulturwissenschaft der Universität Lüneburg. Lüneburg. https://pub-data.leuphana.de/frontdoor/deliver/index/docId/1192/file/Diss_2021_Freyberg_Linda_Ikonizitaet.pdf.

Frischmuth, Frank (2017): Kultur und Wissen digital vermitteln. Stand und Perspektiven der Deutschen Digitalen Bibliothek. Ein Überblick. In: Bibliothek Forschung und Praxis 41/1. https://doi.org/10.1515/bfp-2017-0008.

Froehlich, Dominik E./Rehm, Martin/Rienties, Bart C. (Hg.) (2020): Mixed Methods Social Network Analysis. Theories and Methodologies in Learning and Education. Abingdon/New York.

Fu, Xiaoming/Boos, Margarete/Luo, Jar-Der (Hg.) (2017): Social Network Analysis. Interdisciplinary Approaches and Case Studies. Boca Raton, FL.

Fuchs, Christian (2021): Soziale Medien und kritische Theorie. Eine Einführung. München.

Fuhse, Jan (2018): Soziale Netzwerke. Konzepte und Forschungsmethoden. Konstanz/München.

Gamper, Markus/Reschke, Linda/Schönhuth, Michael (2014): Knoten und Kanten 2.0. Soziale Netzwerkanalyse in Medienforschung und Kulturanthropologie (Sozialtheorie). Bielefeld.

Gartner, Richard (2016): Metadata. Shaping Knowledge from Antiquity to the Semantic Web. Cham.

Gaus, Wilhelm (2005): Dokumentations- und Ordnungslehre. Berlin/Heidelberg.

Geertz, Clifford (1983): Dichte Beschreibung. Beiträge zum Verstehen kultureller Systeme. Frankfurt a.M.

Geiger, Jonathan/Pfeiffer, Jasmin: Spielplätze der Theoriebildung in den Digital Humanities. In: Schöch, Christoph (Hg.): 7. Tagung des Verbands Digital Humanities im deutschsprachigen Raum e. V. (DHd 2020). Spielräume. Digital Humanities zwischen Modellierung und Interpretation. Konferenzabstracts. Universität Paderborn 2. bis 6. März 2020. 2020, S. 48–51. https://doi.org/10.5281/zenodo.4621980.

Gerstner, Dominik (2022): Sozialwissenschaftliche Netzwerkanalyse und die Erhebung von Freundesnetzwerken in Schulklassen. In: Ders. (Hg.): Freundschaftsnetzwerke und Delinquenz von Jugendlichen (Kriminalität und Gesellschaft). Wiesbaden, S. 49–108.

Gius, Evelyn/Jacke, Janina (2015): Informatik und Hermeneutik. Zum Mehrwert interdisziplinärer Textanalyse. In: Zeitschrift für digitale Geisteswissenschaften Sonderband 1. https://doi.org/10.17175/SB001_006.

Gius, Evelyn/Murawska, Anna-Aline/Schmidt, Oliver/Sökefeld, Carla/Vauth, Michael (2020): Sentiment Sensitivity. Using Sentiment Analysis in Literary Studies to Analyze Genre and the Depiction of Illness. In: Digital Humanities 2020 Book of Abstracts. https://dh2020.adho.org/wp-content/uploads/2020/07/470_SentimentsensitivityUsingsentimentanalysisinliterarystudiestoanalyzegenreandthedepictionofillness.html.

Glaser, Barney G./Strauss, Anselm L. (2010 [1967]): Grounded Theory. Strategien qualitativer Forschung. Bern.

Goffman, Alice (2014): On the Run. Fugitive Life in an American City. New York.

Gunn, Wendy/Otto, Ton/Smith, Rachel Charlotte (Hg.) (2013): Design Anthropology. Theory and Practice. London.

Harpring, Patricia (2010): Introduction to Controlled Vocabularies. Terminology for Art, Architecture, and other Cultural Works. Los Angeles, Calif.

Hasselbring, Wilhelm/Carr, Leslie/Hettrick, Simon/Packer, Heather/Tiropanis, Thanassis (2020): From FAIR Research Data Toward FAIR and Open Research Software. In: Information Technology 62/1, S. 39–47. https://doi.org/10.1515/itit-2019-0040.

Helsloot, Niels/Hak, Tony (2007): Pêcheux's Contribution to Discourse Analysis. In: Forum Qualitative Sozialforschung/Forum Qualitative Social Research 8/2. https://doi.org/10.17169/fqs-8.2.242.

Hine, Christine (2015): Ethnography for the Internet. Embedded, Embodied and Everyday. London u. a.

Hodel, Jan (2010): Recherche: Google – and Far Beyond. In: Gasteiner, Martin/Haber, Peter (Hg.): Digitale Arbeitstechniken. Für die Geistes- und Kulturwissenschaften. Wien, S. 25–37.

Hollstein, Betina/Strübing, Jörg (2018): Archivierung und Zugang zu Qualitativen Daten. In: Bambey, Doris u. a. (Hg.): Archivierung und Zugang zu Qualitativen Daten. Berlin, S. 1–13.

Holton, Judith A. (2007): The Coding Process and Its Challenges. In: Bryant, Antony/Charmaz, Kathy (Hg.): The SAGE Handbook of Grounded Theory. Los Angeles, S. 265–289.

Hovy, Dirk (2021): Text Analysis in Python for Social Scientists. Discovery and Exploration. Cambridge.

Huvila, Isto (2012): The Unbearable Complexity of Documenting Intellectual Processes. Paradata and Virtual Cultural Heritage Visualisation. In: Human IT 12.1, S. 97–110.

Ide, Nancy/Pustejovsky, James (Hg.) (2017): Handbook of Linguistic Annotation. Dordrecht.

Ignatow, Gabe/Mihalcea, Rada F. (2017): Text Mining. A Guidebook for the Social Sciences. Los Angeles u. a.

Ilk, Noyan/Fan, Shaokun (2022): Combining Textual Cues with Social Clues. Utilizing Social Features to Improve Sentiment Analysis in Social Media. In: Decision Sciences 53/2, S. 320–347. https://doi.org/10.1111/deci.12490.

Imeri, Sabine (2018): Archivierung und Verantwortung. Zum Stand der Debatte über den Umgang mit Forschungsdaten in den Ethnologischen Fächern. In: Bambey, Doris u. a. (Hg.): Archivierung und Zugang zu Qualitativen Daten. Berlin, S. 69–79.

Imeri, Sabine/Rizzolli, Michaela (2022): CARE Principles for Indigenous Data Governance. Eine Leitlinie für ethische Fragen im Umgang mit Forschungsdaten? In: o-bib. Das offene Bibliotheksjournal 9. https://doi.org/10.5282/o-bib/5815.

Jacobs, Thomas/Tschötschel, Robin (2019): Topic Models Meet Discourse Analysis. A Quantitative Tool for a Qualitative Approach. In: International Journal of Social Research Methodology 22/5, S. 469–485. https://doi.org/10.1080/13645579.2019.1576317.

Jannidis, Fotis (2017): Netzwerke. In: Ders./Kohle, Hubertus/Rehbein, Malte (Hg.): Digital Humanities. Eine Einführung. Stuttgart, S. 147–161.

Jannidis, Fotis (2019): Digitale Geisteswissenschaften. Offene Fragen – schöne Aussichten. In: Zeitschrift für Medien- und Kulturforschung 10, S. 63–70.

Jannidis, Fotis/Kohle, Hubertus/Rehbein, Malte (Hg.) (2017): Digital Humanities. Eine Einführung. Stuttgart.

Jenkins, Richard (2009): The Ways and Means of Power. Efficacy and Resources. In: Clegg, Stewart R./Haugaard, Mark (Hg.): The SAGE Handbook of Power. London, S. 140–156.

Jiménez-Zafra, Salud María/Cruz-Díaz, Noa P./Taboada, Maite/Martín-Valdivia, María Teresa (2021): Negation Detection for Sentiment Analysis. A Case Study in Spanish. In: Natural Language Engineering 27/2, S. 225–248. https://doi.org/10.1017/S1351324920000376.

Jünger, Jakob (2018): Mapping the Field of Automated Data Collection on the Web. Collection Approaches, Data Types, and Research Logic. In: Stützer, Cathleen/Welker, Martin/Egger, Marc (Hg.): Computational Social Science in the Age of Big Data. Concepts, Methodologies, Tools, and Applications (Neue Schriften zur Online-Forschung, Band 15). Köln, S. 104–130.

Jungherr, Andreas/Jürgens, Pascal/Schoen, Harald (2018): Twitter-Daten in der Wahlkampfforschung. Datensammlung, Aufarbeitung und Analysebeispiele. In: Blätte, Andreas u. a. (Hg.): Computational Social Science. Die Analyse von Big Data. (Schriftenreihe der Sektion Methoden der Politikwissenschaft der Deutschen Vereinigung für Politische Wissenschaft). Baden-Baden, S. 255–294.

Jurafsky, Daniel/Martin, James H. (2021): Speech and Language Processing. An Introduction to Natural Language Processing, Computational Linguistics, and Speech Recognition. Stanford.

Jütte, Wolfgang (2006): Netzwerkvisualisierung als Triangulationsverfahren bei der Analyse lokaler Weiterbildungslandschaften. In: Hollstein, Betina/Straus, Florian

(Hg.): Qualitative Netzwerkanalyse. Konzepte, Methoden, Anwendungen. Wiesbaden, S. 199–220.

Kaplan, Andreas M./Haenlein, Michael (2010): Users of the World, Unite! The Challenges and Opportunities of Social Media. In: Business Horizons 53/1, S. 59–68. https://doi.org/10.1016/j.bushor.2009.09.003.

Kelle, Udo (2017): Computergestützte Analyse qualitativer Daten. In: Flick, Uwe/Kardorff, Ernst von/Steinke, Ines (Hg.): Qualitative Forschung. Ein Handbuch. 12. Aufl. Reinbek bei Hamburg, 485–502.

Keller, Reiner (2011 [2005]): Wissenssoziologische Diskursanalyse. Grundlegung eines Forschungsprogramms. 3. Aufl. Wiesbaden.

Kelty, Christopher et al. (2009): Collaboration, Coordination and Composition. Fieldwork after the Internet. In: Faubion, James D./Marcus, George E. (Hg.): Fieldwork is not what it used to be. Learning Anthropology's Method in a Time of Transition. Ithaca, S. 184–206.

Kenderdine, Sarah (2016): Embodiment, Entanglement, and Immersion in Digital Cultural Heritage. In: Schreibman, Susan/Siemens, Raymond George/Unsworth, John (Hg.): A New Companion to Digital Humanities. Chichester u. a., S. 22–41.

Kennedy, Alistair/Inkpen, Diana (2006): Sentiment Classification of Movie Reviews Using Contextual Valence Shifters. In: Computational Intelligence 22/2, S. 110–125.

Kinder-Kurlanda, Katharina E. (2017): Big Data. In: Koch, Gertraud (Hg.): Digitalisierung. Theorien und Konzepte für die empirische Kulturforschung. Konstanz/München, S. 217–240.

Kinder-Kurlanda, Katharina E. (2020): Big Social Media Data als epistemologische Herausforderung für die Soziologie. In: Maasen, Sabine/Passoth, Jan-Hendrik (Hg.): Soziologie des Digitalen – Digitale Soziologie? 1. Aufl. (Soziale Welt. Sonderband). Baden-Baden, S. 109–133.

Kinsley, Samuel (2014): The Matter of 'Virtual' Geographies. In: Progress in Human Geography 38, S. 364–384.

Kitchin, Rob (2014): Big Data, New Epistemologies and Paradigm Shifts. In: Big Data & Society 1/1, 1–12. https://doi.org/10.1177/2053951714528481.

Kitchin, Rob/Lauriault, Tracey P. (2018): Toward Critical Data Studies. Charting and Unpacking Data Assemblages and Their Work. In: Thatcher, Jim/Shears, Andrew/Eckert, Josef (Hg.): Thinking Big Data in Geography. New Regimes, New Research. Lincoln/London, S. 3–20.

Klaffke, Oliver (2010): Schreibtool. Mit Software bessere Texte schreiben. In: Gasteiner, Martin/Haber, Peter (Hg.): Digitale Arbeitstechniken. Für die Geistes- und Kulturwissenschaften. Wien, S. 123–130.

Koch, Gertraud/Franken, Lina (2020): Filtern als digitales Verfahren in der wissenssoziologischen Diskursanalyse. Potentiale und Herausforderungen der Automatisierung im Kontext der Grounded Theory. In: Klimczak, Peter/Petersen, Christer/Breidenbach, Samuel (Hg.): Soziale Medien. Interdisziplinäre Zugänge zur Onlinekommunikation. Wiesbaden, S. 121–138.

Kocka, Jürgen (2001): Das lange 19. Jahrhundert. Arbeit, Nation und bürgerliche Gesellschaft (1806–1918) (Gebhardt Handbuch der deutschen Geschichte, 13). Stuttgart.

Kokensparger, Brian (2018): Guide to Programming for the Digital Humanities. Lessons for Introductory Python. Cham.

Krameritsch, Jakob (2010): Hypertext schreiben. In: Gasteiner, Martin/Haber, Peter (Hg.): Digitale Arbeitstechniken. Für die Geistes- und Kulturwissenschaften. Wien, S. 83–95.

Kretzer, Susanne (2013): Arbeitspapier zur Konzeptentwicklung der Anonymisierung/Pseudonymisierung in Qualiservice. In: Qualiservice Working Papers 2/2. http://nbn-resolving.de/urn:nbn:de:0168-ssoar-47605-2.

Kretzer, Susanne/Mozygemba, Kati/Heuer, Jan-Ocko/Huber, Elisabeth (2020): Erläuterungen zur Verwendung der von Qualiservice bereitgestellten Vorlagen für die informierte Einwilligung. In: Qualiservice Working Papers 2/2. https://doi.org/10.26092/elib/192.

Kuckartz, Udo (2010): Einführung in die computergestützte Analyse qualitativer Daten. Wiesbaden.

Kuckartz, Udo/Rädiker, Stefan (2022): Qualitative Inhaltsanalyse. Methoden, Praxis, Computerunterstützung. Grundlagentexte Methoden. 5. Aufl. Weinheim/Basel.

Kuroczyński, Piotr/Bell, Peter/Dieckmann, Lisa (Hg.) (2018): Computing Art Reader. Einführung in die digitale Kunstgeschichte. Heidelberg.

Lamprecht, Anna-Lena/Garcia, Leyla/Kuzak, Mateusz/Martinez, Carlos/Arcila, Ricardo/Del Martin Pico, Eva/Del Dominguez Angel, Victoria/van de Sandt, Stephanie/Ison, Jon/Martinez, Paula Andrea/McQuilton, Peter/Valencia, Alfonso/Harrow, Jennifer/Psomopoulos, Fotis/Gelpi, Josep Ll./Chue Hong, Neil/Goble, Carole/Capella-Gutierrez, Salvador (2020): Towards FAIR Principles for Research Software. In: Data Science 3/1, S. 37–59. https://doi.org/10.3233/DS-190026.

Landi, Annalisa/Thompson, Mark/Giannuzzi, Viviana/Bonifazi, Fedele/Labastida, Ignasi/da Silva Santos, Luiz Olavo Bonino/Roos, Marco (2020): The "A" of FAIR – As Open as Possible, as Closed as Necessary. In: Data Intelligence 2/1-2, S. 47–55. https://doi.org/10.1162/dint_a_00027.

Lazer, David/Pentland, Alex/Adamic, Lada/Aral, Sinan/Barabasi, Albert-Laszlo/Brewer, Devon/Christakis, Nicholas/Contractor, Noshir/Fowler, James/Gutmann, Myron/Jebara, Tony/King, Gary/Macy, Michael/Roy, Deb/van Alstyne, Marshall (2009): Computational Social Science. In: Science 323/5915, S. 721–723. https://doi.org/10.1126/science.1167742.

Lemke, Matthias/Wiedemann, Gregor (2016): Einleitung: Text Mining in den Sozialwissenschaften. Grundlagen und Anwendungen zwischen qualitativer und quantitativer Diskursanalyse. In: Dies. (Hg.): Text Mining in den Sozialwissenschaften. Grundlagen und Anwendungen zwischen qualitativer und quantitativer Diskursanalyse. Wiesbaden, S. 1–13.

Lempert, Lora Bex (2007): Asking Questions of the Data. Memo Writing in the Grounded Theory Tradition. In: Bryant, Antony/Charmaz, Kathy (Hg.): The SAGE Handbook of Grounded Theory. Los Angeles, S. 245–264.

Liu, Bing (2020): Sentiment Analysis. 2. Aufl. Cambridge.

Lobin, Henning (2014): Engelbarts Traum. Wie der Computer uns Lesen und Schreiben abnimmt. Frankfurt a.M./New York.

Lupton, Deborah (2015): Digital Sociology. London/New York.

Maasen, Sabine/Passoth, Jan-Hendrik (Hg.) (2020): Soziologie des Digitalen – Digitale Soziologie? (Soziale Welt. Sonderband). Baden-Baden.

Mackenzie, Adrian (2005): The Performativity of Code. Software and Cultures of Circulation. In: Theory, Culture & Society 22/1, S. 71–92. https://doi.org/10.1177/0263276405048436.

Mämecke, Thorben/Passoth, Jan-Hendrik/Wehner, Josef (2018): Bedeutende Daten. Einführende Überlegungen. In: Dies. (Hg.): Bedeutende Daten. Modelle, Verfahren und Praxis der Vermessung und Verdatung im Netz. Wiesbaden, S. 1–16.

Manderscheid, Katharina (2019): Text Mining. In: Baur, Nina/Blasius, Jörg (Hg.): Handbuch Methoden der empirischen Sozialforschung. Wiesbaden, S. 1103–1116.

Manmatha, Raghavan (2010): Bildsuche. Image Retrieval. In: Gasteiner, Martin/Haber, Peter (Hg.): Digitale Arbeitstechniken. Für die Geistes- und Kulturwissenschaften. Wien, S. 67–77.

Manovich, Lev (2020): Cultural Analytics. Cambridge Massachusetts.

Marcus, George E. (1995): Ethnography in/of the World System. The Emergence of Multi-Sited Ethnography. In: Annual Review of Anthropology 24, S. 95–117.

Marino, Mark C. (2020): Critical Code Studies. Cambridge, Massachusetts.

Marres, Noortje (2017): Digital Sociology. The Reinvention of Social Research. Cambridge, UK/Malden, MA.

Marres, Noortje/Gerlitz, Carolin (2016): Interface Methods. Renegotiating Relations between Digital Social Research, STS and Sociology. In: The Sociological Review 64/1, S. 21–46. https://doi.org/10.1111/1467-954X.12314.

Mayring, Philipp (2015): Qualitative Inhaltsanalyse. Grundlagen und Techniken. 12. Aufl. Weinheim/Basel.

McCarty, Willard (2004): Modeling. A Study in Words and Meanings. In: Schreibman, Susan/Unsworth, John/Siemens, Raymond George (Hg.): A Companion to Digital Humanities. Malden u. a., S. 254–270.

McCarty, Willard (2005): Humanities Computing. Basingstoke England/New York.

McIlvain, Eileen (2013): Paradata. What is Paradata? In: NSDL Documentation Wiki. https://wiki.ucar.edu/display/nsdldocs/Paradata.

Meyer, Holger/Schmitt, Christoph/Janssen, Stefanie/Schering, Alf-Christian (Hg.) (2014): Corpora ethnographica online. Strategien der Digitalisierung kultureller Archive und ihrer Präsentation im Internet. Münster u. a.

Moretti, Franco (2016): Distant Reading. Göttingen.

Morse, Janice M. (2007): Sampling in Grounded Theory. In: Bryant, Antony/Charmaz, Kathy (Hg.): The SAGE Handbook of Grounded Theory. Los Angeles, S. 229–244.

Mosteller, Frederick/Wallace, David L. (1963): Inference in an Authorship Problem. In: Journal of the American Statistical Association 58/302, S. 275. https://doi.org/10.2307/2283270.

Muhle, Florian (2020): Alles Bots? Ein Vorschlag zur Typisierung (teil-)automatisierter politischer Accounts auf Twitter. In: Klimczak, Peter/Petersen, Christer/Breidenbach, Samuel (Hg.): Soziale Medien. Interdisziplinäre Zugänge zur Onlinekommunikation. Wiesbaden, S. 45–70.

Müller, Martin (2020): Scalable Reading. https://sites.northwestern.edu/scalablereading/2020/04/26/scalable-reading/.

Mützel, Sophie/Saner, Philippe/Unternährer, Markus (2018): Schöne Daten! Konstruktion und Verarbeitung von digitalen Daten. In: Houben, Daniel/Prietl, Bianca (Hg.): Datengesellschaft. Einsichten in die Datafizierung des Sozialen. Bielefeld, S. 111–132.

Nachtwey, Oliver/Staab, Philipp (2020): Das Produktionsmodell des digitalen Kapitalismus. In: Maasen, Sabine/Passoth, Jan-Hendrik (Hg.): Soziologie des Digitalen – Digitale Soziologie? 1. Aufl. (Soziale Welt. Sonderband). Baden-Baden, S. 285–306.

Nelson, Laura K. (2020): Computational Grounded Theory. A Methodological Framework. In: Sociological Methods & Research 49, S. 3–42. https://doi.org/10.1177/0049124117729703.

Nyhan, Julianne/Passarotti, Marco (Hg.) (2019): One Origin of Digital Humanities. Fr Roberto Busa in His Own Words. Cham.

Ochs, Carsten/Friedewald, Michael/Hess, Thomas (Hg.) (2019): Die Zukunft der Datenökonomie. Zwischen Geschäftsmodell, Kollektivgut und Verbraucherschutz. Wiesbaden.

Ott, Tobias (2017): Erste Schritte in TUSTEP. Letzte Revision: 08. August 2003/14. Januar 2013/27. Februar 2017. Tübingen. https://www.tustep.uni-tuebingen.de/tustein.htm.

Otto, Laura K./Philipp-Jahnke, Nicole (2021): Wenn eine Pandemie interveniert. In: Kulturanthropologie Notizen 83, S. 58–72. https://ka-notizen.de/index.php/ka-notizen/article/view/7.

Passoth, Jan-Hendrik (2015): Mit Stift und Papier in digitalen Welten? Digitale Daten und die epistemischen Regime der Medienforschung. In: Schirmer, Dominique/Sander, Nadine/Wenninger, Andreas (Hg.): Die qualitative Analyse internetbasierter Daten. Wiesbaden, S. 261–280.

Passoth, Jan-Hendrik/Wehner, Josef (2018): Listen, Daten, Algorithmen. Ordnungsformen des Digitalen. In: Mämecke, Thorben/Passoth, Jan-Hendrik/Wehner, Josef (Hg.): Bedeutende Daten. Modelle, Verfahren und Praxis der Vermessung und Verdatung im Netz. Wiesbaden, S. 51–68.

Paulus, Trena M./Jackson, Kristi/Davidson, Judith (2017): Digital Tools for Qualitative Research. Disruptions and Entanglements. In: Qualitative Inquiry 23/10, S. 751–756. https://doi.org/10.1177/1077800417731080.

Petras, Vivien/Hill, Timothy/Stiller, Juliane/Gäde, Maria (2017): Europeana. A Search Engine for Digitised Cultural Heritage Material. In: Datenbank-Spektrum 17/1, S. 41–46. https://doi.org/10.1007/s13222-016-0238-1.

Petz, Gerald (2019): Opinion Mining im Web 2.0. Wiesbaden.

Pfanzelter, Eva (2010): Von der Quellenkritik zum kritischen Umgang mit digitalen Ressourcen. In: Gasteiner, Martin/Haber, Peter (Hg.): Digitale Arbeitstechniken. Für die Geistes- und Kulturwissenschaften. Wien, S. 39–49.

Pfeffer, Juergen/Mooseder, Angelina/Hammer, Luca/Stritzel, Oliver/Garcia, David (2022): This Sample Seems to be Good Enough! Assessing Coverage and Temporal Reliability of Twitter's Academic API. https://doi.org/10.48550/arXiv.2204.02290.

Pink, Sarah/Horst, Heather A./Postill, John/Hjorth, Larissa/Lewis, Tania/Tacchi, Jo (2016): Digital Ethnography. Principles and Practice. Los Angeles, CA u. a.

Pink, Sarah/Ruckenstein, Minna/Willim, Robert/Duque, Melisa (2018): Broken Data. Conceptualising Data in an Emerging World. In: Big Data & Society 5/1. https://doi.org/10.1177/2053951717753228.

Poirier, Lindsay/Fortun, Kim/Costelloe-Kuehn, Brandon/Fortun, Mike (2020): Metadata, Digital Infrastructure, and the Data Ideologies of Cultural Anthropology. In: Crowder, Jerome W. u. a. (Hg.): Anthropological Data in the Digital Age. Cham, S. 209–237.

Prietl, Bianca/Houben, Daniel (2018): Soziologische Perspektiven auf die Datafizierung der Gesellschaft. Einführung in den Sammelband. In: Dies. (Hg.): Datengesellschaft. Einsichten in die Datafizierung des Sozialen. Bielefeld, S. 7–32.

Putnings, Markus/Neuroth, Heike/Neumann, Janna (Hg.) (2021): Praxishandbuch Forschungsdatenmanagement. München.

Rabinow, Paul/Marcus, George E./Faubion, James D./Rees, Tobias (2008): Designs for an Anthropology of the Contemporary. Dialogue. Durham/London.

Rat für Sozial- und Wirtschaftsdaten (2016): Forschungsdatenmanagement in den Sozial-, Verhaltens- und Wirtschaftswissenschaften. https://doi.org/10.17620/02671.7.

Rehbein, Malte (2017): Informationsvisualisierung. In: Jannidis, Fotis/Kohle, Hubertus/Rehbein, Malte (Hg.): Digital Humanities. Eine Einführung. Stuttgart, S. 328–342.

Reichert, Ramón (2017): Theorien digitaler Medien. In: Jannidis, Fotis/Kohle, Hubertus/Rehbein, Malte (Hg.): Digital Humanities. Eine Einführung. Stuttgart, S. 19–34.

Reigeluth, Tyler Butler (2014): Why Data is not Enough. Digital Traces as Control of Self and Self-Control. In: Surveillance & Society 12/2, S. 243–254. https://doi.org/10.24908/ss.v12i2.4741.

Reiter, Nils (2020): Anleitung zur Erstellung von Annotationsrichtlinien. In: Ders./Pichler, Axel/Kuhn, Jonas (Hg.): Reflektierte algorithmische Textanalyse. Berlin, S. 193–202.

Reiter, Nils/Pichler, Axel/Kuhn, Jonas (Hg.) (2020): Reflektierte algorithmische Textanalyse. Berlin.

Remus, Robert/Quasthoff, Uwe/Heyer, Gerhard (2010): SentiWS. A Publicly Available German-Language Resource for Sentiment Analysis. In: Proceedings of the International Conference of the 7th International Language Ressources and Evaluation (LREC'10), S. 1168–1171.

Ries, Thorsten/Palkó, Gábor (2019): Born-Digital Archives. In: International Journal of Digital Humanities 1/1, S. 1–11. https://doi.org/10.1007/s42803-019-00011-x.

Rogers, Richard (2019): Doing Digital Methods. London.

Ruelens, Anna (2022): Analyzing User-Generated Content Using Natural Language Processing. A Case Study of Public Satisfaction with Healthcare Systems. In: Journal of Computational Social Science 5/1, S. 731–749. https://doi.org/10.1007/s42001-021-00148-2.

Ruppert, Evelyn/Law, John/Savage, Mike (2013): Reassembling Social Science Methods. The Challenge of Digital Devices. In: Theory, Culture & Society 30/4, S. 22–46. https://doi.org/10.1177/0263276413484941.

Sahle, Patrick (2015): Digital Humanities? Gibt's doch gar nicht! In: Zeitschrift für digitale Geisteswissenschaften. https://doi.org/10.17175/SB001_004.

Salganik, Matthew J. (2018): Bit by Bit. Social Research in the Digital Age. Princeton/Oxford.

Sattler, Simone (2014): Computergestützte qualitative Datenbearbeitung. In: Bischoff, Christine/Oehme-Jüngling, Karoline/Leimgruber, Walter (Hg.): Methoden der Kulturanthropologie. Bern, S. 476–487.

Schmidt, Thomas/Burghardt, Manuel/Wolff, Christian (2018): Herausforderungen für Sentiment Analysis-Verfahren bei literarischen Texten. In: INF-DH-2018. Bonn: Gesellschaft für Informatik e. V. https://doi.org/10.18420/INFDH2018-16.

Schöch, Christof/Eder, Maciej/Arias, Rosario/Francois, Pieter/Primorac, Antonija (2020): Foundations of Distant Reading. Historical Roots, Conceptual Development and Theoretical Assumptions around Computational Approaches to Literary Texts. In: Book of Abstracts. DH2020. https://dh2020.adho.org/wp-content/uploads/2020/07/521_FoundationsofDistantReadingHistoricalRootsConceptualDevelopmentandTheoreticalAssumptionsaroundComputationalApproachestoLiteraryTexts.html.

Schönberger, Klaus (2015): Persistenz und Rekombination. Digitale Kommunikation und soziokultureller Wandel. In: Zeitschrift für Volkskunde 111, S. 201–213.

Schönholz, Christian (2017): „Jede Kopie ein Original!" Aspekte eines kulturellen Größenverhältnisses. In: Koch, Gertraud (Hg.): Digitalisierung. Theorien und Konzepte für die empirische Kulturforschung. Konstanz/München, S. 157–182.

Schreibman, Susan/Siemens, Raymond George/Unsworth, John (Hg.) (2016): A New Companion to Digital Humanities. Chichester u. a.

Schütz, Ludwig (2006): Thomas-Lexikon. Sammlung, Übersetzung und Erklärung der in sämtlichen Werken des hl. Thomas von Aquin vorkommenden Kunstausdrücke und wissenschaftlichen Aussprüche «Divus Thomas sui interpres» (A. Massoulié). 3. Auflage von Enrique Alarcón vorbereitet. Pamplona.

Schwandt, Silke (Hg.) (2021): Digital Methods in the Humanities. Challenges, Ideas, Perspectives. Bielefeld.

Schweibenz, Werner (2018): Der Yellow-Milkmaid-Effekt und das digitale Double. Zur Wirkmächtigkeit digitaler Bilder. In: Kuroczyński, Piotr/Bell, Peter/Dieckmann, Lisa (Hg.): Computing Art Reader. Einführung in die digitale Kunstgeschichte. Heidelberg, S. 219–231.

Seaver, Nick (2017): Algorithms as Culture. Some Tactics for the Ethnography of Algorithmic Systems. In: Big Data & Society 4/2, 1–12. https://doi.org/10.1177/2053951717738104.

Sen, Indira/Flöck, Fabian/Weller, Katrin/Weiß, Bernd/Wagner, Claudia (2021): A Total Error Framework for Digital Traces of Human Behavior on Online Platforms. In: Public Opinion Quarterly 85/S1, S. 399–422. https://doi.org/10.1093/poq/nfab018.

Shannon-Baker, Peggy/Hilpert, Jonathan C. (2020): Visual Methods and Representations in Mixed Methods (and) Social Network Research. In: Froehlich, Dominik E./Rehm, Martin/Rienties, Bart C. (Hg.): Mixed Methods Social Network Analysis. Theories and Methodologies in Learning and Education. Abingdon/New York, S. 49–57.

Siegel, Melanie/Alexa, Melpomeni (2020): Sentiment-Analyse deutschsprachiger Meinungsäußerungen. Wiesbaden.

Singer, Philipp/Helic, Denis/Hotho, Andreas/Strohmaier, Markus (2017): A Bayesian Method for Comparing Hypotheses About Human Trails. In: ACM Transactions on the Web 11/3, S. 1–29. https://doi.org/10.1145/3054950.

Skarpelos, Yannis (2018): Big Visual Data in Social Sciences. In: Stützer, Cathleen/Welker, Martin/Egger, Marc (Hg.): Computational Social Science in the Age of Big Data. Concepts, Methodologies, Tools, and Applications (Neue Schriften zur Online-Forschung, Band 15). Köln, S. 235–265.

Smith, Rachel Charlotte (2013): Designing Heritage for a Digital Culture. In: Gunn, Wendy/Otto, Ton/Smith, Rachel Charlotte (Hg.): Design Anthropology. Theory and Practice. London, S. 117–138.

Snee, Helene/Hine, Christine/Morey, Yvette/Roberts, Steven/Watson, Hayley (Hg.) (2016): Digital Methods for Social Science. An Interdisciplinary Guide to Research Innovation. Houndmills, Basingstoke, Hampshire/New York, NY.

Stalder, Felix (2016): Kultur der Digitalität. Berlin.

Star, Susan Leigh/Strauss, Anselm L. (1999): Layers of Silence, Arenas of Voice. The Ecology of Visible and Invisible Work. In: Computer Supported Cooperative Work 8/1-2, S. 9–30.

Stone, Philip J./Dunphy, Dexter/Smith, Marshall S./Ogilvie, Daniel M. (1966): The General Inquirer. A Computer Approach to Content Analysis. Cambridge, Mass.

Straus, Florian (2006): Entwicklungslabor qualitative Netzwerkforschung. In: Hollstein, Betina/Ders. (Hg.): Qualitative Netzwerkanalyse. Konzepte, Methoden, Anwendungen. Wiesbaden, S. 481–494.

Strübing, Jörg (2019): Grounded Theory und Theoretical Sampling. In: Baur, Nina/Blasius, Jörg (Hg.): Handbuch Methoden der empirischen Sozialforschung. Wiesbaden, S. 525–544.

Strübing, Jörg/Hirschauer, Stefan/Ayaß, Ruth/Krähnke, Uwe/Scheffer, Thomas (2018): Gütekriterien qualitativer Sozialforschung. Ein Diskussionsanstoß. In: Zeitschrift für Soziologie 47/2, S. 83–100. https://doi.org/10.1515/zfsoz-2018-1006.

Stulpe, Alexander/Lemke, Matthias (2016): Blended Reading. Theoretische und praktische Dimensionen der Analyse von Text und sozialer Wirklichkeit im Zeitalter der Digitalisierung. In: Lemke, Matthias/Wiedemann, Gregor (Hg.): Text Mining in den Sozialwissenschaften. Grundlagen und Anwendungen zwischen qualitativer und quantitativer Diskursanalyse. Wiesbaden, S. 17–62.

Stützer, Cathleen/Welker, Martin/Egger, Marc (2018): Big Data Analytics. Obstacles and Opportunities. In: Dies. (Hg.): Computational Social Science in the Age of Big Data. Concepts, Methodologies, Tools, and Applications (Neue Schriften zur Online-Forschung, Band 15). Köln, S. 9–14.

Suchman, Lucy (2009): Human-Machine Reconfigurations. Plans and Situated Actions. Cambridge u. a.

Svensson, Patrik (2016): Big Digital Humanities. Michigan.

Sweigart, Albert (2015): Automate the Boring Stuff with Python. Practical Programming for Total Beginners. San Francisco, CA.

Thaller, Manfred (2017a): Geschichte der Digital Humanities. In: Jannidis, Fotis/Kohle, Hubertus/Rehbein, Malte (Hg.): Digital Humanities. Eine Einführung. Stuttgart, 3–12.

Thaller, Manfred (2017b): Digital Humanities als Wissenschaft. In: Jannidis, Fotis/Kohle, Hubertus/Rehbein, Malte (Hg.): Digital Humanities. Eine Einführung. Stuttgart, S. 13–18.

Tornes, Adam/Trujillo, Leanne (2021): Enabling the Future of Academic Research with the Twitter API. In: Twitter Blog. https://blog.twitter.com/developer/en_us/topics/tools/2021/enabling-the-future-of-academic-research-with-the-twitter-api.html.

Trier, Jost (1973): Über Wort- und Begriffsfelder. Darmstadt: Wissenschaftliche Buchgesellschaft. [Zuerst in: Trier, Jost (1931): Der deutsche Wortschatz im Sinnbezirk des Verstandes. Heidelberg, S. 1–26 und 310–322]. Darmstadt.

Vertesi, Janet/Ribes, David (Hg.) (2019): DigitalSTS. A Field Guide for Science & Technology Studies. New Jersey.

von Unger, Hella (2014): Forschungsethik in der qualitativen Forschung. Grundsätze, Debatten und offene Fragen. In: von Unger, Hella/Narimani, Petra/M´Bayo, Rosaline (Hg.): Forschungsethik in der qualitativen Forschung. Reflexivität, Perspektiven, Positionen. Wiesbaden, S. 15–39.

von Unger, Hella/Franken, Lina/Egger, Nils (2022): Digitale Daten in der qualitativen Lehrforschung. Handreichung zum digitalen Datenmanagement für Studierende. URL: https://www.css.soziologie.uni-muenchen.de/studium-lehre/hinweise_pruefungsleistungen/handreichung-digitale-daten.pdf.

Waldherr, Annie/Maier, Daniel/Miltner, Peter/Günther, Enrico (2017): Big Data, Big Noise. The Challenge of Finding Issue Networks on the Web. In: Social Science Computer Review 35/4, S. 427–443. https://doi.org/10.1177%2F0894439316643050.

Wallis, Cara/Cui, Xi (2016): "Our Media"? Microblogging and the Elusiveness of Voice in China. In: Hjorth, Larissa u. a. (Hg.): The Routledge Companion to Digital Ethnography. Florence, S. 135–146.

Weber, Jutta (2018): Pleasing Little Sister. Big Data und Social Media Surveillance. In: Mämecke, Thorben/Passoth, Jan-Hendrik/Wehner, Josef (Hg.): Bedeutende Daten. Modelle, Verfahren und Praxis der Vermessung und Verdatung im Netz. Wiesbaden, S. 91–104.

Wehler, Hans-Ulrich (1995): Deutsche Gesellschaftsgeschichte. Band 3: Von der „Deutschen Doppelrevolution" bis zum Beginn des Ersten Weltkrieges 1845/49–1914. München.

Weiß, Tobias/König, Marina/Stecker, Christian/Müller, Jochen/Blätte, Andreas/Lewandowsky, Marcel (2021): „Seit Köln", und „nach Chemnitz". Schlüsselereignisse im parlamentarischen Diskurs. In: Zeitschrift für Vergleichende Politikwissenschaft 15, S. 39–80.

Weng, Tongfeng/Zhang, Yaofeng/Hui, Pan (2017): From Social Networks to Time Series: Methods and Applications. In: Fu, Xiaoming/Boos, Margarete/Luo, Jar-Der (Hg.): Social Network Analysis. Interdisciplinary Approaches and Case Studies. Boca Raton, S. 269–283.

Wickham, Hadley/Grolemund, Garrett (2017): R for Data Science. Import, Tidy, Transform, Visualize, and Model Data. Beijing u. a.

Wiechmann, Brigitte (2012): Die Gemeinsame Normdatei (GND). Rückblick und Ausblick. In: Dialog mit Bibliotheken 24/2, S. 20–22.

Wiedemann, Gregor (2013): Opening up to Big Data. Computer-Assisted Analysis of Textual Data in Social Sciences. In: Forum Qualitative Sozialforschung/Forum Qualitative Social Research 14. http://dx.doi.org/10.17169/fqs-14.2.1949.

Wiedemann, Lisa (2021): Die Sorge um die Batterien. Elektrochemische Zellen im Kontext diabetischer Körpervermessung. In: Müggenburg, Jan (Hg.): Reichweitenangst. Batterien und Akkus als Medien des Digitalen Zeitalters. Bielefeld, S. 259–277.

Wieland, Mareike/Au, Anne-Marie in der/Keller, Christine/Brunk, Sören/Bettermann, Thomas/Hagen, Lutz M. (2018): Online Behaviour Tracking in Social Sciences. Quality Criteria and Technical Implementation. In: Stützer, Cathleen/Welker, Martin/Egger, Marc (Hg.): Computational Social Science in the Age of Big Data. Concepts, Methodologies, Tools, and Applications (Neue Schriften zur Online-Forschung, Band 15). Köln, S. 131–160.

Wilkinson, Mark D./Dumontier, Michel/Aalbersberg, I. Jsbrand Jan/Appleton, Gabrielle/Axton, Myles/Baak, Arie/Blomberg, Niklas/Boiten, Jan-Willem/Da Silva Santos, Luiz Bonino/Bourne, Philip E./Bouwman, Jildau/Brookes, Anthony J./Clark, Tim/Crosas, Mercè/Dillo, Ingrid/Dumon, Olivier/Edmunds, Scott/Evelo, Chris T./Finkers, Richard/Gonzalez-Beltran, Alejandra/Gray, Alasdair J.G./Groth, Paul/Goble, Carole/Grethe, Jeffrey S./Heringa, Jaap/Hoen, Peter A.C. 't/Hooft, Rob/Kuhn, Tobias/Kok, Ruben/Kok, Joost/Lusher, Scott J./Martone, Maryann E./Mons, Albert/Packer, Abel L./Persson, Bengt/Rocca-Serra, Philippe/Roos, Marco/van Schaik, Rene/Sansone, Susanna-Assunta/Schultes, Erik/Sengstag, Thierry/Slater, Ted/Strawn, George/Swertz, Morris A./Thompson, Mark/van der Lei, Johan/van Mulligen, Erik/Velterop, Jan/Waagmeester, Andra/Wittenburg, Peter/Wolstencroft, Katherine/Zhao, Jun/Mons, Barend (2016): The FAIR Guiding Principles for Scientific Data Management and Stewardship. In: Scientific Data 3/1, S. 160018. https://doi.org/10.1038/sdata.2016.18.

Witt, Harald (2001): Forschungsstrategien bei quantitativer und qualitativer Sozialforschung. Forum Qualitative Sozialforschung/Forum Qualitative Social Research 2/1. https://doi.org/10.17169/fqs-2.1.969.

Wittel, Andreas (2000): Ethnography on the Move. From Field to Net to Internet. In: Forum Qualitative Sozialforschung/Forum Qualitative Social Research 1/1. http://dx.doi.org/10.17169/fqs-1.1.1131.

Woletz, Julie (2016): Human-Computer Interaction. Kulturanthropologische Perspektiven auf Interfaces. Darmstadt.

Zinsmeister, Heike/Heid, Ulrich/Beck, Kathrin (Hg.) (2013): Das Stuttgart-Tübingen Wortarten-Tagset – Stand und Perspektiven (Journal for Language Technology and Computational Linguistics, 28/1). Berlin.

11. Glossar: Software und Repositorien

Die folgende Auflistung von Software und Repositorien wurde nach bestem Wissen und Gewissen recherchiert. Dennoch kann dafür kein Anspruch auf Vollständigkeit erhoben werden. Links können sich seit dem Erscheinen des Buches verändert haben, ebenso Funktionsumfang und Angebot der einzelnen Tools und Webseiten. Im Zweifelsfall können die angegebenen Informationen durch eigene Internetrecherchen auf den neuesten Stand gebracht werden. Nutzen Sie auch die Tutorials und Unterstützungen, welche bei den jeweiligen Webseiten und Tools angeboten werden.

Das Glossar ist nach inhaltlichen Suchrichtungen unterteilt. Zunächst werden wichtige Repositorien mit nachnutzbaren Datensätzen vorgestellt (▸ Kapitel 11.1, zur Erläuterung vgl. ▸ Kapitel 4.4 und 4.5), die sowohl Archivmaterial als auch Forschungsdaten umfassen. Dabei werden größere, allgemeinere Repositorien ebenso berücksichtigt wie kleinere, die spezifisch für qualitative Forschung interessant sein dürften. Im Anschluss stehen Tools zentral, die für das Finden und Aufbereiten digitaler Daten verwendet werden können (▸ Kapitel 11.2, zur Erläuterung vgl. ▸ Kapitel 4.6 und 5.2). Hier werden sowohl einfache klickbare Tools vorgestellt, als auch solche, für die Programmierkenntnisse notwendig sind. Es werden Tools zur Generierung von Social-Media-Daten als auch für Webseiten berücksichtigt (vgl. ▸ Kapitel 4.1 und 4.2). Danach folgen Tools für die Analyse von Datensätzen, wie sie in ▸ Kapitel 5 beschrieben wird. Da hier besonders viele Tools verfügbar sind, ist dies unterteilt in allgemeine digitale Analysetools (▸ Kapitel 11.3), Tools für Text Mining (▸ Kapitel 11.4) sowie Visualisierungstools (▸ Kapitel 11.5). Wie der Forschungsprozess auch unabhängig von der Nutzung digitaler Daten und Verfahren unterstützt werden kann, wird in ▸ Kapitel 6 erläutert. Zugehörige Tools sind im entsprechenden Glossar-Kapitel zusammengestellt (▸ Kapitel 11.6). Natürlich sind alle Listen hier nicht abschließend und es gibt andere Angebote, die sehr umfangreiche Zusammenstellungen bereitstellen: Besonders umfangreiche Portale werden in ▸ Kapitel 11.7 vorgestellt. Ob auch qualitativ Forschende programmieren lernen sollten, wird in ▸ Kapitel 7 diskutiert. Auf entsprechende Ressourcen und Selbstlernmaterialien wird in ▸ Kapitel 11.8 verwiesen.

Das Glossar wäre nicht so breit gefächert aufgestellt, wenn nicht Studierende meiner Übung zur Vorlesung „Einführung in die Computational Social Sciences“ in drei Semestern mit ihren je eigenen Interessen und Vorkenntnissen an der Recherche beteiligt gewesen wären. Sie haben – auf Grundlage der in ▸ Kapitel 11.7 aufgeführten Zusammenstellungen – Tools und Datensätze gefunden, die mir vorher unbekannt waren. Katharina Lillich und Florian Schmid haben in mehreren Durchgängen diese Ergebnisse und meine bereits bestehenden Listen systematisiert und die Beschreibungen allgemeinverständlich angepasst. Allen Beteiligten gilt mein herzlicher Dank.

11.1 Repositorien mit nachnutzbaren Datensätzen

AUSSDA

Das Austrian Social Science Data Archive (AUSSDA) bietet eine Dateninfrastruktur für die Sozialwissenschaften mit österreichischem Bezug. Es bietet Zugang zu verschiedenen, nachnutzbaren Datensätzen, die beispielsweise zu folgenden Bereichen gehören: SARS-CoV-2-Pandemie (https://data.aussda.at/dataverse/covid19), Mikrozensusdaten des österreichischen Landesamts für Statistik (https://data.aussda.at/dataverse/statistikaustria), Studien der sozialwissenschaftlichen Abteilung des Marktforschungsinstitutes GfK Austria (https://data.aussda.at/dataverse/gfk). Zum Herunterladen von Daten ist eine Registrierung bzw. ein Login notwendig. Der Fokus liegt eher auf quantitativen Daten. Ein Beispieldatensatz mit qualitativen Interviews beschäftigt sich mit Migrationstrends in alpinen Regionen (https://data.aussda.at/dataset.xhtml?persistentId=doi:10.11587/MWSGOS).
Link: https://data.aussda.at/

Calisphere Datenbank

Calisphere bietet kostenlosen Zugang zu vielen textuellen und visuellen Artefakten für Forschung und Lehre, teilweise mit historischem Hintergrund. Es handelt sich um eine Datenbank aus Kalifornien, die dementsprechend Retrodigitalisierungen aus den entsprechenden Archiven und Museen zusammenführt. Da die Daten damit US-amerikanischem Recht unterliegen, muss auf rechtliche Vorgaben bezüglich geistigen Eigentums und Lizenzen geachtet werden, wenn Daten genutzt werden sollen.
Link: https://calisphere.org/

CESSDA

Der Datenkatalog des Consortium of European Social Science Data Archives (CESSDA) enthält Beschreibungen und Metadaten der mehr als 30.000 Datensammlungen der CESSDA-Dienstleister aus 20 europäischen Ländern. Dies können quantitative, qualitative oder Mixed-Methods-Daten, Querschnitts- oder Längsschnittdaten, kürzlich erhobene oder historische Daten sein. Es sind auch Datensätze von beispielweise GESIS oder dem UK Data Service dort aufzufinden. Der Zugang zu den Datensätzen ist aufgrund der häufigen Verlinkun-

gen zu anderen Datenbanken heterogen geregelt, da meist lediglich auf andere, kleinere Datensammlungen verlinkt wird. Zum Beispiel lässt sich über CESSDA ein qualitativer Datensatz über Zeitmanagement in der beruflichen Bildung finden, wobei dies eine Verlinkung auf GESIS darstellt (https://datacatalogue.cessda.eu/detail?q=%22GESIS__oai:dbk.gesis.org:SDN/10.7802_80%22). Das umfangreiche Benutzendenhandbuch erleichtert die Verwendung des Datenkatalogs für die Suche.
Link: https://datacatalogue.cessda.eu/

Deutsches Textarchiv
Der Bestand an Texten im Deutschen Textarchiv soll einen Referenzkorpus für die neuhochdeutsche Sprache bilden. Es sind Texte ab dem frühen 16. Jahrhundert bis zum frühen 20. Jahrhundert aus verschiedenen Disziplinen und Textgattungen enthalten. Mit dem Kernkorpus soll man die sprachgeschichtliche Entwicklung der deutschen Sprache nachvollziehen können. Lizensiert sind die Inhalte unter einer Creative-Commons-Lizenz und können auf der Webseite einfach heruntergeladen werden.
Link: https://www.deutschestextarchiv.de/

Deutsche Digitale Bibliothek
Die Deutsche Digitale Bibliothek ist die zentrale Anlaufstelle für retrodigitalisierte Datensätze aus deutschen Institutionen. In dieser virtuellen Bibliothek ist eine große Zahl an Büchern, Bildern, Archivmaterialien und Audiodokumenten zu finden. Die Datensätze sind sehr heterogen und in der Regel wird auf den Datengeber, also eine einzelne Institution mit eigener Webpräsenz für die jeweiligen digitalen Sammlungen, verwiesen. Als Überblick bietet sich die DDB allerdings an für erste, allgemeinere Recherchen. Mittlerweile ist die facettierte Suche sehr gut ausgebaut, sodass nach verschiedenen Kriterien eingeschränkt und große Treffermengen so reduziert werden können. Außerdem bestehen eigene Angebote für Quellengruppen, so etwa für die umfangreichen historischen Tageszeitungen, das Archivportal mit Archivalien sowie eine eigene Aufbereitung von Sammlungsgut aus kolonialen Kontexten. Das DDB-Portal bietet außerdem thematische digitale Ausstellungen an, die zum Stöbern gedacht sind.
Link: https://www.deutsche-digitale-bibliothek.de/

eLabour Forschungsdatenzentrum
Dies ist ein Repositorium explizit für qualitative Forschungsdaten mit dem Schwerpunkt auf Themen der soziologischen Arbeits- und Wirtschaftsforschung. Der Zugang zu den Datensätzen wird nur individuell auf Basis einer Nutzungsvereinbarung gewährt. Allerdings können sich auch Studierende mit einem begründeten Interesse (z. B. eine Haus- oder Abschlussarbeit) für einen

Zugang dort registrieren. Ein Datensatz über alltägliche Lebensführung enthält zum Beispiel 238 transkribierte qualitative Interviews (siehe http://elabour.de/auswaehlen-und-nutzen/forschungsdaten/).
Link: http://elabour.de/

Europeana

Europeana ist die virtuelle Bibliothek für retrodigitalisierte Bestände von Büchern, Musik, Kunstwerken und weiteren Artefakten in Europa. Sie soll das wissenschaftliche und kulturelle Erbe Europas zugänglich machen und ist das Dach-Repositorium für alle europäischen Länder, das von der EU finanziert und betrieben wird. Dementsprechend vielfältig sind die Sprachen der Datensätze und deren Erschließungstiefe. Da das Portal auf viele Institutionen verweist, kann zu jedem Datensatz einem Link zu der Institution gefolgt werden, von welcher der Datensatz eingeliefert wurde. Dort sind oft weitere Informationen und Metadaten hinterlegt. Die Suche ist gut ausgebaut und ermöglicht genaue Filterfunktionen mittels Facettierung. In eigenen digitalen Ausstellungen werden als „Geschichten" und Blogbeiträgen zudem einzelne, auch sehr aktuelle Themen aufgegriffen. Sie werden von Institutionen, die zu Europeana beitragen, aber auch von interessierten Bürger:innen, mit ausgewählten Digitalisaten und zugehörigem Text gestaltet.
Link: https://www.europeana.eu/de

Forschungsdatenzentrum für die Hochschul- und Wissenschaftsforschung

In diesem Repositorium finden sich Datensätze aus der Hochschul- und Wissenschaftsforschung mit quantitativen und qualitativen Erhebungen (Survey-Daten und Interview-Transkripte). Die Themenfelder der Daten reichen von der Bildungsbeteiligungs- und Studierendenforschung oder Hochschulbildung, bis zu Governance und Entscheidungsprozessen. Die Datennutzung muss begründet beantragt werden. Je nach Status und Verwendungszweck sind die Daten unterschiedlich stark anonymisiert. Ein beispielhafter qualitativer Datensatz ist eine Sammlung von Interviews zur Vereinbarkeit der Arbeit in der Wissenschaft mit Familie (https://metadata.fdz.dzhw.eu/de/data-packages/stu-win2015?page=1&size=10&type=surveys&version=1.0.1).
Link: https://www.fdz.dzhw.eu/de

GESIS-Datensätze

Das GESIS – Leibniz-Institut für Sozialwissenschaften bietet nicht nur Studien als PDF, sondern vor allem die dazugehörigen Datensätze, allerdings vor allem quantitativ. Zum Beispiel sind in dem GESIS-Repositorium Daten der Allgemeinen Bevölkerungsumfrage der Sozialwissenschaften (ALLBUS), des Eurobarometer oder des Politbarometer enthalten. Ein Beispiel für einen qua-

litativen Datensatz bei GESIS stellt eine Sammlung von Experteninterviews zu dem Verhalten von Sekundärdatennutzer*innen bei der Informationssuche dar (https://search.gesis.org/research_data/SDN-10.7802–1.1943).
Link: https://www.gesis.org/home

Google Datasearch
Google Datasearch ist eine Suchmaschine für Datenpools, die vergleichbar wie andere Dienste von Google funktioniert und aufgrund der zugrunde liegenden Algorithmen gute Ergebnisse bringt. Das Portal ist für alle Arten von Forschungsdaten ausgelegt und nicht auf die Geistes-, Sozial- und Kulturwissenschaften begrenzt. Die Suche ist über Schlagworte möglich, einige wenige Auswahlmöglichkeiten ermöglichen die Sortierung nach Datum oder nach den Nutzungsrechten der entsprechenden Datensätze, mit der Eingrenzung auf ein Thema wird in grobe Forschungsbereiche unterschieden. Es handelt sich um ein kommerzielles Angebot, wenn es auch kostenlos nutzbar ist.
Link: https://datasetsearch.research.google.com/

GOVDATA
GOVDATA ist ein deutsches Datenportal für Datensätze aus der öffentlichen Verwaltung im Sinne des Open Government. Es bündelt die staatlichen Angebote, die als offene Daten frei verfügbar gemacht werden, also etwa Protokolle und Gesetze, aber auch zugehörige Handbücher und Strategiepapiere von Regierungen auf Ebene von Bund, Ländern und Kommunen.
Link: https://www.govdata.de/

HathiTrust Digital Library
Die HathiTrust Digital Library ist ein großes digitales Archiv für englischsprachige Texte und sonstige Inhalte, mit zum Beispiel Google oder dem Internet Archive als Quellressourcen. HathiTrust ist eine Stiftung mit Sitz in den USA, zu der sich verschiedene Universitäten zusammengeschlossen haben, um digital vorliegende Daten zu sammeln, aber auch retrodigitalisierte Daten nachhaltig zu sichern. Gemeinfreie Artefakte können von jedem eingesehen werden.
Link: https://www.hathitrust.org/digital_library

Internet Archive
The Internet Archive ist eine Art digitale Bibliothek, die archivierte Webseiten, Bücher, Briefe, Texte, historische Quellen, Audioaufnahmen, Videos, Bilder und Softwareprogramme enthält. Aus der Initiative eines einzelnen Internetaktivisten, Brewster Kahle, entstanden, ist das Projekt mittlerweile von verschiedenen Stiftungen finanziert und hat das Ziel, universalen Zugang zu Wissen zu gewähren. Die Webseite kann für die Geistes-, Sozial- und Kulturwissenschaf-

ten hilfreich sein, wenn man zu einem konkreten Thema in die Vergangenheit blicken will, Entwicklungen zu einem konkreten Thema sichtbar machen will oder sich einen internationalen und zeitlich umfassenden Überblick verschaffen will. Als Forscher muss man sich allerdings bewusst sein, dass jede:r Mediendateien in das Archiv hochladen kann. Dies ist gleichzeitig ein zentraler Vorteil des Archivs: über die Funktion „Save Page Now" der Wayback Machine können selbst mit wenigen Klicks einzelne Webseiten (allerdings nur konkrete URLs) im Archiv gespeichert werden. Dies bietet sich etwa an, wenn man sich wandelnde Seiten als Quellen referenzieren will und möchte, dass diese auch noch in einigen Monaten oder Jahren in dem aktuellen Zustand wiederzufinden sind. Über eine eigene API können die Datensätze aus dem Internet Archiv auch automatisiert heruntergeladen und weiterverarbeitet werden.
Link: https://archive.org/

Projekt Gutenberg
In diesem Archiv ist die zurzeit größte Sammlung an deutschsprachiger (nicht wissenschaftlicher) Literatur in Volltexten enthalten. Dadurch soll die deutsche Kultur und Sprache gefördert werden. Viele Texte unterliegen aufgrund ihres Alters nicht mehr dem Urheberrecht und sind damit frei nutzbar.
Link: https://www.projekt-gutenberg.org/index.html

Prometheus
Prometheus ist eine Datenbank mit Verlinkungen zu digitalen Bildern für die Kunst- und Kulturwissenschaften. Die Webseite bündelt verschiedene Angebote von retrodigitalisierten und Born-Digital-Bilddaten insbesondere aus dem deutschsprachigen Raum und wird von einem Verein von Kunsthistoriker:innen betrieben.
Link: https://prometheus-bildarchiv.de/de/prometheus/index

Online-Archiv Deutsches Gedächtnis
Das Online-Archiv Deutsches Gedächtnis bietet Zugang zu einer Auswahl von Zeitzeugeninterviews aus dem Archiv der FernUniversität Hagen. Insbesondere sind dort rund 400 qualitative lebensgeschichtliche Interviews des Projekts „Lebensgeschichte und Sozialkultur im Ruhrgebiet 1930–1960" abrufbar. Zur Verwendung der Daten ist eine Beantragung über die Webseite erforderlich.
Link: https://www.fernuni-hagen.de/geschichteundbiographie/deutschesgedaechtnis/

Qualiservice Data Sharing
Qualiservice ist aus der qualitativen Forschung heraus entstanden und wird von qualitativ Forschenden betrieben. Es ist begründet in Datensätzen aus dem

Archiv für Lebenslaufforschung, das seit 1988 an der Universität Bremen realisiert wurde. Vom heutigen Forschungsdatenzentrum Qualiservice Data Sharing werden qualitative Daten verschiedener Studien gespeichert. Es handelt sich um ein dezidiert für qualitative Forschung ausgerichtetes Repositorium, das neben Interviews auch etwa Daten ethnografischer Forschung aufbereitet und sichert. Besonderer Wert wird dementsprechend auf Informationen zum Forschungsthema, dem Studiendesign und den Erhebungsmethoden der Datensätze Wert gelegt. Die Metadaten sind hier also besonders umfassend. Um Zugang zu erhalten, muss man bei den Verantwortlichen eine Anfrage mit dem eigenen Forschungsinteresse einsenden. Diese melden sich mit einer Nutzungsvereinbarung und helfen bei der Datenauswahl. Danach kann man die Daten für die eigene Forschung verwenden, wenn von den Primärforschenden eine entsprechende Freigabe erteilt wurde. Dementsprechend lagern bei Qualiservice auch Forschungsdaten, die zwar archiviert werden sollen, aber nicht oder nur in Ausnahmen für andere verfügbar gemacht werden dürfen. Außerdem wird durch das Qualiservice-Team eine persönliche Beratung angeboten, insbesondere für die Aufbereitung und Sicherung von Forschungsdaten im Repositorium. Auch die Leitlinien und Tools des an Qualiservice angeschlossenen Helpdesks sind für alle Fragen rund um die Speicherung und Nachnutzung von qualitativen Forschungsdaten hilfreich.
Link: https://www.qualiservice.org/de/

UK Data Service

Dieses britische Repositorium bietet den Zugriff auf eine Vielzahl von englischsprachigen Datensätze. Die UK haben bereits früh auf eine nachhaltige Speicherung von Forschungsdaten gesetzt und auch die qualitative Forschung dort hat früh ein umfangreiches Repositorium entwickelt. Dieses und andere sind heute im übergreifenden UK Data Service aufgegangen, das neben qualitativen Daten auch viele andere Datentypen umfasst. Besonders hervorzuheben sind hier die umfangreichen Trainingsangebote, die (in der Regel online) allen Interessierten offenstehen. Ein Beispiel für einen qualitativen Datensatz ist eine Sammlung von Interviews unter Rechtsassistenten zu deren Karriereerfahrungen aus den Jahren 2017 bis 2019 (https://beta.ukdataservice.ac.uk/datacatalogue/studies/study?id=853984#!/details).
Link: https://ukdataservice.ac.uk/

Zenodo

Zenodo ist ein von der Europäischen Union finanziertes Repositorium, das hauptsächlich für wissenschaftliche Datensätze verwendet wird. Es ist die zentrale Anlaufstelle zur Publikation von Open Access Datensätzen, aber auch von Konferenzabstracts oder Präsentationen. Viele EU-Forschende nutzen Zenodo

aktiv, um hier ihre Forschung über die Publikationen hinausgehend sichtbar und zugänglich zu machen. Dementsprechend werden hier auch Datensätze bereitgestellt, die oft schon gut aufbereitet sind, da sie für konkrete Studien bereits verwendet wurden. Anders als bei vielen Repositorien, die den Anspruch haben auch sensible Daten zu speichern, aber nur eingeschränkt zugänglich zu machen, ist bei Zenodo jeder Datensatz öffentlich zugänglich.
Link: https://zenodo.org/search?page=1&size=20&q=&type=dataset

Zwangsarbeit Archiv
Das Archiv „Zwangsarbeit 1939–1945" enthält eine Sammlung digitalisierter Zeitzeugen-Berichte über Zwangsarbeit während des Nationalsozialismus. Dadurch handelt es sich um überwiegend qualitative Daten. Die Interviewtranskripte sind mit Metadaten, teils Videoaufnahmen und Übersetzungen versehen und lassen sich herunterladen. Eine recht unkomplizierte Registrierung ist für den Zugang notwendig.
Link: https://www.zwangsarbeit-archiv.de/

11.2 Finden und Aufbereiten digitaler Daten

4CAT
4CAT (Capture and Analysis Tool) ist ein Werkzeug, mit dem Beiträge in verschiedenen Foren und Diensten wie Reddit, Telegram und 4chan erfasst (Scraping) und weitergehend analysiert werden. Auch die Twitter-API kann damit adressiert werden. Je nach Installation kann eine Registrierung bei der jeweiligen angesprochenen Plattform notwendig sein, Programmierkenntnisse sind nicht vorausgesetzt. Die Installation erfolgt über ein GitHub-Repository. Die Analyse innerhalb des Tools kann von einfachen Worthäufigkeiten bis hin zum Erstellen und Visualisieren von Word Embedding Modellen gehen. Anwendungsbeispiele sind das Erforschen der vorherrschenden politischen Einstellungen in Subreddits oder die Analyse des Sprachgebrauchs auf 4chan.
Link: https://wiki.digitalmethods.net/Dmi/Tool4CAT

4K Video Downloader
Mit dem 4K Video Downloader können Videos und andere Inhalte von Plattformen wie YouTube, Instagram oder TikTok heruntergeladen werden. Außerdem ist es möglich, Videos in MP3-Format umzuwandeln, Channels zu speichern und die Untertitel aus Videos zu extrahieren. Die Seite ist nutzendenfreundlich, Programmierkenntnisse sind nicht erforderlich. Allerdings ist der Download auf 30 Downloads pro Tag beschränkt und es handelt sich um ein Tool, das außerhalb der Wissenschaft erstellt wurde.
Link: https://www.4kdownload.com/

Archivebox
Archivebox dient der Archivierung von Webseiten im HTML-Format. Es kann sowohl kommandozeilenbasiert als auch als App genutzt werden und basiert auf Prinzipien von Open Source. Für die Nutzung ist in allen Anwendungen die Steuerung über eine Kommandozeile notwendig, die jedoch in der zugehörigen Dokumentation Schritt für Schritt erklärt wird.
Link: https://archivebox.io/

BeautifulSoup
Dies ist eine Python-Bibliothek, um Daten aus HTML- und XML-Dateien zu extrahieren. Zur Nutzung sind Programmierkenntnisse erforderlich.
Link: https://www.crummy.com/software/BeautifulSoup/bs4/doc/

Censorship Explorer
Mit dem Censorship Explorer können landesspezifische Zensuren von URLs überprüft werden. Es sind keine Programmierkenntnisse erforderlich.
Link: https://wiki.digitalmethods.net/Dmi/ToolCensorshipExplorer

FacePager
FacePager ermöglicht die Sammlung öffentlich zugänglicher Daten von YouTube, Facebook, Twitter und anderen Webseiten auf Basis von APIs und Scraping. Die Daten werden in einer SQLite-Datenbank gespeichert und können als csv-Datei exportiert werden. Eine Installation ist notwendig. Das Tool ist open source und kostenlos und kann auch ohne Programmierkenntnisse genutzt werden. Es bietet eine gute Möglichkeit, um die wenigen noch verfügbaren Daten aus Facebook zu speichern: Öffentliche Profile und Veranstaltungen können so schnell gefunden und in großer Zahl gespeichert werden.
Link: https://github.com/strohne/Facepager

Google Autocomplete
Mithilfe dieses Tools lassen sich die aktuellen bei Google-Suchen vorgeschlagenen Vervollständigungen für verschiedene Länder und Sprachen betrachten. Die Vorschläge werden für einen gegebenen Begriff aufgelistet. Die Nutzung der Webseite ist kostenlos.
Link: https://wiki.digitalmethods.net/Dmi/ToolGoogleAutocomplete

Harvester
Harvester kann zum Extrahieren von Links aus einem eingegebenen Text verwendet werden. Es ist nützlich, um weitere Webseiten zu einem spezifischen Thema zu finden. Allerdings werden die zu durchsuchenden Texte nicht durch das Tool gescrapt. Hierfür ist gegebenenfalls ein weiteres Tool in Kombination zu nutzen, wenn nicht schon große Textmengen vorliegen. Es können aber nur

Links, die mit „http://", „https://" oder „www." beginnen, erkannt werden.
Link: https://wiki.digitalmethods.net/Dmi/ToolHarvester

Hyphe Webcrawler
Mit dem aus der Wissenschaft erstellten Crawler können Webseiten gecrawlt werden. Mit einer grafischen Benutzeroberfläche können die Webseiten und die Weite des Crawls festgelegt und immer wieder neu justiert werden, sodass sich das Tool zur Exploration kleiner bis mittlerer Datenbestände eignet. Prinzipiell ist es auch auf größere Datenbestände anwendbar. Es speichert allerdings nicht die Webseiten-Inhalte, sondern nur die Struktur des gecrawlten Netzwerks. Das Tool ist ohne Programmierkenntnisse frei zu nutzen.
Link: https://hyphe.medialab.sciences-po.fr/

Hydrator
Das Tool dient dem Wiederherstellen von Tweets, von denen man lediglich die Tweet-ID kennt, die etwa von anderen Forschenden in einem Repositorium gespeichert wurden (denn eine öffentliche Speicherung von Tweets zur Nachnutzung durch andere ist von Twitter nur in Form der Tweet-ID erlaubt). Tweet IDs können in JSON/CSV Dateien zu Twitter-Daten konvertiert werden. Eine Installation ist notwendig, aber das Tool ist kostenlos. Da sich das Tool mit der Twitter API verbindet, ist ein entsprechender Twitter Account notwendig.
Link: https://github.com/DocNow/hydrator

JSON-Dateiformat konvertieren
JavaScript Object Notation (JSON) ist ein standardisiertes, textbasiertes Dateiformat, um strukturierte Daten darzustellen. Es ist menschenlesbar und dient oft dem Datenaustausch zwischen Anwendungen. Dateien dieser Form lassen sich unter anderem mit Texteditoren öffnen und bearbeiten. Mit dem Tool JSONCompare (https://jsoncompare.com/) lassen sich zwei JSON-Dateien miteinander vergleichen. Mit dem JSON Formatter (https://jsonformatter.org/) kann man eine JSON- in eine CSV- oder XML-Datei konvertieren.
Link: https://www.json.org/json-de.html

MechanicalSoup
Die Python-Bibliothek MechanicalSoup verspricht, dass man damit die Nutzung eines Webbrowsers simulieren kann. Mit dem entsprechend zu schreibenden Code lassen sich etwa Online-Formulare ausfüllen oder Links auf Websites ausführen. Für unstrukturierten Textinhalt funktioniert sie jedoch nicht immer zuverlässig. Zur Nutzung sind Programmierkenntnisse erforderlich.
Link: https://mechanicalsoup.readthedocs.io/en/stable/

Minet

Minet ist eine Python-Webmining-Bibliothek, die Scraping, Crawling, Datenextrahierung aus HTML-Dateien und den Download von URLs unterstützt. Zur Nutzung sind Programmierkenntnisse erforderlich.
Link: https://medialab.sciencespo.fr/en/tools/minet/

News Agencies Scraper

Mit diesem Tool können verschiedene Nachrichtenagenturen nach bestimmten Stichwörtern gescrapet werden, was die Extraktion von Titeln, Bildern und Volltexten ermöglicht. Die Ergebnisse werden im JSON-Format ausgegeben. Es sind keine Programmierkenntnisse erforderlich.
Link: https://wiki.digitalmethods.net/Dmi/ToolNewsAgencies

Pandas

Pandas ist eine Open Source Python-Bibliothek, die Datenaufbereitung und -analyse unterstützt. Zur Nutzung sind Programmierkenntnisse nötig.
Link: https://pandas.pydata.org/

ParseHub

ParseHub kann zur visuellen Datenextraktion von Webseiten eingesetzt werden, also als Web-Scraping Tool. Es ist als Desktop-App und als Chrome-Erweiterung verfügbar, allerdings funktioniert es zuverlässig nur für strukturierte Daten wie etwa Kontaktdaten oder Tabellen. Mit einiger Arbeit an den Einstellungen lassen sich die Ergebnisse für unstrukturierte Daten, wie etwa Text auf Webseiten, allerdings verbessern. Es sind keine Programmierkenntnisse erforderlich.
Link: https://www.parsehub.com/

PDFtoTXT

PDFtoTXT ist ein einfacher Konverter von PDF-Dateien zu TXT-Dateien. Die Dateien werden auf den Server geladen und dort umgewandelt. Es werden keine Veränderungen am Text vorgenommen, d. h. etwa Kopfzeilen, Seitenzahlen etc. bleiben bestehen. Der Konverter ist ohne Programmierkenntnisse nutzbar. Allerdings sollten keine sensiblen, personenbezogenen Daten verarbeitet werden, da sie auf einem externen Server bearbeitet werden.
Link: https://pdftotext.com/de/

Postman

Dies ist ein Tool zum Senden von HTTP-Anfragen für das Auslesen von APIs (wie etwa von Twitter oder Wikipedia). Es hilft bei der Authentifizierung bei dem Dienst und formatiert die Rückgabe der API.
Link: https://www.postman.com

Scrapy
Scrapy ist ein Framework in der Programmiersprache Python, um Webcrawler zu schreiben, die Seiten crawlen und Daten extrahieren. Zur Nutzung sind Programmierkenntnisse erforderlich.
Link: https://scrapy.org/

Social Feed Manager
Das webbasierte, kostenlose Tool dient der Verbindung mit APIs von Social-Media-Plattformen wie Twitter, Tumblr und Flickr. Daten werden nach einem einstellbaren Rhythmus extrahiert. Die Ergebnisse können beispielsweise als Excel-Sheet ausgegeben werden. Es sind keine Vorkenntnisse nötig, allerdings ein Account bei der entsprechenden Plattform.
Link: https://gwu-libraries.github.io/sfm-ui/

TAGS – Twitter Analyse
TAGS ist eine Google Spreadsheet-Vorlage, mit der man automatische Suchen auf Twitter einrichten und ausführen kann. Es kann also zur Extraktion von Tweets verwendet werden, die in einem Google Spreadsheet gespeichert werden. Das Tool ermöglicht im Anschluss auch einfache Analysen der Tweets. Es ist allerdings zu empfehlen, für diese Analysen eigene Tools zu nutzen und die Daten aus dem Spreadsheet vorher entsprechend zu formatieren und gegebenenfalls im Preprocessing zu bearbeiten. Voraussetzung sind ein Google- und ein Twitteraccount, das Tool ermöglicht einen intuitiven Einstieg ohne eigene Programmierung.
Link: https://tags.hawksey.info/

Twitter-API
Zur Gewinnung von Twitter-Daten kann die offizielle Schnittstelle von Twitter benutzt werden. Es gibt dort verschiedene Zugangsmodelle. Für die einfachste Version ist ein Twitter Account und eine Registrierung mit unter anderem einer Telefonnummer notwendig. Diese kostenlose Version hat verschiedene Begrenzungen, beispielsweise können nur Tweets der letzten Woche heruntergeladen werden. Ab dem Level eines Master-Studierenden kann man sich zudem für einen Forschungszugang mit fast unbegrenztem Zugriff bewerben, wenn man ein konkretes Forschungsprojekt hat (https://developer.twitter.com/en/products/twitter-api/academic-research), der in der Regel schnell eingerichtet wird.
Link: https://developer.twitter.com/en/docs/twitter-api/getting-started/about-twitter-api

Es empfiehlt sich, die API nicht direkt zu verwenden, da dies recht hohen Programmieraufwand bedeuten würde (je nach Kenntnissen). Da Tweets häufig genutzt werden, bestehen gute Lösungen. Eine Python-Bibliothek, mit der die Twitter-API adressiert werden kann, stellt beispielsweise Tweepy (https://www.tweepy.org/) dar. Ein Tutorial zum Herunterladen von Tweets mittels Tweepy findet sich hier: https://towardsdatascience.com/how-to-access-data-from-the-twitter-api-using-tweepy-python-e2d9e4d54978. Für R bietet sich etwa das Package TwitteR (https://www.rdocumentation.org/packages/twitteR/versions/1.1.9) oder RTweet (https://github.com/ropensci/rtweet). Grundlegende Programmierkenntnisse sind von Vorteil.

AcademicTwitteR ist ein Paket für R, welches die Arbeit und den Umgang mit der Twitter API Academic Research Access erleichtern soll. Das Paket dient zum Abfragen des Twitter Academic Research Product Track, wodurch der Zugriff auf das vollständige Twitterarchiv und andere v2-API Endpoints gewährt werden soll. Es wurde unter Berücksichtigung der Bedürfnisse akademischer Forschung und die Bedienung durch Forschende aufgesetzt. So ist es möglich, regelmäßig die heruntergeladenen Daten zu speichern und auch sonst zeichnet sich das Paket durch die Bereitstellung von Lösungsansätzen mit Blick auf das Speichern spezieller Dateiformate aus, wodurch die Forschenden die Twitterdaten flexibel anpassen und für die Forschung nutzen können.
Link: https://cran.r-project.org/web/packages/academictwitteR/index.html

Twitter-Daten ohne direkte Nutzung der API
Auch ohne die Nutzung der API und Programmierkenntnisse können Twitter-Daten gespeichert werden, Dazu kann man erstens existierende Tools verwenden, bei denen der Zugriff auf die API weiter im Hintergrund stattfindet. Zwei davon sind die Tools TAGS und Social Feed Manager, welche beide in einem eigenen Eintrag im Glossar beschrieben sind. Im Netz finden sich weitere Tools zur Speicherung von Tweets, aktuell sind die beiden genannten jedoch besonders zu empfehlen. Das zugänglichste Tool für Twitter ist wohl MaxQDA, welches neben der Hauptfunktion der computergestützten qualitativen Analyse auch zur automatisierten Erhebung von Tweets verwendet werden kann. Dem Vorteil der einfachen Bedienbarkeit von MaxQDA steht jedoch der Nachteil gegenüber, dass MaxQDA eine kostenpflichtige Software ist. Nur, wenn das Tool auch in der weiteren Forschung genutzt wird oder über die eigene Institution kostenlos nutzbar ist, lohnt sich die Anschaffung einer Lizenz.

Zweitens können statt der eigenen Extraktion von Tweets vorhandene Sammlungen an Tweet-IDs verwendet werden. In der Regel sind in Datensätzen zu Twitter aus rechtlichen oder ethischen Gründen nur die Tweet-IDs vorhanden, nicht die Inhalte der Tweets selbst. Um an die Tweets an sich zu kommen, benötigt man zuerst eine Sammlung von Tweet-IDs. Diese findet man entweder über bereits erfolgte publizierte Forschung oder über zur Verfügung gestellte Datensets, etwa https://tweetsets.library.gwu.edu: (Fokus eher auf USA, Filtermöglichkeiten gegeben), https://zenodo.org/record/4024177 (Tweets zu COVID-19) oder https://data.gesis.org/tweetskb/ (Annotierte Tweets von 2013–2020, hier erhält man neben den Tweet-IDs auch Metadaten wie Sentimentwerte).

Wer so Tweet-IDs beschafft, muss bedenken, dass die Dateien teilweise sehr groß sind (Millionen von IDs) und teilweise ungewöhnliche Dateiformate haben. Excel öffnet nur Dateien mit maximal ca. 1 Million Zeilen. Wenn man größere Dateien weiter filtern möchte, braucht man also andere Software (beispielsweise SQL Server). Um von den Tweet-IDs zu den Tweets zu gelangen, müssen diese ‚hydriert', also wieder aufbereitet werden. Dazu bietet sich die Nutzung von Hydrator an, das im Glossar mit einem eigenen Eintrag beschrieben ist. Im Ergebnis erhält man eine Datei mit den vollständigen Tweets und vielen Metadaten.

Für das genauere Betrachten einzelner Tweets kann mittels Eingabe der URL ‚https://twitter.com/anyuser/status/' + TweetID der einzelne Tweet direkt auf der Plattform erneut betrachtet werden, um ihn mit den erhaltenen Daten abgleichen.

Als Weiterführende Lektüre zur Nutzung von Tweets empfiehlt sich die Einführung der Plattform Programming Historian.
Link: https://programminghistorian.org/en/lessons/beginners-guide-to-twitter-data

WhatsR

Mit dem Tool können WhatsApp-Chatverläufe (aus dem eigenen Account) gespeichert und mit Text-Mining-Verfahren untersucht werden. Unterstützt werden die Sprachen Deutsch und Englisch. Es sind Programmierkenntnisse in R erforderlich, um das Skript zu verwenden.
Link: https://github.com/gesiscss/WhatsR

WebScraper.io

Mit dieser Browser-Erweiterung können Informationen von öffentlichen Webseiten extrahiert werden, es ist also ein Web-Scraping Tool. Allerdings ist es ausgerichtet auf strukturierte Webdaten, insbesondere von Shopping-Plattformen. Dementsprechend funktioniert die Funktionalität für das Scraping von unstrukturierten Textdaten nur bedingt und die Einstellungen müssen mit den individuellen Bedürfnissen getestet werden. Es sind keine Programmierkenntnisse erforderlich.
Link: https://webscraper.io/

Wikipedia-API

Wikipedia bietet eine Schnittstelle zum automatisierten Zugriff auf Wikipedia-Einträge. Der Zugriff über URLs ist im Mediawiki (https://www.mediawiki.org/wiki/API:Query) und beispielsweise im Tutorial von Codesnippet (https://codesnippet.io/wikipedia-api-tutorial/) gut beschrieben. Für die Nutzung mit Python gibt es einen Wrapper (https://wikipedia-api.readthedocs.io/en/latest/README.html). Komplexere Anwendungen könnten von der Bibliothek PywikiBot (https://www.mediawiki.org/wiki/Manual:Pywikibot) profitieren. Es kann auch auf die Aufrufhäufigkeiten der verschiedenen Seiten zugegriffen werden (siehe https://wikitech.wikimedia.org/wiki/Analytics/AQS/Pageviews).

Beispiel für einen Zugriff über URL: https://en.wikipedia.org/w/api.php?action=query&list=search&srsearch=Computational%20Social%20Science&format=json
Dieser URL liefert alle Einträge der englischen Wikipedia, die im Titel oder im Text „Computational Social Science“ enthalten und gibt sie als JSON-Datei aus.
Link: https://de.wikipedia.org/wiki/Wikipedia:Technik/Datenbank/API

Wikipedia Entry Check

Mit diesem Tool können Suchbegriffe und Einträge bei Wikipedia über verschiedene Sprachen hinweg miteinander verglichen werden. Zum Beispiel auf die Fragen „Gibt es einen Eintrag auf Wikipedia in Sprache X zu dem Thema Y?“ und „Welches Wissen ist in welchen Ländern wie wichtig?“ könnte man mit diesem Tool Antworten suchen. Es ist ohne Programmierkenntnisse nutzbar, setzt aber sehr spezifische Fragestellungen an die Wikipedia voraus, aus denen gegebenenfalls weitergehende Fragen beantwortet werden können.
Link: https://wiki.digitalmethods.net/Dmi/ToolWikipediaEntryCheck

WikiWho API

Diese unter anderem von GESIS bereitgestellte API kann Herkunfts- und Änderungsinformationen zu Wikipedia-Artikeln für mehrere Sprachen liefern. Durch ein auf der Webseite verlinktes Tutorial kann man die Nutzung über die Programmiersprache Python lernen, allerdings sind Programmierkenntnisse nötig.
Link: https://api.wikiwho.net/

XpdfReader

XpdfReader bietet eine kommandozeilen-basierte Umwandlung von PDF- in TXT-Dateien, die mit wenigen Schritten gut nutzbar ist. Die Dateien werden nur auf dem eigenen Rechner gespeichert, nachdem das Tool installiert wurde. Es sind zwar keine Programmierkenntnisse erforderlich, aber eine Kommandozeile muss (nach den vorhandenen Anleitungen) bedient werden.
Link: https://www.xpdfreader.com/pdftotext-man.html

YouTube Data Tools
YouTube Data Tools bestehen aus verschiedenen Tools, um Informationen aus/über YouTube-Kanälen oder -Videos zu extrahieren: Video-Netzwerke aus verwandten Videos, Informationen über Kanäle wie Kategorie, Liste von Videos spezifischer Accounts, Playlists, Statistiken oder Kanalsuchen zu bestimmten Stichwörtern. Es sind Reihe von Tools versammelt, die sich die YouTube-API zunutze machen, um beispielsweise Informationen über Kanäle oder Playlists herunterzuladen. Außerdem lassen sich Netzwerke erstellen, die Zusammenhänge zwischen Kanälen oder Videos abbilden. Es sind keine Programmierkenntnisse erforderlich, allerdings müssen die einzelnen Channels, Videos etc. jeweils in das Webformular eingetragen werden.
Link: https://tools.digitalmethods.net/netvizz/youtube/

YouTubeCommentScraper
Diese Python-Bibliothek dient der automatisierten Sammlung von Kommentaren auf der Plattform YouTube. Vorerst funktioniert sie nur auf Windows. Programmierkenntnisse zur Nutzung sind erforderlich.
Link: https://pypi.org/project/youtube-comment-scraper-python/

Youtube-dl
Das Programm youtube-dl basiert auf Python und ermöglicht es, Videos von YouTube und anderen Onlineplattformen herunterzuladen. Dafür stehen unterschiedliche Optionen zur Verfügung, etwa zu Downloadrate, Format oder Untertiteln. Für die Nutzung sind Programmierkenntnisse erforderlich.
Link: https://github.com/ytdl-org/youtube-dl

11.3 Digitale Analysetools

ConnectTheDots
ConnectTheDots erstellt webbasierte Netzwerkanalysen von dort hochgeladenen Dateien. Dadurch sollen Verbindungen zwischen den Daten aufgezeigt werden. Der Output ist ein Netzwerkdiagramm (PNG, SVG oder GEXG). Es ist kostenlos und ohne Vorkenntnisse nutzbar.
Link: https://databasic.io/en/connectthedots/

Gephi Netzwerkanalyse
Siehe Beschreibung unter „Visualisierungstools".

HypTrails
Das HypTrails-Framework ermöglicht den Vergleich von Hypothesen über sequenzielles Verhalten (zum Beispiel das Navigieren von Webseiten). Es ist

eher eine von GESIS bereitgestellte Anleitung als eine fertige Software. Eine wissenschaftliche Beschreibung ist bei Singer et al. (2017) nachzulesen. Programmierkenntnisse sind nötig, die Nutzung kostenlos.
Link: http://sequenceanalysis.github.io/

Rapid Miner
Rapid Miner ist eine kommerzielle Programmumgebung zur Ausführung von Operationen des Machine Learning und zur Datenauswertung. Beispielsweise kann dort Sentimentanalyse durchgeführt werden. Das Tool umfasst auch Funktionen zum Webscraping. Verbilligte Lizenzen für die akademische Nutzung sollen verfügbar sein, Details sind allerdings nur über ein individuelles Preisangebot zu erhalten. Die Nutzung ist dementsprechend nur zu empfehlen, wenn nach dem Test der Demo-Version festgestellt wurde, dass das Tool wesentlich besser funktioniert als es Freeware-Alternativen für den jeweiligen Zweck tun.
Link: https://rapidminer.com/

Social Network Visualizer
Siehe Beschreibung unter „Visualisierungstools".

Text2Data
Mit dieser kommerziellen Software lassen sich viele Aufgaben des Natural Language Processing umsetzen. Es gibt eine kostenlose Version, die schon einige nützliche Funktionen enthält, wie zum Beispiel Sentimentanalyse, Entity Recognition und Textklassifikation. Im Gegensatz zu Open Source Tools funktioniert das Tool intuitiv, dafür sind jedoch nicht alle Einstellungen und Vorarbeiten transparent.
Link: https://text2data.com/

Triangulation
Nach der Eingabe von zwei oder mehr Listen an URLs oder anderen Elementen analysiert dieses Tool Gemeinsamkeiten zwischen den Elementen. Zu den möglichen Visualisierungen gehört ein Venn-Diagramm. Das Tool ist kostenlos und ohne Programmierkenntnisse nutzbar.
Link: https://wiki.digitalmethods.net/Dmi/ToolTriangulation

UCINET
UCINET ist eine kostenpflichtige Software zur Analyse von Daten aus und über soziale Netzwerke.
Link: https://sites.google.com/site/ucinetsoftware/home

WTFcsv
Auf der Webseite kann man sich eine Übersicht über die Inhalte von CSV-Dateien (Tabellen) ausgeben lassen. Dies ist insbesondere bei großen Datenmengen hilfreich, die man durch automatisierte Verfahren generiert hat und dementsprechend nicht gut kennt. Die Nutzung ist kostenlos, Programmierkenntnisse sind nicht nötig. Da die Analyse über eine Webseite erfolgt, sollten keine sensiblen Daten dort eingespeist werden.
Link: https://databasic.io/en/wtfcsv/

11.4 Tools für Text Mining

4CAT
Siehe Beschreibung unter „Finden und Aufbereiten digitaler Daten".

AntConc
AntConc dient der Textanalyse im Sinne des Text Mining, wobei es eine Kombination verschiedener Einzeltools umfasst. Es werden Worthäufigkeiten, rudimentäre statistische Analysen (Cluster- und Kollokationsanalysen) und Visualisierungen ausgegeben. Die Dokumentation erklärt die Funktionen leicht nachvollziehbar und die Bedienung ist auch für nicht technisch affine Nutzende einfach. Eine Installation ist notwendig, die Nutzung allerdings kostenlos.
Link: https://www.laurenceanthony.net/software/antconc/

CoRefAnnotator
Dieses Open Source Tool ermöglicht die Annotation von Koreferenzen, also dem Vorkommen von einzelnen Entitäten und deren Zusammenführung trotz unterschiedlicher Benennung. In dem mit wenigen Klicks zu bedienenden Tool können die annotierten Textstellen in Kategorien zusammengeführt werden, auch die Auszeichnung von (durch Einschübe wie diesen hier) unterbrochenen Nennungen ist möglich. Eine Vorschlagsfunktion ergänzt die Funktionen, die allerdings für die Annotation von einzelnen Begriffen oder kurzen Wortkombinationen ausgerichtet sind. Mittels Exportfunktion kann der so bearbeitete Text weiterverwendet werden.
Link: https://github.com/nilsreiter/CorefAnnotator

DARIAH Topics Explorer
Mit dem DARIAH Topics Explorer lässt sich Topic Modeling durchführen, ohne einen Programmiercode schreiben zu müssen. Somit können Themen und Inhalte von Textsammlungen analysiert werden. Genauer gesagt wird die Verteilung semantischer Wortcluster (Topics) eines Korpus dargestellt, basierend auf dem iterativen, statistischen Verfahren des Topic Modeling. Während

die Software zwar einen schnellen Einstieg im Lehrkontext oder für Selbstlerner ermöglicht, bietet sie jedoch wenige Einstellmöglichkeiten für eine tiefergehende, genauere Analyse. Auch können die Ergebnisse hier nicht exportiert werden, sodass das Tool insbesondere für einen ersten Umgang mit dem Verfahren oder für explorative Einblicke in unbekanntes Material geeignet ist.
Link: https://de.dariah.eu/topicsexplorer

DKPro Wrapper

DKPro Wrapper konzentriert sich auf die Extraktion von linguistischen Informationen aus Büchern. Das Benutzerhandbuch erklärt die Handhabung des Java-gesteuerten Kommandozeilentools. Es ist kostenlos, allerdings ist ein grundlegendes Verständnis für die Bedienung über die Kommandozeile notwendig.
Link: https://de.dariah.eu/dkpro-wrapper

Gensim

Gensim ist eine Open Source Programmierbibliothek in Python für das Durchführen von Topic Modeling und für Word Embeddings mit Word2Vec. Großen Sammlungen von Textdokumenten können durch unüberwachtes maschinelles Lernen Themen zugeordnet werden. Zur Nutzung sind Programmierkenntnisse erforderlich.
Link: https://radimrehurek.com/gensim/

Google Books nGram Viewer

Grundlage für dieses frei zugängliche Online-Tool sind Textkorpora, die Google in verschiedenen Sprachen erstellt hat und die auch über Google Books verfügbar sind. Wenn man einen Zeitraum und eine Sprache festlegt, kann man sich für das entsprechende Korpus die Häufigkeit von selbst gewählten nGrams grafisch anzeigen lassen. Zahlreiche Optionen ermöglichen eine verfeinerte Suche. Programmierkenntnisse sind dafür nicht erforderlich. Die Daten können gespeichert werden.
Link: https://books.google.com/ngrams

MALLET

Das Machine Learning for Language Toolkit (MALLET) ist ein Java-basiertes Softwarepaket für Aufgaben des Natural Language Processing wie zum Beispiel Topic Modeling, wofür es insbesondere genutzt wird. Es ist kostenlos nutzbar. Zur Verwendung sollte man zumindest mit Kommandozeilen umgehen können, tiefergehende Programmierkenntnisse sind nicht notwendig. Es bietet sich deshalb für einen Einstieg in Topic Modeling an, der über den DARIAH

Topics Explorer hinausgehen soll.
Link: https://mimno.github.io/Mallet/

Nopaque

Nopaque ist ein webbasiertes, kostenloses Datenaufbereitungstool, das für Natural Language Processing und Optical Character Recognition eingesetzt werden kann. Es wurde von einem Sonderforschungsbereich entwickelt und ist darauf ausgelegt, von Wissenschaftler:innen ohne Programmierkenntnisse genutzt zu werden. In der Aufbereitung von Datensätzen kann es einfach nutzbare Unterstützung bieten und ist kostenlos verfügbar.
Link: https://nopaque.sfb1288.uni-bielefeld.de/

SameDiff

Die Webseite SameDiff ermöglicht den Vergleich von Textdateien. Dabei werden die am häufigsten vorkommenden Wörter der einzelnen Dateien sowie die häufigsten Wörter, die in beiden Texten zu finden sind, ausgegeben.
Link: https://databasic.io/en/samediff/

SentText

Das webbasierte Tool SentText kann zur Sentimentanalyse von deutschsprachigen literarischen Texten eingesetzt werden. Als Input können TXT- und XML-Dateien importiert werden. Dank der intuitiven Bedienbarkeit sind keine Vorkenntnisse nötig. Das Tool ist zwar ausdrücklich an Nutzer:innen mit literaturwissenschaftlichem Forschungsinteresse gerichtet, allerdings ist es auch für andere Zwecke umnutzbar.
Link: http://thomasschmidtur.pythonanywhere.com/

SpaCy

Mit der Open Source Python-Bibliothek SpaCy können verschiedene Aufgaben des Natural Language Processing durchgeführt werden. Dazu gehören Tokenisierung, Lemmatisierung und Named Entitity Recognition. Zur Nutzung sind Programmierkenntnisse nötig.
Link: https://spacy.io/

Stanford NER

Mit dem Stanford Named Entity Recognizer kann man Eigennamen in Texten identifizieren, insbesondere bei Texten in englischer Sprache. Es wird in verschiedenen Versionen angeboten und ist sowohl über ein Webinterface online als auch über eine Installation auf dem eigenen Rechner zu verwenden. Das Tool ist kostenlos und einsteigerfreundlich, vor der Nutzung einzelner Befehle

in der Kommandozeile sollte man nicht zurückschrecken.
Link: https://nlp.stanford.edu/software/CRF-NER.html#About

TextBlob

TextBlob ist eine Python-Bibliothek, mit der verschiedene Aufgaben des Natural Language Processing durchgeführt werden können. Dazu gehören Part-of-Speech Tagging und Sentimentanalyse. Zur Nutzung sind Programmierkenntnisse nötig.
Link: https://textblob.readthedocs.io/en/dev/

Voyant Tools

Mit den webbasierten Voyant Tools lässt sich Text mit statistischen Methoden analysieren und visualisieren. Zum Beispiel werden Worthäufigkeiten, Wortfelder und Korrelationen zwischen Wörtern ausgegeben. Es bestehen verschiedene Auswertungsmöglichkeiten und Visualisierungen, die intuitiv bedienbar sind. Allerdings können die so erzeugten Daten und Grafiken nicht bzw. nur als gering auflösende Grafik exportiert werden. Das Tool dient damit eher der offenen Datenexploration und sollte durch andere Tools ergänzt werden, um Ergebnisse festhalten zu können. Eine Übersicht zu den Möglichkeiten im Tool findet sich unter https://voyant-tools.org/docs/#!/guide/tools. Die Nutzung ist kostenlos, Programmierkenntnisse sind nicht nötig.
Link: https://voyant-tools.org/

11.5 Visualisierungstools

AntConc

Siehe Beschreibung unter „Tools für Text Mining".

D3

D3.js ist eine JavaScript-Bibliothek, die zur Datenvisualisierung in Webbrowsern eingesetzt wird. Zur Verwendung sind Programmierkenntnisse erforderlich.
Link: https://d3js.org/

Geo-Browser

Der Geo-Browser ist Teil der DARIAH-Infrastruktur und ermöglicht die Visualisierung von geografisch räumlichen und zeitlichen Datendimensionen. Raum-Zeit-Relationen unterschiedlichster Perspektiven können damit dargestellt und auf dieser Grundlage analysiert werden, etwa zu sozioökonomischen oder politischen Ereignissen. Einige Datensets sind bereits im Tool integriert, sodass die Funktionsweisen darüber nachvollzogen werden können. In einem Datasheet Editor sind die eigenen Daten auf das benötigte Format anpassbar. Die Nutzung ist kostenlos und ohne Programmierkenntnisse möglich, allerdings nur für raumbezogene Fragestellungen interessant.
Link: https://geobrowser.de.dariah.eu/

Gephi Netzwerkanalyse

Gephi ist ein Java-basiertes Tool, mit dem Netzwerke visualisiert und entsprechende Analysen erstellt werden können. Der Spreadsheet-Wizard unterstützt bei der Aufbereitung von Daten für die Analyse (vgl. https://gephi.org/users/supported-graph-formats/, für CSV-Datensätze: https://gephi.org/users/supported-graph-formats/csv-format/). Die eigenen Daten können diverse Netzwerke abbilden, müssen allerdings vor der Nutzung von Gephi so aufbereitet sein, dass sie in Knoten und Kanten dargestellt werden können. Gephi ist Open Source und kostenlos. Programmierkenntnisse sind nicht nötig.
Link: https://gephi.org/

Issuecrawler

Der Issuecrawler kann zur grafischen Darstellung von Links auf Webseiten verwendet werden. Er fängt die Outlinks dieser Webseiten nach gewissen Kriterien mithilfe von Crawling ein und stellt das erschlossene Netzwerk visuell dar. Zur Nutzung sind keine Programmierkenntnisse erforderlich, eine ausführliche Dokumentation besteht (http://www.govcom.org/Issuecrawler_instructions.htm). Eine geografische Repräsentation der Ergebnisse des Issuecrawler kann mit dem Tool Issue Geographer (https://wiki.digitalmethods.net/Dmi/

ToolIssueGeographer) erstellt werden. Es ist allerdings nicht möglich, die so gefundenen Webseiten-Inhalte auch zu speichern, da das Tool nur Crawling, nicht aber Scraping abdeckt.
Link: https://www.issuecrawler.net/

Mention Map

Mention Map bietet visuelle Einblicke in Netzwerke auf dem sozialen Medium Twitter. Es sammelt die letzten 200 Tweets für ein spezielles Profil oder Hashtag und gibt einen Netzwerkgraph mit bis zu neun Profilen aus. Für bis zu 50 Suchen pro Monat ist das Tool kostenlos, eine Registrierung ist jedoch erforderlich.
Link: https://mentionmapp.com/

PixPlot

Das Tool ermöglicht die Visualisierung von großen Bildmengen, wobei die Bilder nach der Ähnlichkeit ihrer Bildinhalte gruppiert werden. Es kann mit Beispieldaten aus Museumsbeständen exploriert werden oder für eigene Daten verwendet werden. Für die Nutzung des Skriptes sind Programmierkenntnisse in Java und Python erforderlich. Die Funktionsweise ist mit exemplarischen Bildinhalten auch ohne Programmierkenntnisse online explorierbar: https://s3-us-west-2.amazonaws.com/lab-apps/pix-plot/index.html.
Link: https://github.com/YaleDHLab/pix-plot

Social Network Visualizer

Der Social Network Visualizer (SocNetV) ist eine Softwareanwendung zur Analyse und Visualisierung sozialer Netzwerke. Zu den Funktionen gehören unter anderem die visuelle Darstellung von sozialen Netzwerken in Graphen, Kohäsionsmetriken für Graphen und Cluster-Algorithmen. Das Programm ist Open Source und kostenlos, Programmierkenntnisse sind nicht notwendig.
Link: https://socnetv.org/

StoryMap

StoryMap ermöglicht die Visualisierung von Ereignissen oder Geschichten durch das Darstellen von relevanten Orten auf der Weltkarte. Die Datengrundlage könnte beispielsweise von einer dieser Plattformen stammen: Twitter, Flickr, YouTube, Vimeo, Vine, Dailymotion, Google Maps, Wikipedia, SoundCloud, Document Cloud. Mit einem Autorentool ist die Erstellung auch ohne Programmierkenntnisse möglich. Die Nutzung ist kostenlos, die Anmeldung erfolgt über ein Google-Account.
Link: https://storymap.knightlab.com

Voyant Tools
Siehe Beschreibung unter „Tools für Text Mining“.

11.6 Unterstützungstools im Forschungsprozess

Are.Na
Die Webseite bietet eine digitale Tafel zur Strukturierung von Ideen bzw. Forschungshypothesen. Alle Inhalte sind frei zu strukturieren, werden allerdings auf den Servern der anbietenden Firma gespeichert. Es stehen auch Apps zur Nutzung auf mobilen Endgeräten zur Verfügung, sodass man die Funktionen für Notizen jederzeit nutzen kann. Bei einer begrenzten Nutzung ist sie kostenlos, werden mehr Inhalte gesammelt muss allerdings die Premium-Version gekauft werden.
Link: https://www.are.na/

CATMA
CATMA ermöglicht die webbasierte, gemeinsame Annotation von Texten und die Visualisierung der Ergebnisse. Das Tool ist in der (digitalen) Literaturwissenschaft entstanden und darauf ausgelegt, ein abgeschlossenes Kategoriensystem zu erstellen und zu nutzen. Dementsprechend ist die Erstellung von Kategorien nicht (wie in kostenpflichtiger QDA-Software) direkt aus der Annotations-Funktion heraus möglich, sondern geschieht in einem eigenen Bereich des Tools. Zahlreiche Inputformate können hineingeladen werden und der Export ist ebenfalls in verschiedenen Formaten möglich. Die Nutzung ist kostenlos, die Speicherung der Daten erfolgt auf der Plattform durch die betreibende Universität Darmstadt.
Link: https://catma.de/

Citavi Literaturverwaltung
Citavi ist ein Tool, um Literatur in Form von Datenbanken zu organisieren. Zugleich unterstützt es durch Add-Ins die Zitation und Erstellung des Literaturverzeichnisses. Neben den grundlegenden bibliografischen Informationen können auch PDFs und Anmerkungen eingepflegt sowie Querverbindungen hergestellt werden. Mit Kategorien und Schlagworten bestehen zwei Möglichkeiten, um die Literaturangaben inhaltlich zu strukturieren und so etwa verschiedene Themen zu gruppieren oder zu einzelnen Projekten (wie etwa Hausarbeiten) genutzte Literatur zusammenzustellen. In den hinterlegten PDFs können Textstellen markiert und mit einer Zusammenfassung versehen werden, so kann eine Datenbank von Zitaten erstellt werden. Auch freie Zusammenfassungen von Textstellen sind damit realisierbar. Außerdem ist es möglich, dass mehrere Personen an derselben Datenbank arbeiten. Das Tool

hat außerdem Funktionen für die Wissensorganisation, in denen etwa Aufgaben für einzelne Literaturangaben hinterlegt werden können. Die Software ist kostenpflichtig und muss in einem Abo-System gekauft werden. Viele Universitäten bieten ihren Studierenden allerdings sogenannte Campuslizenzen an, mit denen die Nutzung kostenlos ist.
Link: https://www.citavi.com/de

Connected Papers

Die frei zugängliche Webseite Connected Papers visualisiert Verbindungen zwischen wissenschaftlichen Publikationen anhand des DOI in einer Mindmap (inklusive Anzahl der Zitationen, Veröffentlichungsjahr). Es kann genutzt werden, um bisher übersehene Veröffentlichungen zu einem Thema zu entdecken oder die Verbindungen in einem Forschungsstand zu veranschaulichen. Die Nutzung ist kostenlos und intuitiv, funktioniert allerdings nur für Literaturangaben, die eine DOI haben (und damit nicht für ältere Veröffentlichungen).
Link: https://www.connectedpapers.com/

ConedaKOR

ConedaKOR ist ein webbasiertes Datenbanksystem mit auf Graphen basierender Architektur. Es erleichtert die Verwaltung und Präsentation wissenschaftlicher Sammlungen von Objekten aus den bildbasierten Kultur- und Geisteswissenschaften. Man kann damit beliebige Dokumente speichern und mit Beziehungen verbinden. Große semantische Netzwerke können so erstellt werden. Es kann auch genutzt werden, um die eigene Quellengrundlage zu organisieren, Importe und Exporte sind über zwei APIs möglich.
Link: https://de.dariah.eu/conedakor

CryptPad

Das Open Source Tool CryptPad ermöglicht die browserbasierte Zusammenarbeit an unterschiedlichen Dokumenttypen (z. B. Rich Text, Tabellen, Code oder Präsentationen) sowie die Speicherung dieser. Der Betreiber verspricht die Verschlüsselung der Daten. Der Zugriff auf einzelne Dokumente kann geschützt werden, oder zur Zusammenarbeit freigegeben werden. Es eignet sich besonders zur Datenablage von Gruppen, die keine Datenablage in einer institutionellen Struktur nutzen können oder über Institutionen hinweg arbeiten und dabei verschlüsselte Daten speichern möchten. Im Gegensatz zu kommerziellen Angeboten wie etwa Google Drive und Google Docs ist es allerdings nicht möglich, Dokumente gemeinsam im Änderungsmodus zu bearbeiten, hierfür empfiehlt sich die Nutzung verschiedener Dokumentversionen.
Link: https://cryptpad.fr/index.html

DeepL

DeepL ist eine browserbasierte Anwendung zur maschinellen Übersetzung von Texten über verschiedene Sprachen hinweg. Besonders zur Unterstützung bei bereits vorhandenen Sprachkenntnissen kann DeepL hilfreiche Ergebnisse liefern. Für eine unbegrenzte Nutzung ist das Tool kostenpflichtig. In der kostenlosen Version ist die Übersetzung auf 5.000 Zeichen begrenzt. Alle Daten werden auf den Servern des Unternehmens gespeichert und wahrscheinlich auch als Trainingsdaten zur Verbesserung des zugrundeliegenden Machine Learning-Algorithmus genutzt.
Link: https://www.deepl.com/translator

Etherpad

Bei Etherpad handelt es sich um ein Open Source Tool zur Textverarbeitung, mit dem mehrere Personen zeitgleich am selben Dokument arbeiten können. Zahlreiche Plug-ins ermöglichen eine Anpassung der Arbeitsumgebung an die eigenen Bedürfnisse. Es ist sowohl möglich, die eigenen Daten auf einer der bestehenden Instanzen zu bearbeiten, als auch (bei sensiblen Daten und vorhandenen Programmierkenntnissen) eine eigene Instanz des Open Source Tools aufzusetzen. Die Nutzung ist unbegrenzt kostenlos möglich.
Link: https://etherpad.org/

Exmeralda

Für den Umgang mit Datensätzen, die aus gesprochenen Texten bestehen, sind die Tools von Exmeralda nützlich. Sie unterstützen die Analyse, indem sie beispielsweise die Erstellung von Transkripten oder Annotationen ermöglichen. Auch ein R-Package ist verfügbar, um Transkripte zu untersuchen. Allerdings sind die Funktionen auf linguistische Analysen ausgerichtet und entsprechen den Nutzungsgewohnheiten von qualitativen Forschenden nur begrenzt, da hier etwa die Erstellung von neuen Annotationskategorien nicht mit dem Arbeitsschritt der Annotation selbst verbunden ist.
Link: https://exmaralda.org/en/

FreeMind

Bei FreeMind handelt es sich um ein kostenloses Tool, das für die Erstellung von digitalen Mindmaps genutzt werden kann. Die grafischen Funktionen sind begrenzt, die Maps werden in Textzeilen angelegt. Allerdings ist die Open Source Software auf dem eigenen Rechner zu installieren, sodass die Daten nicht an andere weitergegeben werden.
Link: http://freemind.sourceforge.net/wiki/index.php/Main_Page

Hypothesis Webannotation

Hypothesis ist ein browserbasiertes Open Source Tool, das beim Annotieren von Webseiten und PDFs unterstützt. Das Tool funktioniert als Extension im Browser Chrome und kann deshalb auch nur mit diesem Browser verwendet werden. Es ermöglicht, Textstellen auf Webseiten zu markieren und mit Tags und Kommentaren zu versehen. Besonders ist hierbei, dass man die Annotationen nicht nur selbst vornehmen kann, sondern auch im Team. Öffentliche Annotationen für Webseiten können komplett angezeigt werden, sodass man je nach Seite ganz unterschiedliche Eindrücke von unterschiedlichen Nutzenden vergleichen kann. Ergebnisse können privat gespeichert oder öffentlich zugänglich gemacht werden, allerdings werden sie auf den Servern der Anbieter gespeichert. Eine Registrierung ist erforderlich, die Nutzung ist kostenlos.
Link: https://web.hypothes.is/

MaxQDA

Dies ist eine weit verbreitete Software zur Unterstützung von qualitativen Verfahren und Mixed-Methods-Ansätzen. Beispielhafte Einsatzzwecke sind das Durchführen von Inhalts- oder Diskursanalysen. Obwohl es oft textbasiert verwendet wird, können auch Bilder, Audio- und Videodateien verwaltet und annotiert werden. Allerdings ist es nur eingeschränkt möglich, die Daten wieder aus dem Tool zu exportieren. Die Software ist kostenpflichtig, teilweise werden an Universitäten jedoch Lizenzen dafür ausgegeben. Inzwischen bietet MaxQDA auch einige Funktionen aus den digitalen Methoden an. So kann man beispielsweise automatisiert Twitter-Daten herunterladen und die eigenen Daten mit komplexen Suchfunktionen durchsuchen. Allerdings sind für digitale Methoden Tools empfehlenswert, die explizit ein Analyseverfahren umsetzen, da die zugrundeliegenden Vorannahmen, Vorverarbeitungen und konkreten Vorgehensweisen bei MaxQDA nicht öffentlich nachvollziehbar sind.
Link: https://www.maxqda.com/

MindMeister

MindMeister ist ein Online-Tool, mit dessen Hilfe mehrere Personen an derselben Mindmap zusammenarbeiten können. In der kostenlosen Version ist die Anzahl der Mindmaps begrenzt. Eine Anmeldung ist notwendig, für bestimmte Funktionen ist ein Abonnement erforderlich. Die Daten werden auf den Servern des Anbieters gespeichert.
Link: https://www.mindmeister.com/de

Miro

Miro ist ein Onlinedienst, der sich selbst als Online-Whiteboard bezeichnet. Es gibt dort verschiedene Möglichkeiten, um im Team zusammenzuarbeiten, etwa an Mindmaps oder anderen grafischen Übersichten. Eine Anmeldung ist

erforderlich. Es gibt eine kostenlose Version mit Einschränkung der Anzahl von nutzbaren Boards und mehrere kostenpflichtige Abonnement-Modelle. Alle Daten werden auf den Servern des Anbieters gespeichert.
Link: https://miro.com/de/

Screennotate
Dieses Werkzeug dient der Umwandlung von Text auf einem Screenshot in digitalen Text mithilfe von Optical Character Recognition. Das Tool wird auf dem eigenen Rechner installiert und arbeitet direkt beim Erstellen des Screenshots, wenn es dafür genutzt wird. Bei Born-Digital-Texten arbeitet es zuverlässig.
Link: https://screenotate.com/

Padlet
Padlet ist ein Online-Tool für digitale Zusammenarbeit. Es stehen verschiedene Designs zur Verfügung, in denen Ideen und Informationen übersichtlich gesammelt und dargestellt werden können. Eine Registrierung ist erforderlich, es gibt eine kostenlose Version mit Einschränkungen und mehrere Abonnement-Modelle. Alle Daten werden auf den Servern des Anbieters gespeichert.
Link: https://de.padlet.com/

QualiAnon Anonynomisierungstool
Die Open Source Software QualiAnon ermöglicht es, Textdaten wie etwa Interviews – je nach Bedarf unterschiedlich stark – zu anonymisieren. Sie wurde von Qualiservice entwickelt, eine Institution, die als zentrale Anlaufstelle für das Forschungsdatenmanagement aus den qualitativen Fächern gegründet wurde (vgl. auch die Darstellung im Glossar-Teil zu Repositorien). Für die Nutzung des kostenlosen Tools ist eine Registrierung erforderlich, die per E-Mail beantragt werden kann. Es ist ohne Programmierkenntnisse nutzbar.
Link: https://www.qualiservice.org/de/news/qualiservice-anonymisierungs-tool-qualianon-nutzbar.html

Text Grid
Diese virtuelle Forschungsumgebung wurde für die Geisteswissenschaften und die Arbeit mit dem TEI-Dokumentenformat konzipiert. Sie soll den gesamten Forschungsprozess bis zur Publikation unterstützen. Digitale Editionen und Daten kann man damit nachhaltig bearbeiten, speichern und veröffentlichen. Die Plattform bietet sich z. B. an, um große Textmengen zu speichern, zu strukturieren und zu analysieren – allerdings ist sie auf literaturwissenschaftliche Prozesse ausgelegt und muss für qualitative Ansätze umgenutzt werden. Die Open-Source-Software ist kostenfrei.
Link: https://textgrid.de/

Trello
Trello ist ein Online-Tool für digitale Zusammenarbeit. Angelehnt am Prinzip des Kanban Boards aus dem agilen Projektmanagement können in Trello einzelne Boards mit verschiedenen Listen und Karten Aufgaben visualisieren und in Teams verwalten. Zur genaueren Bestimmung von Aufgaben lassen sich Karten mit verschiedenen Elementen wie Personenzuteilung, Deadlines, Anhängen oder auch Checklisten versehen. Die Nutzung kann sowohl zur eigenen Arbeitsorganisation als auch zur Strukturierung der Aufgaben in kollaborativen Zusammenhängen hilfreich sein und ist insbesondere für die Strukturierung von zu erledigenden Aufgaben geeignet. Eine Registrierung ist erforderlich, es gibt eine kostenlose Grundversion mit Einschränkungen und mehrere Abonnement-Modelle. Alle Daten werden auf den Servern des Anbieters gespeichert.
Link: https://trello.com/

Zotero Literaturverwaltung
Zotero ist eine kostenlose Open Source Software zur Literaturverwaltung. Sie ermöglicht es, Literatur zu speichern und nach den eigenen Bedürfnissen zu organisieren sowie korrekt zu zitieren. Mit dem Zotero Connector ist die automatische Extraktion von Literaturangaben aus Webseiten und Bibliothekskatalogen möglich, sodass mit wenigen Klicks alle Angaben in der eigenen Datenbank vorhanden sind. Außerdem lassen sich damit Literaturverzeichnisse erstellen, auch in Teamarbeit. In der Version 6 ist neu auch ein Modul zum Annotieren von PDFs enthalten, sodass das Tool auch für die Organisation der eigenen Lektüre genutzt werden kann.
Link: https://www.zotero.org/

11.7 Andere Zusammenstellungen von Tools und Verfahren

Es gibt bereits eine Vielzahl von Übersichten, die teils von Institutionen, teils von Wissenschaftler:innen auf ehrenamtlicher Basis online zur Verfügung gestellt werden. Je nach dem, was man sucht, können die verschiedenen Listen hilfreich sein, da sie weit über die hier dargestellten Beispiele hinausgehen. In den Institutionen werden teilweise auch Infrastrukturen angeboten (insb. bei DARIAH und GESIS). Außerdem sind hier eine Vielzahl von (Video-)Tutorials für spezifische Anwendungsfälle und Verfahren zu finden. Das Glossar greift nur die umfangreichsten Zusammenstellungen auf.

DARIAH (Digital Research Infrastructure for the Arts and Humanities)
DARIAH ist eine digitale Forschungsinfrastruktur für die Geisteswissenschaften. Es geht um die Förderung von digital gestützter Forschung. Dies soll durch ein Netzwerk an Menschen, Fachwissen, Informationen, Methoden und Technologien aus verschiedenen Mitgliedsländern erreicht werden. Dadurch werden Forschungen aus ganz Europa integriert. Der Schwerpunkt des Projekts liegt in dem Aufbau, der Analyse und der Interpretation digitaler Ressourcen. DARIAH bietet unter anderem Lehrmaterial zur Entwicklung digitaler Forschungskompetenzen. Es werden verschiedene Dienste und Tools von DARIAH angeboten (https://de.dariah.eu/dienste-und-werkzeuge und https://www.dariah.eu/tools-services/tools-and-services/), die hier im Glossar auch einzeln aufgelistet sind.
Link: https://de.dariah.eu/

Digital Humanities Tools
Dieses umfangreiche Portal verlinkt Tools für die Digital Humanities und wird von Alan Liu betrieben, einem Wissenschaftler in den DH, der aus der Anglistik stammt. Das Portal ist in verschiedene Content-Bereiche eingeteilt. In den jeweiligen Bereichen, zum Beispiel Internetrecherche oder Textanalyse, sind einzelne Tools aufgelistet. Hinter jedem Tool steht nochmal eine genaue Beschreibung dazu, für was es zu verwenden ist. Grundsätzlich sollen die Tools kostenlos sein. Die Haken neben den Tools weisen auf die meistgenutzten Tools hin.
Link: http://dhresourcesforprojectbuilding.pbworks.com/w/page/69244319/Digital%20Humanities%20Tools

Digital Methods Initiative Amsterdam Tools and Databases
Die Webseite listet verschiedene digitale Tools, die von der Amsterdamer Forschendengruppe um Richard Rogers entwickelt wurden. Viele der Tools haben sehr genaue Einsatzbereiche und alle werden kostenlos angeboten. Beispielthemen sind Crawling oder Scraping oder die Analyse von Daten aus einzelnen Social-Media-Plattformen. Es werden teils Kurse über die richtige Nutzung angeboten. Oftmals ist eine Anmeldung zur Nutzung der Tools notwendig. Nicht alle Tools sind noch funktionsfähig, u. a. weil sich die Nutzungsbedingungen der Plattformen (wie Instagram und Facebook) verändert haben.
Link: https://wiki.digitalmethods.net/Dmi/ToolDatabase

Digital Research Tools (DiRT)
DiRT ist ein Wiki für Tools zur digitalen Forschung und wurde von einer Gruppe von DHler:innen um Quinn Dombrowski gepflegt. Auch wenn die Seite zuletzt 2012 aktualisiert wurde, bietet sie eine große Auswahl an Anhaltspunkten,

um Tools für den eigenen Forschungsprozess zu finden. Nicht alle Links sind noch funktionsfähig, da nicht mehr alle Tools online sind, einige sind veraltet. Es befinden sich auch kommerzielle Tools in den Listen.
Link: https://digitalresearchtools.pbworks.com/w/page/17801672/FrontPage

forText

Von diesem literaturwissenschaftlichen Projekt des Teams um Evelyn Gius und Jan Christoph Meister werden Methodenbeschreibungen, Textsammlungen und Werkzeuge für die digitale Textanalyse angeboten. Dabei werden insbesondere die verschiedenen Arbeitsschritte abgedeckt und einzelne Tools und Verfahren mit Beispielanwendungen ausführlich vorgestellt. Auch Lehrmaterialien sind dort zu finden.
Link: https://fortext.net/

GESIS

GESIS – Leibniz-Institut für Sozialwissenschaften ist ein deutsches Forschungsinstitut auf dem Gebiet der empirischen Sozialwissenschaften. Neben den hier im Glossar unter „Repositorien mit nachnutzbaren Datensätzen" beschriebenen, bereitgestellten Daten fördert GESIS die Forschungsgemeinschaft der Computational Social Sciences mit Schulungen zu Data Science (Beispiele: Einführung in R zur Datenanalyse, Einführung in Computational Social Science mit Python/R, Nutzung sozialer Medien für die sozialwissenschaftliche Forschung) und der Bereitstellung von Materialien zu zentralen Themen und Methoden des Forschungsfelds. Mit dem TED-On-Framework hält GESIS einen umfassenden Rahmen für die systematische Fehlererkennung bei der Erhebung, Verarbeitung und Analyse digitaler Verhaltensdaten bereit (vgl. Sen et al. 2021). Über GESIS-Notebooks soll eine virtuelle Forschungsinfrastruktur angeboten werden, welche die webbasierte Analyse umfangreicher Daten mit Programmiersprachen wie R oder Python unterstützt. Auf der Webseite sind auch einführende Vorträge von GESIS-Mitarbeitenden verfügbar, die in der Regel für Einsteiger:innen aufbereitet sind und Überblickswissen zu einzelnen Themen vermitteln. Daneben stellt GESIS verschiedene Tools zur Verfügung, von denen einige in dem Abschnitt „Digitale Analysetools" des Glossars enthalten sind. Grundsätzliche Dienste von GESIS für die Sozialwissenschaften kann man hier nachlesen: https://www.gesis.org/en/services.
Link: https://www.gesis.org/institut/abteilungen/computational-social-science

Open Source Tools for Social Science Researchers

Das GitHub-Projekt wird von Anne Lee Steele vom Turing Institute moderiert. Die Seite bietet eine Übersicht über eine Vielzahl an Tools, die nach den Bereichen Datensammlung, Texterstellung, Interviews, Computational-Methoden

und Visualisierung sortiert sind. Dabei werden zu allen Tools Informationen, wie Funktionen und mögliche Anwendungen, zusammengestellt. Es werden mittlerweile auch Freemium-Tools gelistet und es wird unterschieden, ob Programmierkenntnisse notwendig sind.
Link: https://open-source-social-science.github.io/

TAPoR3 Tools zur Textanalyse
Die sehr umfangreiche Sammlung wird an der University of Alabama gepflegt. Das Verlinkungs- bzw. Vergleichsportal fokussiert auf Tools zur Textanalyse. Für die Tools sind Kurzbeschreibungen vorhanden und eine Filterfunktion hilft bei der Suche. Kuratierte Listen von Forschenden geben Überblick zu einzelnen Anwendungsgebieten, die hilfreich für den Einstieg in einen spezifischeren Themenbereich geben.
Link: http://tapor.ca/home

11.8 Lernressourcen für Programmiersprachen

Im Netz gibt es viele frei verfügbare Möglichkeiten, um sich Programmiersprachen anzueignen. Mittlerweile sind einige davon auch explizit auf Geistes-, Sozial- und Kulturwissenschaftler:innen zugeschnitten.

Python Lernen
Python ist die meistverwendete und eine einfach zu erlernende Programmiersprache für alle, die nicht dezidiert Informatiker:innen sind. Die Programmiersprache orientiert sich in vielen Bereichen an gesprochener Sprache und ist damit intuitiv zugänglich. Folgende Webseiten geben gute Einstiege für das Lernen von Python:

- https://www.learnpython.org/
- https://scrimba.com/learn/python
- https://wiki.python.org/moin/BeginnersGuide/NonProgrammers
- https://programminghistorian.org/en/lessons/?topic=python
- https://github.com/melandresen/pythonkurs

Wer lieber mit Büchern lernt, für den bieten beispielsweise diese Bücher Einführungen in das Arbeiten mit Python:

- Explizit für Leser:innen aus den Digital Humanities führt Kokensparger 2018 in das Programmieren mit Python ein.
- Einen Schwerpunkt auf die computationelle Textanalyse für Sozialwissenschaftler legt Hovy 2021.
- Als deutschsprachige Lerngrundlage für Python allgemein bietet sich Ernesti/Kaiser 2020 an.

R Lernen

Neben Python ist R eine gängige und nützliche Programmiersprache, die insbesondere in den Computational Social Sciences genutzt wird, vor allem für statistische Auswertungen konstruiert ist und auch Schnittstellen zu gängiger quantitativer Analysesoftware hat. Frei zugängliche Onlineressourcen für die Aneignung von R sind beispielsweise:

- https://rstudio.cloud/learn/primers
- https://datacarpentry.org/r-socialsci/
- https://clanfear.github.io/CSSS508/
- https://www.codecademy.com/learn/learn-r
- https://programminghistorian.org/en/lessons/?topic=r

Selbstverständlich gibt es auch für R Bücher, die in die Programmiersprache einführen. Beispielsweise diese beiden bieten sich an:

- Ausdrücklich für Sozialwissenschaftler erklärt Elff 2021 die Verwendung von R.
- Etwas fortgeschrittener kann man mit Wickham/Grolemund 2017 relevante Anwendungen von R lernen. Dieses Buch ist frei zugänglich im Netz aufzufinden und es gibt eine Version in in deutscher Sprache.

The Programming Historian

Dies ist eine Lernressource mit Tutorials für verschiedene digitale Werkzeuge und Techniken, wozu auch das Erlernen von Programmieren gehört. Auch wenn sich das Portal ursprünglich an Historiker:innen richtete, sind die Angebote für alle Geistes-, Sozial- und Kulturwissenschaftler:innen relevant. Die Kurse sind als Lerneinheiten aufgebaut, von Forschenden erstellt und in einem Peer Review-Verfahren qualitätsgesichert. Sie erklären den Umgang mit verschiedenen Werkzeugen in verschiedenen Stufen des Forschungsprozesses. Beispielhafte Fragestellungen sind: Wie kann man Daten von Twitter generieren? Wie geht man mit Python, R und Pandas um? Wie kann man Textanalysen unterstützen? Wie benutzt man Jupyter Notebooks?
Link: https://programminghistorian.org/